"十四五"普通高等教育汽车服务工程专业教材

Qiche Fuwu Changzhan Sheji

汽车服务场站设计

（第2版）

崔淑华　主　编

王红梅　于春鹏　副主编

付百学　主　审

人民交通出版社股份有限公司

北京

内 容 提 要

本书为"十四五"普通高等教育汽车服务工程专业教材。全书共十章,主要内容包括概论、汽车服务场站建设的一般程序、汽车4S店设计、汽车检测站设计、汽车加油站设计、电动汽车充电站设计、城市停车设施设计、汽车客运站设计、公路货运站设计、高速公路服务设施设计。

本书可作为普通高等院校汽车服务工程专业、交通运输工程专业等相关专业教材使用,亦可作为相关兴趣爱好者的参考读物。

图书在版编目(CIP)数据

汽车服务场站设计/崔淑华主编. —2版. —北京:
人民交通出版社股份有限公司,2022.3
ISBN 978-7-114-17852-8

Ⅰ.①汽… Ⅱ.①崔… Ⅲ.①汽车站—设计 Ⅳ.
①U492.1

中国版本图书馆 CIP 数据核字(2022)第 024255 号

书　　　名:**汽车服务场站设计**(第2版)
著 作 者:崔淑华
责任编辑:李　良
责任校对:赵媛媛
责任印制:张　凯
出版发行:人民交通出版社股份有限公司
地　　　址:(100011)北京市朝阳区安定门外外馆斜街3号
网　　　址:http://www.ccpcl.com.cn
销售电话:(010)59757973
总 经 销:人民交通出版社股份有限公司发行部
经　　　销:各地新华书店
印　　　刷:北京市密东印刷有限公司
开　　　本:787×1092　1/16
印　　　张:18.5
字　　　数:453 千
版　　　次:2010 年 10 月　第 1 版
　　　　　　2022 年 3 月　第 2 版
印　　　次:2022 年 3 月　第 2 版　第 1 次印刷　累计第 5 次印刷
书　　　号:ISBN 978-7-114-17852-8
定　　　价:53.00 元
(有印刷、装订质量问题的图书由本公司负责调换)

前 言

Qianyan

2012 年，教育部公布了新的本科专业目录，汽车服务工程成为目录内的普通本科专业，2020 年 2 月，在教育部发布的《普通高等学校本科专业目录(2020 年版)》中，汽车服务工程专业隶属于工学、机械类(0802)，专业代码为 080208。该专业顺应了我国社会机动化和汽车普及化的时代发展要求，面向汽车使用领域和汽车服务领域，培养应用型、复合型、创新型乃至创业型的高级人才。"懂技术、擅经营、会服务"是这个新兴专业对其毕业生的基本能力素质要求。为了实现人才培养目标，汽车服务工程专业需要高水平教材支撑课程教学。

当前，汽车产业正处于深度的调整和变革进程中。一是汽车科技日新月异，正在向着轻量化、电动化、智能化、网联化等方向纵深发展，新能源汽车、智能汽车、网联汽车等新品不断涌现，无人驾驶、虚拟现实、增强现实、生物识别等人工智能技术在汽车上的应用越来越多，"互联网＋"与汽车研发、制造、营销、运用和服务等领域的融合越来越深刻，这些变化将彻底改变传统的市场调研、汽车开发、营销与服务的方式，改变企业的生产经营模式，甚至诞生跨界经营，进而引起产业生态的变革；二是我国汽车市场在经历 21 世纪初二十余年的快速发展，并在 2009 年超越美国成为世界最大的新车消费市场之后，汽车需求从宏观总量上看必将转入低微增长乃至震荡波动的发展形态，市场趋于饱和，企业竞争逐渐加剧，这种变化必将导致企业的营销方式大不同于以往，市场经营范围也将由以国内市场为主转向国际和国内两个市场并重，真正实现全球经营。与此同时，我国的高等教育也同样处于调整变革进程中。一是国家调整高等教育的建设方式，由以前的"985 工程"和"211 工程"模式调整为"双一流"建设模式，更加注重学科(专业)特色优势的建设；二是创新创业教育和高等教育的国际化步伐加快，特别是在工科教育方面，我国已于 2016 年正式成为《华盛顿协定》的成员国，各高校均以工程教育国际认证为契机，全面促进专业的建设发展。

基于此，全国汽车服务工程专业教学指导委员会结合我国汽车维修行业发展动态和工程教育专业认证需要，并在征求行业专家、专业教师的建议基础上，组织编写了一套"十四五"普通高等教育汽车服务工程专业系列教材。

《汽车服务场站设计》为本套教材之一，可作为汽车服务工程专业本科学生的专业课教材使用。本书自 2010 年第 1 版出版以来,数次重印,一直被各校汽车工程类相关专业选用。近年来,我国汽车工业的发展和汽车服务业范畴的扩展,带动了汽车服务场站的建设和发展,汽车服务场站设计与建设相关标准和规范也不断更新和完善。

　　相较第 1 版,本次修订更新了相关的定义、术语和数据,并根据最新的国家标准、行业标准、相关规范对相应内容进行了修订、更新、补充和完善,增加了电动汽车充电站设计的内容。修订后全书共十章,第一、四、六章由崔淑华教授编写,第二、七章由何永明副教授编写,第三章由于春鹏副教授编写,第五、十章由王凤刚讲师编写,第八、九章由王红梅副教授编写。全书由崔淑华教授统稿。本书由崔淑华教授担任主编,王红梅副教授、于春鹏副教授担任副主编,付百学教授担任主审。东北林业大学硕士研究生李传绪、皮新瑞、侯慧君参与了资料收集和文字整理等工作。本教材编写时参考了大量的文献资料,参考文献列出的只是主要代表,在此,特向参考文献资料的作者表示谢意!

　　由于编者水平有限,时间仓促,书中缺点和错误在所难免,欢迎读者批评指正。

编　者
2021 年 11 月

目 录

Mulu

第一章 概论

本章主要内容包括汽车服务概述和汽车服务场站概述。通过学习本章内容,让学生了解我国汽车工业的发展历程及取得的成就,汽车服务的范围和内容,汽车服务场站涵盖的内容及其基本知识。其中,汽车服务场站概述是本章教学的重点。

第一节 汽车服务概述

汽车服务是根据汽车制造商为实现汽车产品的商品价值,或汽车用户为维护汽车使用价值以及保障权益价值等,由相关企业或机构提供的能满足汽车制造商需求或汽车用户消费意愿的活动过程。汽车服务的范畴随着汽车工业的发展而不断扩展。

一、我国汽车工业发展取得的成就

我国汽车工业经过近70年的发展,特别是"十一五"以来的快速发展,现已形成了一个比较完整的工业体系。国民经济的持续发展和一系列政策的颁布实施,为汽车产业创造了良好的发展环境,我国汽车工业实现了历史性的跨越。我国汽车工业的发展成就主要表现在以下几个方面。

1. 汽车产销量快速增长

"十一五"期间,汽车产量从2005年的571万辆增长到2010年的1826万辆,增幅达220%;2009年,我国汽车产销量分别达到1379万辆和1364万辆,首次成为世界汽车生产第一大国,并一直位于汽车产销量排行榜首位。"十二五"期间,汽车产量从2010年的1826万辆增长到2015年的2450万辆,增幅达34%;汽车的销量从2010年的1806万辆增长到2015年的2460万辆,增幅达36%。进入"十三五"以来,我国汽车产销量一直保持在2500万辆以上,产销量持续蝉联全球第一。其中,2017年,汽车产销量是分别为2901.54万辆和2887.89万辆,其中产量占世界汽车产量的29.83%。我国汽车近年产销量见表1-1。

我国汽车近年产销量   表1-1

年份(年)	产量(万辆)	销量(万辆)	年份(年)	产量(万辆)	销量(万辆)
2001	233.44	236.36	2006	727.97	721.60
2002	325.12	324.81	2007	888.24	879.15
2003	444.37	439.08	2008	934.51	938.05
2004	507.05	507.11	2009	1379.10	1364.48
2005	570.77	575.82	2010	1826.47	1806.19

年份(年)	产量(万辆)	销量(万辆)	年份(年)	产量(万辆)	销量(万辆)
2011	1841.89	1850.51	2016	2811.88	2802.82
2012	1927.18	1930.64	2017	2901.54	2887.89
2013	2211.68	2198.41	2018	2780.92	2808.06
2014	2372.29	2349.19	2019	2572.1	2576.9
2015	2450.33	2459.76	2020	2522.2	2531.1

2.汽车需求旺盛,车型结构多样化

随着经济的发展和政府公车改革的推进,我国汽车消费结构实现了以公务用车为主向私人用车为主的根本性转变。私人消费已经成为我国汽车消费的主流。2001年私人购车占48%,到2005年私人购车已经占到77%。2015年,小型载客汽车达1.36亿辆,其中以个人名义登记的小型载客汽车(私家车)达到1.24亿辆,占小型载客汽车总量的91.53%。2019年,我国私人汽车拥有量为2.2亿辆。2015—2019年,我国民用汽车保有量和私人汽车保有量见表1-2。据公安部统计,2020年我国机动车保有量达3.72亿辆,其中汽车2.81亿辆;2020年我国新注册登记机动车3328万辆。

2015—2019年我国民用汽车保有量情况　　　　　表1-2

年份(年)	2015	2016	2017	2018	2019
民用汽车保有量(万辆)	17228	19440	21743	24028	26150
私人汽车保有量(万辆)	14399	16559	18695	20730	22635

2006—2020年我国乘用车与商用车销量情况见表1-3。由表1-3可以看出,乘用车的销量占整个市场的比例由2001年的51%增长到2016年的87%,乘用车成为拉动汽车行业增长的主体。2020年,商用车的销量占比增加明显,销量首次超过500万辆,创历史新高。近年来,功能性较强的SUV(Sports Utility Vehicles,运动型多用途汽车)和MPV(Multi-Purpose Vehicles,多用途汽车)车型销量也在增长,尤其是SUV车型2020年的销量首次超过轿车销量,占乘用车销量的46.9%。SUV、MPV等车型的高速增长,表明我国汽车市场已经从轿车为主的单一需求发展为更加强调功能性和个性化的多元化需求阶段,车型结构发生了明显的变化。

2006—2020年我国乘用车与商用车销量情况　　　　　表1-3

年份 (年)	乘用车和商用车 总销量(万辆)	乘用车销量 (万辆)	乘用车销量占比 (%)	商用车销量 (万辆)	商用车销量占比 (%)
2006	721.6	517.6	71.7	204.0	28.3
2007	879.0	629.8	71.6	249.2	28.4
2008	938.1	675.6	72.0	262.5	28.0
2009	1364.4	1033.1	75.7	331.3	24.3
2010	1806.2	1375.8	76.2	430.4	23.8
2011	1850.5	1447.2	78.2	403.3	21.8
2012	1930.6	1549.5	80.3	381.1	19.7
2013	2198.4	1792.9	81.6	405.5	18.4

年份 (年)	乘用车和商用车 总销量(万辆)	乘用车销量 (万辆)	乘用车销量占比 (%)	商用车销量 (万辆)	商用车销量占比 (%)
2014	2349.2	1970.1	83.9	379.1	16.1
2015	2459.7	2114.6	86.0	345.1	14.0
2016	2802.8	2437.7	87.0	365.1	13.0
2017	2887.9	2471.8	85.6	416.1	14.4
2018	2808.2	2371.1	84.4	437.1	15.6
2019	2576.8	2144.4	83.2	432.4	16.8
2020	2531.1	2017.8	79.7	513.3	20.3

3. 产业结构合理化,资本结构多样化

21 世纪以来是我国汽车产业组织结构变化最突出的时期,国际汽车产业的影响和我国市场经济体制的不断完善,使得市场配置作用更加明显。我国汽车产业跨地区、跨行业、跨品牌、跨国界、跨所有制的联合兼并和重组确立了一批骨干企业在行业的主导地位,产业集中度进一步提高。

国际合作进一步扩大。经过 40 年的对外开放,我国汽车工业和国际间的合作越来越成熟和完善。加入 WTO(World Trade Organization,世界贸易组织)后,开展国际合作的政策环境、市场环境以及产业合作的基础,对我国汽车工业的发展都更加有利。汽车产业投资主体向多元化发展,国有、民营和国外资本并存的多元化产业资本结构开始形成。

4. 汽车出口成效显著

2005 年,我国汽车的整车销量实现了出口大于进口,整车出口量稳定增长,继 2012 年之后,2018 年汽车出口量再次超过 100 万辆。2019 年,在国际汽车市场深度调整的背景下,我国整车出口金额达 160.45 亿美元,同比增长 3.28%。在汽车整车出口主要品种中,小轿车仍占主体地位。自主品牌企业是出口主力军,根据中国汽车工业协会统计的数据,2019年排名前 10 位的出口企业分别为上汽、奇瑞、北汽、江淮、东风、长安、大庆沃尔沃、长城、一汽、华晨,合计出口 83.78 万辆,占出口总量的 80% 以上。2020 年,在新冠肺炎疫情影响下,汽车整车出口量仍接近 100 万辆。

2016—2020 年我国整车产品出口数量见表 1-4。

2016—2020 年我国整车产品出口数量 表 1-4

年份(年)	2016	2017	2018	2019	2020
乘用车和商用车总数量(万辆)	70.4	89.1	104.1	102.4	99.5
乘用车数量(万辆)	42.3	63.9	75.8	72.5	76.0
商用车数量(万辆)	28.1	25.2	28.3	29.9	23.5

5. 制造技术不断进步,关键技术领域取得重大突破

我国汽车制造技术和管理水平稳步提升,汽车行业适应市场的能力明显增强,在先进动力总成、动力电池及驱动电机、氢燃料电池动力系统和整车轻量化等关键技术领域取得重大突破,汽车产业技术创新支撑能力显著提升。从《节能与新能源汽车技术路线图 1.0》发布至今,国内相关汽车产业研发投入持续大幅攀升,汽车科技人才数量与质量双双提升,汽车产业发明专利年度公布量5年翻了一番;多部门协同覆盖相关汽车产业的产业间的协同创新机制不断健全。

汽车节能技术持续提升,发动机可变气门正时、涡轮增压、缸内直喷等先进汽油机技术的应用比例不断提高,使发动机技术实现全面升级;我国乘用车新车平均油耗持续下降,已接近2020年百公里油耗5L的目标值,汽油机热效率达到40%的国际领先水平,自动变速器占比已经达到70%以上,7DCT(Dual Clutch Transmission,双离合自动变速器)和8AT(Auto Transmission,自动变速器)相继实现投产。商用车方面,柴油机热效率已经达到50%,商用车多挡电热器等明显推动了商用车节能技术的发展。

6. 汽车服务体系日益成熟,二手车交易快速增长

随着我国汽车产业的高速发展与汽车进入千家万户,私家车已经占民用车辆保有量的80%以上,汽车售后维修服务已经成为基本的民生服务业。我国汽车维修行业已成为一个独立的、社会化的产业,初步形成了以一类企业为基础、二类企业为骨干、三类企业为补充的布局合理、服务便捷的汽车维修网络体系。2016—2019年,我国汽车售后维修市场规模逐年增长,统计数据显示,2019年我国汽车售后维修市场规模约为6770亿元。

汽车维修业的服务范围、生产经营模式及作业方式发生了根本性变化,汽车维修服务范围从为道路运输车辆服务、为企事业单位和政府工作用车服务变为为全社会民众服务;汽车维修生产经营模式从过去的旧件加工修复为主变为以维护为主、配合更换零配件;维修作业方式从过去定期修理、大拆大卸式的生产作业模式变为以不解体检测诊断、视情维修为主。最根本的变化是从过去重点对车服务变为对人、对车一体化服务。

近年来,我国二手车累计交易量呈逐年增长态势,由2015年的累计交易941.71万辆增长到2019年累计交易量为1492.28万辆,2019年的累计交易金额为9356.86亿元,二手车市场成为拉动汽车消费新动力。

7. 新能源汽车产业取得突破性进展

《中国汽车产业发展报告(2012)》中针对我国新汽车产业问题开展了研究,并提出"把握趋势、认清差距、合作竞争、加快发展"的基本认识。近年来,全球电动汽车的销量实现了高速增长,2017年接近115万辆,是2012年销量的约10倍,电动汽车销量占汽车总销量的比例首次超过1%。我国的新能源汽车销量自2015年起连续三年位居全球第一,累计推广量超过180万辆,约占全球新能源汽车累计销量的一半。同时,汽车产业在技术创新、全产业链建设、推广应用、国际化发展等方面也取得了成绩,在一些方面已处于全球领先地位,发展新能源汽车的经济、能源、环境效益也日益显现。

新能源汽车整体技术达到国际先进水平。纯电动汽车技术水平和产品竞争力全面提升,达到国际先进水平。我国纯电动汽车在整车能耗、续驶里程、智能化应用等方面实现了全面进步,产品竞争力显著提高。此外,我国动力电池技术和规模都进入世界前列,驱动电机与国外技术水平同步发展。插电式混合动力电动汽车相关技术提前实现性能目标,2019年,我国插电式混合动力电动乘用车B状态油耗已经达到每百公里4.3L,相比乘用车平均水平的油耗约25.9%,提前实现了国家每百公里油耗5L的目标。与此同时,自主品牌汽车企业插电式混合动力技术持续提升,比亚迪、广汽等骨干企业推出了不同类型的新型机电耦合装置;氢燃料电池电动汽车加快进入示范导入期,氢燃料电池电动客车在续驶里程、百

公里氢耗等方面都已经实现了 2020 年预定目标;商用车燃料电池系统多项指标也与国际先进技术水平同步。核心技术方面,我国已经实现了燃料电池电堆、压缩机等关键零部件的国产化。

通过多年来对新能源汽车整个产业链的培育,丰富和多元化的新能源汽车产品不断满足市场需求,使用环境也在逐步优化和改进,新能源汽车越来越受到消费者的认可。2020年,我国新能源汽车产销量分别为 136.6 万辆和 136.7 万辆。

2011—2020 年我国新能源汽车产销量情况见表 1-5。

2011—2020 年我国新能源汽车产销量情况 表 1-5

年份(年)	2011	2012	2013	2014	2015	2016	2017	2018	2019	2020
产量(万辆)	0.84	1.26	1.75	7.9	34.1	51.6	79.4	127.2	124.2	136.6
销量(万辆)	0.82	1.28	1.76	7.5	33.1	50.7	77.7	125.6	120.6	136.7

8. 智能网联汽车技术水平显著提升,产业取得一定成效

自 20 世纪 90 年代起,我国各高校和研究机构陆续开展自动驾驶的研发工作。自 2009 年以来,国家自然科学基金委员会举办"中国智能车未来挑战赛",吸引多所高校和研究机构参与,为自动驾驶技术的交流和发展起到了良好的促进作用。同时,工业和信息化部、科技部、交通运输部连续多年发布物联网专项,智能网联汽车是其支持的重点领域之一。科技部在车路协同、车联网等方面已经进行了多个"863 计划"的国家立项和政策支持。2015年,国务院发布《中国制造 2025》,将发展智能网联汽车上升为国家战略重要发展方向之一,北汽、上汽、长安等汽车企业相继公布智能网联汽车发展战略。2017 年 4 月,工业和信息化部、国家发展和改革委员会和科技部联合印发《汽车产业中长期发展规划》,提出加大智能网联汽车关键技术攻关,开展智能网联汽车示范推广。2016 年以来,大批初创企业投向智能网联汽车相关领域,我国智能网联汽车产业已经进入爆发式增长预备阶段。

智能网联汽车技术水平显著提升。整车智能化水平明显提高,PA 级(部分自动驾驶)已经大量应用,高级别自动驾驶汽车已在部分场景展开示范应用。同时,我国 V2X 通信技术(Vehicle to Everything,车用无线通信技术)发展与国际领先水平保持同步,大数据、云计算基础平台架构相较国外更具先进性。此外,高精度地图、定位技术进展也与国际水平保持同步,已完成国家标准和团体标准两个层面的标准体系架构的构建。

二、汽车服务的范畴

道路运输生产过程的实现需要两大系统提供支持,即为运输过程提供服务的运营支持系统和为运输装备提供保障的技术支持系统。汽车作为当代道路运输的主要工具之一,根据使用目的不同而具有不同的属性。作为从事道路运输经营或生产过程运输的工具,利用其可以创造运营和生产效益,是生产装备;而作为个人出行的代步工具,主要是解决个人交通需求的方便性,是个人消费品。而且,汽车还具有在公共环境下使用的特点,各项性能必须符合公共管理的要求和技术法规标准。

1. 汽车服务的狭义范畴

狭义的汽车服务是指汽车产品销售后,从开始使用直至回收报废各个环节所涉及的以技术服务为特征的生产活动,其主要目的是保障汽的使用价值,例如汽车维修服务。

汽车维修服务是为维持和恢复汽车正常技术状况而进行的生产活动。对营运车辆进行

维修是使运输生产过程持续进行的技术保障方式，具有维持或恢复车辆运输生产力的作用，能使在用营运车辆创造出更多的商业价值，即使在运输企业内部进行的车辆维修活动也可以产生间接的经济效益。而对作为个人交通工具而使用的私家车，尽管车辆的使用不为所有者直接创造价值，但是对其进行的维修可以使汽车所有者保持车辆使用价值。汽车维修企业所进行的维修生产活动，可以直接形成服务产品，在取得产生经济效益的同时还具有满足市场需求的社会效益。

汽车作为主要的道路运输装备，应能安全、低耗、环保、舒适、高效、及时与可靠地为运输生产提供运力，这需要依靠汽车运用技术提供相应的支持保障。汽车运用技术所涉及的相关的核心活动是"管、用、养、修"，即生产性技术管理与技术服务。

由于汽车运用技术的应用领域不仅是针对车辆集中使用的企业，而且也面对个人所有车辆的技术服务需求，因此，目前汽车运用技术范围已经扩大并且内涵也在增加，其所涉及的相关核心工作由原来的"技术管理、合理运用、正确维修、强制检验"的运输企业生产过程的车辆技术管理，扩大到了包括"旧车评估、事故鉴定、理赔定损、信息咨询"等个人消费服务需求。汽车运用技术的研究内容和实际应用领域扩展为"管、用、维、检、评、鉴、定、咨"。其相关的活动包括汽车维修、信息咨询、汽车检验、状态评估、理赔定损、事故鉴定、汽车召回、运行监控等。

2. 汽车服务的广义范畴

广义的汽车服务是指汽车产品出厂进入销售流通领域，直至其使用后回收报废各个环节所涉及的全部技术的和非技术的服务，甚至还延伸至汽车生产领域和使用环节的其他服务。

产品寿命周期是指从设计、制造、销售、使用、维修及回收利用的全过程，汽车后市场是指从销售开始为汽车消费所需提供的各种服务构成的市场，汽车服务业是与汽车消费相关联的服务行业总称。汽车服务的广义范畴为汽车消费过程中的购销服务、使用服务、权益服务等。

广义的汽车服务还延伸至汽车开发设计与生产领域的相关服务，如原料供应、外包设计、产品测试、产品质量认证及新品研发前的市场调研等。汽车服务既有技术性服务，也有非技术性服务。技术性服务的内容属于机械电子工程的范畴，而非技术性服务的内容属于管理工程范畴。此外，还有可称为"文娱服务"的活动，如汽车俱乐部，是以某品牌或者车型的汽车文化为主题，组织有共同爱好进行活动的服务；汽车赛事服务，是由相关机构组织进行的以某项汽车运动为主题的竞技活动。

三、汽车服务的分类及内容

汽车服务所涉及的经营活动范围广泛，从不同的角度可划分为不同类型。

1. 按汽车消费的过程分类

按消费过程，可将汽车服务分为购销服务、使用服务和权益服务。

（1）购销服务：包括整车销售、配件销售、旧车交易、金融贷款、广告宣传、购车咨询、汽车展览等。

（2）使用服务：包括管理代理、燃料供应、维护修理、美容装饰、停车租赁、导航支持、意外救援、防盗保安、驾驶学校、汽车旅馆等。

（3）权益服务：包括法规咨询、检测仲裁、事故分析、保险理赔等。

2.按汽车服务所产生的时间分类

根据汽车服务所产生的时间节点不同，汽车服务业分为汽车售前服务、售中服务和售后服务。

（1）售前服务：包括汽车产品开发、设计、质量控制、市场调查、信息收集等。

（2）售中服务：包括销售咨询、广告宣传、汽车贷款与保险、汽车批发与零售、汽车注册与牌照办理等。

（3）售后服务：包括维护修理、汽车内外装饰、保险与理赔、技术咨询、旧车交易、检测与诊断、报废回收、事故救援、市场调查与信息反馈、燃料供应等。

3.按汽车服务的业务性质分类

按照汽车服务的业务性质，可将汽车服务业细分为以下10类。

（1）售后服务：包括售后的修理和汽车的定期维护，以及对用户的技术培训和技术咨询。

（2）汽车配件销售：包括汽车内外装饰、汽车防盗装置、内饰件、保养品及汽车改装服务等。

（3）汽车保险：包括交通强制险、车辆损失险、机动车第三者责任险、盗抢险等。

（4）汽车融资：包括汽车业资本经营、汽车租赁和消费信贷等。

（5）汽车资讯：包括市场调查、市场分析、行业动态、统计分析、政策法规等。

（6）汽车广告：汽车产品广告代理等。

（7）智能交通服务：包括车载系统和公共系统，车载系统主要有信息接收系统、收音机、影碟机、车载电话、车载电子计算机、车载办公系统等；公共系统主要有交通信息、行车向导、事故救援、联络通信等。

（8）汽车娱乐服务：包括音响系统、CD（Compact Disc，小型激光唱片）系统、电视接收系统、DVD（Digital Video Disc，高密度数字视频光盘）系统、电子游艺系统等。

（9）汽车俱乐部：包括品牌俱乐部、车迷俱乐部、越野俱乐部、维修俱乐部、救援俱乐部等。

（10）汽车文化：包括汽车模型、汽车体育、汽车知识、汽车杂志、汽车书籍、汽车影视等。

第二节　汽车服务场站概述

汽车服务业是与汽车消费相关联的服务行业总称。汽车服务业所包含的范围非常广泛，汽车从生产、销售、消费到报废过程，除生产环节外，涉及的行业都可以划入汽车服务业的范畴。

汽车服务场站是指为汽车及驾乘人员提供服务的场所或机构，包括汽车4S店、汽车检测站、汽车加油加气站、电动汽车充电站、汽车停车场（库）、汽车客运站、公路货运站和高速公路汽车服务区等。

一、汽车4S店

汽车4S店全称为汽车销售服务4S店，是一种集整车销售（Sale）、零配件（Spare part）、售后服务(Service)、信息反馈(Survey)四位一体的汽车销售企业。

汽车4S店起源于欧洲,是与欧洲经济繁荣、交通便利、汽车工业发达、汽车保有量大而汽车品牌相对集中等因素直接相联系的,1998年以后由欧洲进入中国。汽车4S店是现代汽车流通企业的标准,是以为客户提供全面、优质的服务而形成的一种经营模式。具有类似功能的汽车营销企业也称为"专卖店""特约经销商""品牌店""形象店""旗舰店"等。

汽车4S店是由经销商投资建设,按照汽车生产厂家规定的标准建造的,其投资巨大。汽车4S店与汽车厂家共同组成汽车品牌联盟,代表汽车品牌文化,体现品牌价值,维持品牌忠诚度,为汽车生产厂家树立汽车品牌的知名度和信誉。

汽车4S店的等级划分没有统一标准,有的根据汽车销售网点所处的行政区划和销售网点的规模,将汽车4S店分为旗舰店和标准店。其中,旗舰店通常是企业在营销过程中设在某地最高级别的品牌形象展示店,一般是所处地段极佳、客流极强、销售业绩极好的样板店。此外,也有的企业对不同级别的加盟店,在店面建筑形式、场地面积、展厅面积、办公区、车间、配件库、年销量等方面有相应的要求和限定。

1. 汽车4S店模式的优势

汽车4S店模式近年在国内发展极为迅速,汽车4S店的核心含义是"汽车终身服务解决方案"。与其他汽车销售模式相比,汽车4S店具有如下优势:

(1)品牌优势。由于汽车4S店大多经营的是品牌效应好、竞争力强、市场份额比较大的汽车品牌,所以品牌优势是其主要的竞争手段,这是其他汽车销售模式无法比拟的。

(2)完整和规范的服务系统。汽车4S店的核心竞争力是以优质的服务赢得顾客。在汽车4S店,消费者可以得到关于汽车信息、市场动态、售后服务、维护须知、配件供应等所有增值服务,无论整车还是零部件都能够保证原厂原货,使消费者免去了在售后服务、维修等方面的后顾之忧。

(3)多种多样的增值服务。消费者在购买汽车以后,还需要有一些额外的服务,汽车4S店可以凭借其强大的实力推出各种差异化、个性化的服务,这是汽车4S店的核心竞争力,如二手车交易等。

(4)与客户有互动,增加顾客价值。汽车4S店往往通过建立汽车俱乐部加强与顾客的联系,通过组织车友休闲活动,让客户感觉到4S店不仅是把车卖给客户,还和客户是亲密的朋友关系,将汽车企业和汽车品牌的文化融入客户日常生活,提高顾客满意度和保留率,同时通过口碑效应赢得更多的客户,提高汽车销量和企业竞争能力。

2. 汽车4S店的分区和功能

汽车4S店一般由展示厅、维修接待区、配件仓库、车间、行政管理办公区、二手车交易区等组成。

(1)展示厅。展示厅具有新车展示和销售功能,是形象和理念体现的中心。汽车展示厅的装饰格调高雅、环境舒适。展示厅包括汽车展示与销售区、咨询服务区、配件陈列与销售区、业务办理区、用户休息区,同时可设有贵宾室、洽谈室、会议室等。

(2)维修接待区。维修接待是售后服务的最主要环节,是通过对车辆进行诊断确定维修方案。维修接待区有人性化的厂房空间、高效率和高精度的设备,以及诊断测试仪器。

(3)配件仓库。配件仓库储备一定量的汽车零配件,以供客户选购。同时,对事故、损耗零部件进行保存归档,反馈给厂家检查。

(4)车间。车间主要对售后车辆进行维护服务、故障修理、局部组装改装等。除按工艺流程设置洗车位、修车位、修理用房、工具间、废品库等外,还配备车间管理办公室、工人休息室、更衣沐浴室、卫生间等辅助用房、空气压缩机房、配电房等。车间设计对采光照度要求高,并且需要有良好的通风,设有单独的车间出入口。

(5)行政管理办公区。行政管理办公区是经销商的行政办公区,同时联系和管理着各个功能分块,主要设有经理人员办公室、行政办公室、接待室、会议室、员工培训教室等。

二、汽车检测站

汽车检测站是综合运用现代检测技术,对汽车进行不解体(或仅拆卸个别零部件)检查和性能测试与分析的工作机构。

1.汽车检测站的发展

20 世纪 80 年代初,交通部在大连市建立了国内第一个汽车检测站。从工艺上提出将各种单台检测设备安装连线,构成功能齐全的汽车检测线。20 世纪 80 年代中期,公安部在交通部建设汽车检测站的基础上,进行了推广和发展。到 1990 年底,全国已有汽车检测站600 多个,形成了全国性的汽车检测网。随着我国机动车保有量迅速增加,保证车辆运行安全、节约能源和降低环境污染成为重要课题,汽车检测与诊断技术的应用成为推进汽车维修领域实现现代化管理的一项重要技术措施,国家交通部门首先开始有计划地在全国公路运输系统筹建汽车综合性能检测站。20 世纪 90 年代初,除交通、公安两部门外,其他行业和部分的大专院校也建成了汽车综合性能检测站,到 1997 年,全国已建立汽车综合性能检测站近千家。

为了规范汽车检测工作,我国已发布实施了有关汽车检测的国家标准、行业标准、计量检定规程等 100 多项,如《汽车综合性能检验机构能力的通用要求》(GB/T 17993—2017)、《汽车维护、检测、诊断技术规范》(GB/T 18344—2016)、《机动车运行安全技术条件》(GB 7258—2017)等。从汽车安全性能或综合性能检测站建站到汽车检测的具体检测项目和方法,都基本做到了有法可依。目前,国内汽车检测站已实现网络化,自《机动车安全技术检验业务信息系统及联网规范》(GB/T 26765—2011)颁布实施以来,汽车检测站控制系统经升级改造,实现了检测设备联网、检测过程自动控制、检测数据及时存储和检测报告自动生成打印等功能。

2.汽车检测站的分类

汽车检测站依据服务功能可分为汽车安全检测站、汽车环保检测站、汽车维修检测站和汽车综合性能检测站。其中,汽车综合性能检测站按职能又可分为 A 级站、B 级站和 C 级站。汽车检测站的检测线按自动化程度可分为手动式、全自动式和半自动式三种类型。

1)汽车安全检测站

汽车安全检测站是指在中华人民共和国境内,依法接受委托,从事机动车安全技术检验,并向社会出具公正数据的技术机构。

汽车安全检测站通常有一条至数条安全环保检测线。它根据国家的相关法规、标准和管理规定,定期检测车辆中与安全和环保相关的项目,以保证汽车安全行驶。其检测结果只有"合格"和"不合格",而不作具体数据显示和故障诊断与分析。

2)汽车环保检测站

汽车环保检测站是指对在用机动车进行排放污染物定期检测的机构。汽车环保检测站接受环境保护行政主管部门的监管,能够执行国家及地方颁布的机动车排放标准。

3)汽车维修检测站

汽车维修检测站主要是从车辆维护和修理的角度,对汽车进行性能的检测、故障的诊断和维修质量的监测。在汽车维修前,检测站通过对汽车技术状况的检测和故障诊断,可以确定汽车维护的附加作业、小修项目以及是否需要大修;而在汽车维修中和维修后,通过检测可以监测汽车的维修质量。

4)汽车综合性能检测站

通常我们把对汽车的动力性、经济性、安全与环保性能、可靠性等性能的检测称为综合性能检测。汽车综合性能检测站能按照规定的规范、标准和方法,运用检测设备和技术手段,对在用道路运输车辆综合性能进行检测(检验)评价并提供检测数据和报告。它既能承担车辆安全环保方面的检测任务,又能承担汽车运输企业、汽车维修企业等企事业单位的车辆技术状况诊断,还能承接科研单位、高等院校等委托的性能试验和参数测定。

三、汽车加油加气站

汽车加油加气站是汽车增添燃料的场所,它的主要任务是零售、储存、保管、供应汽车用燃油(气)和润滑油等,是为汽车油箱加注汽油、柴油等车用燃油,以及为燃气汽车储气瓶加注车用液化石油气、车用压缩天然气或车用液化天然气的专门场所。汽车加油加气站主要由油气储存区、加油加气区和管理区三部分组成。有的加油站还设有便利店、洗车等辅助设施。

由于石油商品具有易燃爆、易挥发、易渗漏、易集聚静电荷的特性,汽车加油加气站必须确保"安全第一",贯彻"预防为主,防消结合"的方针,保证安全经营。汽车加油加气站工作人员必须经过培训,学习石油商品知识和用油机具知识,掌握业务操作要领,熟悉汽车加油加气站管理制度,并经过相关主管部门考核合格后方准上岗操作。

1.汽车加油加气站的分类

汽车加油加气站是加油站、加气站、加油加气合建站的统称。

(1)加油站。加油站是具有储油设施,使用加油机为机动车加注汽油(含甲醇汽油、乙醇汽油)、柴油等车用燃油并可提供其他便利性服务的场所。

(2)加气站。加气站是具有储气设施,使用加气机为机动车加注车用液化石油气(Liquefied Petroleum Gas,LPG)、压缩天然气(Compressed Natural Gas,CNG)或液化天然气(Liquefied Natural Gas,LNG)等车用燃气,并可提供其他便利性服务的场所。

(3)加油加气合建站。加油加气合建站是具有储油(气)设施,既能为机动车加注车用燃油,又能加注车用燃气,也可提供其他便利性服务的场所。

2.汽车加油加气站的分级

《汽车加油加气加氢站技术标准》(GB 50156—2021)规定了加油站、加气站、加油加气合建站等的等级划分。

1）加油站分级

加油站是指具有储油设施,使用加油机为机动车加注汽油、柴油等车用燃油并可提供其他便利性服务的场所。按照加油站的油罐总容积和单罐容积将加油站分为三级,见表1-6。

汽车加油站的等级划分 表1-6

级　别	油罐容积 $V(m^3)$	
	总容积	单罐容积
一级	$150 < V \leq 210$	$V \leq 50$
二级	$90 < V \leq 150$	$V \leq 50$
三级	$V \leq 90$	汽油罐 $V \leq 30$,柴油罐 $V \leq 50$

注:柴油罐容积可折半计入油罐总容积。

2）加气站分级

加气站包括LPG加气站、CNG加气站、LNG加气站和L-CNG加气站。

LPG加气站是指为汽车储气瓶充装车用LPG,并可提供其他便利性服务的场所。

CNG加气站是CNG常规加气站、CNG加气母站、CNG加气子站的统称。

CNG常规加气站指从站外天然气管道取气,经过工艺处理并增压后,通过加气机给汽车CNG储气瓶充装车用CNG,并可提供其他便利性服务的场所。

CNG加气母站是指从站外天然气管道取气,经过工艺处理并增压后,通过加气柱给服务于CNG加气子站的CNG长管拖车或管束式集装箱充装CNG,并可提供其他便利性服务的场所。

CNG加气子站是指用CNG长管管束式集装箱运进CNG,通过加气机为汽车CNG储气瓶充装CNG,并可提供其他便利性服务的场所。

LNG加气站是指具有LNG储存设施,使用LNG加气机为LNG汽车储气瓶充装车用LNG,并可提供其他便利性服务的场所。

L-CNG加气站是指能将LNG转化为CNG,并为CNG汽车储气瓶充装车用CNG,并可提供其他便利性服务的场所。

（1）LPG加气站根据LPG罐总容积和单罐容积分为三级,见表1-7。

LPG加气站的等级划分 表1-7

级　别	LPG罐容积 $V(m^3)$	
	总容积	单罐容积
一级	$45 < V \leq 60$	$V \leq 30$
二级	$30 < V \leq 45$	$V \leq 30$
三级	$V \leq 30$	$V \leq 30$

（2）CNG加气站分级。CNG加气站储气设施的总容积,应根据设计加气汽车数量、每辆汽车加气时间、母站服务的子站个数、规模和服务半径等因素综合确定。在城市建成区内,CNG加气站储气设施的总容积应符合下列规定:

①CNG加气母站储气设施的总容积不应超过120m³。

②CNG 常规加气站储气设施的总容积不应超过 $30m^3$。

③CNG 加气子站内设置有固定储气设施时,站内停放的 CNG 长管拖车不应多于 1 辆。固定储气设施采用储气瓶时,其总容积不应超过 $18m^3$;固定储气设施采用储气井时,其总容积不应超过 $24m^3$。

④CNG 加气子站内无固定储气设施时,站内停放的车载储气瓶组拖车不应多于 2 辆。

⑤CNG 常规加气站可采用 LNG 储罐做补充气源,但 LNG 储罐容积、CNG 储气设施的总容积和加气站的等级划分应符合表1-8 的规定。

LNG 加气站、L-CNG 加气站、LNG 和 L-CNG 加气合建站的等级划分　　表 1-8

级　别	LNG 加气站		L-CNG 加气站、LNG 和 L-CNG 加气合建站		
	LNG 储罐总容积 V（m^3）	LNG 储罐单罐容积 V（m^3）	LNG 储罐总容积 V（m^3）	LNG 储罐单罐容积 V（m^3）	CNG 储气设施总容积 V（m^3）
一级	$120 < V \leq 180$	$V \leq 60$	$120 < V \leq 180$	$V \leq 60$	$V \leq 12$
一级 *	—	—	$60 < V \leq 120$	$V \leq 60$	$V \leq 24$
二级	$60 < V \leq 120$	$V \leq 60$	$60 < V \leq 120$	$V \leq 60$	$V \leq 9$
二级 *	—	—	$V \leq 60$	—	$V \leq 18$
三级	$V \leq 60$	$V \leq 60$	$V \leq 60$	$V \leq 60$	$V \leq 9$
三级 *	—	—	$V \leq 30$	$V \leq 30$	$V \leq 18$

注:带"＊"的加气站专指 CNG 常规加气站以 LNG 储罐做补充气源的建站形式。

LNG 加气站与 CNG 常规加气站或 CNG 加气子站的合建站的等级划分见表1-9。

LNG 加气站与 CNG 常规加气站或 CNG 加气子站的合建站的等级划分　　表 1-9

级　别	LNG 储罐总容积 V（m^3）	LNG 储罐单罐容积 V（m^3）	CNG 储气设施总容积 V（m^3）
一级	$60 < V \leq 120$	$V \leq 60$	$V \leq 24$
二级	$V \leq 60$	$V \leq 60$	$V \leq 18(24)$
三级	$V \leq 30$	$V \leq 30$	$V \leq 18(24)$

注:表中括号内数字为 CNG 储气设施采用储气井的总容积。

3）加油加气合建站分级

（1）加油与 LPG 加气合建站的等级划分见表1-10。

加油与 LPG 加气合建站的等级划分　　表 1-10

级　别	LPG 储罐总容积 V（m^3）	LPG 储罐与油品储罐的合计总容积 V（m^3）
一级	$V \leq 45$	$120 < V \leq 180$
二级	$V \leq 30$	$60 < V \leq 120$
三级	$V \leq 20$	$V \leq 60$

注:1. 柴油罐容积可折半计入油罐总容积。

2. 当油罐总容积大于 $90m^3$ 时,油罐单罐容积不应大于 $50m^3$;当油罐总容积小于或等于 $90m^3$ 时,汽油罐单罐容积不应大于 $30m^3$,柴油罐单罐容积不应大于 $50m^3$。

3. LPG 储罐单罐容积不应大于 $30m^3$。

（2）加油与 CNG 加气合建站的等级划分见表 1-11。

加油与 CNG 加气合建站的等级划分 表 1-11

级　别	油品储罐总容积 $V(m^3)$	常规 CNG 加气站储气设施总容积 $V(m^3)$	加气子站储气设施总容积 $V(m^3)$
一级	$90 < V \leq 120$	$V \leq 24$	固定储气设施总容积 $V \leq 12(18)m^3$，可停放 1 辆车载储气瓶组拖车；当无固定储气设施时，可停放 2 辆车载储气瓶组拖车
二级	$V \leq 90$		
三级	$V \leq 60$	$V \leq 12$	固定储气设施总容积 $\leq 9(18)m^3$，可停放 1 辆车载储气瓶组拖车

（3）加油与 LNG 加气合建站的等级划分见表 1-12。

加油与 LNG 加气合建站的等级划分 表 1-12

合建站等级	油罐与 LNG 储罐总容积计算公式
一级	$V_{O1}/240 + V_{LNG1}/180 \leq 1$
二级	$V_{O2}/180 + V_{LNG2}/120 \leq 1$
三级	$V_{O3}/120 + V_{LNG3}/60 \leq 1$

注：1. V_{O1}、V_{O2}、V_{O3} 分别为一、二、三级合建站中油品储罐总容积（m^3）；V_{LNG1}、V_{LNG2}、V_{LNG3}、分别为一、二、三级合建站中 LNG 储罐的总容积（m^3）。

2. 柴油罐容积可折半计入油罐总容积。

3. 当油罐总容积大于 $90m^3$ 时，油罐单罐容积不应大于 $50m^3$；当油罐总容积小于或等于 $90m^3$ 时，汽油罐单罐容积不应大于 $30m^3$，柴油罐单罐容积不应大于 $50m^3$。

4. LNG 储罐的容积不应大于 $60m^3$。

（4）加油与 LNG 加气、L-CNG 加气、LNG/L-CNG 加气以及加油与 LNG 加气和 CNG 加气合建站的等级划分见表 1-13。

加油与 LNG 加气、L-CNG 加气、LNG/L-CNG 加气 表 1-13
以及加油与 LNG 加气和 CNG 加气合建站的等级划分

级　别	LNG 储罐总容积 $V(m^3)$	LNG 储罐与油品储罐的合计总容积 $V(m^3)$	CNG 储气设施总容积（m^3）
一级	$90 < V$	$V \leq 24$	固定储气设施总容积 $\leq 12(18)m^3$，可停放 1 辆车载储气瓶组拖车；当无固定储气设施时，可停放 2 辆车载储气瓶组拖车
二级	—		
一级	$V \leq 120$	$150 < V \leq 210$	$V \leq 12$
	$V \leq 90$	$150 < V \leq 180$	$V \leq 24$
二级	$V \leq 60$	$90 < V \leq 150$	$V \leq 9$
	$V \leq 30$	$90 < V \leq 120$	$V \leq 24$
三级	$V \leq 60$	$V \leq 90$	$V \leq 9$
	$V \leq 30$	$V \leq 90$	$V \leq 24$

注：1. 柴油罐容积可折半计入油罐总容积。

2. 当油罐总容积大于 $90m^3$ 时，油罐单罐容积不应大于 $50m^3$；当油罐总容积小于或等于 $90m^3$ 时，汽油罐单罐容积不应大于 $30m^3$，柴油罐单罐容积不应大于 $50m^3$。

3. LNG 储罐的单罐容积不应大于 $60m^3$。

3.汽车加油加气站的分区

加油加气站主要由加油(加气)作业区、辅助服务区和办公区三部分组成。

(1)加油(加气)作业区。加油(加气)作业区是指加油加气站内布置油(气)卸车设施、储油(储气)设施、加油机、加气机、加(卸)气柱、通气管(放散管)、可燃液体罐车卸车停车位、车载储气瓶组拖车停车位、LPG(LNG)泵、CNG(LPG)压缩机等设备的区域。该区域的边界线为设备爆炸危险区域边界线加3m,对柴油设备来说为设备外缘加3m。加油(加气)作业区拥有完成加油站生产服务任务所需要的一切动力机构和设施、控制机构和设施,以及它们附属的仪器、仪表等油站设备设施。加油加气站使用的机器设备大致包括储油(储气)设施、传输设备、加油(加气)设备、动力设备、运输设备、防火安全设备等。此外,加油(加气)作业区还有加油(加气)车辆进出口、停车位和遮雨钢架结构等。

(2)辅助服务区。辅助服务区是指汽车加油(加气)用地红线范围内作业区以外的区域,主要包括超市、食堂、卫生间、休息室、洗车位等,为驾乘人员和加油加气站工作人员提供服务。

(3)办公区。办公区主要包括办公室、会议室、接待室等,是办理业务、交接班,以及进行工作人员管理的场所。

在《汽车加油加气加氢站技术标准》(GB 50156—2021)中,增加了"汽车加油加气加氢站、加氢设施"术语、"加油加氢合建站、加气加氢合建站、加油加气加氢合建站"的等级划分和技术要求。

四、电动汽车充电站

随着新能源汽车产业的不断发展,电动汽车作为新能源汽车产业的重要组成部分,其市场份额在新能源汽车中占比最大。根据国家汽车产业的相关数据估计,新能源汽车在2030年约占整个汽车的一半以上,可以达到7000万辆。电动汽车在普及和发展的过程中,充电基础设施的配套建设是一个关键的环节,完善的充电基础设施体系是推动电动汽车大力发展的前提。

自从电动汽车产业被列为战略性新兴产业以来,国家不断加大对充电基础设施的政策支持力度。国务院在2015年发布的《关于加快电动汽车充电基础设施建设的指导意见》中指出,各地要将充电基础设施专项规划有关内容纳入城乡规划,明确各类建筑物配建停车场及社会公共停车场中充电设施的建设比例或预留建设安装条件要求。《电动汽车充电基础设施发展指南(2015—2020年)》等政策积极支持电动汽车的发展。

1.电动汽车充电模式

电动汽车充电模式包括慢速充电模式、快速充电模式和换电模式三种。

(1)慢速充电模式。慢速充电模式充电时间长,一般需要6~8h,家用电流和电压就可以满足。通常是晚上休息时间给电动汽车充电,所以充电站一般建设在停车场或住宅区等处。

(2)快速充电模式。快速充电模式即在最短的时间内充满电,但是对电流和电压要求比较高,一般的家用电网无法满足要求。快速充电方式一般都是大电流、高电压和高功率的充电方式,由于其充电时间很短,大约30min就可以充满,如今正在成为电动汽车充电的第一选择。这类充电通常设立在一些交通流量较密集地方或者高速公路上,虽然这类站建设成本高、土地占用面积大且费用也比较高,但是利于维护管理,可以很快解决用户的需求。

(3)换电模式。慢速充电和快速充电方式都是对汽车内部的电池进行充电,换电模式则是直接更换已充电完成的电池。要想采用直接更换电池的模式,需要统一电池的标准和规格等。目前换电方式适用于城市公交车和出租汽车等类型一致的车型。换电时不需要用户等待电池充满,只需要花费 5 ~ 10min 的时间更换电池,换下来的电池可以选择慢速充电,对电池有一定的保护作用,可延长电池的使用周期。

目前,我国公共充电领域以直流快速充电为主、交流慢速充电为辅,其他充电方式为补速充电。在私人充电领域主要还是交流慢速充电。2019 年,电动汽车充电技术与标准体系都得到补充和完善,大功率充电技术、无线充电、小功率直流充电技术及换电模式对充电市场的有力补充,增强了用户的充电检验。

2. 充电基础设施的发展

截至 2019 年底,全国充电基础设施规模达到 120 万个,有力支撑了我国电动汽车规模化市场的快速形成和发展。政府管理部门、行业协会组织、各参与企业同心协力,在充电设备品质提升、电动汽车充电安全、充电技术标准升级、运营模式创新等方面均取得了一定成果。

(1)充电桩保有量。2015—2019 年我国公共充电桩保有量持续保持增长,从 2015 年的 57792 台增长到 2019 年的 516396 台。截至 2019 年底,我国公共充电桩保有量超过 5 万台的省份包括广东、江苏、北京和上海,公共充电桩保有量超过 2 万台的省份包括山东、浙江、安徽和河北。湖北、福建、天津、河南、陕西、四川、山西、重庆、湖南等省份的公共充电桩保有量也超过了 1 万台。长三角地区、京津冀地区、珠三角地区是公共充电桩的主要集中地,东部地区沿海省份公共充电桩的建设数量普遍较多,东北、西北和西南部分地区公共充电桩分布较少。

(2)充电站保有量。近几年来,我国充电站建设同样有长足发展,充电站保有量由 2015 年的 1069 座增加到 2019 年的 35849 座,充电站点密度越来越高,电动汽车车主充电便利性也得到了大幅改善。

(3)车桩比。新能源汽车与充电桩保有量配比水平持续提高,已由 2015 年的 7.84∶1 提高至 2019 年的 3.50∶1。充电市场逐渐成熟,车桩比趋于合理。但新能源汽车与公共充电桩保有量之比为 8∶1 左右,2019 年为 8.25∶1。

(4)交、直流桩保有量。截至 2019 年底,国内交流桩数量为 301238 台,占比为 58.33%;直流桩 214670 台,占比为 41.57%,交直流一体桩(同时具备直流充电和交流充电两种功能)仅有 488 台。

(5)公用、专用桩保有量。截至 2019 年底,国内公用桩数量为 410691 台,占比为 79.53%;专用桩为 105705 台,占比为 20.47%。

(6)换电设施发展情况。截至 2019 年,中国电动汽车充电基础设施促进联盟内成员单位总计上报换电站 306 座。相对于电动汽车充电,电动汽车换电模式还处于市场摸索阶段,目前国内主要的换电设施运营商有奥动新能源和蔚来两家,分别运营 183 座和 123 座换电站。

自 2008 年起,我国就已经开始在纯电动客车领域开展换电模式的示范应用。随着换电技术进步、换电站建设成本降低和换电标准的不断完善,以北汽新能源、蔚来汽车、力帆等为代表的企业开始加大对换电模式的探索。但受限于跨品牌、多车型、电压平台等通用性,以及换电站建设、运营成本相比充电站高,产权结构复杂,迄今尚未有可盈利的商业模式。另外,电池包高压接口频繁插接存在能量损耗,特别是采用液冷系统的电池包对换电结构要求严格复杂,频繁插拔势必会带来极大的安全隐患。换电模式对电池系统耐久性、安全性的影响一直是主要汽车企业关注的重点,需要进一步验证。

(7)安全保障体系建设。充电设施的安全对产业发展具有至关重要的作用,无论是先进的充电技术还是完善的标准体系都是建立在安全的基础上。充电设施安全保障体系的建设是一个系统性工程,需要从充电设施整个业态综合考虑,从充电设施涉及的多个维度去构建安全保障体系。目前,国家已制定和颁布一系列的相关标准和规范,如《汽车加油加气站设计与施工规范》(GB 50156—2012)、《电动汽车充电站设计规范》(GB 50966—2014)等。其中,《电动汽车充电站设计规范》(GB 50966—2014)从规模及站址选择、平面布置、充电系统、供配电系统、电能质量、计量、监控及通信系统、土建、消防给水和灭火设施、节能与环保等方面进行了规范。

3.电动汽车充电站组成

电动汽车充电站由充电系统、蓄电池管理系统、充电站监控系统等组成。

(1)充电系统。充电系统是由充电站内的所有充电设备、电缆及相关辅助设备组成的系统。

(2)蓄电池管理系统。蓄电池管理系统可以控制动力蓄电池的输入和输出功率,监视蓄电池的状态(温度、电压、荷电状态),为蓄电池提供通信接口的系统。

(3)充电站监控系统。充电站监控系统是对充电站的供电设备、充电设备运行状态、环境监视及报警等信息进行采集,应用计算机及网络通信技术实现对站内设备的监视、控制和管理的系统。

4.电动汽车充电站分级

充电站按配电容量或日可提供充电服务车辆台数分为四级。

(1)一级充电站。一级充电站是指单路配电容量不小于5000kW的充电站,一般日可提供200台次以上大、中型商用车的充电服务,或可提供500台次以上乘用车的充电服务。

(2)二级充电站。二级充电站是指单路配电容量不小于3000kW且小于5000kW的充电站,一般日可提供100~200台次大、中型商用车的充电服务,或可提供200~500台次乘用车的充电服务。

(3)三级充电站。三级充电站是指单路配电容量不小于1000kW且小于3000kW的充电站,一般日可提供40~100台次大、中型商用车的充电服务,或可提供100~200台次乘用车的充电服务。

(4)四级充电站。四级充电站是指单路配电容量小于1000kW的充电站,一般日可提供40台次以下大、中型商用车的充电服务,或可提供100台次以下乘用车的充电服务。

五、汽车停车场(库)

停车场(库)是指供各种机动车和非机动车停放的露天或室内场所。一般把室内停车场、立体停车场和机械停车场等称为停车库。

1.汽车停车场(库)的组成

汽车停车场(库)主要由停车标志、停车位、管理设施等组成。

(1)停车标志。停车标志按功能可分为地下车库停车标志、收费停车场标志、道路收费停车场标志等;按设置的位置可分为地面标志和立面标志。停车标志主要用于指示停车场的位置,引导驾驶员停车。

(2)停车位。停车位一般用白色划线表示,按车辆的停放方式可分为斜列式、平行式和垂直式;按车辆的停发方式可分为前进式发车前进式停车、前进式停车后退式发车和后退式停车前进式发车三种。

(3)管理设施。管理设施包括收费系统、门禁系统、车位锁等。

2.汽车停车场(库)的分类

(1)按停放车辆性质分类。汽车停车场(库)按停放车辆性质分为机动车停车场和非机动车停车场。

机动车停车场主要是指汽车停车场,又可分为小型客车停车场、公共汽车停车场、货运汽车停车场、出租汽车停车场等。非机动车停车场包括各种类型自行车和三轮车停车场或存车处、保管站。

(2)按停放地点分类。汽车停车场(库)按停放地点分为路内停车场和路外停车场。

路内停车场(有时还可分为路上停车场和路边停车场)是指在道路用地控制(红线)内划定的供车辆停放的场地,包括车行道边缘、公路路肩、较宽的隔离带上停车,或利用高架路、立交桥下的空间停车。这种停车场基本不妨碍交通,设置简单、使用方便、投资少,多作临时短时间停放。其位置的选择主要考虑道路和交通情况,原则上不宜设置在主干道上或道路纵坡大于4%的路段上。路内停车场一般设有标志、隔离护栏或用标线划定范围。

路外停车场是指道路用地控制范围以外专辟的停车场地,包括停车库、停车楼、机械式立体停车和各类大型公共建筑附设的停车场。这类停车场一般包括停车场地、停车出入口通道、计时收费系统、各种停车管理设施和其他附属设施。停车楼和地下停车库都是为了节省城市用地,充分利用空间的有效措施。尤其地下停车库,它是近些年来大城市普遍采用的停车形式。此外,智能化机械式停车设备的开发,是一种综合性强、难度高、要求严、投入大的机、电、光一体化的高科技装备,是将来解决停车问题的发展趋势。

(3)按服务对象分类。汽车停车场(库)按服务对象分为公用停车场和专用停车场。

公用停车场又称社会停车场,主要指设置于大型公共建筑、商业文化街、公园及旅游区附近,为各种社会车辆停放服务,以及分布在城镇出入口附近供入城、过境车辆临时停放的停车场。公用停车场又可分为三类,即大型集散场所停车场、商业服务业停车场和生活居住区停车场。

专用停车场主要是指机关、企事业单位、厂矿等内部自用的停车场和公共交通、汽车运输公司等专用的停车场,主要为单位所属车辆提供服务。

(4)按停放车辆容量划分。按停放车辆容量的不同,汽车停车场(库)可分为小型、中型、大型和特大型停车场。停车场(库)建筑规模及停车当量数见表1-14。

停车场(库)建筑规模及停车当量数(单位:辆) 表1-14

类型	特大型	大型	中型	小型
停车场当量数	>1000	301~1000	51~300	≤50
停车库当量数	>500	301~500	51~300	≤50

注:停车当量数以小型车为计算当量。

(5)按车辆保管方法分类。按车辆保管方法不同,汽车停车场(库)可分为暖式车库、室内车库、棚式停车场和露天停车场。

车辆在室内停放,可不受风、雨等自然条件的侵袭。在寒冷季节,暖式车库内的温度可保持在10~15℃之间,能保证汽车随时具备最佳的技术状态,适合救护车、消防车等特种车辆的停放和保管。棚式停车场可使车辆免受雨、雪的侵害,但不能防止风沙和寒气的影响,保管质量尚好,适合临时性流动车辆的停放。车辆在露天停车场停放和保管,则受各种自然条件的侵害,保管质量差。

(6)其他分类。汽车停车场(库)按建筑类型分为地面停车场、地下停车场、地上停车库、多用停车库、机械式停车库等;按管理方式分为免费停车场、限时停车场、收费停车场;按停车库的建造方式及层数不同,可分为单层、多层、地下室和地下车库。

六、汽车客运站

汽车客运站是具有集散换乘、运输组织、信息服务、辅助服务等功能,为公众出行和运输经营者提供站务服务的场所,是道路旅客运输网络的节点,是公益性交通运输基础设施。

汽车客运站是连接各种交通方式、实现交通方式转换的场所,由站前广场、停车场、站房等区域设施组成。其中,站房是主体设施,包括候车厅、售票厅、行包托运处、行包提取处、综合服务处、站务员室、驾乘人员休息室、调度室、治安室、广播室、医疗救护室、饮水室、旅客厕所(盥洗室)和办公用房等。

1.汽车客运站的分类

1)按车站规模分类

(1)等级车站:具有一定规模,可按规定分级的车站。

(2)便捷车站:以停车场为依托,具有集散旅客、停发客运车辆功能的车站。

(3)招呼站:在公路与城市道路沿线,为客运车辆设立的旅客上落点。

2)按车站地域位置分类

(1)枢纽站:可为两种及两种以上交通方式提供旅客运输服务,且旅客在站内能实现自由换乘的车站。

(2)口岸站:位于边境口岸城镇的车站。

(3)停靠站:为方便城市旅客乘车,在市(城)区设立的具有候车设施和停车位,用于长途客运班车停靠、上下旅客的车站。

(4)港湾站:道路旁具有候车标志、辅道和停车位的旅客上落点。

2.汽车客运站等级划分

(1)按照行业标准《汽车客运站级别划分和建设要求》(JT/T 200—2020)的规定,以设施与设备配置、日发量为依据,将等级车站从高到低依次分为一级车站、二级车站、三级车站以及便捷车站、招呼站。

(2)行业标准《交通客运站建筑设计规范》(JGJ/T 60—2012)根据车站的年平均日旅客发送量将汽车客运站划分为四个建筑等级,见表1-15。当年平均日旅客发送量超过25000人次时,宜另建汽车客运站分站。

汽车客运站建筑等级划分 表 1-15

等　　级	发车位(个)	年平均日旅客发送量(人次)
一级	20～24	10000～25000
二级	13～19	5000～9999
三级	7～12	1000～4999
四级	<6	<1000

七、公路货运站

公路货运站是公路货物的集散点,也是公路货运网络的节点,是实现货物"门到门"运输和直接为车主和货主提供多种服务的场所。在公路货运市场中,货运站起着集散货物、停放车辆、运行指挥和综合服务等重要作用。

1.公路货运站的分类与分级

1)公路货运站的分类

当前,我国汽车运输企业的货运站,大致可分为零担货运站、集装箱货运站和整车货运站三类。零担货运站是专门经营零担货物运输的汽车站,简称零担站。整车货运站是以货运商务作业机构为代表的汽车货运站。集装箱货运站是以主要承担集装箱中转运输任务为主的货运站,又称集装箱公路中转站。

以公路货运站承担的主要业务功能作为分类依据,可以将其分为综合型公路货运站、运输型公路货运站、仓储型公路货运站和信息型公路货运站。

(1)综合型公路货运站。综合型公路货运站应体现运输和仓储等物流多环节服务的功能,同时从事物流多环节服务业务,可以为客户提供运输、货运代理、仓储、配送、流通加工、包装、信息等多种服务,且具备一定规模;按照业务要求,自由或租用必要的装卸设备、仓储设施及设备;配备专门的机构和人员,建立完备的客户服务体系,能及时、有效地提供服务;具备网络化信息服务功能,应用信息系统可对服务全过程进行状态查询和监控。

(2)运输型公路货运站。运输型公路货运站应体现以运输服务为主的中转服务功能,同时应以从事道路货物运输业务为主,包括公路干线运输和城市配送,并具有一定规模;可以提供门对站、站到门、站到站的运输服务;具有一定数量的装卸设备和一定规模的场站设施。

(3)仓储型公路货运站。仓储型公路货运站应体现以道路运输为主的仓储服务功能,同时应以从事货物仓储业务为主,可以为客户提供货物储存、保管等服务,并具备一定规模;具有一定规模和数量的仓储设施及设备。

(4)信息型公路货运站。信息型公路货运站应体现以道路运输为主的信息服务功能,同时应以从事货物信息服务业务为主,可以为客户提供货源信息、车辆运力信息、货流信息及配载信息等服务,并具有一定规模;具有网络化的信息平台,或为客户提供虚拟交易的信息平台;具有必要的货运信息交流场所和一定规模的停车场所;具备网络化信息服务功能,应用信息系统可对交易过程进行状态查询、监控。

2)公路货运站等级划分

根据行业标准《公路货运站站级标准及建设要求》(JT/T 402—2016),以占地面积和处理能力作为站级划分的主要依据,将汽车货运站站级划分为三级,见表1-16。此外,零担货运站、集装箱货运站也分别有相应的级别划分标准(具体可参见本书第九章)。

公路货运站分级标准　　　　　　　　　　表1-16

货运站类型	分级依据	一　级	二　级	三　级
综合型	占地面积(亩)	≥600	≥300	≥150
	处理能力(万 t/年)	≥600	≥300	≥100

货运站类型	分级依据	一级	二级	三级
运输型	占地面积（亩）	≥400	≥200	≥100
	处理能力（万t/年）	≥400	≥200	≥100
仓储型	占地面积（亩）	≥500	≥300	≥100
	处理能力（仓储面积，万m²）	≥20	≥10	≥3
信息型	占地面积（亩）	≥200	≥100	≥50
	处理能力（日均交易次数，次/日）	≥500	≥300	≥100

注：1亩约合666.67m²。

2.公路货运站设施与设备

1）公路货运站设施

公路货运站设施包括办公设施、生产设施、生产辅助设施和生活服务设施，其设施构成应根据公路货运站的业务范围和规模而定。

(1)办公设施。办公设施由行政办公设施和业务办公设施构成。

①行政办公设施主要包括公路货运站各级行政办公人员的办公室。

②业务办公设施主要包括货运站站房、生产调度办公室、会议室和信息管理中心等。开展国际运输业务的货运站，宜设置由海关、国检、税务等部门组成的国际联运代理业务办公室。

(2)生产设施。生产设施包括库(棚)设施、信息交易中心、场地设施和道路设施等。

①库(棚)设施包括中转库、仓储库、零担库、集装箱拆装箱库和货棚等，分别用作货物的短期存放、集装箱拆装作业和货主待收或待发货物仓储；货棚则用于堆放不便进库但又不宜露天存放的零担或仓储货物。

②信息交易中心是利用互联网、信息交易平台等实现货物运输信息交易的场所。

③场地设施主要包括集装箱堆场、货场、装卸(作业)场和停车场。

④道路及绿化设施应满足不同类型的汽车货运站生产工艺的要求。公路货运站可根据自身的功能定位、货物处理种类及处理能力、进出站车型及车流量、人员流量等，合理设置路网密度和道路等级。

(3)生产辅助设施和生活服务设施。生产辅助设施主要包括维修设施、动力设施、供水供热设施、环保设施等。生活服务设施主要包括浴室、卫生间、食宿设施和其他服务设施。生产辅助和生活服务设施应按需设置。

2）公路货运站设备配置

(1)运输车辆。公路货运站应根据需要配置用于货物配送和装卸搬运工作的运输车辆，其车辆类型应根据运输方式、货物种类合理选择。

(2)装卸机械。公路货运站装卸机械包括货场和仓库装卸机械、集装箱堆场和作业区装卸机械等。货场和仓库的装卸机械主要包括叉车、堆垛机和输送机等，集装箱堆场和作业区半年机械主要包括集装箱正面吊运机、集装箱门式起重机等。

(3)其他设备。其他设备包括计量设备、容器设备、管理信息系统、维修设备、安全、消防设备和宣传设备。

八、高速公路服务区

高速公路服务区是指在高速公路沿线设置的,专门为车辆驾驶员和乘客服务的区域。通常高速公路服务区的间隔里程为50km,占地面积依据不同的规模有所区别。

1. 高速公路服务区的组成

高速公路汽车服务区主要由停车场、加油站与修理间、食堂、商店、服务道路与业务专用停车场等部分组成。

(1)停车场。停车场是提供汽车停车的场所,也是供旅客上下车,并能够安全地步行到服务设施的场所。停车场与食堂、商店、公共卫生间等通过广场、步行道互相连通。为避免高峰时停车场拥挤,要保证有足够宽阔的广场。当停车场与各设施存在高度差时,应设置方便残疾人的专用斜坡道。

(2)加油站与修理间。加油站与修理间是为来往车辆提供燃油加注和必要维修服务的设施。加油站与修理间在布置时要考虑消防规范和工艺要求。

(3)食堂、商店、免费休息室(厅)及公共卫生间。通常情况下,乘用小客车和小型货车的人员在食堂就餐较多;公共卫生间则以大型客车乘客集体使用的较多,免费休息室(厅)及商店为所有车辆使用。所以,在小型专用停车场附近布置食堂(快餐),在大型专用停车场附近布置公用卫生间,中间则布置免费休息室和商店(小卖部)较为合理。

(4)服务道路与业务专用停车场。在食堂(快餐部)、商店(小卖部)、加油站等商业设施上,商品和材料的供给、废物垃圾的处理、工作人员的居住等都必须依靠服务区邻近的城市。若这些都利用主线解决,在时间和经济上将存在很多困难,所以就必须有从服务区之外修建直接通往这些设施的服务道路,还要设置工作人员的停车场及卸货的空间和工作场所。

2. 高速公路服务区分类

高速公路服务区的分类有多种方式,通常按服务区位置可以分为三类。

(1)分离式服务区:服务(停车)区分布于高速公路两侧,对外服务设施基本上对称于高速公路两侧。

(2)集中式单侧服务区:服务区的购物、休息、餐饮等设施集中布置于高速公路一侧,加油设施分布于高速公路两侧。

(3)上跨式服务区:这种服务区部分服务设施置于高速公路上方,利用了主线上方的空间,可在一定程度上减少用地,适用于设在城郊或陡坡地形等处。其余设施分别布置于高速公路两侧。

复习思考题

1. 总结分析我国汽车工业发展的历程和取得的成就。

2. 什么是汽车服务? 汽车服务的范畴是怎样的?

3. 汽车服务的分类和内容是什么?

4. 汽车服务场站涵盖哪些内容?

5. 什么是汽车4S店？其服务包括哪些内容？

6. 汽车检测站的功能分类是怎样的？

7. 汽车加油加气站有哪些类型？不同类型的加油加气站是级别是如何划分的？

8. 电动汽车充电站的组成包括哪些部分？级别是如何划分的？

9. 汽车停车场的规模是如何划分的？

10. 汽车客运站的分类和等级划分是怎样的？

11. 公路货运站等级的划分及依据是什么？

12. 高速公路汽车服务区的组成部分有哪些？

第二章 汽车服务场站建设的一般程序

本章主要介绍了汽车服务场站建设的项目建议书阶段、可行性研究阶段、设计工作阶段、施工组织设计阶段的任务、目的、工作内容和具体要求。要求学生通过学习本章内容，了解汽车服务场站建设必须经过的几个阶段，掌握各阶段的任务和内容。

第一节 项目建议书阶段

项目建议书又称立项申请，是项目建设筹建单位或项目法人，根据国民经济的发展、国家和地方中长期规划、产业政策、生产力布局、国内外市场、所在地的内外部条件，提出的某一具体项目的建议文件，是对拟建项目提出的框架性的总体设想。尤其是大中型项目，工艺技术复杂，涉及面广，对于协调量大的项目，还要编制可行性研究报告，作为项目建议书的主要附件之一。项目建议书阶段是项目发展周期的初始阶段，项目建议书是国家选择项目的依据，也是可行性研究的依据；涉及利用外资的项目，在项目建议书获得批准后，方可开展对外工作。

一、项目建议书及其作用

1. 项目建议书

编制项目建议书是建设项目前期工作的第一步，它是对拟建项目的轮廓性设想，主要是从客观上考察项目建设的必要性，以及是否符合国家长远规划的方针和要求，同时初步分析建设项目条件是否具备，对是否值得进一步投入人力、物力作深入研究。

随着我国的改革开放和私营经济的发展，汽车服务场站的经营主体发生了很大变化。因此，对于规模较小的汽车服务场站，由于投资相对较小、私营经济占有较大比重，而往往没有项目建议书阶段。

2. 项目建议书的作用

(1) 项目建议书是确定项目的依据，相关部门对项目，尤其是大中型项目的比选和初步确定，是通过审批项目建议书来进行的。项目建议书的审批过程实际就是管理部门对众多项目进行比较筛选、综合平衡的过程。项目建议书经批准后，项目才能列入计划。

(2) 经批准的项目建议书是编制可行性研究报告和作为拟建项目立项的依据。

(3) 涉及利用外资的项目，在项目建议书批准后，方可对外开展工作。

编制项目建议书既要全面论述，更要突出重点，一般侧重于项目建设的必要性、建设条件的可行性、效益分析等方面。编制项目建议书要求结论明确客观，做到重点突出、层次分明。

二、项目建议书的内容

项目建议书一般包括项目概况、项目建设初步选址及建设条件、项目建设规模及建设内容、环境影响评价、投资估算及资金来源、市场前景及经济效益初步分析和相关附件。

1. 项目概况

（1）项目名称、项目来源及背景；项目建议书的编制内容和原则；项目建议书的主要结论。

（2）项目承办单位和项目投资者的有关情况，一般包括生产经营内容、生产经营规模、产品销售情况、年上缴税额、自有资金数额、债权债务情况等。

（3）外商投资项目简述合营各方概况，包括合营各方名称、法定地址、法定代表国籍及姓名、资金实力、技术力量等；合营方式（注明合资、合作、独资）；合营年限；经营范围；产品销售方向（内销或出口比例）或服务面向的对象。

（4）项目建设的必要性和依据。对技术引进项目，要简述技术引进内容（关键设备或技术专利）、拟引进技术设备水平及其国别和厂商。

（5）技术水平及市场前景。

2. 项目建设初步选址及建设条件

（1）项目建设拟选地址的地理位置、占地范围、占用土地类别（国有、集体所有）和数量、拟占土地的现状及现有使用者的基本情况。如果不指定建设地点，要提出对占地的基本要求。

（2）项目建设条件。简述能源供应条件、主要原材料供应条件、交通运输条件、市政公用设施配套条件及实现上述条件的初步设想。对需进行地上建筑物拆迁的项目，要提出拆迁安置初步方案。

3. 项目建设规模和建设内容

项目建设内容部分重点阐述需要新建或改造的内容和面积。

汽车服务场站建设项目为非生产性项目，因此要根据项目的性质说明其规模，如停车场（库）建设项目要说明有多少出入口、多少停车位；加油站建设项目要说明拟建加油站的等级规模等；汽车客运站建设项目要说明客运站的售票厅、候车厅、办公、服务等用房的设计构想。

4. 环境影响评价

环境影响评价简称"环评"，是指对规划和建设项目实施后可能造成的环境影响进行分析、预测和评估，提出预防或者减轻不良环境影响的对策和措施，并进行跟踪监测的方法与制度。通俗说就是分析项目建成投产后可能对环境产生的影响，并提出污染防治对策和措施。

汽车服务场站环境影响评价是指工程建设和使用过程中对环境的影响评价，主要包括工程分析、大气环境影响评价、水环境影响评价、环境噪声影响评价、土壤环境影响评价、生态环境影响评价等内容。

5. 投资估算及资金来源

（1）项目总投资额。项目总投资主要包括新增固定资产投资、建设期利息、转移原有部分固定资产投资、无形资产投资、新增铺底流动资金 5 个部分。其中,铺底流动资金按新增全部流动资金的 30% 估算;技术引进项目要说明进口技术设备使用外汇数额、建设费用和购置国内设备所需人民币数额;外商投资企业要说明总投资额、注册资本数额、合营各方投入注册资本的比例、出资方式及利润分配方式。

(2)资金来源。利用银行贷款的项目要将建设期间的贷款利息计入总投资内。资金筹措方案包括企业自有资金投入(包括部分现有资产的投入)、银行贷款(还贷的初步方案)、申请国家资本金投入及其他来源。其中,企业自有资金不得低于总投资的 30% 。

(3)利用外资项目要说明外汇平衡方式和外汇偿还办法。

6.市场前景及经济效益初步分析

项目经济效益分析材料,一般按照 10 年为计算期,包括项目建成后每年市场占有率情况预测及依据、预计每年销售额、销售量、销售收入、利率及财务费用、税率及税收计算方法等。

经济效益的主要财务指标有年新增销售收入、年税后利润、年上缴税收、盈亏平衡点、投资收益率、贷款偿还期、投资回收期等。

7.相关附件

(1)建设项目拟选位置地形图(城近郊区比例尺为 1∶2000;远郊区县比例尺为 1∶10000)。标明项目建设占地范围和占地范围内及附近地区地上建筑物现状。

(2)在自有土地上建设,要附市规划部门对项目建设初步选址意见(规划要点或其他文件)。

(3)国家限制发展的或按国家及政府规定需要先由行业主管部门签署意见的项目,要附相关行业主管部门签署的审查意见。

(4)外商投资项目要附会计师事务所出具的外商资信证明、合营各方的营业执照(复印件)、合营各方签署的合营意向书(境内单位要有上级主管部门的意见)。

(5)两个或两个以上境内单位合建的项目要附合建各方签署的意向书(要有上级主管部门的意见)和合建各方的营业执照(复印件)。

(6)其他附件材料。

第二节 可行性研究阶段

可行性研究是建设项目前期工作的重要环节,是编制建设项目设计任务书的依据,也是进行投资决策、筹措资金、项目初步设计的重要依据。做好可行性研究是避免投资决策失误、保证工程项目建设及建成后的社会经济效益的重要手段,在项目投资决策和项目运作建设中具有十分重要的作用。

可行性研究是在投资决策之前,对拟建项目进行全面技术经济分析论证的科学方法。在投资管理中,可行性研究是指对拟建项目有关的自然、社会、经济、技术等进行调研、分析比较以及预测。在此基础上,综合论证项目建设的必要性、财务的盈利性、经济上的合理性、技术上的先进性和适应性以及建设条件的可能性和可行性,从而为投资决策提供科学依据。

一、可行性研究的作用

可行性研究是投资前期工作的重要内容,它一方面充分研究建设条件,提出建设的可能性;另一方面进行经济分析评估,提出建设的合理性。它既是项目工作的起点,也是后续一系列工作的基础。

1.投资决策的依据

工程项目的可行性研究是确定项目是否进行投资决策的依据。我国投资体制的改革,把原来由政府财政统一分配投资的体制变成了由国家、地方、企业和个人的多元投资格局。投资业主和国家审批机关主要根据可行性研究提供的评价结果,确定对此项目是否进行投资和如何进行投资。因此,可行性研究是项目建设单位决策性的文件。

2.筹措资金的依据

批准的可行性研究是项目建设单位筹措资金,特别是向银行申请贷款或向国家申请补助资金的重要依据,也是其他投资者的合资理由根据。凡是应向银行贷款或申请国家补助资金的项目,必须向有关部门报送项目的可行性研究报告。银行或国家有关部门通过对可行性研究的审查,并认定项目确实可行后,才能同意贷款或进行资金补助。

3.初步设计的依据

可行性研究是编制项目初步设计的依据。初步设计是根据可行性研究,对所要建设的项目规划提出实际性的建设蓝图,即较详尽地规划出此项目的规模、方案、总体布置、工艺流程、设备选型、劳动定员、三废治理、建设工期、投资概算、技术经济指标等内容,并为下一步实施项目设计提出具体操作方案。初步设计不得违背可行性研究已经论证的原则。

4.国家固定资产投资管理的依据

可行性研究是国家各级计划综合部门对固定资产投资实行调控管理,编制发展计划、固定资产投资、技术改造投资的重要依据。由于建设项目尤其是大、中型项目考虑的因素多、涉及的范围广、投入的资金数额大,可能对全局和当地的近、远期经济生活带来深远的影响,因此这些项目的可行性研究内容更加详细,可作为计划综合部门实际对固定资产投资调控管理和编制国民经济及社会发展计划的重要依据。

在可行性研究过程中,因为运用了大量的基础资料,因此一旦有关地形、工程地质、水文、矿产资源储量、工业性试验数据不完整,不能满足下一个阶段工作需要时,负责初步设计的部门就需要根据可行性研究所提出的要求和建议,进一步开展有关地形、工程地质、水文等勘察工作或加强工业性试验,补充有关数据。

5.编制设计任务书的重要依据

可行性研究是编制设计任务书的重要依据,也是进行初步设计和工程建设管理工作的重要环节。可行性研究不仅要对拟建的项目进行系统分析和全面论证,判断项目是否可行,是否值得投资;还要进行反复比较,寻求最优建设方案,避免项目方案多变造成的人力、物力、财力的巨大浪费和时间延误。这就需要严格项目建议书和可行性研究报告的审批制度,确保可行性研究报告的质量和足够的深度。

二、可行性研究报告的内容

1.项目概况

项目概况包括以下内容:

(1)项目名称及项目内容梗概。

（2）项目承办单位和项目投资者。

（3）外商投资项目的合营各方概况，包括合营各方名称、法定地址、法定代表国籍及姓名、资金实力、技术力量等；合营方式（注明合资、合作、独资）和合营年限；经营范围等。

2.市场预测

市场预测包括需求、供给的预测，竞争能力、销售方向或服务对象的预测。例如，加油加气站项目市场预测，就应该考虑所在地区车辆拥有量、车型构成、附近道路交通情况和已建加油加气站建设情况等。

3.项目建设选址及建设条件论证

项目建设选址是指确定项目的地理位置、占地范围、占用土地类别和数量。

建设条件论证一般包括以下几个部分：

（1）地形、工程地质、水文、气象条件论证。

（2）供水条件论证。测算供水量，提出供水来源。

（3）能源供应条件论证。测算各种能源消耗量，提出各种能源供应来源。

（4）主要原材料条件论证。测算主要原材料消耗量及供应来源。

（5）交通运输条件论证。测算主要能源、原材料和产品的运输量，提出解决方案。

（6）拆迁安置方案。

4.项目规划方案、建设规模和建设内容

（1）建设规模。生产性项目要提出主要产品的生产纲领、生产能力；非生产性项目要根据项目的不同性质说明其建设规模。

（2）总建设面积。分述各个单项工程的名称及建设面积。

（3）建设内容。

（4）项目的总平面布置说明。

（5）生产工艺和主要设备选型。选用进口设备或引进国外技术的要说明理由，并说明进口设备或技术的国家、厂商和技术等级。

5.项目外部配套建设

能源供应设施建设方案，如变电站、输变电线路、锅炉房、输气管线等建设方案；供水、排水建设方案；交通和通信设施建设方案；原材料仓储设施建设方案及其他配套设施建设方案。

6.环境保护

项目对环境的影响预测，环境保护及"三废"治理方案。环保部门有特殊要求的项目，要单独编制环境影响评价报告。

7.总投资及资金来源

（1）建设项目总投资额。大、中型项目要列出静态投资和动态投资，生产经营项目包括固定资产投资和铺底流动资金投资。要按建设内容列出主体工程、辅助工程、外部配套工程及其他费用的投资额，同时还要按费用类别列出前期工程费（土地出让金、征地拆迁安置费等）、建安工程费（建筑工程费、设备安装费等）、设备购置费和其他费用等（贷款利息、应缴纳的各种税费，不可预见费等）。

（2）资金来源。外商投资项目要列出注册资本、合营各方投入注册资本的比例、利润及分配方式,同时要考虑外汇平衡方式。

8. 经济效益和社会效益

经济、社会效益评价主要包括以下几部分内容：

(1)还款期、销售收入、财务内部收益率、财务净现值、投资回收期等财务评价指标的测算;敏感性分析等不确定因素分析的结果。

(2)投资总额和资金筹措表、贷款还本付息表、销售收入表、税金表、利润表、财务平衡表、现金流量表、外汇平衡表等经济评价表格。

(3)国民经济效益评价,主要是根据国家公布的社会折现率、影子汇率、影子工资、影子价格等参数,测算项目的经济内部收益率、经济净现值、投资净效益率等。

9. 结论

综合全部分析,对建设项目在经济上、技术上进行全面的评价,对建设方案进行总结,提出结论性意见和建议。

10. 附件

附件包括以下几部分内容：

(1)项目建议书审批文件。

(2)建设项目所在位置地形图。标明项目占地范围和占地范围内及附近地上建筑物现状,地形图的比例,城近郊区的比例尺为1:2000;远郊区的比例尺为1:10000。

(3)项目建设规划总平面布置图。标明交通组织、功能分区、绿化布局、建筑规模(分出层次和面积)。

(4)道路交通、电信、供电、给排水、供气、供热等各种市政配套设施建设管线布置图。

(5)环境影响评价报告,是否需要编制环境影响评价报告由环保部门决定。

(6)规划、供电、市政、公用、劳动、卫生、环保等有关部门对可行性研究报告的审查意见。

(7)对于大、中型生产性项目,要附咨询评估机构的评估报告。

(8)其他附件材料。

此外,可行性研究报告还应包括项目建设的必要性、项目建设周期及工程进度安排、劳动保护与卫生防疫、消防、节能、节水等内容。

三、可行性研究报告与项目建议书的主要区别

1. 研究任务不同

项目建议书是初步选择项目,其决定是否需要进行下一步工作,主要考察建议的必要性和可行性;可行性研究报告则需进行全面深入的技术经济分析论证,作多方案比较,推荐最佳方案或者否定该项目,并提出充分理由,为最终决策提供可靠依据。

2. 基础资料依据不同

项目建议书的依据是国家的长远规划和行业、地区规划以及产业政策,拟建项目的有关自然资源条件和生产布局状况,项目主管部门的有关批文。可行性研究报告除依据已批准的项目建议书之外,还需把文件详细的设计资料和其他数据资料作为编制依据。

3. 内容繁简和深度不同

两个阶段的基本内容大体相似,但项目建议书在内容上相对粗略简单,属于定性性质

的;可行性研究报告是在项目建议书的基础上进行充实、完善,具有更多的定量论证。

4.投资估算的精度要求不同

项目建议书的投资估算一般根据国内外类似已建工程进行测算或对比推算,误差准许控制在20%以内,可行性研究报告必须对项目所需的各项费用进行比较详尽精确的计算,误差要求不应超过10%。

第三节　设计工作阶段

设计是对拟建工程的实施在技术和经济上进行的全面而详尽的安排,是基本建设计划的具体化,是把先进技术和科研成果引入建设的渠道,是整个工程的决定性环节,是组织施工的依据,直接关系着工程质量和将来的使用效果。已批准可行性研究报告的建设项目应通过招标投标择优选择具有相关设计等级资格的设计单位,按照所批准的可行性研究报告内容和要求进行设计,编制设计文件。

一、设计阶段的划分

为保证工程建设和设计工作有机地配合和衔接,通常将工程设计划分为几个阶段,每个阶段有不同的任务和要求,这些不同的阶段称为设计阶段。国家规定:一般性工业与民用建设项目的设计按"初步设计"和"施工图设计"两个阶段进行,称为"两阶段设计";对于技术上复杂而又缺乏设计经验的项目,经主管部门指定,可以增加技术设计阶段,称为"三阶段设计",小型建设项目可以适当简化。一些大型的矿区、油田和联合企业等项目,为满足总体规划设计密切配合的需要,在进行初步设计之前,还应编制总体设计。

二、设计任务书

一项正式的建设项目设计,须编写工程设计任务书,经初步设计、技术设计与施工图设计三个程序,见表2-1;设计任务书是预先对整个设计项目提出具体任务、指标、内容、原则和要求的文件。本课程涉及的工程设计的主要对象包括汽车4S店、汽车检测站、汽车加油加气站、电动汽车充电站、汽车停车场(库)、汽车客运站、汽车货运站、高速公路汽车服务区等。

设计阶段划分及设计程序　　　　　　　　　　　　　　　表2-1

阶　段	项目类型		备　注
	工业项目	民用项目	
设计阶段	一般项目:初步设计、施工图设计	一般项目:方案设计、初步设计、施工图设计	工业项目和民用项目主要都是"三阶段设计";但根据具体项目的特点不同,在"三阶段设计"基础上可进行调整。需要注意的是,工业项目大型项目设计中的总体规划设计(总体设计)本身不代表一个单独的设计阶段
	技术复杂或设计有难度的项目:初步设计、技术设计、施工图设计	技术要求简单的项目:方案设计、施工图设计(即经有关主管部门同意,且合同中约定不做初步设计时,可以只做"两阶段设计")	
	部分大型项目:总体规划设计(总体设计)、初步设计、技术设计、施工图设计		

阶　段	项目类型		备　注
	工业项目	民用项目	
设计程序	设计准备、总体设计、初步设计、技术设计、施工图设计、设计交底和配合施工	设计准备、方案设计、初步设计、施工图设计、设计交底和配合施工	工业项目和民用项目的设计准备工作和设计交底与配合施工工作大体一致;其余阶段,民用项目的设计内容较为简单

工程设计任务书由有关的主管单位(或委托设计单位)负责编制,它是确定建设布局、规模、产品种类、主要协作关系和进度的重要文件。经过审阅、批准程序,它就成为建设施工的依据,也是竣工验收的标准。因此,撰写工程设计任务书是建设工作的重要的环节。

1.设计任务书的特点

(1)科学性。工程设计任务书的撰写,是在对客观条件进行全面了解、科学分析的基础上,由各方面的设计人员根据各自的专业知识,按照任务的要求,进行科学设计的过程。工程设计任务书中表述的内容都要有科学依据,体现工程的科学性。

(2)群体性。一个大中型建设工程的设计是一种复杂的、群体的脑力劳动,是多专业、多工种共同配合协调进行的工作。

(3)完整性。工程设计任务书主要由设计说明书、概算书和设计图纸三部分组成,缺一不可。设计说明书要全面,具体;概算书要准确、详细;设计图纸要清晰、齐全,只有这样,才能保证工程施工的顺利进行。

2.设计任务书的结构和内容

(1)封面。封面包括设计项目名称、设计单位、设计负责人和设计日期等内容。因其没有固定的要求,也可按规定的封面填写。

(2)设计说明书。由于各种工程的建设目的、性质、特点和使用要求的不同,内容也有所不同。按照国家规定,大中型建设项目的设计说明书应包括以下内容:

①设计的目的和依据。说明设计该项目工程的必要性和投资的经济意义以及依据。

②建设规模。建设规模是指建设项目的全部生产能力或使用效益。

③建设条件和选址方案。

④资源、原材料、燃料及公用设施情况。

⑤工程技术方案。对项目的工程技术内容作全面表述。对于工业项目,应说明产品结构、中间产品衔接、工艺流程、主要设备选型及配置等。

⑥环境保护、资源综合利用和"三废"治理方案。

此外,设计说明书还应包括新技术应用情况、主要材料用量、项目实施进度、投资总额、生产组织和劳动定员、要求达到的经济效果和技术水平等内容。

3.设计任务书编制应注意的问题

(1)必须熟悉与工程建设相关的国家法律、法令和法规,执行国家标准、规范。

(2)要明确设计任务书的范围和目的,了解投资者的意图和要求。

(3)必须对工程建设有关的自然资源及各种方案的技术经济比较等进行全面的调查了解,广泛搜集资料,为编制设计文件提供基础。

（4）设计中要尽量采用先进技术、环保、节能等措施,力求提高工程建设技术水平和经济效益。

（5）数据必须正确可靠,有科学根据。

（6）条目力求明晰,便于审查,也便于各部门、各环节落实任务,做到有序施工。

（7）文字要求严谨规范,采用专业术语进行表述,文理要清晰,语言通顺,不能有任何歧义。

三、初步设计

1.初步设计的概念

初步设计是指设计部门根据批准的项目可行性研究报告和设计基础资料,对建设项目进行深入研究,对项目建设内容进行具体设计。初步设计主要依据可行性研究报告批复的内容和要求,编制实施该项目的技术方案。初步设计文件包括设计说明书、有关专业设计的图纸、主要设备和材料表以及工程概算书。初步设计是编制年度投资计划和开展项目招投标工作的依据。

初步设计是设计的第一阶段,它根据批准的可行性研究报告和必要而准确的设计基础资料,对设计对象进行通盘研究,阐明在指定的地点、时间和投资控制数内,拟建工程在技术上的可能性和经济上的合理性。通过对设计对象提出的基本技术规定,编制项目的总概算。根据国家文件规定,如果初步设计提出的总概算超过可行性研究报告确定的总投资估算10%或其他主要指标发生变更时,要重新报批可行性研究报告。

2.初步设计文件

初步设计文件一般包括封面、正文内容、附件三部分。

1)封面

封面内容一般包括项目名称、主管部门、建设单位(章)、项目负责人、项目监管责任人(一般为相关业务单位负责人)、项目法人代表及联系电话、建设地点、建设期限、编写单位(章)、人员及联系电话、编写时间等信息。

2)正文内容

（1）总论。总论包括项目建设背景、目标和任务,设计依据和设计范围等。

（2）总平面布置。总平面布置包括项目总图布置和总图主要技术指标等。

（3）设计内容。设计内容即主要建设内容。

（4）工艺设计。

①工艺技术方案。拟建项目工艺技术选择的原则或路线;拟建项目工艺技术方案;编制工艺流程框图、各工艺环节的技术参数或说明;阐述所选工艺技术的先进性、成熟性、可靠性及经济实用性。

②设备方案。根据项目类别、工艺技术要求、建设标准,选择配置相应的仪器设备;阐述拟选工艺设备和附属配套设备的依据和理由,并编制仪器设备清单,将已有和新增项目分别列表;仪器设备清单内容包括设备名称、规格、单位、数量及主要技术参数说明等。

（5）建筑、结构设计。建筑、结构设计包括设计依据及设计要求、设计范围、设计内容等。

（6）给排水、采暖及通风设计。

（7）电气设计。电气设计包含供电、电力、照明、防雷接地设计等。

（8）环境保护与安全生产设计。

①对于有污染的项目，要提出具体处理技术方案及措施，污染物处理后能达到相应的排放标准。例如，加油站、汽车检测与维修服务站等均应达到相应标准。

②机械装备推进项目和加工项目要对有可能发生威胁人身、生产设施安全的因素进行分析和描述。

（9）工程概算和资金筹措方案。

①投资估算及其内容。

a. 投资估算内容：包括估算说明和总投资估算表、单项工程投资估算表、仪器设备投资估算表的编制。

b. 投资估算编制说明：要分别对总投资估算、单项工程投资估算表和仪器设备投资估算表中的工程量核定、建筑工程的结构类型或仪器设备的规格、单价或单位工程造价或单价及各种税费费率的取值依据和理由作逐一说明。

c. 编制投资估算表。

d. 投资估算依据。

e. 投资结构分析。分析工程建设费、设备购置费及其他投资等占项目总投资的比例。

②资金来源。

说明项目总投资中中央投资、地方配套、自筹资金数额及比例。

③资金运用。

编制项目分年度、分来源的资金使用计划表。资金使用计划应与项目实施进度计划相衔接，用款计划要与资金来源相适应。

（10）项目组织管理与实施进度。项目组织管理主要包括项目建设期组织管理和项目建成后的运行组织管理。

①项目建设期组织管理。

a. 管理机构与职能分工：应编制管理机构框图，包括决策机构、实施职能机构（如综合、工程、财务等）及职责分工。组建新项目法人和机构的应阐述理由，并说明组建机构的性质、运行方式等情况。

b. 项目实施各阶段的管理方案或措施：包括初步设计及施工图设计、工程施工、工程监理、资金管理、竣工结算和决算、竣工验收、固定资产移交等实施计划及责任部门或责任人。

c. 工程招投标方案：主要包括施工招标和仪器设备的采购招标等。要求确定招投标范围、招标方式和招标形式。

②项目建成后的运行管理。

a. 运行管理是指项目建成投产后的运行管理，应包括机构框图、人员编制及职能分工、人员培训，以及保证实现项目目标的管理制度或措施等。

b. 运行管理机制方案设计：设计项目建成投入运行后如何管理或经营，运行中涉及多方共同管理的，必须提出未来项目运行管理的方式或运行机制，应签订各方意向协议。

c. 分析说明运行经费的解决方案。

③项目实施进度。

根据确定的建设工期和勘察设计、仪器设备采购、工程施工、生产准备、设备调试、试运转、竣工验收、交付使用等阶段所需时间与进度要求，编制分年度项目实施计划表。项目实施计划表内容包括确定实施年限、起止日期、编制实施进度表或框图,按进度框图说明各阶段的工作内容和进度安排。

(11)效益分析。

①经济效益分析。

a.对项目新增固定资产价值、总固定资产额和单位投资形成新增固定资产价值进行分析。

b.对项目新增效益、新增服务能力或功能,单位投资新增生产能力、服务能力或功能进行分析,并说明具体测算的参数依据和测算方法。

c.项目年新增运行收入、运行成本及盈余,对项目建成投产后的运行费用及来源进行分析。

②社会效益分析。

a.对当地社会、经济的作用与意义(如产业结构调整、带动相关产业发展、维护公众利益等)。

b.项目受益人群、受益面增加或改善生活质量的具体情况。

c.提供社会就业人数。

d.可能产生的其他社会效益。

③生态效益分析。

生态效益包括生态结构变化(耕、草、林)、土壤肥力的变化、节水、节能、治理污染等效果。

3)附件

附件包括各种附表、附图及配套证明材料等,所有材料应真实、齐全。

(1)附表。

①项目建设内容与规模一览表。

②项目建设内容、规模及投资明细表。

③项目总投资估算及资金来源表。

④项目单项工程综合投资估算及资金来源表。

⑤项目仪器设备投资估算及资金来源表。

⑥项目招标基本情况表。

(2)附图。

①项目地理(区域)位置图。

②项目区现状图。

③项目建设规划图或总平面图(比例为1:10000或1:50000)。

④单项土建工程平面、立面、剖面图。

(3)配套证明材料。

①申报单位法人证件复印件。

②新技术、新产品的科技成果证书及获奖证书复印件。例如检测站新技术的运用会改变检测工艺流程时需要提供相关新技术证明。

③地方配套资金承诺证明,须明确省、市、县各级配套比例和金额,如汽车客运站、公路货运站设计时,应考虑此问题。

④落实土地使用权的证明(如土地使用意向协议书等)。

⑤有关技术合作、管理合作、经营合作的意向协议书等。

⑥其他依据性或证明文件。

初步设计编制完成后,按照现行的建设项目审批权限进行报批。初步设计文件经批准后,总平面布置、主要工艺过程、主要设备、建筑面积、建筑结构、总概算等不得随意修改、变更。

四、技术设计

技术设计是初步设计具体化的阶段,其主要任务是在初步设计的基础上,进一步确定各设计工种之间的技术问题。一般对于不太复杂的汽车服务场站工程,可省去该设计阶段,因此在本书中仅作简要叙述。

技术设计应根据初步设计批复意见、测设合同的要求,对重大、复杂的技术问题,通过科学试验、专题研究,加深勘探调查及分析比较等方式,解决初步设计中未解决的问题,落实技术方案,计算工程数量,提出修正的施工方案,修正设计概算。技术设计批准后,作为编制施工图设计的依据。

技术设计应根据初步设计批复意见、测设合同和需要解决的技术问题,满足下列有关要求:

(1)对初步设计所定方案详细研究,进一步补充和修改。

(2)补充必要的地质、水文、气候、地震和地质钻探资料,以及土工、材料、结构或模型试验成果。

(3)提出科学试验成果、专题报告。

(4)提出修正的施工方案。

(5)编制修正概算。

五、施工图设计

施工图设计是工程设计的最后阶段。它的主要任务是满足施工要求,即在初步设计或技术设计的基础上,综合建筑、结构、设备各工种,相互交底,核实校对,深入了解材料供应、施工技术、设备等条件,把满足工程施工的各项具体要求反映在图纸上,做到整套图纸齐全、准确无误。

1.施工图设计要求

施工图的设计文件要完整,内容、深度要符合要求,文字、图纸要准确清晰,整个文件要经过严格校审,避免"错、漏、碰、缺"。

施工图设计应根据已通过的初步设计文件及设计合同书中的有关内容进行编制,内容以设计图为主,应包括封面、设计图目录、设计说明、设计图、材料表及材料附图等。

施工图设计文件一般以专业为编排单位。各专业的设计文件应经严格校审、签字后,方可出图及整理归档。施工图的设计深度应满足以下要求:

(1)能用于编制施工图预算。

(2)能用于安排材料、设备订货及非标准材料的加工。

(3)能用于进行施工和安装。

(4)能用于进行工程验收。

在设计中应因地制宜地积极推广和正确选用国家、行业和地方的建筑标准设计,并在设计文件的"设计说明"中说明图集名称和页次。在进行服务场站工程具体设计时,应根据设计合同书的要求,参照本文件对相应内容的深度要求编制设计文件;当工程项目中有本文件未列入的内容时,宜参照相关规范的要求,将其增加编入设计文件中。

2.施工图设计程序

施工图设计分为3个阶段、7个步骤和若干环节,如图2-1所示。这些阶段、步骤、环节的纵向与横向之间既相互联系,又相互制约,构成了施工图设计程序的网络系统。施工图设计必须严格按程序进行,并保持严肃的工作态度和拥有严密的组织措施,否则,不论哪一环节出了问题,都会影响全部设计的进度和质量。如果设计师只具备一定的专业技术知识,而不懂施工图设计的基本程序和工作方法,也很难做好施工图设计。

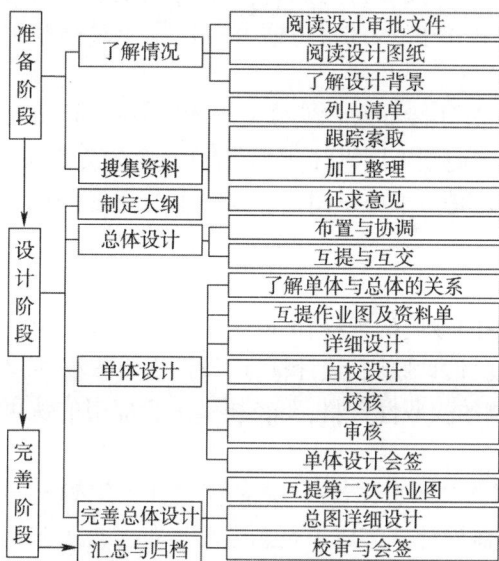

```
准备阶段 ──┬─ 了解情况 ──┬─ 阅读设计审批文件
          │            ├─ 阅读设计图纸
          │            └─ 了解设计背景
          │
          ├─ 搜集资料 ──┬─ 列出清单
          │            ├─ 跟踪索取
设计阶段 ──┤            └─ 加工整理
          ├─ 制定大纲 ──── 征求意见
          ├─ 总体设计 ──┬─ 布置与协调
          │            └─ 互提与互交
          │
          │            ┌─ 了解单体与总体的关系
          │            ├─ 互提作业图及资料单
          │            ├─ 详细设计
          └─ 单体设计 ──┼─ 自校设计
                       ├─ 校核
                       ├─ 审核
完善阶段 ──┐            └─ 单体设计会签
          │
          ├─ 完善总体设计 ┬─ 互提第二次作业图
          │             └─ 总图详细设计
          └─ 汇总与归档 ──── 校审与会签
```

图 2-1 施工图设计程序

(1)了解情况。工程施工图设计的总负责人接受任务后,必须了解该项目的有关情况。首先要阅读设计审批文件,然后要阅读初步设计图纸资料,最后了解相关主管单位、建设单位、使用单位等的具体情况。

①阅读设计审批文件。初步设计的审批文件及审批意见,是开展施工图设计的主要依据。施工图设计必须遵循审批文件精神,每位参与设计的设计师,都要认真学习、深刻领会,掌握原则。如果施工图设计中出现了与初步设计审批文件不相符的内容,应申述理由,重新报批。

②阅读设计图纸。这是指在施工图设计之前,重新熟悉初步设计,通过阅读初步设计图纸和有关说明,加深印象,分析和思考详细设计的技术措施,为深入设计打下基础。

③了解设计背景。这是指了解与设计有关的外部联系。工程设计除了受自然条件的约束之外,还受社会因素的制约。任何一项工程设计都不能闭门造车,设计是一项开放性的工作,要广泛征求用户、建设单位、施工单位、设备生产厂家等有关部门和人员的意见,有些设计条件又要经上述单位提供,与他们建立良好的人际关系,这是保证设计顺利进行的重要条件。

(2)搜集资料。施工图设计的基本条件是掌握充分的基础资料,离开基础资料无法进行设计。对于基础资料的搜集，因每个项目的具体情况的不同，获取的途径也不同。设计人员掌握一般的工作程序还不够，还要学会取得设计资料的方法。

①列出清单。搜集资料，首先要列出各专业所需的资料清单，清单应尽量详细，按由建设单位提供、由用户提供、由设备生产厂家提供、由施工单位提供、自己动手整理或寻找等分门别类注明，还要注明搜集计划，即在限定时间内取得，以免因资料误时影响后序工作的进行。

②跟踪索取。列出资料清单，只是搜集资料的第一步，还要根据清单内容一一索取。应与相关单位负责人约定时间、地点，有时需要设计人员与提供资料的单位一起查阅、整理或摘抄。

③加工整理。采用不同手段取得的资料，不能不加分析地拿来就用，应该亲自动手整理。经过认真的分析，去粗取精，去伪存真，方可使用。对有些关键性资料要反复鉴别、核实。

④征求意见。初步设计阶段征求意见多采用会议方式，是因为初步设计要征求的都是原则性问题，不涉及细节。而施工图设计，除了召开必要的会议外，还要主动征求决策人、行业人士、使用人的意见。这是由于施工图设计要征求的意见，都是比较具体的、技术性的细节问题。

（3）制定大纲。制定设计大纲，是提高设计效率、保证设计质量的重要方法和重要环节。大纲的内容要根据不同性质的工程、不同类型的专业而确定。一般要确定设计的配合进度、设计范围、设计深度、设计原则、设计标准、设计主要参数、技术条件、控制措施等。

设计大纲是内部协调的权威性资料，要经技术主管部门的认可。一般由项目负责人主持制定。

（4）总体设计。所谓施工图总体设计，是依据设计大纲确定的原则进行的整体概念设计，其作用是指导每个单体设计。其成果是提供总体布置与工艺流程的内部设计配合的第一次作业图。

①布置与协调。总体设计，首先进行平面布置，它要确定工程内容的相互关系、相互位置、平面尺寸、交通运输、管道布局、进出通道等宏观控制问题。因此，总体布置的协调在初始阶段就非常重要。

总体布置通常是主导专业先行，其他专业紧密配合。在主导专业绘制粗轮廓的草图时，就要征求其他专业的意见。草图绘出之后，召开协调会解决专业之间的矛盾，再根据意见进行修改。

总体设计除了平面布置，还要从空间概念入手，考虑总体空间的组合。例如，进行汽车客运站设计，就应该考虑客运车辆停放位置、出入口设置、候车厅、售票厅等的楼层设置。

②互提与互交。各专业在协调一致的思想基础上，要完成并提出作业图与配合条件，相互创造条件。各专业的总体布置作业图和配合条件，要经校审再提出。互提的作业图，应相互签字，各负其责。

（5）单体设计。总体设计完成后，就有条件进行单体的详细设计。总体设计对单体设计起控制与指导作用，单体设计又是总体设计的深入和完善。

①了解单体与总体的关系。开始一个单体（或子项）工程的设计前，每个专业都要了解其单体与总体工程的相互关系，甚至也要了解此单项与其他单项的关系。任何一项单体设计都要服从于总体工程。

②互提作业图及资料单。设计活动中,协同非常重要,施工图设计更是如此。单体施工图设计,进度上尽管有先有后,但是从控制整个设计的周期讲是同步的。一般情况下,主导专业先为其他各专业创造设计条件,即提出作业图或资料单,然后,其他专业再向主导专业反提资料,相关专业之间也要互提作业图或资料,如图2-2所示。有些复杂的工程设计,这种往返提供资料要进行多次。

③详细设计。经过前几个程序,设计人员就可单独进行单项设计。在这一环节中,设计人员应制订自己的设计计划。单项设计要尽量集中精力,一气呵成。不可拖延时间,也不要同时进行几个单项设计,因为每个人的精力都是有限的,一个单体一个单体地进行,会提高工作效率,加快设计进度。

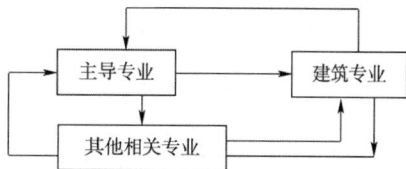

图2-2 互提作业过程

如果几个人同时做同一单体的专业设计,设计的分工与计划就尤其重要。大多数专业,在设计过程中除了设计绘图,还要进行计算。一般先计算,后绘图。不管是复杂计算,还是简单计算,都应写出计算书,整理成册并归档。

④自校设计。设计的自校自核是保证设计质量的重要手段。施工图详细设计的出错率,较其他设计阶段要大得多。设计人员自校自核容易发现问题,也方便修改。

⑤校核。施工图的校核,是一项非常细致的工作,也是保证设计质量和工程质量的重要手段。设计人员往往对设计的错误形成思维定式,容易忽视简单的错误,因此需要进行施工图的校核。校核人员应该具有较高的技术水平和校核技巧,施工图校核要做到认真、仔细、全面、彻底。校核的内容包括设计原则的确定、设计依据的来源、设计参数的确认、计算书的核对、图纸尺寸的校对、注释的检查等。

⑥审核。审核是单体设计最后一道工序。审核人角色的重要性一般要高于校核人,在技术上要起到决策与把关的作用,审核工作是更高一层次的技术工作。因此,施工图设计的单体审核,不是校核工作的重复,其工作的重点是审查设计中的原则问题和关键部位。审核人除了要具备较高的技术水平外,还要客观了解设计的总体。

⑦单体设计会签。各专业设计图纸经校审后,要组织会签。会签的目的是检查各专业之间相互不一致的地方。会签的原则是统一组织、同步进行。这项程序由设计人亲自完成。对于会签中发现的问题,要及时协调、及时解决和及时修改。

(6)完善总体设计。总体设计,往往开始在先,结束在后。前面已介绍了总体框架设计,各单体设计进入尾声就要着手完善总体设计。

①互提第二次作业图。完成单体设计后,每项单体与总体的相互关系及相关尺寸就可以全部确定。各专业要根据单体设计提供的依据,对第一次作业图补充修改后,再提供给其他专业。

②总图详细设计。总图详细设计,首先要汇总单体设计的有关内容,然后还要将总图中各个部位画出大样。复杂工程的总图设计,比任何一项单体设计都烦琐。各专业总图的完善,要在综合性总图的指导下进行。综合性总图要体现各专业总图的内容。

总图设计有平面设计和竖向设计,将两者结合起来,才能理顺内部与外部的复杂关系。总图设计的实践性、综合性、技术性、系统性都要胜于任何一项单体设计。总图设计的方法与单体设计有所不同,单体设计是从大到小、从整体到局部,步步深入,而总图设计是由粗到细、化整为零,再由零到整反复进行。

③校审与会签。总图设计中的校审与会签的步骤、方法和单体设计的校审与会签完全相同。

(7)汇总与归档。施工图设计汇总,主要是编排各单项设计的顺序,复查图纸目录编号。施工图设计的底图、计算书、有关文件等,要全部交档案管理部门存档,由档案管理部门统一组织晒图、装订,向有关单位发放。

3. 施工图设计的内容

施工图设计的内容主要包括:确定全部工程尺寸和用料;绘制建筑结构、设备等全部施工图纸;编制工程说明书、结构计算书和预算书等。这里仅简单介绍建筑施工图和结构施工图设计。

(1)建筑施工图。建筑施工图是表示建筑设计主要内容的图样,包括建筑总平面图、建筑平面图、建筑立面图、建筑剖面图和建筑详图等。

①建筑总平面图。建筑总平面图是表示拟建服务场站构筑物等的具体位置、朝向、场地、绿化等的布置,以及地形、地貌和原有建筑物等的内容。建筑总平面图主要是应用水平投影方法和相应的图例来表达的,根据实际情况主要画出总平面图并标出名称。

②建筑平面图。建筑平面图包括屋顶平面图和各层平面图。除屋顶平面图外,各层平面图实际上是假想用水平剖切平面,分别在各层窗台上方,把整幢房屋剖开所得的水平剖面图。对多层房屋,如某些楼层的平面布置相同,或仅有局部不同时,则可只画出一个共同的平面图作为标准平面图,但在图中需注明各相同楼层的名称。至于某些局部不同之处,则需画出局部平面图予以表明。

③建筑立面图。建筑立面图主要表示房屋的外形,因外形的直观性较强,一般容易掌握和表达。

④建筑剖面图。建筑剖面图实际上是整幢建筑竖直方向的剖面图。因其剖切位置是根据需要确定的,所以必须将建筑剖面图的具体剖切位置在底层平面图加以表达。楼梯是联系上下各层的通道,一般较复杂,所以楼梯部位常需用剖面图来表达。因建筑剖面图是表达房屋高度与宽度或长度之间的组成关系,一般而言,较平面图复杂,且要求表达的构造内容也较多,故有时将建筑剖面图采用较大的比例(1:50)画出,此时砖砌体的墙体必须画出其材料图例。

⑤建筑详图。有些汽车服务场站建筑形体较大,不可能采用较大的比例画出,比例尺一般采用1:100。但某些构造或细部就无法清楚地表达,给施工带来困难,因此,为了弥补这些局部问题,就采用局部放大的建筑详图来解决。建筑详图可适用于建筑平、立、剖面图,但为了明晰建筑详图与所在的平、立、剖面图中部位的相互关系,必须使用索引符号和详图符号予以对照而不致发生混淆。

(2)结构施工图。根据结构材料的不同(如钢结构、木结构、钢筋混凝土结构等),结构施工图的图示方法和内容也各不相同。

①结构平面图。结构平面图中表示建筑上部结构布置的图样,称为结构布置图。在结构布置图中,形式采用最多的是结构平面图。在楼层房屋中,结构平面图是表示房屋室外地面以上各层平面承重构件布置的图样。它们分别表示各层楼面和屋面承重构件,如梁、板、柱、墙及门窗过梁等的平面布置情况,所以楼层结构平面图是在各层楼板面上方各采用一个水平剖面图来表示的,与各层建筑平面图有着显著的区别。为了突出结构内容,采用一条细对角线来表示楼板的布置范围,用粗点划线表示楼板下各种梁的中心位置。对于楼板下不

可见墙体和门窗洞的位置,则用细实线画出。

②钢筋混凝土结构详图。钢筋混凝土结构详图主要是配合结构平面布置图来表示各承重构件的形状、大小、材料、构造和连接情况。钢筋混凝土构件有定型构件和非定型构件。对于定型构件,不论预制或现浇的,均可套用标准图集,只要注明图名、代号、规格等,不必重新绘图;对于非定型构件,则必须画出结构详图。钢筋混凝土结构详图内容较多,常见的是梁、板、柱和楼梯结构详图等。

③基础图。基础图一般包括基础平面图和基础详图。基础平面图实际是剖切在建筑内地面下方的一个水平剖面图。它是施工时在基地上放灰线定出房屋定位轴线、基础底面长宽线、墙身线,是开挖基坑和填筑基础的依据。在基础平面图中,所剖切到的基础墙和柱的外形线须画成粗实线;基础底面的外形线则画成中实线;对条形基础受力较大的部位设有基础梁时,采用粗点划线表示梁的中心位置和长度。基础平面图还需采用基础详图来表达基础的具体结构形式和组成,条形基础需采用断面图来表示,断面图的剖切位置和符号也要在基础平面图中标注出来。

第四节　汽车服务场站施工组织设计

汽车服务场站施工组织设计是按照工程建设的基本规律、施工工艺规律和经营管理规律,制定科学合理的组织方案、施工方案,合理安排施工顺序和进度计划,有效利用施工场地,优化配置和节约使用人力、物力、资金、技术等生产要素,协调各方面的工作,使施工有计划、有节奏,能够保证质量、进度、安全、文明,取得良好的经济效益、社会效益和环境效益。

一、施工组织设计的作用

汽车服务场站施工组织设计是规划、指导工程投标、签订承包合同、施工准备和施工全过程的全局性的技术经济文件。其作用如下:

(1)汽车服务场站施工组织设计是根据工程承包组织的需要编制的技术经济文件。其内容既包括技术方面,也包括经济方面,更确切地说是技术和经济相结合的文件,既解决技术问题,又考虑经济效果。所以,它是一种管理文件,具有组织、规划(计划)和据以指挥、协调、控制的作用。

(2)汽车服务场站施工组织设计是全局性的文件。"全局性"是指,工程对象是整体的、文件内容是全面的、发挥作用是全方位的(指管理职能的全面性)。

(3)汽车服务场站施工组织设计是指导工程承包全过程的,从投标开始,到竣工结束。在市场经济条件下,特别应当发挥施工组织设计在投标和签订承包合同中的作用,使汽车服务场站工程施工组织设计不仅在管理中发挥作用,更要在经营中发挥作用。

二、施工组织设计的种类

根据汽车服务场站工程施工组织设计阶段和编制对象的不同,工程施工组织设计可以划分为两类:一类是投标前编制的施工组织设计,简称标前设计;另一类是签订工程承包合同后编制的施工组织设计,简称标后设计。其中,标后设计又可分为三种:施工组织总设计、单体工程施工组织设计和分部工程施工组织设计。

标前设计是为了满足编制投标书和签订工程承包合同的需要而编制的;标后设计是为

了满足施工准备和施工的需要而编制的。工程施工单位为了使投标书具有竞争力以实现中标，必须编制标前设计，对标书的内容进行规划和决策，作为投标文件的内容之一。标前设计既是能否中标的关键因素，又是总包单位招标和分包单位编制投标书的重要依据。它还是承包单位进行合同谈判、提出要约和进行承诺的根据和理由，是拟定合同文件中相关条款的基础资料。这两类施工组织设计的特点见表2-2。

标前、标后施工组织设计的特点   表2-2

种　　类	服务范围	编制时间	编制者	主要特性	追求主要目标
标前设计	投标与签约	投标书编制前	经营管理层	规划性	中标和经济效益
标后设计	施工准备至工程验收	签约后开工前	项目管理层	作业性	施工效率和效益

对于施工难度大、施工技术复杂的大型建筑物，例如大型客货运站建筑，在编制单体工程施工组织设计之后，还应编制主要分部工程的施工组织设计，用来指导各分部工程的施工。例如，复杂的基础工程、钢筋混凝土框架工程、钢结构安装工程、大型结构构件吊装工程、屋面防水工程、高级装修工程、大量土石方工程等。分部工程施工组织设计突出作业性，主要是进行施工方案、进度计划和技术措施设计。

三、汽车服务场站工程施工组织设计的内容

1. 施工组织设计文件的内容

施工组织设计文件内容主要包括工程概况、施工管理组织、施工部署及主要施工方案、施工准备规划、施工总进度计划、各种资源需用计划、施工总平面布置图、施工项目质量体系的设计、成本目标控制规划、安全环境控制目标及风险管理规划和指标计算与分析。

2. 施工组织设计的重点内容

无论是哪一类施工组织设计，其内容都相当广泛，编制任务量很大。为了使施工组织设计编制及时、适用，必须抓住重点，突出"组织"二字，对施工中的人力、物力和方法，时间与空间，需要与可能，局部与整体，阶段与全过程，前方和后方等给予周密的安排。

从突出"组织"的角度出发，在编制施工组织设计时，应重点编制好以下三方面内容：

（1）施工组织设计中的"施工部署和施工方案"与单体工程施工组织设计中的"施工方案和施工方法"。前者的关键是"安排"，后者的关键是"选择"。这一部分是解决施工中的组织指导思想和技术方法问题。在编制中，要努力在"安排"和"选择"上做到优化。

（2）施工组织设计中的"施工进度计划"与单体工程施工组织设计中的"施工工期计划"。这部分所要解决的问题是顺序和时间。"组织"工作是否得力，主要看时间是否利用合理，顺序是否安排得当。巨大的经济效益寓于时间和顺序的组织之中，绝不能有任何忽视。

（3）施工组织设计中的"施工总平面图"与单体工程施工组织设计中"施工平面图"。这一部分是解决空间问题和施工"投资"问题。它的技术性、经济性都很强，还涉及许多政策和法规问题，如占地、环保、安全、消防、用电、交通等。

上述三个方面的重点突出了施工组织设计中的技术、时间和空间三大要素，这三者又是密切相关的，设计的顺序也不能颠倒。抓住这三个重点，其他方面的设计内容也就比较好解决。否则其他内容无法设计，即使设计出来也解决不了根本问题。

四、施工部署及主要施工方案的技术经济分析

1. 技术经济分析的目的

技术经济分析的目的是论证施工组织设计在技术上是否可行、在经济上是否合算,通过科学的计算和分析比较,选择技术经济效果最佳的方案,为不断改进与提高施工组织设计水平提供依据,为寻求增产节约的途径和提高经济效益提供信息。技术经济分析既是施工组织设计的内容之一,也是必要的设计手段。

2. 技术经济分析的基本要求

(1)全面分析。要对施工的技术方法、组织方法效果进行分析,对需要与可能进行分析,对施工的具体环节及全过程进行分析。

(2)进行技术经济分析时抓住施工方案、施工进度计划和施工平面图三大重点,并据此建立技术经济分析指标体系。

(3)在进行技术经济分析时,要灵活运用定性方法并有针对性地应用定量方法。在进行定量分析时,应对主要指标、辅助指标和综合指标区别对待。

(4)技术经济分析应以设计方案的要求、有关的国家规定及工程的实际需要为依据。

3. 技术经济分析的指标体系

施工组织设计中技术经济指标应包括施工周期、劳动生产率、工程质量、降低成本、安全指标、机械化施工程序、施工机械完好率、工厂化施工程度、临时工程投资比例、临时工程费用比例以及节约三大材料百分比。

单位工程施工组织设计中技术经济指标应包括工期指标、劳动生产率指标、质量指标、安全指标、降低成本率、主要工程工种机械化程度以及三大材料节约指标。这些指标应在施工组织设计基本完成后进行计算,并反映在施工组织设计的文件中,作为考核的依据。

施工组织设计技术经济分析指标可在相关指标体系中选用。其中,主要的指标应是总工期、单方用工、质量优良率、主要材料节约和节约率、大型机械耗用台班数、单方大型机械费、降低成本额和降低成本率。

4. 技术经济分析的重点

技术经济分析应围绕质量、工期、成本、安全、环境五个主要方面进行。选用某一方案的原则是:在质量能达到合格(或优良)的前提下,工期合理且成本较低。

单体工程施工组织设计的技术经济分析重点是工期、质量、安全、成本、劳动力使用、场地占用和利用、临时设施、协作配合、材料节约以及新技术、新设备、新材料、新工艺的采用和环境保护。

施工组织设计的技术经济分析重点是施工周期、大流水作业、施工准备、临时设施、劳动力均衡使用与均衡施工、总分包协作、成本、质量、安全、节约、占地和土地利用、社会效益和开拓性措施使用。

五、施工组织设计案例

下面以宣化—大同高速公路(以下简称宣大高速公路)服务区施工组织设计为例进行介绍。

1. 编制依据

(1)宣大高速公路房建工程招标文件。

（2）宣大高速公路房建工程合同所包含的全部设计图。

（3）国家现行建筑设计施工验收规范、规定及工艺标准。

（4）化稍营服务区（北侧）的具体环境、气候、地质、水文实际情况。

2. 工程概况

本工程为河北省宣化—山西省大同高速公路化稍营服务区（北侧）房建工程。工程位于宣大高速公路 K73＋300～K73＋600 处，总占地面积为 70500m²，总建筑面积 3197m²，建筑基底面积为 2461m²，道路广场面积 44528m²，绿化面积 23000m²。共计有建筑 6 栋，分别是服务楼、加油站、变电所、公共卫生间、风机房（污水处理站）和汽车修理间。其中，服务楼建筑面积 2081m²，位于服务区正中心部位 K73＋450 处。服务楼共两层，底层层高 4.2m。总建筑高度 12.4m，局部设 3.6m×3.6m 钟楼，高度 22.91m。室内外高差 0.45m。

（1）结构设计。

化稍营服务区（北侧）所含各栋楼的地基均具有 Ⅱ 级非自重湿陷性，为消除基底下 4m 范围内的土的湿陷性，基础施工时，必须对基底进行处理，地基的承载力应达到 140MPa。场地填方时，清除杂填土并用素土回填，而后再进行地基处理。

化稍营服务区（北侧）服务楼二层均为现浇框架结构，耐火等级为二级，抗震设防裂度 7 度。独立柱、楼梯、楼板、雨棚、单梁、圈梁均为现浇混凝土结构。基础为现浇混凝土独立基础，其他为 100mm 厚混凝土垫层，挖槽深度 －2.0m，无地下水影响。砖基采用 Mu10 机制红砖、M5 水泥砂浆砌筑。外墙为 250mm 厚加气混凝土墙，内墙为 200mm 厚加气混凝土，M5 混合砂浆砌筑。混凝土垫层标号为 C10，结构混凝土均为 C20，钢筋 Ⅰ、Ⅱ 级。钟楼为框架结构。

化稍营服务区（北侧）公共卫生间、变电所、加油站为半框架半砖-混凝土结构，风机房为砖-混凝土结构。耐火等级为二级，抗震设防裂度 7 度，构造柱、屋面板、雨棚、独立柱、单梁、圈梁均为现浇混凝土结构。基础部分为独立混凝土现浇基础，其他为条形砖基。埋深 －2.200m，无地下水影响。内外高差 0.45m。砖基采用 Mu10 机制红砖、M5 水泥砂浆砌筑，墙体为 Mu7.5 机制红砖、M5 混合砂浆砌筑，垫层混凝土标号为 C10，结构混凝土均为 C20，钢筋 Ⅰ、Ⅱ 级，构造柱采用五进五出。地基及屋顶处设置圈梁，增强整体抗震能力。

汽车修理间、车库结构为半框架半砖-混凝土结构，其中一部分为独立混凝土柱基础，一部分为 100mm 厚混凝土垫层的条形砖基，构造柱、独立柱、圈梁、雨棚均为现浇混凝土结构，沟槽深度 －2.15m，内外高差 0.3m。砖基采用 Mu10 机制红砖、M5 水泥砂浆砌筑。框架部分墙体采用 250mm 厚加气混凝土填充，其余为 360mm 和 240mm 砖墙，由 Mu7.5 机制红砖、M5 混合砂浆砌筑，基础和屋顶各设一道圈梁，抗震设防裂度 7 度。屋面为预制空心屋面板。

（2）建筑设计。

化稍营服务楼的建筑造型新颖、美观，整体效果好，集休息、餐饮、办公、住宿于一体，装修档次为中高级。外墙面装修有 3 种，分别为贴面砖、仿石砖墙、刷涂料墙面。挑檐贴红色小波形瓦，整个外形色彩协调、品位较高。

内墙混合砂浆打底，有立邦漆、乳胶漆两种内墙涂料，卫生间墙面贴面砖到顶。普通宿舍及卫生间贴地板砖，客房地面铺地毯，餐厅、会议室、大堂、商店、商务中心、门厅、雅间均铺贴花岗岩。

屋顶设有金属结构装饰并用铝塑板包面。顶棚为金属乳胶漆顶面，外挑檐底用铝合金轻钢龙骨铝扣板吊顶。楼梯栏杆扶手采用不锈钢、硬木窗台板、硬木窗帘盒、硬木暖气罩。部分为水磨石窗台板。

窗为铝合金窗,内门为木装饰门。

公共卫生间外装修等级为普通。地面全部为防滑地板砖。外墙贴仿石砖,内墙刷乳胶漆涂料。洗手处、卫生间内墙贴瓷砖到顶。顶棚为条形金属板吊顶并刷乳胶漆涂料。门窗均为铝合金门窗,屋面做法与综合楼相同。

汽车修理间、车库设 4 道修理坑,地面为水磨石地面和水泥地面,内墙、顶棚为抹灰墙面,外墙喷涂料。铝合金平开门、卷帘门、推拉窗,木夹板、木镶板门。

加油站地面主要为现制水磨地面,卫生间为地砖地面,部分为水泥地面。墙裙有油漆墙裙、水磨石墙裙和水泥砂浆墙裙,水磨石窗台板。内墙、顶棚为白色抹灰墙面,卫生间为瓷砖墙面。银灰色宽条形金属板吊顶,轻钢龙骨银灰色铝板包柱。外墙贴面砖。铝合金门窗,木夹板门,甲级防火门。加油站棚为金属网架,上铺镀锌压型钢板,不锈钢球连杆。有铜制金属大字 9 个。屋面为 Ⅱ 型改性沥青油毡防水层。

(3)水文地质情况(略)。

3.施工部署

专设项目部负责整个标段的施工,拟定三个队分别进行服务楼、附属工程、室外工程的施工。每个队伍最高峰时需 142 人左右。服务楼先开工,施工路线采用以服务楼为主、其他各服务设施为辅,形成流水作业施工。

施工工期为 12 个月(2000 年 6 月 20 日—2001 年 6 月 20 日)。

冬季施工较长,平均气温偏低,预计工程在 2000 年底完成所有建筑的结构部分的施工和大部分装修工作及部分室外工程的预埋工作,2001 年主要是室外预埋和混凝土工程,设备安装工程。冬季施工准备安排各建筑水暖电的安装,而土建工程均不准备安排在冬季。

4.施工准备

(1)完成承包合同的签约之后,组织有关人员熟悉合同内容,学习合同文本。

(2)完成现场临时道路的规划。

(3)联系施工用电,立杆架线引进现场。为了防止有时停电造成停工,工地准备一台 75kW 的发电机以备用。

(4)准备施工用水,以满足施工和生活用水需要。

(5)技术准备。

①成立项目经理部,完善施工技术、设备、物资、计划、财务、资料室等人员的编制,加强技术力量。

②熟悉设计图,领会设计人设计意图。

③进行图纸会审,并整理打印,发放给有关人员。

④编制作业指导书及重要部位技术交底。

⑤编制施工预算和材料用量计划。

⑥办理甲、乙双方水准点和坐标控制点正式移交手续。

(6)现场准备。

①按平面规划建造现场办公室、职工宿舍、监理办公室和宿舍、卫生间、库房、工地实验室、医疗服务室等临建设施。

②完成场区内的道路硬化,设置施工机械停放场、水泥堆放区、砂石堆放区、钢筋加工厂、混凝土搅拌站、模板停放场等临建设施,配置必要的管理干部和操作人员。

(7)设备准备。

①安装混凝土和砂浆搅拌机。

②钢筋加工设备进场就位。

③小型工具等进场。

④准备塔式起重机进场。

⑤电子计量设备进场。

⑥实验室设备的安装。

(8)材料准备。

①组织主要材料的货源,安排首批材料进场。

②木材、钢材、砖、水泥、沙子、石子定货并报监理检验。

(9)其他事项。

①质量控制过程中需要做的试验,应在监理人员在场的情况下,由承包人在现场实验室进行。监理人员另有规定者除外。

②筹集劳动力,进行进场三级安全教育,进行分工种的操作控制培训,办理有关保险等各方面的手续。

③制定工程技术、质量、安全、消防、保卫、计划、经营、财务、设备机具、材料、现场文明、政治思想、生活福利、后勤服务等一系列管理制度。

5. 主要分部分项工程施工工艺

(1)基础工程。

①施工顺序。平整场地→定位放线→机械挖土→人工清槽→钎探→地基处理→验槽→放线→混凝土垫层→弹线→钢筋绑扎→支模→独立柱混凝土浇筑→圈梁浇筑→砌筑砖槽→防潮层铺设→基础检验→回填土。

②基槽开挖。本工程场地已很平坦,工程机械可直接进驻。提前3天通知人员要求,得到由人员提供的测量资料,召集测量人员完成工程的定位放线工作。经监理验收合格后,进行开挖。开挖时应保护好龙门桩以及需复测的桩。服务楼采用人工挖土,挖深2.0m,挖土过程中紧密配合,抄平测量,到设计基底标高时同监理人员查看地基土质情况。如确实为湿陷性土,应联系业主、设计院共同商定地基处理方案。夜间施工时,应合理安排,根据需要设照明设施,在危险地段应设置明显标志,基槽的开挖应连续进行,尽快完成。施工中应防止地面水流入槽内,以免边坡塌方或基土遭到破坏,如遇雨天施工,挖好后不能及时下一工序的施工,可在基底标高以上留150~300mm一层不挖,待下一工序开始前再挖除。

③地基钎探。挖完基槽后,应进行人工钎探。服务楼基槽采用两排错开布点,间距1.5m,深度1.5m。打钎采用轻便触探器,轻便触探器由尖锥头、触探杆、穿心锤三部分组成,穿心锤重10kg,钎杆直径ϕ25mm钢筋焊上大头圆锥尖,净用长度2.0~2.2m,穿心落距为50cm,使其自由下落,将触探杆竖直打入土中,每打30cm记录一次锤击数。钎探后钎孔灌砂土,同时将不同强度(锤击数的大小)的土在记录表上用色笔或符号分开,在平面布置图上注明特硬或特软的点的位置,以便监理人员验槽时分析处理。灌砂后应用砖块将点盖好,并用粉笔标上点号。

④基底处理。如遇较软土质或不符合地基承载力要求的土质时,应及时向监理人员和设计院汇报,并报业主,等待确定处理方案后再继续施工。

⑤基础垫层。独立基础垫层。服务楼独立基础垫层C10,厚度为100mm,在做完混凝土

垫层后再进行绑扎基础钢筋,支独立基础模板,浇注独立基础混凝土。

在C10混凝土施工过程中,应检验水泥的出厂合格或进场试验报告,并对其品种、标号、包装、出厂日期等进行检查验收。粗细集料均应做试验,合格后方可施工。

⑥独立柱基础和圈梁支模、钢筋绑扎、浇筑混凝土。

⑦砖槽施工。

⑧回填土。槽边与房心均为素土回填,填土颗粒最大粒径不超过5mm,素土虚铺厚度不超过250mm,夯实时一夯压半夯。跳步搓宽以100mm为宜,夯实厚度不超过一步(即200mm),每步土按规范取样测试干重度,其干重度合格后方可虚铺新的回填土方。

槽边回填土质量直接影响混凝土散水质量,房心回填土直接影响一层地面质量,对以上两点均应高度注意,确保工程质量。填土时,要将沟槽内的积水和有机杂物清除。夯填时,每步不少于3遍打夯。严禁采用水夯。

(2)主体施工。

服务楼主体施工顺序为:绑扎构柱筋→支柱模→浇筑混凝土→绑扎梁钢筋→支梁模、顶板模→绑扎钢筋(水暖电预留孔洞、预埋铁件)→浇一层顶板混凝土→养护→弹线→立皮数杆→重复上述工序直至二层完→一、二层砌筑混凝土墙。

(3)门窗工程。

服务区门、窗均采用铝合金门窗。汽车修理间、车库采用铝合金卷帘门。

①门窗安装前应按图纸检查门窗的品种、规格、开启方向及组合杆、附件,并对其外形及平整度检查校正,合格后方可安装,按设计要求检查洞口尺寸。

②门窗应在室内竖直排放,并用枕木垫平。室内应清洁干燥、通风。如露天存放,应避免日晒雨淋。运输应竖立排放并固定牢靠。樘与樘洞应用非金属软质材料隔开。

③安装门窗严禁采用边安装边砌口或安装后砌口。

④安装过程中及时清理表面的水泥砂浆、密封膏等,以保护表面质量。

⑤铝合金门窗装入洞口应横平竖直,外框与洞口应弹性连接牢固。安装密封条时应留有伸缩余量,一般比门的装配边长20~30mm。在转角处应斜面断开,并用胶黏剂粘贴牢固,以免产生缩缝。

⑥门窗外框与墙体的缝隙填塞,设计无要求时,采用矿棉条或玻璃棉毡条分层填塞。缝隙外表留5~8mm深槽口,填嵌密封材料。

(4)楼地面工程。

服务楼餐厅、会议室、大堂、商店、商务中心、门厅、雅间为花岗岩地面。客房地面铺地毯,其他房间为防滑地板砖地面。变电所为水泥地面;汽车修理间、车库为现制水磨石地面和水泥地面;公共卫生间为防滑地砖地面;加油站主要是现制水磨石地面。

①地面基土应按规范要求分层夯实,基土垫层应按设计要求厚度夯实。

②找平层。在施工前,应将下一层表面清理干净,当其下一层为水泥混凝土垫层时,应预湿润,表面光滑时应划毛。

③在预制混凝土板上铺设找平层前,板缝填嵌时,应符合要求,板缝底宽度不应小于20mm。板缝内清理干净,保持湿润坍落度控制在10mm,高度小于板面10~20mm,表面不宜压光。当板缝宽度大于40mm时,板缝内应加筋浇筑。

④在卫生间等有防水要求的楼面,在铺找平层前,应对立管、套管、地漏与楼板节点之间进行密封处理,并应在管四周留出深8~10mm的沟槽,采用防水卷材或防水涂料裹住管和地漏。

⑤在水泥砂浆或水泥混凝土找平层上铺涂防水卷材或防水涂料隔离层时，找平层表面应洁净、干燥，其含水率不应大于9%，并应涂刷基层处理剂。在穿过楼板面管道四周处，防水材料向上铺涂，并应超过套管的上口；在靠近墙面处，防水材料应向上铺涂，并应高出面层200～300mm。铺设完后应做蓄水检验，蓄水深度宜为20～30mm，24h内无渗漏为合格，并应做记录。

（5）屋面工程。

本服务区屋面防水大部分采用的是三元乙丙防水材料，部分为聚氨酯和"一布四涂"防水涂料。

①屋面工程所采用的防水或保温材料应有出厂材料质量证明书，并经指定的质量检测部门认证，确保其质量符合技术要求。材料进场后，应按规定取样复试，提供试验报告，严禁在工程中使用不合格的材料。

②伸出屋面的管道、设备或预埋件等，应在防水层施工前安设完毕。屋面防水完工后，应避免在其上凿孔打洞。

③找平层表面应压实平整，排水坡度符合设计要求，水泥砂浆抹平收水后应二次压光，充分养护，不得有酥松、起砂、起皮等现象。

④基层与突出层面结构的连接处以及基层的转角处均应做成圆弧。

⑤铺设屋面隔气层和防水层前，基层必须干净、干燥。基层处理剂可采用喷涂或刷涂，且必须均匀一致。当喷涂二遍时，第二遍喷涂应在第一遍干燥后进行。待最后一遍喷涂干燥后，方可铺贴卷材。上、下层卷材不得相互垂直铺贴。

⑥屋面防水层施工时，应先对附加层和屋面排水比较集中部位进行处理，然后由屋面最低标高处向上施工。铺贴天沟、横沟卷材时，宜顺天沟、檐沟方向，减少搭接。

⑦铺贴卷材采用的搭接，上、下层及相邻两端卷材的搭接缝应错开。平行于屋脊的搭接缝应顺流水方向搭接。

⑧三元乙丙合成高分子防水卷材的外观质量要求应符合有关标准规定。

⑨高分子胶黏剂的黏结剥离强度不应小于15N/10mm，浸水168h后黏结剥离强度保持率不应小于70%。不同品种、规格的胶黏剂应分别用密封桶包装，胶黏剂应储存在阴凉通风的室内，严禁接近火源和热源。

⑩防水卷材铺贴时的细部构造应严格按规范施工。

（6）装饰工程。

（7）室外及附属工程。

（8）给排水暖工程。

（9）电气工程。

6. 工程质量保证措施及质量保证体系

（1）实行全面质量管理，进行全员培训，实行质量责任制，建立质量保证体系。

（2）由项目经理任组长，项目人员任副组长，成立由质检、工长、试验员组成的质量检查小组，制定奖优罚劣制度和各种质检措施。

（3）项目人员以书面形式明确提出各项工程中的质量控制点，树立超前意识，使质检人员、工长在本项工程施工前就明确该项工程中的质量重点，提前制定措施，将质量弊病消灭在萌芽状态。

（4）班组实行自检、互检、交接检制度，班组长主抓质量，每个班组另设兼职质检员。

（5）每个项目开工前要做好技术交底。

（6）各作业组认真学习技术交底、特殊工种、新工艺、新技术，操作人员提前进行上岗培训。

（7）质量小组随时进行各分项工程施工质量检查，必须做好外加工、成品、半成品进场材料的抽样检查及外订货开箱检查，收取进场合格证书，做好开箱检查记录。

（8）试验员做好全程原料试验，混凝土试块、砂浆试块及配比试验以及防水、地板砖等各种需检验材料的试验，应严格把关。

（9）组织质量控制（QC）小组，配备足够人员，开展全面质量管理工作，有针对性地解决施工中出现的质量难题。

7. 安全保证措施及安全保证体系

（1）实行安全责任制，建立安全保证体系，组成以项目经理任组长的安全领导小组，设专职安全员，班组设兼职安全员，逐级负责日常安全施工工作。

（2）贯彻"安全第一，预防为主"的方针，定期进行安全联合检查，坚持周一安全例会制度，不断加强全员安全施工思想意识。

（3）进入现场必须戴好安全帽，高处作业要系好安全带，做好"四口"防护工作。

（4）现场一般不安排立体交叉作业，必须进行立体交叉作业的施工部位，要经项目部批准，要设置防护棚，对操作人员安全防护措施落实后方可施工。

（5）加强现场施工用火控制，动用明火必须由保卫科签发用火证。

（6）易燃、易爆、有毒物品必须专库存放。

（7）现场配齐消防栓、消防设备，并成立义务消防队伍，保证道路畅通。

（8）施工机械专人专机，严禁无证操作，塔式起重机由专业人员负责，吊篮不许上人。

（9）现场施工用电专人管理，严禁乱拉乱接、一闸多用。各电气设备配齐漏电保护设备。

8. 工期保证措施

首先保证合同工期按期交工，在合同工期有保障的前提下力争提前竣工。

（1）现场施工用水、用电必须能满足施工需要。

（2）施工现场配足劳力、材料、工具、机械设备，以满足施工流水作业的需要。

（3）合理安排各工序、各工种配合穿插，不留施工间歇。

（4）确保生产计划的严肃性，狠抓旬、日作业计划落实。

（5）严把质量关，一次交验合格率100%，将返工返修缩小到最低限度，压缩工期。

（6）提高现场解决问题的效率，对于影响施工进度的障碍问题及时解决。

（7）充分利用施工大好季节，合理安排昼夜施工。

（8）采取有效成品保护措施，减少返工修补工期。

（9）及时组织外订货进场和材料进场工作，现场不出现停工待料现象。

（10）每天及时召开现场碰头会，掌握现场情况，提出要解决的问题，布置第二天重点工作。

（11）每周一次项目部班子会，综合进度、质量、安全情况，确保正常施工。

9. 现场文明施工措施

（1）现场按河北省高速公路管理处建筑工地文明施工达标标准进行布置和管理。设标牌,注明施工现场、技术质量和消防保卫负责人,严格按施工平面图布置,卫生区按段责任到人。

（2）现场实行"三清六好",适时地开展劳动竞赛。

（3）现场材料堆放有序,工具存库整齐。

（4）场内雨季排水流畅,现场无积水。

（5）现场垃圾定点存放,定期外运。

10. 冬雨季施工及夜间施工措施

（1）冬季施工,挖土方可采用燃料燃烧并加铁皮。挖好的基槽用草席盖好。

（2）冬季混凝土施工浇混凝土后,应覆盖塑料布、草帘保湿,采用蓄热法施工,保证混凝土终凝前不受冻。

（3）混凝土冬季施工严格按冬季施工要求,做好防寒保温措施,保证工程质量。施工前应将冬季施工保证措施和施工要求报现场监理人员,待现场监理人员批准后实施。

（4）雨季施工要进行有组织的排水,场内排水以明沟为主,过道处埋设水泥管,避免影响交通。

（5）雨期中经常检查机械防雨保护,雨停之后进行漏电测试。

（6）现场水泥应搭好保温棚,防止雨淋和水泡,措施落实到人。

（7）雨后及下雪后,上脚手架作业人员要穿防滑鞋,如发现不安全问题,及时采取措施。

（8）夜间施工保证足够的照明。

（9）垂直运输设专人指挥。

（10）项目负责人轮流值班,亲临现场指挥作业。

复习思考题

1. 简述工程项目建设的项目建议书的组成及内容。

2. 工程项目建设可行性研究的作用是什么?

3. 工程项目建设的可行性研究报告通常包括哪些内容?

4. 工程项目建设的可行性研究报告与项目建议书有何区别?

5. 汽车服务场站工程设计任务书主要由哪几个部分组成? 各部分的主要内容是什么?

6. 简述工程项目建设施工图设计的阶段和步骤。

7. 工程项目建设施工图设计应达到哪些要求?

8. 施工图设计的主要内容有哪些?

9. 建筑施工图包括哪些内容?

10. 工程项目施工组织设计的作用是什么?

11. 简述工程项目施工组织设计的分类和特点。

12. 工程项目的施工组织设计文件包括哪些内容?

13. 工程项目施工组织设计中进行技术经济分析的目的是什么?

第三章 汽车4S店设计

本章主要介绍汽车4S店的含义、设计内容、设计规模及要求、汽车4S店店址选择；汽车4S店平面布置的基本规程；汽车4S店中汽车销售中心设计、汽车维修车间设计和库房设计。

通过学习本章内容，要求学生了解汽车4S店的基本含义，汽车4S店设计的内容、规模、基本要求及店址选择方法；了解汽车4S店平面布置的基本准则；掌握汽车营销中心设计方法、内容、要求及注意事项；掌握汽车维修车间设计内容、工艺设计参数及其计算方法、平面布置方案；掌握库房设计的基本原则。

第一节 汽车4S店概述

汽车4S店在销售品牌汽车的同时还提供业务咨询、售后服务、零配件供应及二手车交易等服务。不同品牌的汽车4S店具有大同小异的功能布置，但又具有不同的个性，其个性体现在造型、结构、标志、材料与色彩、家具与内饰、功能设置、服务质量及监控等方面。

一、汽车4S店的含义

汽车4S店是指具有汽车生产商特许经营权，按照生产商统一标准要求修建，满足整车销售、零配件供应、售后服务、信息反馈等功能需求的单一汽车品牌销售的建筑场所。"4S"是整车销售（Sale）、零配件供应（Spare part）、售后服务（Service）和信息反馈（Survey）的总称，也称"四位一体"。整车销售是指为客户的购车提供咨询、车辆选择、试车服务及代办购车相关手续等；零配件供应指及时向维修站和客户提供维修车辆所需要的各种零配件；售后服务指为客户建立服务档案提供"跟踪及连锁服务"、举办各种讲座传授汽车日常维护知识、提供野外紧急救险服务等；信息反馈指与客户保持联系，进行市场调查，搜集客户对汽车的意见与建议，并及时反馈给生产商。目前，随着二手车市场的发展，汽车4S店已开始经营旧车召回及置换业务，因此，旧车召回与销售（Second handed car）功能被纳入汽车4S店范畴，"四位一体"（4S）转变为"五位一体"（5S）。但不论4S店还是5S店，其各功能之间是相互联系、相互作用、相互促进的，共同形成了一个有机的整体，在为客户提供优质、全面服务的同时，也为自身发展提供了基础和条件。

汽车4S店营销模式已成为一种在国际上成熟定型的汽车营销模式，这种营销方式以汽车生产商的营销部门为核心，划分销售区域，由地区分销中心或厂家直销中心联结不同的特许或特约汽车经销商，根据覆盖区域内经济发展程度、消费人群密度及社会人文环境等诸多因素确定网络组建体系、经销商数量、服务半径及具体的选址布点,建造独立式的汽车4S店,形成有利于商家管理、信息回馈便利的销售服务网络。

汽车4S店营销模式最大的优势在于集约化,集销售、展示、维修、配件、服务等多位一体,有统一的外观形象、统一的标识、统一的管理标准和统一的文化理念,可以提供良好的购物环境和纵向延伸服务,可激活顾客对汽车品牌的忠诚度。作为汽车销售服务网络的终端,汽车4S店是直接与顾客接触的实体形式,其完整的建筑组成应包括汽车展示厅、维修车间、销售办公区域、新车库、备件仓库等诸多要素,形成"前店后厂",专卖、专修的品牌专营模式。

随着合资汽车品牌、国际汽车品牌及国产汽车品牌逐步建立属于自己品牌的汽车4S店,汽车4S店的建设发展日趋成熟。目前,我国的汽车4S店主要集中在销售乘用车方面,故本章所指汽车4S店是主要是针对乘用车而言的。

二、汽车4S店的特性

汽车4S店是汽车生产商与顾客之间的联系平台,是汽车产品走向市场的展示场所,是企业文化与内涵体现的实质载体,是顾客获得全面信息与服务的交流场所。因此,从使用功能的角度看,汽车4S店除与其他商品专卖店具有相同的普遍性特征外,还具有独特的个性,表现在以下几个方面。

1. 多侧面、多角度的展示空间

汽车4S店是生产商、销售商和顾客之间进行交易的场所,更是一个贴近顾客的展示空间,使顾客能够获得全方位的感官认识,以吸引更多的现实及潜在的顾客。对于各汽车4S店而言,以展示为目的进行的空间布置与组合是首要任务。

2. 汽车品牌文化的载体

汽车品牌文化包括汽车工业整体文化和企业的个性文化,每个汽车品牌都有一个系统而完整的文化体系支撑。汽车品牌的宣传,除了靠汽车本身软硬件建设外,还应注重其载体——汽车4S店及其相关配套建筑的建设。汽车4S店通过其代理品牌的文化,折射出该品牌固有的历史文化背景及人文思想,从建筑的整体外观表现到细微的节点无不围绕品牌文化个性而设,以增强整体的品牌效应,提高顾客对品牌的忠诚度。

3. 商业化的建筑风格

汽车4S店的设计不需要过于含蓄,其形象要直白地告诉顾客所代表的含义。汽车4S店的时尚性应与当代建筑设计的时尚性保持一致,与汽车工业发展和汽车风格设计的变化同步。汽车4S店建筑属于商业类建筑,但同时具有强烈的展示性,张扬其所代表的汽车品牌文化。商业化的设计风格决定了汽车4S店往往与众不同、别具一格和独出心裁,具有引人注目的外部形象,同时凸显所代表品牌的标志性与识别性,向顾客传递明确的信息。

4. 人性化的环境空间

购物行为在一定程度上取决于购物环境与顾客购物心理的互动结果。因此,应以人为本,营造无论在生理上还是心理上都令人满意的环境空间,使顾客在较长时间购物的活动过程中保持旺盛的精力和始终愉悦的心情。汽车作为一种高档的商品,其4S店在人性化环境设计方面尤其重要,既要达到购车人的满意度,又要满足准购车族的认同感和信任度,发展市场中潜在的消费人群。

三、汽车4S店设计内容

汽车经销商在获得某品牌汽车特约经销权之前,必须同意按照某品牌汽车的营销形象建设手册进行汽车4S店设计建设。营销形象建设手册是汽车4S店形象设计的指导性文本,是生产商对销售商带有强制性的文件,详细规定了汽车4S店的场地要求、功能定位、外形风格、室内设计、标志标识、材料选择、设备型号、结构形式及投资估算等内容,具体包括:

(1)室外形象基础部分,包括店牌、店匾、店旗、立柱、灯箱及标志色、基本色等。

(2)室内形象基础部分,包括车型牌、指示牌、LOGO墙、吊旗、接待台、展车台、资料架及办公休息家具及标志色、基本色等。

(3)汽车4S店室外形象部分,包括建筑造型、材质、色彩、环境、场地等。

(4)汽车4S店室内形象部分,包括建筑室内空间分隔、用材、色彩及家具、用具等。

(5)维修服务中心室外形象设计,包括建筑造型、材质、色彩、环境、场地等。

(6)维修服务中心室内形象设计,包括建筑室内空间分隔、工艺流程、工作分区、用材、色彩、用具等。

(7)汽车4S店、维修车间室内外照明设计和灯具设计或选择。

(8)销售人员和维修人员服饰设计,包括冬、夏装的式样和颜色。

营销形象建设手册是在设计方、生产商、销售商共同协作的基础上完成的,每个汽车品牌的形象建设手册都有自己的特色,内容包括品牌文化、设计理念、市场定位、营销网络、广告宣传等。因此,营销形象建设手册具有一定的商业机密性和专有性,每个经销商在设计建设汽车4S店时,都只能从生产商处获取营销形象建设手册、指导建筑的施工图设计(或由生产商提供标准的施工图)。对于家具、装饰、标志标识物的制作,一般由生产商统一指定厂家完成,再提供给销售商。

四、汽车4S店设计规模与基地要求

1. 设计规模

汽车4S店设计规模的大小,主要是依据所选择的网点的预测年销售新车数量和售后服务数量而定。国外品牌汽车4S店对设计规模有较为详细的规定,见表3-1、表3-2。相对而言,国产品牌汽车4S店设计规模的划分则相对粗略,见表3-3。

某国外品牌汽车4S店设计参考标准　　　　　　　　　　　　表3-1

项　目	年销售新车量(辆)						
	50	100	200	300	400	500	1000
新车展示数量(辆)	4	5	6	8	10	10	10
新车展厅面积(m²)	250	250	300	400	500	500	600
销售办公区面积(m²)	40	60	80	100	130	150	250
维修接待区面积(m²)	20	40	60	80	100	120	140
接待工作人员(人)	1	2	3	4	5	6	7
检测维修车间面积(m²)	280	560	840	1120	1400	1680	1960
修车工位数(个)	4	8	12	16	20	24	28
配件库面积(m²)	80	160	200	240	260	280	300

项　目	年销售新车量(辆)						
	50	100	200	300	400	500	1000
车间配套用房(m²)	50	75	75	100	100	100	150
总计面积(m²)	720	1145	1555	2040	2490	2830	3400

某国外品牌汽车4S店外部建设参考标准　　　　　　　　表3-2

结　构	项　目				
	年销售新车量(辆)	建筑面积(m²)	场地面积(m²)	层数(层)	地理位置
单层结构	900~1200	3600	9216	1	城市周边
	700~900	2664	7560	1	城市周边
	500~700	2016	5460	1	城市周边
	300~500	1512	4158	1	城市周边
	150~300	1224	3480	1	城市周边
双层结构	900~1200	3888	2772	2	市区
	300~700	2592	1296	2	市区

注:建筑面积不包含内部行政办公部分,城市周边场地面积包括二手车展示交易。

某国产品牌汽车4S店设计参考标准　　　　　　　　表3-3

项　目	等级			项　目	等级		
	A 型	B 型	C 型		A 型	B 型	C 型
基地面积(m²)	10700	9000	6800	总计停车位(个)	128	96	75
总建筑面积(m²)	5650	4400	3100	顾客停车位(个)	12	10	8
新车展示面积(m²)	630	480	320	待修停车位(个)	25	18	16
新车展示数量(辆)	10	7	5	二手车停车位(个)	10	9	5
销售及行政办公区(m²)	1000	720	600	预留车位(个)	9	12	11
售后服务区面积(m²)	500	400	300	竣工停车位(个)	20	15	12
配件库面积(m²)	300	210	139	新车停车位(个)	25	12	9
维修车间面积(m²)	3150	2600	1750	员工停车位(个)	10	8	4
修车工位数(个)	55	44	28	建筑密度(%)	45.7	42.8	40

2. 基地要求

　　基地按地域位置,主要涉及地价和土地利用率等有关经销商成本的问题,以及经营网点的渗透问题,可分为城市周边和市区两类。城市周边的汽车4S店占地面积较大,故建筑以单层为主,且多采用钢结构,这样可以提高车间维修车位的利用率,展厅布置自由,施工速度快。室外停车分区也较充分,还可以考虑二手车的停放展示场地。市区的汽车4S店,受场地的限制,往往以两层乃至多层的建筑形式出现,以钢—混凝土结构为主。由于升降机、楼梯等垂直交通、框架柱网的关系,修车位利用率要损失25%~30%,室外停车位一般较少。

　　基地地块大小、形状的假定与建筑的规模和形态有关,同时考虑周边道路情况,一般先取其最小值进行假想。提高地块整体的利用率可以降低汽车4S店的投资成本。忽略绿地率指标,建筑密度一般在40%～45%,以5～7m的车道绕建筑环通,四周布置停车位,停车位的配制包括新车停放区、售后维修停车区(待修停车区、快修停车区、竣工停车区)、客户停车区、服务车停车区(试乘试驾)、员工停车区以及二手车停放区等,如图3-1所示。

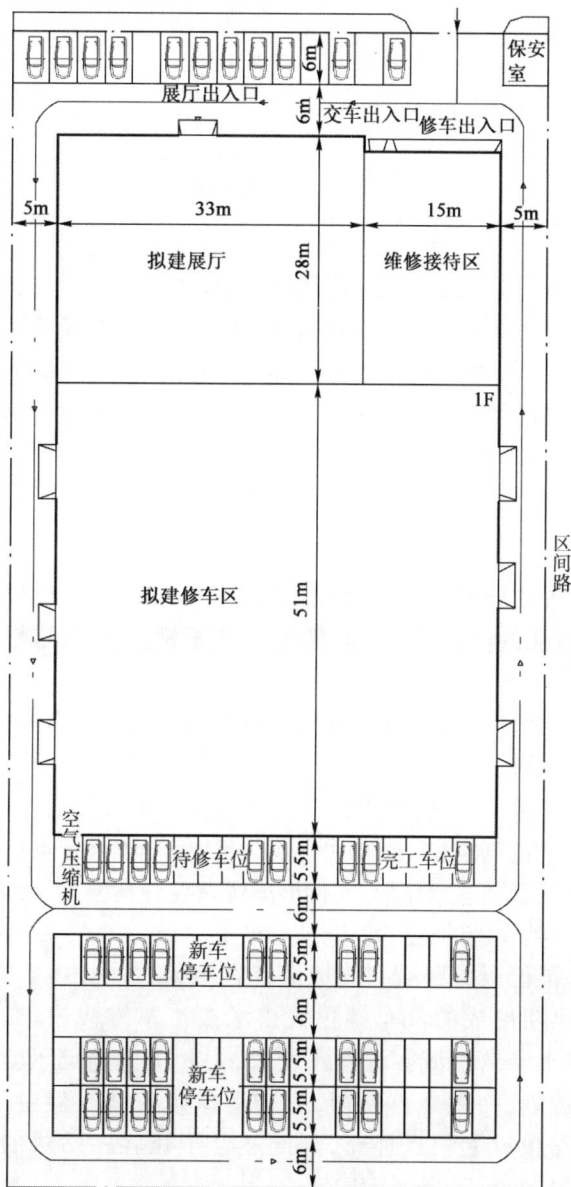

图3-1 某汽车品牌4S店基地分区情况

汽车4S店建设在我国还没有具体的设计标准可循。目前,已建或在建的汽车4S店均是依据生产商提供的要求进行设计建设的,各生产商及品牌间存在差异,在汽车4S店设计时应酌情参照处理。

五、汽车4S店地址选择

汽车4S店具有建筑物的一般性和特殊性。一般性就是要满足城市法规的制约,特殊性就是要满足此类建筑功能的需要。原则上汽车4S店的选址追求的是利润最大化,故选址决策的重点在于确定销售量和收入的多少。但是,若同一城市建有两座或两座以上同品牌的汽车4S店,则必须考虑有效的服务半径;若同一城市建有数个同品牌的汽车4S店,则应考虑联合建设一座汽车配送中心,服务该城市或该地区的新车配送与调剂。汽车4S店的选址流程如图3-2所示。

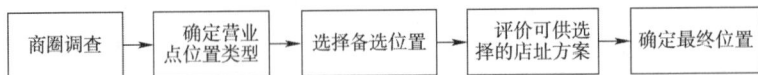

图3-2 汽车4S店选址流程

1.商圈调查

商圈是指经营某种产品或服务的某家或某类企业的顾客分布的地理区域。进行商圈调查和分析可帮助投资者了解该位置的市场概况、计算该区域内经营网点的饱和程度和竞争状况,为投资者的营销活动和经营重点确定方向。商圈一般由主要商圈、次级商圈和边缘商圈构成。主要商圈容纳经销商 50% ~ 80% 的顾客,是离经销商最近、顾客密度最大、平均销售额最高的区域;次级商圈包含另外 15% ~ 25% 的顾客,位于主要商圈之外,顾客分布较分散;边缘商圈包含剩下的顾客,分布更加分散。

2.确定营业点位置类型

在调查了可供选择的商圈之后,必须根据汽车4S店的业务规划确定哪类位置符合要求。一般建设汽车4S店的位置有三种类型:孤立汽车销售服务区域、无规划汽车销售服务区域和规划汽车销售服务区域。

(1)孤立汽车销售服务区域。该区域指单独坐落在公路或街道旁,附近没有其他同类商家与之分享顾客的区域。

①优点。无竞争对手;租金或费用相对较便宜;经营上比较灵活,在地点选择、场地规划、经营规范上相对自由;道路和交通的可见度较高;停车较为方便。

②缺点。难以吸引新顾客;难以与同行形成经营业务的互补,经营品种受限;广告费用可能较高;不能分担公共设施的运行费用,成本较高。

(2)无规划汽车销售服务区域。该地区存在多家汽车4S店,但区域的总体布局未经长期规划。我国早期形成的汽车销售大市场或汽车维修服务一条街就是这类经营场所的典型代表,这类经营区域客流量比较大,但相应的仓储、物流、交通、停车等配套设施由于缺乏统一规划,一般条件有限,整体形象也较差。但由于较多经营者集中经营,在经营品种、库存数量上相互补充,因此适合于顾客一站式的购物需求,但同行之间的竞争也相对激烈。

(3)规划汽车销售服务区域。它是经统一规划、统一建设在一起的汽车销售服务区域,配套设施齐备,集中了众多经营不同品牌、不同类别的汽车销售服务商。

①优点。集中经营,统一规划,公共设施的运行费用共同分摊,成本较低;统一规划下,各汽车服务商能够建立和分享相对良好的共有品牌和形象;各汽车服务商的客流在集中经营区域中最大;租金和税收一般较低;经销商的经营品种和库存相互补充,更适合从事专业化经营的汽车服务商的发展。

②缺点。经营场所统一规划,汽车服务商经营的灵活性受到一定的影响;同行之间竞争

激烈;同一区域不同地段客流分布对经营绩效影响大;公共设施使用强度大,易于造成设备老化。

上述不同类型的经营地点具有不同的优势和不足,汽车4S店可根据自身的经营战略规划,对每类地点作出慎重评价,选择适合自己业务发展的类型。

3.选择备选位置

投资者根据自身的业务规划,在综合考虑了众多备选地点的商圈状况后,可初步列出基本满足设立汽车4S店条件的地点,并进行仔细的评估。

4.评价可供选择的店址方案

投资者在确定了汽车4S店位置的备选方案后,应根据每个方案涉及的具体商业环境因素和市场环境因素对其进行仔细评估,评估时主要考虑以下几个方面的因素:

(1)保证无遮挡。汽车4S店除了一般商业性建筑的设计要求外,更注重展示性的要求。因此,基地位置要显著,使经过的潜在顾客能清楚地观赏到汽车4S店整体外部形象与标志性装置。

(2)基地的形状尺寸。矩形平面的建筑具有最大的适应性,是绝大多数汽车4S店的首选。基地环境应满足汽车4S店各种功能布局的要求。若受基地形状所限,将4S店建在不规整的地块上,施工图设计时必须保证基本的形象要素和使用功能。

(3)安全可靠。应详细了解、收集当地地质、水文、市政设施等相关资料,避免基地选择在自然灾害易发地区,并要远离强噪声、高污染和多尘土地区。基地内部应遵守相应的消防法规,合理设置消防通道与消防设施,消除灾害隐患。

(4)可持续发展。可持续发展主要考虑基地所在区域的发展空间、顾客购买力、人口情况、地区竞争情况、竞争水平、企业的独特性及竞争对手的选址、设施的物质水平和相邻产业情况等因素。

5.确定最终位置

汽车4S店的选址不仅包括地点选择,可利用的不动产也是一个主要的限制。在最终决策时还需考虑如下因素。

(1)进出口:指到交通道路出口和道路进口的方便性。

(2)可视性:街道结构及障碍物,标牌置放空间。

(3)交通:能够方便潜在购买的交通流量;无妨碍交通的障碍物。

(4)停车:有充足的路旁停车位。

(5)扩展性:便于扩展的房屋、土地面积。

(6)环境:建站后周围条件。

(7)竞争性:竞争对手的定位及位置。

(8)特殊要求:区域限制、税收等。

第二节　汽车4S店外部设计

汽车4S店的主要生产厂房是指汽车销售中心、汽车维修车间、整车及汽车配件仓库等,因汽车4S店主体建筑多采用整体式设计建造,故其主要生产厂房的平面布置应视基地情况及汽车品牌形象要求而定。

一、合理的分区布局

根据"4S"或"5S"的功能要求,汽车 4S 店包括汽车展示厅、维修车间、办公区域、停车场地、试车场地、二手车展示区、室外标志及绿化等。总平面布局要充分考虑内外分区、动静分区以及消防疏散通道和场所等的要求。汽车 4S 店的规模大小不同,其组成内容也有一定差别。

沿道路一侧往往是顾客的主要来源方向,因此,需要把展示厅、室外展示场所、试驾车辆停车场等最具有吸引力的场所沿道路布置,形成带状的展示场景,如图 3-3 所示。为使汽车 4S 店本身的标识性更加强烈,在沿道路的适当醒目处还应设置标志柱、站旗、标识等,使来往车辆、人流在较远处就能看到汽车 4S 店,从而扩大对周边的辐射力。而维修、办公等服务性区域则可以布置在距道路较远处。在标志牌上表明所包含的服务内容,形成"前店后厂"的典型格局。在总平面布局中,还应处理好各个室外场地之间的关系,尤其是停车场的面积分配和布置问题。在这些场地中包括试驾车辆停车场、新车停车场、顾客停车场、职工停车场以及在条件许可下的试车场等。

图 3-3 某奥迪汽车 4S 店临街路的展厅带

二、通畅的流线设计

在汽车 4S 店总平面布置中,合理设计流线也是一项重要内容。顾客以步行和乘车两种方式为主,设计时需使车流、人流相对独立,互不干扰,达到人车分流的目的。若条件允许,应尽可能分别独立设置出入口,结合道路、出入口设置停车场,使得整个流线通畅。要使顾客能够便捷地从城市道路进入 4S 店区域,并安全顺利地到达顾客停车场、修车接待车位、展示厅入口,应在显著位置设置引导牌及路面引导标示,并分别考虑乘车、步行来客的移动方式及视线范围,使标示内容单纯化。内部工作人员进出、活动的流线尽可能与顾客流线分开,行人与机动车辆之间也应保持各自独立、互不干扰。

三、标志构件的设置

站旗、标志柱、指示标牌等标识构件对于增强汽车 4S 店的可识别性、加深品牌印象与增强广告效应有着非常重要的作用。要特别注意标识构件的大小与建筑物的比例关系、与人体的尺度关系,在总平面设计中必须确定其位置及尺寸。站旗、标志柱通常都较高大,位置也贴近道路,可从很远处进入过往人流的视线,其图案也以简单明快为准则,便于在远处辨别清楚。指示标牌则是在人们逐渐走近的过程中,给予导向性的说明,一般设于比人的视平线稍高的位置,即 2m 左右,位置通常设置在一些道路转折处、视觉兴奋点,给顾客行进以明确的提示和说明。标志、标识构件的设置要充分考虑不影响人行与车流,安装要牢固,要有足够的抗风能力。构造材料要抗自然力的腐蚀,坚固、耐久、不褪色,按要求进行制作和安装,如图 3-4 所示。

四、绿化与环境布置

环境条件将影响雇员的具体表现和士气,也会影响顾客对服务的满意程度、顾客的逗留时间以及顾客的消费。汽车作为工业产品本身就带有"冷冰冰"的感觉，加之汽车 4S 店环境的渲染，就会有缺乏人情味的感受，而绿化刚好是改善环境的最好手段。根据不同地区选择适合当地种植的植物，在不遮挡视线的情况下，结合建筑周边道路、场地种植草地和树木，恰当引入水体、雕塑等元素，可以打破汽车 4S 店较为机械化的生硬气氛，柔化环境，使顾客充分感受到温馨、人性化的氛围，如图 3-5、图 3-6 所示。

图 3-4　某奔驰汽车 4S 店的标识设置

图 3-5　某别克汽车 4S 店展厅前的草坪

图 3-6　某汽车 4S 店环展厅道路两侧的绿化带

第三节　汽车销售中心设计

汽车销售中心是汽车 4S 店的核心组成部分，是汽车 4S 店经营品牌形象所在，汽车 4S 店外部造型设计均围绕汽车销售中心展开，而汽车维修车间、整车及配件库房、办公区等则成为外部整体造型下的内部组成部分。汽车销售中心主要由汽车展示区、零配件展示区、业务洽谈区、业务咨询台、顾客休息区、办公区等组成。

汽车 4S 店的汽车销售中心设计主要分为店面设计和内部空间设计。店面设计以招揽和标识为目的，通过醒目的颜色以及富有吸引力的图形来吸引人们的注意。内部空间设计则依其性质而定，通过具体的展示空间吸引顾客的视线，在空间划分上应突出中心，点、线、面的组合应简洁。整个汽车销售中心分为不同的功能区，但各功能区不是截然分开的，应充分考虑局部与整体的关系。

一、标志性建筑外形设计

1.建筑的形体设计

在汽车 4S 店形象建设中，主体建筑的外观造型起着统一全局的重要作用，建筑外观造型是否体现个性，决定了整体形象设计的成败。

汽车 4S 店为使展示、销售和服务等功能密切联系，也最大限度地、最灵活地满足各城市规划的要求，往往被统一在一个整体的大空间下；为更好地展示内部的汽车展品，也使顾客在室外就能观察到室内的展品，建筑墙面通常采用通透的玻璃墙面，达到视觉上的通透性；

为使同一建筑造型在绝大多数基地环境下均可完整建造,建筑平面一般选用矩形;为使汽车展示空间开敞,往往选取较高的层高。由此,就形成了一个高大、方整、透明的"方盒子"造型。"方盒子"造型便于展示和车辆进出,便于室内家具、设备、展车的布置,便于与后部汽车维修车间衔接及多品牌汽车4S店的群体布置。"方盒子"投资的经济性、布置的合理性、基地的适应性、可实施性等特点也都是很明显的,所以被广泛应用。但作为一个品牌的汽车4S店,其对外观造型更多的是要求个性化,需要显示出与众不同的外形特征,突出品牌的唯一性,通过建筑形象使顾客能易于识别和记忆汽车品牌,因此,常采用一些方法进行适当处理。例如,在保留方正形的基础上,对建筑外立面的局部、细部加以变形处理。在不影响整体功能空间的前提下,在造型上可以形成显著的个体差异,达到建筑标志性的要求。在建筑构造细节上的关注与精心设计,同样可以达到与众不同的效果,尤其对屋檐、建筑入口、雨棚等关键部位进行处理,往往可以达到事半功倍的效果。建筑细部处理就是在恰当采用材料的基础上,进行符合结构的、力学的、工艺的、美学的建筑构造设计,这种构造设计往往决定了建筑外形的精致性和艺术性。此外,汽车4S店的造型设计在材质、层次、色彩、牌匾、字符、图案等元素上的合理变化,同样可以达到很好的效果。

总之,在把握建筑形式中创造普遍规律,并把它们灵活地运用到具体的设计过程中,根据品牌、企业的特征、文化内涵予以恰当表现,就一定可以创造出独特的、富于个性的建筑造型。几种4S店建筑模型分别如图3-7~图3-10所示。

图 3-7 某品牌汽车4S店的建筑造型

图 3-8 某别克汽车4S店的建筑造型

图 3-9 某华晨汽车4S店的建筑造型效果图

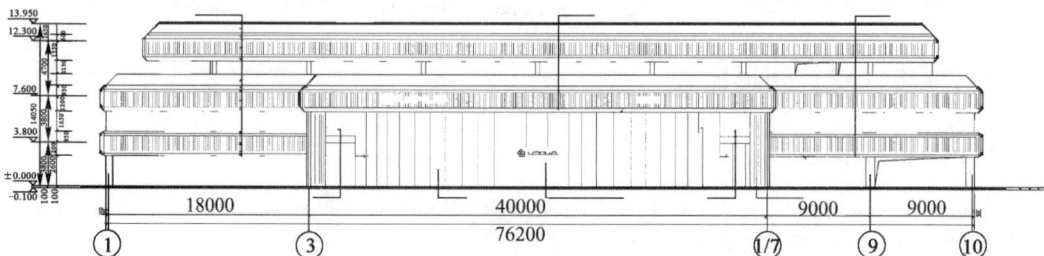

a)①-⑩立面图1:150

图 3-10

15000   30500   18000

63500

Ⓚ   Ⓗ   Ⓓ   Ⓐ

b) Ⓚ-Ⓐ立面图1:150

18000   30500   8500   8500

63500

Ⓐ   Ⓓ   Ⓗ   Ⓙ   Ⓚ

c) Ⓐ-Ⓚ立面图1:150

20000   46500   9500

⑩   ⑦   ②   ①

d) ⑩-①立面图1:150

6000 6000 6000 8000 7000 8000 7500 8500 6500

63500

Ⓐ Ⓑ Ⓒ Ⓓ Ⓔ Ⓕ Ⓖ Ⓗ Ⓙ Ⓚ

e) 1-1剖面图1：150

18000   40000   18000

76000

①   ③   ①/⑦   ⑩

f) 2-2剖面图1：150

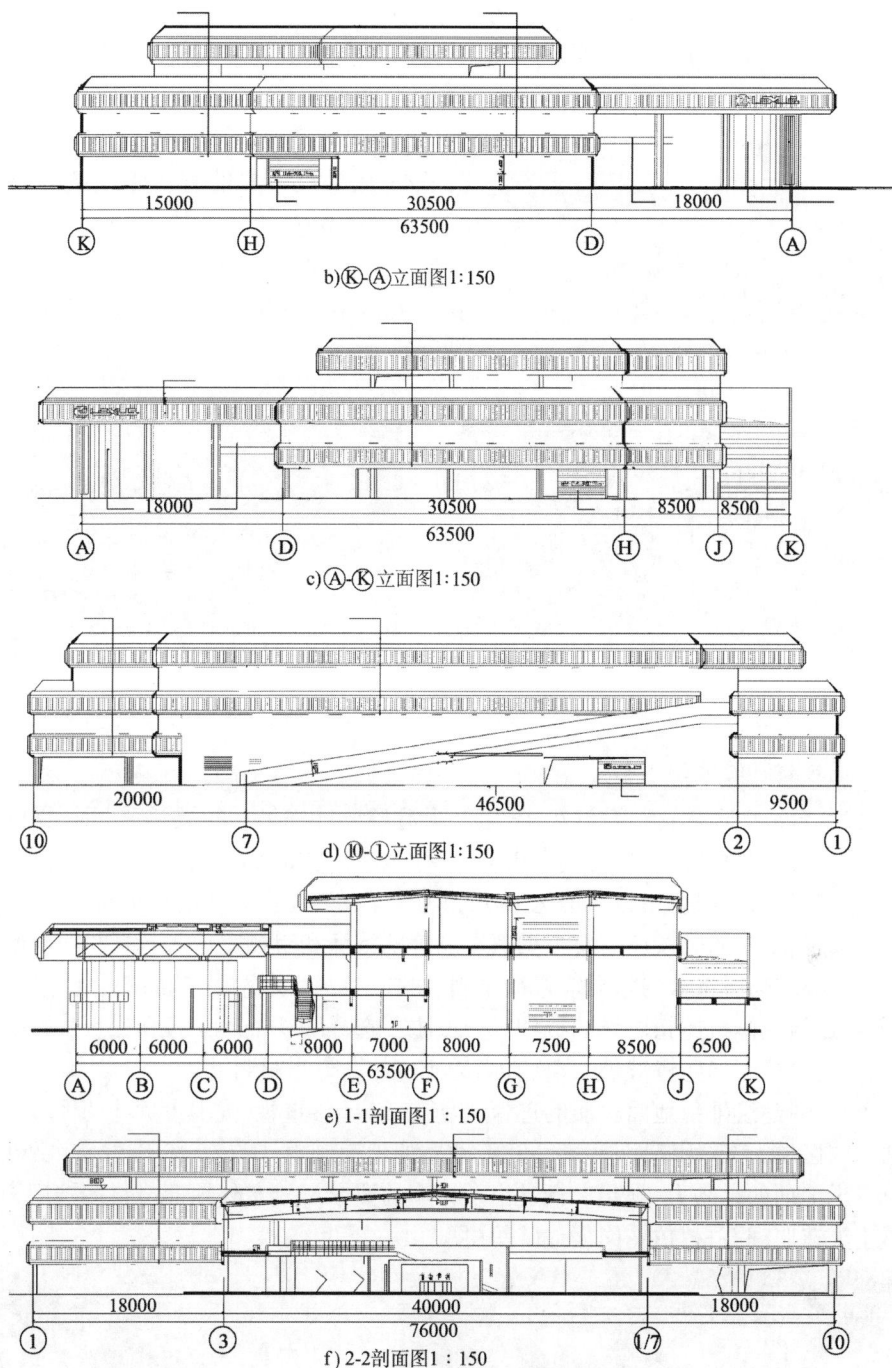

图 3-10 某品牌汽车 4S 店的建筑造型设计图

2. 标志牌匾等的设计

标志牌匾、广告牌等是汽车 4S 店重要的形象构件,标志物附加在建筑上,或设置在建筑的环境中,可将其作为建筑构件的一部分与建筑形象进行一体设计,保持形象设计的完整性。标志物具有可移动性,对静止的建筑来说,标志物可以调整建筑的空间形象。标志牌匾等在顾客进入建筑物前就和他们产生联系,借助图案、文字、色彩以暗示的或明示的方式与顾客对话,建立起建筑与顾客之间一种特殊的图形语言。

标志牌匾设计的首要原则是形象统一、意义明确。在设计过程中，必须确定标志牌匾的大小尺寸、比例关系，所采用文字的字体、大小以及选用的材料与色彩，尽可能设计出若干不同比例、图形的组合以适用于不同场合和环境的需要。标志牌匾的设计不应孤立进行，而应把它看作汽车4S店外观形象的有机组成部分，在建筑外立面设计中应预先考虑悬挂或铺钉标志牌匾的位置和面积。标志牌匾的形象亦应与建筑外观形态、色彩、体量等诸元素相协调，形成统一整体，如图3-11～图3-13所示。

图3-11　某奥迪汽车4S店的标志牌匾设置

图3-12　某斯柯达汽车4S店的标志牌匾设置

图3-13　某丰田汽车4S店的标志牌匾及广告牌设置

3. 建筑材料的选择

恰当、合适地选择材料是汽车4S店外观造型设计中另一重要因素，不同材料具有不同的风格特性。钢材类建筑具有拥有最大空间、最小结构断面的特点，故汽车4S店多采用钢材或钢与其他材料组合用材。但是，也并非所有汽车4S店的形象都倾向于表现这一类高新材料与技术，更多的时候还需要根据汽车品牌的特征和市场定位来选择相应材料。

室外标志物所选取的材质应遵循坚固、耐久、抗风、耐腐蚀、易加工、具有良好的视觉效果，并与建筑主体材质相协调的特性。一般主要选择防锈金属扣板和铝板，考虑到夜间照明效果，有时也采用如防爆玻璃，或具有高透光性的高分子材料。

此外，对建筑外部地面材质的选择，也应予以足够重视，尤其是那些步行人流密集经过的通道与区域，宜选用坚固、耐磨、防滑、硬质的地面铺材。汽车4S店的室内外场地还必须充分考虑地面的承载力，满足车辆进出及试车的要求。故室外地面材料多选用天然花岗岩、混凝土人造肌理石材、仿花岗岩地砖等（图3-14、图3-15）。

图3-14　某大众汽车4S店的屋顶钢架及玻璃采光窗

图3-15　某大众汽车4S店的钢挑檐及玻璃幕墙

4.色彩的选择

色彩是表现建筑物的重要元素,形态及色彩的协同作用可使汽车4S店的外观获得更好的形象效果。在视觉环境中,色彩与形式相比具有更加直观的感受,更容易刺激人的视觉。当建筑形式不够完善时,恰当的建筑色彩往往能够掩盖或隐蔽缺陷。因此,色彩的合理运用,对提高建筑外观造型的表现力具有重要作用。

色彩的耐久性是必须考虑的因素,自然力往往对人造材料有较强的褪色作用,而褪色后的材料对建筑形象有极大的伤害。所以浅灰颜色往往作为许多汽车4S店的主色,因为浅灰色容易融入自然,自然力对其影响较小。

汽车4S店外观主体色彩应简洁、明快、和谐,要有主色,不能杂,以展现材质本身色彩为主,形成烘托主体汽车与品牌的良好氛围。此外,在建筑细部的色彩设计中,也可以局部采用一些具有品牌象征性的色彩,达到使建筑形象更加生动、突出重点的目的,如图3-16所示。

图3-16 某丰田汽车4S店的外部色彩匹配

二、汽车展厅内部空间设计

1.功能布局与空间分隔

汽车4S店内部空间设计几乎涉及室内建筑设计的所有要素,包括功能布局、空间分隔、灯光照明、家具陈设、装潢装饰、材料组合、吊挂饰品、连接构造、设备安装等,但所有要素都必须围绕汽车销售与展示这一主题而展开。以汽车展示为主体空间,其余空间围绕其布置,每个功能空间既有自身功能的独特需求又同其他空间有着紧密而不可分的联系。各个空间根据其自身功能需求的不同,赋予不同的形态与形象特征,使顾客在进入4S店之后能够体验到舒适、合理、体贴入微的氛围,深深吸引顾客驻足停留。合理的布局与空间分隔,可使顾客能自然随意地在建筑内进行各项活动而不感到困扰,通过丰富多变的空间吸引顾客的关注与体验,并最终影响顾客对品牌的认知与评判。

1)展示空间的设计

汽车展示空间作为顾客了解汽车的平台,是汽车4S店的核心空间,汽车4S店不是单一实物交易场所,展示与信息交流才是其主体功能。从展示设计的角度而言,设计的目的是营造有价值、有个性的展示空间,是借助于空间形式、平面布置、灯光及色彩的配置等设计,有计划、有目的、有逻辑地将展示内容展现给顾客,并力求使顾客接受设计者计划传达的信息,如品牌、个性、特征等因素。

汽车的展示空间应力求营造出高大、开敞、明亮的环境氛围,使人同样有在室外空间的感受。拥挤、狭小的展览空间会给观者带来潜意识的失望,继而影响对汽车品牌的认知。应根据空间的大小合理选择布置展示车辆数目,强化展示功能,并有意淡化销售商的氛围。同时,以最合理的方法安排顾客的参观过程,在最有效的空间位置布置展品,使顾客在流动过程中对不同型号、不同角度的汽车展品均能够获得完整的感受与信息。此外,在整个展示空间中应有主次之分,形成展示的节奏与层次感。在整个空间中,可以形成1~2个视觉中心点,展示最新或最具品牌代表性的车型;选择中心位置、局部地面抬高、设置固定或旋转展台。在展台的顶部可以局部降低吊顶高度,专门布置灯具照明,以突出主展台的展示主题,带动整个展示空间走出平淡。主展台的色彩、灯光、材质上的适当变化,也能达到突出重点展示空间,推出展示过程中的高潮,加深参观者的直观感受,获得最佳形象的效果。不同展厅的效果图分别如图3-17~图3-19所示。

图 3-17 某奔驰汽车 4S 店的展厅效果图

图 3-18 某斯柯达汽车 4S 店的展厅效果图

对于汽车销售服务,还应配备专门的汽车销售人员为顾客服务。在服务时要充分考虑顾客的心理,为顾客提供所需的服务,不要过多地向顾客推荐产品。要从顾客的角度为其消费行为作出合理的解释,使顾客充分地体会到购车的成就感,视购买汽车为一种享受,使顾客明明白白地消费。一名满意的顾客将能带来好的宣传效益,因为人们寻求的不只是单纯的购物,而是一种生活方式,一种人与人的交流、物与物的接触。

另外,考虑到汽车 4S 店的功能及服务对象的需要,也可在展示空间内开辟出零配件的展示区域,并通过整车展示与零配件展示的结合,使顾客能更加清楚地了解汽车的构造及各部分的工作情况,使顾客对将购买的汽车在维护方面有一个感性的认识。

2)服务空间的设计

顾客接待、业务洽谈、咨询服务等区域均是为顾客提供进一步销售服务的空间,如果说展示空间是人与车对话的空间,那么服务空间则是提供人与人交流的场所。服务空间与展示空间在功能上有紧密的联系,为便于顾客在欣赏过程及之后能够迅速获得相关的信息,其一般布置在展示空间左右侧的后部,如图3-20所示。

图 3-19 某丰田汽车 4S 店的轿车展位布局

图 3-20 某汽车 4S 店展示空间与服务空间的衔接

迎宾接待空间是服务空间的主体空间,其位置一般布置在入口处或服务空间的中央,以较大体量、造型独特的接待家具构成主体,主体背后常常设置 LOGO 背景,其主要功能是对内对外综合咨询,同时成为服务空间的视觉中心,如图3-21所示。

业务洽谈、咨询、休息服务空间应该给人以亲切、信任、满意的心理感受。空间不宜过高、过大,这与展示空间的要求是相矛盾的。因此,在服务空间的设计与布局中,应合理利用汽车4S店的高大空间,选择恰当位置合理布置,并从铺地材质、色彩等多方面着手,着重注意家具的设计和铺地材质的变化,营造出亲切宜人的空间效果。顾客接待、业务洽谈、咨询服务、休息等待等各个区域还应注意相互之间的联系与区别,在大的统一之下根据自身特点形成小的不同,使得空间富有变化而生动,如图3-22 ~ 图3-24 所示。

图3-21　某汽车4S店的服务台

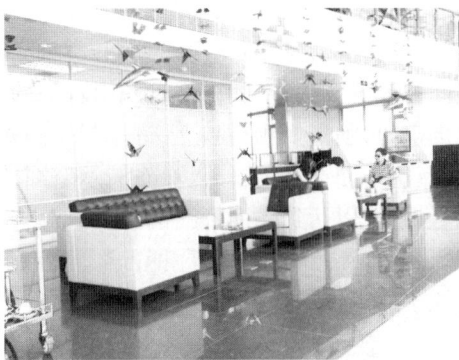

图3-22　某汽车4S店的咨询服务区

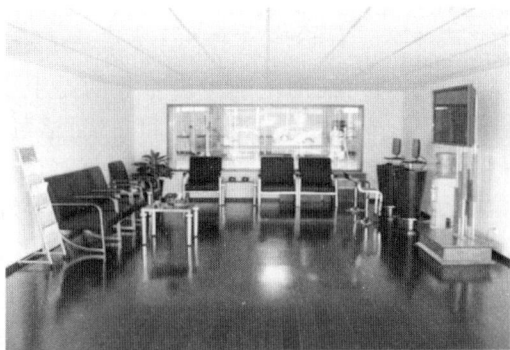

图3-23　某汽车4S店的业务洽谈区

图3-24　某汽车4S店的顾客休息区

3）办公空间的设计

办公空间是内向性空间,是汽车4S店正常运作管理上的中枢,其位置既要与展示、服务空间有着密切的联系,又要相对独立,不宜过多地受到外界的干扰,同时还要与维修车间形成紧密联系。一般将这一区域设在汽车4S店的后侧,离开顾客主要流线经过的区域,并单独设置出入口或通道与维修车间相连。多数汽车4S店均在后部利用高大展厅设置夹层空间,利用上下夹层空间的内侧作为办公区域,如图3-25 所示。夹层空间常采用出挑的形式来形成上部办公区的交通廊、休息和下部的咨询、购车服务的空间,所以说夹层空间是汽车4S店常用的竖向空间划分手段。办公区域的面积应根据4S店规模的大小进行适当调整,满足基本办公的要求与分隔,形成相对较为安静的办公环境。

另外,汽车4S店内部空间设计时还应考虑一些附加功能空间,如儿童嬉戏区、品牌纪念品陈列区

图3-25　某汽车4S店的上下夹层办公区设置

等,这些区域面积不大,但它们的存在大大增加了汽车4S店服务的人情味,也能表现出企业品牌的文化内涵与人性化风格。

4)不同空间的联系与分隔

汽车4S店设计始终体现出空间统一性与多样性的融合,将不同功能的各空间统一在一个建筑体内,做到既有较好的联系又有相对独立的分隔。汽车4S店内部各区域需要达到隔而不断,不互相干扰,又联系方便的效果。展示空间与服务空间均是顾客活动的范围,且在功能上联系紧密,因此它们之间的关系应该是开敞或半开敞的,以获得视线上的流通与空间上的互动。应合理地利用家具陈设、软隔断、标志等设施,以及铺地材质、色彩的变化、吊顶空间的改变,在大空间内部分隔出较小的空间,形成既分且合的空间组织关系。对于办公等辅助空间,则需要相对独立,运用屏风隔板、隔墙在大空间内形成较为封闭的独立空间。但在视线上同时考虑工作人员对展示空间的观察,可采用磨砂玻璃、单面反射玻璃等材质作为围合材料,以达到隔而不断的效果,如图3-26所示。

图3-26 某汽车4S店的销售办公区

夹层空间的楼梯是联系办公空间的竖向交通构造物,如果处理得当,楼梯的设计能够丰富空间的趣味性。比如,将汽车4S店将楼梯做成不规则的异型楼梯,布置在夹层的一侧,其独特的造型往往把顾客视线引向建筑夹层上部和屋顶。

展示空间内辅助空间中最重要的是卫生间的设计,汽车4S店卫生间空间布局,洁具、装修材料及色彩的选择,管线隐藏与吊顶,灯具与照明都必须统一设计。另外,平面布置中还必须设置一定面积的储藏空间,用于存放日常用具和一些汽车零售配件。储藏空间可以利用不规则的建筑结构空间进行布置。

总之,要合理运用多种手法,如平面布置、高低变化、色彩材质对比、铺地选择等,对室内空间进行划分与联系,使得洽谈、接待、咨询、办公、休憩、活动等区域与展示空间形成统一整体,既紧密联系又相对独立,达到良好的空间效果与满足使用需求。图3-27所示为某汽车4S店功能区布局设计,该汽车4S店为两层式紧凑型结构,位于市区较为繁华的地段。

2. 家具陈设

家具陈设是人在室内空间里直接接触并产生一定关系的器物,是室内空间中功能与趣味的中心。因此,家具陈设是构成室内空间形态、形成独特环境氛围的重要因素。在汽车4S店内部空间中所设置的各种家具与陈设应体现出汽车4S店的主题特色,并为顾客营造舒适、轻松的观赏与购物环境。家具陈设是汽车4S店形象设计的重要组成部分,要保证家具陈设与室内空间在造型、材质、色彩、尺度上的和谐统一,形成有机的整体形象。

汽车4S店内的家具分为接待家具与办公家具两类,材料多选用钢管+穿孔金属板+仿皮+仿棉麻+人造贴面板材的组合。汽车4S店内所包含的家具陈设包括接待台、办公桌椅、沙发、陈列架、产品介绍立牌等,家具陈设的造型应以简洁、明快、流畅的主线条为主,其传达给顾客的独特风格特征也应是恰到好处的,并以强调整体感受为主。

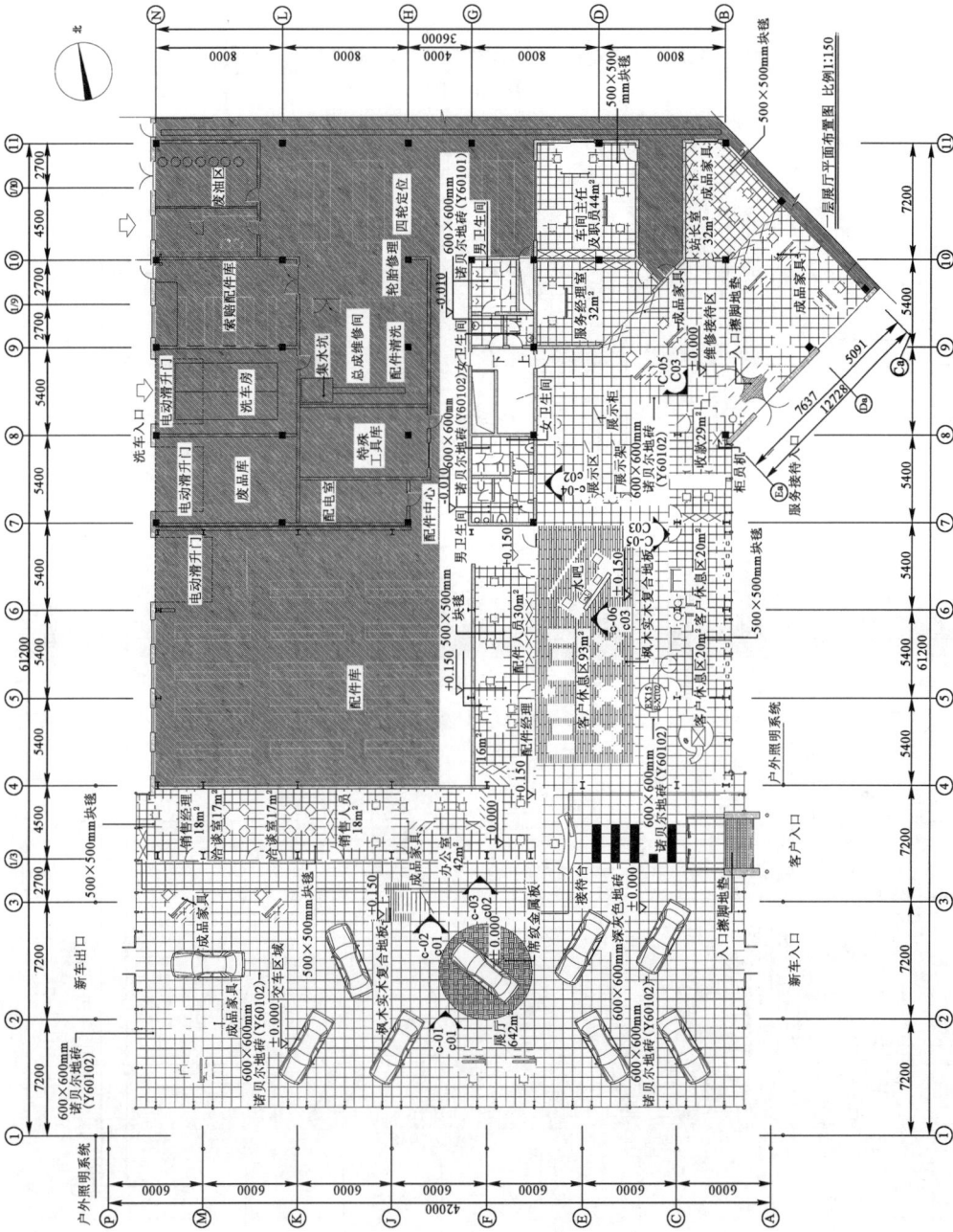

a) 一层平面布局设计
图 3-27

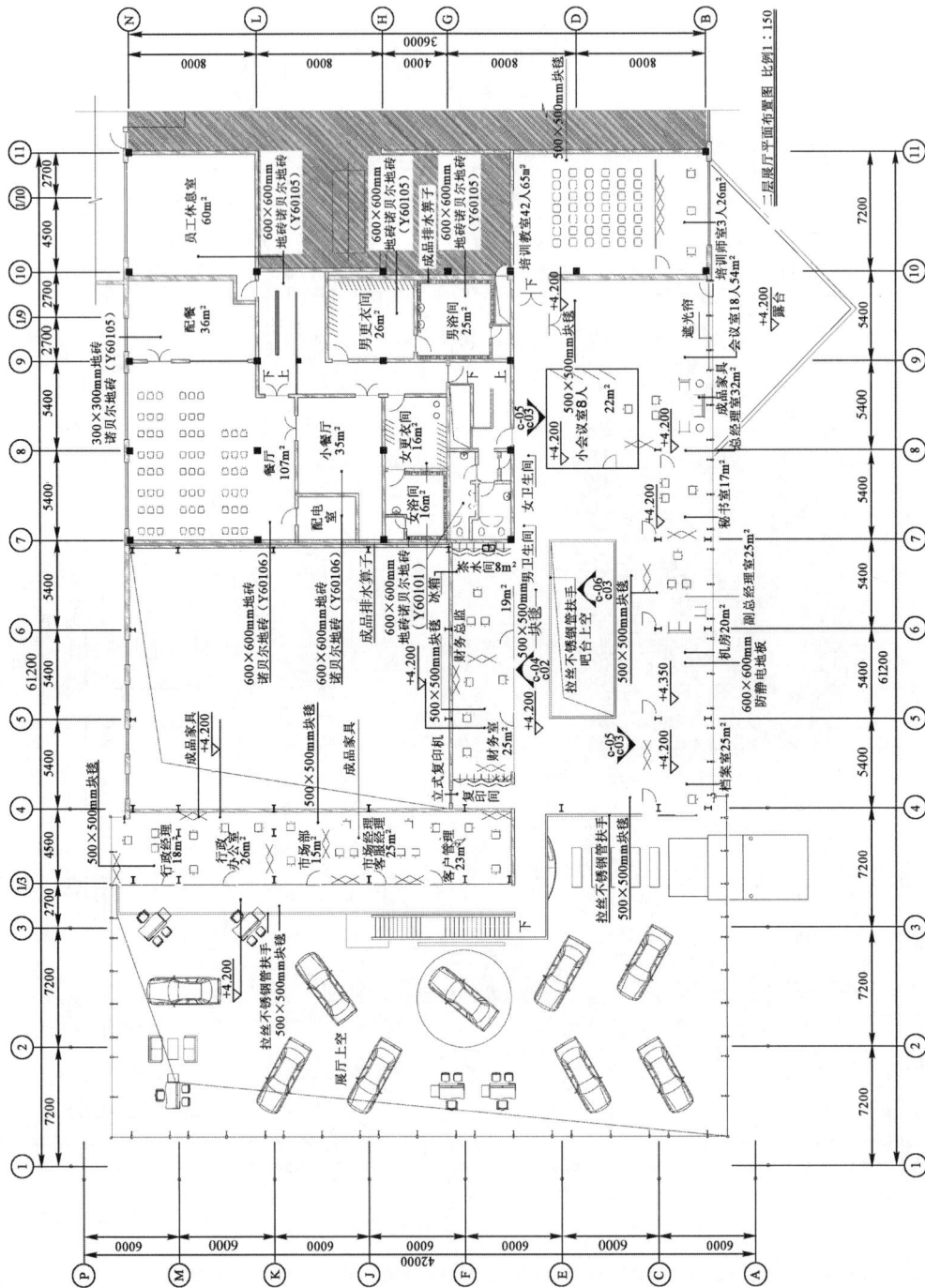

汽车服务场站设计（第2版）

66

员工休息室 60m²

600×600mm 地砖诺贝尔地砖（Y60105）

600×600mm 地砖诺贝尔地砖（Y60105）

成品排水箅子 600×600mm 地砖诺贝尔地砖（Y60105）

培训教室42人 65m²

500×600mm块毯

二层展厅布置图 比例1:150

配餐 36m²

男更衣间 26m²

男浴间 25m²

培训师室3人 26m²

会议室18人 54m²

遮光帘

+4.200

300×300mm地砖诺贝尔地砖（Y60105）

餐厅 107m²

小餐厅 35m²

女更衣间 16m²

配电室

小会议室8人 22m²

500×500mm块毯

成品家具 总经理室32m²

总经理 25m²

秘书室17m²

600×600mm地砖诺贝尔地砖（Y60106）

600×600mm地砖诺贝尔地砖（Y60106）

成品排水箅子

女浴间 16m²

女卫生间

茶水间 8m²

冰箱

男卫生间 19m²

500×500mm块毯

拉丝不锈钢管扶手 吧台上空

副总经理室25m²

600×600mm防静电地板

机房20m²

财务总监

财务室 25m²

立式复印机

复印间

档案室25m²

+4.200

+4.350

成品家具

行政经理 18m²

行政室办公室 26m²

市场部 市场经理 25m²

客户经理 23m²

拉丝不锈钢管扶手 500×500mm块毯

展厅上空

拉丝不锈钢管扶手 500×500mm块毯

+4.200

露台 +4.200

b)二层平面布局设计

图3-27 某品牌汽车4S店布局设计图(尺寸单位:mm)

家具陈设除本身所承担的基本功能之外,还担负着对室内空间环境进行二次创造的作用。家具陈设不仅要融入室内空间与环境,还要配合室内设计营造不同属性的功能空间及环境,使之更为合理。通过家具陈设将整体大空间分成展示、洽谈、接待、休息等若干不同空间,使空间整体组合更加趋于合理,互相渗透流通,同时也可以根据需要进行移动拆分,提高空间使用效率。对家具陈设的细部合理设计以及位置的恰当安排,可以适当改变人对空间的感受与认识,使之向更加符合功能需要的方向发展。

3. 标志构件

同室外标识构件一样,室内标志构件是顾客判断建筑所代表品牌的重要识别构件,通过它们使顾客由外而内逐渐加深对品牌的印象与认可。室内的标志构件一般包含有 LOGO 墙、落地展示牌、挂墙展示构件等,它们与所展示的汽车实体交相呼应,相辅相成,一起构成汽车 4S 店的展示序列。

LOGO 墙是整个建筑内部最为重要的标志构件,是企业品牌的象征,表达汽车的品牌特征及建筑的品牌属性。一般 LOGO 墙都布置在建筑内部空间最显眼的地方,形成整个展示过程的视觉中心,所有的展示均为它服务。落地、挂墙等展示系统其他标识构件在建筑内部合理布置,与展示汽车形成完整的展示系统,并起到变化空间的作用。展示构件系统自身形象以简洁为主,色彩、材质均不宜过分突出,主要表现所展示内容,形成形象展示的补充,如图 3-28 所示。

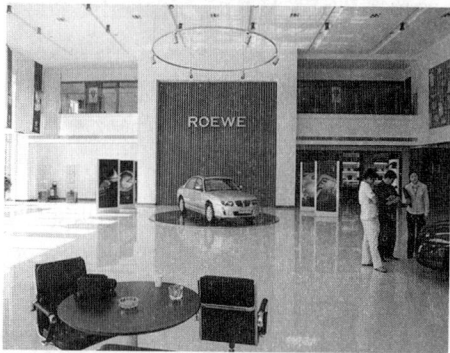

图 3-28 某汽车 4S 店的内部空间标志物设置

标识性构件还有车型牌、资料架、样品架、吊旗等,它们均可作为形象构件设计。除了品牌的标识性标志构件外,建筑内部还应设置相应的具有基本功能的标志,如区域说明、路线指示、服务出入口、紧急出入口、消防通道等,以方便顾客使用,并确保在紧急情况下发挥导向指示的作用。

4. 材料

建筑的室内环境需要满足顾客的长时间停留以及近距离的观察体验,所以同建筑外装修选取材质的方法截然不同。室内装修装饰更加注重材料的质感、色彩、触感和易于擦洗。同时,由于室内空间在功能上不断地细化与分隔,往往需要选取多种不同的材质来满足功能分区的需要。对于建筑外观形象,在选择材质时,要强调突出整体视觉效果与特征,因此材质往往控制在 2~3 种,太多则容易导致凌乱而重点不突出。而在室内环境中,几乎能运用所有的建筑材料,将各种不同的材料搭配组合,恰到好处,体现个性,方便实用。

材料往往起界定空间界面的作用。材质是人的视觉、知觉、触觉和嗅觉的直接界面材料的特征表现。室内空间界面材料的选择,应从 4S 店整体风格来综合考虑,既要注重材料的性能、质地、纹理、色彩,又要考虑构造连接的技术限定,还要考虑心理学、美学、色彩学、人机工程学等对空间界面之用材的影响与要求。

在材料的选择中必须强调防火性能,汽车 4S 店的建筑和装修材料必须满足国家防火规范要求。硬质材料必须是不燃的,软质材料必须是难燃的。木材和钢材必须经过防火处理,使木材达到难燃等级,钢材不宜高温软化。

另外,现代人们的精神需求是多方位、多层次的。在汽车 4S 店展示空间采用玻璃、金属、石材等硬质材料的同时,应注意在顾客休息、咨询区域尽可能多采用木材、织物、塑料等柔性材料,柔化空间环境,满足人们心理的多重需求。

5. 色彩

色彩是构成环境特征的重要组成因素。人对色彩的识别程度要大于对纹理、形状、肌理等的识别程度,尤其在室内环境中,色彩对人所产生的多层次、多方面的作用就更为明显。好的色彩搭配会营造出热烈、充满生气、富有个性的商业展示空间,使顾客更愿意驻足停留。而消极、阴暗的色彩搭配会使顾客情绪低落,影响购买欲。

汽车4S店内部空间的色彩设计是以展品为核心进行四维空间的整体环境的表现,服务于展品及整体氛围,用色彩来统筹环境因素,围绕着商品进行美学定位。色彩设计应着重强调汽车及其品牌文化的再创造。企业文化是整个企业人文素质、人文精神的表征,是靠外在的物化和行为来体现的,色彩是其中一项重要的介质。整体环境的表现是指色彩与构成空间的顶棚、地面、墙壁、门面、柱子、家具陈设、装饰物、服务人员与汽车商品之间的一种内在的系统秩序关系,而色彩文化是指色彩环境与社会所产生的情感共鸣,呈现出文化性、品牌性、时代性、地域性等特性,通过色彩环境来影响人并服务于人。

色彩设计过程中,需要处理好主色调、背景色彩、重点强调与个性色彩这几个方面的关系。主色调构成色彩主流与倾向,决定着空间中环境特定气氛的建立,展示着环境质量、营销运作、企业文化、品牌内涵等。背景色彩是指能增强商品品质、陪衬商品形象、突出某一环节的直接色彩控制。其建立的目的是通过适当的色彩对比与刺激,对参观及消费行为产生影响。在空间环境中,营造出一个使顾客对商品及销售服务环节的注意—兴趣—联想—比较—满足的认知过程、情绪过程到意志过程的系列目标对策,顺利地实现展示商品对人行为的色彩影响。在这里,色彩的明度、纯度和色相的对比是落实背景色彩的主要路径。对于展示区域来说,因轿车本身色彩多以高彩度、高明度等为特征,其背景色彩则应以低彩度、低明度为主要选择原则。对于室内大量使用的钢、玻璃、金属等硬质材料,需要进行亚光处理,避免产生过于耀眼的色彩反射,和对汽车表面色彩重点产生影响。重点强调是指利用色彩规律,突出环境中的重点环节,强调室内整体色彩的某一部分的趣味中心,避免整体色彩流于平淡、单调。重点强调应是有针对性的、局部的。除以上几种色调之外,还应适当辅以个性色彩,呈现出别具一格的色彩环境。个性色彩具有强烈的主观性和识别性,对突出企业的品牌个性与强调认知具有很大的作用。

在色彩设计过程中,还应与材料、质感、构成结构的秩序等结合起来考虑,才能取得较为完满的设计效果。此外,对影响色彩的因素如采光、照明、材质等多种因素均予以综合考虑,才能够得到理想的室内空间色彩效果。

三、建筑结构选型及设计

1. 建筑结构的选型

汽车4S店建筑要求其结构能够提供大跨度、高空间,便于内部空间灵活多样地划分,并留有未来发展的空间。由于主体的展示空间都是直接表露结构形式,因此结构的美学效果是汽车4S店结构选型中需要突出考虑的因素。在进行结构选型和设计的过程中,要保证汽车4S店建筑内外空间形象的实现,体现出承重和美学的双重价值。

汽车4S店一般会选择钢结构作为主体承重结构,常用的屋顶支撑形式有梁架、刚架、桁架、网架,以形成较大的展示空间;竖向支撑结构多采用工字形、管形钢柱;楼板采用波形钢板叠合楼板或钢筋混凝土预制空心板;楼梯采用异形或标准梁承式钢楼梯。

2. 汽车4S店框架承重体系

综合考虑汽车4S店的"方盒子"形体及其空间功能性要求,考虑结构的经济实用性,通常选择框架结构作为汽车4S店建筑的承重体系,大跨度屋面支承体系也可以采用梁柱承重的网架结构。框架体系利用梁、柱代替传统的承重墙,可以最大限度地减少承重构件所占据的空间,内部空间分隔灵活自由,并且框架结构体系很容易形成夹层空间。框架体系根据其使用的材料不同,其经济跨度可从几米至十几米,如果采用钢梁结构或预应力钢筋混凝土结构,跨度可以达到数十米,非常适合展示空间和厂房的建造。

框架体系依据材料不同可分为木框架、钢筋混凝土框架、钢框架等。汽车4S店广泛使用的是钢筋混凝土框架结构、钢框架结构,以及两者结合的结构。钢筋混凝土框架结构具有受力合理、耐火性好、耐久性好以及经济实用的特点,而钢框架结构可以形成较钢筋混凝土更大的跨度。在外观上,由于其本身的材质特性,具有典雅、时尚的风格,与汽车4S店的整体风格特征更为接近,具有极好的推广性。在施工的方便性、快捷性方面,钢框架也明显优于钢筋混凝土框架。但钢框架的造价偏高,经济性上不及钢筋混凝土框架体系有利。此外,由于钢材料本身的耐火性、耐腐蚀性均较差,因此在其表面需要进行防火和防锈处理。此外,也可利用钢筋混凝土框架作为竖向承重构件,发挥钢筋混凝土材料的抗压能力;钢作为水平承重构件,发挥钢材的抗拉能力;两者完美结合,既经济又合理。

3. 汽车4S店建筑围护、分隔构件

为保证4S店建筑室内外空间视线上的畅通无阻,以及室内环境明亮宽敞的效果,建筑的外围护构件多采用大面积的玻璃幕墙,包括隐框玻璃幕墙、有框玻璃幕墙、全玻璃幕墙等。尤其是对于展示空间的围护结构,为使处于建筑外部的行人也能够观赏到内部的展示汽车,引起更大兴趣,通透的玻璃幕墙是必不可少的。随着建材技术的不断发展,多种具有不同功能、特殊效果的玻璃不断地进入市场,使得玻璃这一围护结构不断克服自身缺陷,扩大应用面。普通的平板玻璃具有造价低、适用性广的特点,目前在汽车4S店建筑中被广泛使用。厚度大于10mm的平板玻璃,非常适合用作全玻璃幕墙,玻璃肋作为幕墙自身的支撑;中空玻璃在保温、隔热、隔声等方面性能均优于平板玻璃,但造价也较高。中空玻璃不能随意切割,设计时一定要充分考虑生产规格,或按设计尺寸定制,但这样成本将很高。以钢结构作为建筑的承重体系、玻璃作为建筑的围护表皮具有适度的协调性,充分体现了材料与结构结合的完美性。对于其他次要部分的围护构件,应充分考虑框架体系的优越性,尽可能采用轻质、耐久、防火、易于安装、经济、便于工业化大规模生产的预制墙板,以减少施工周期,降低造价,同时取得较好的实用功能。

对于室内的分隔构件,宜选用装配式的轻质、防火、吸声、易清洁且具有一定隔声能力的新型隔墙、隔断体系,以满足室内空间灵活多变的分隔需求。

在建筑的内外围护、分隔构件的选择中,还应考虑其声学性能,避免噪声干扰。因汽车4S店通常位于主要交通道路附近,大量噪声会对室内的整体环境质量造成不利影响,故对于外围护构件,需考虑其隔声性能。如采用双层中空玻璃或将单层玻璃改为双层玻璃,提高整个围护体系的密封性,其隔声性能会大大提高。对于室内分隔构件,不仅需要有一定的隔声量,还应尽可能采用多孔、薄膜、薄板的吸声构造,以达到对室内进行吸声降噪的作用,营造一个安静的售车环境。

整个建筑由构件及配件组成,这些细部要素是决定建筑形象的关键。要成功地实现这些要素,首先是设计,其次是材料的选择,最后是施工工艺。抓住建造的三要素,必定能建造出个性化的汽车 4S 店建筑。

四、汽车 4S 店光环境设计

良好的建筑光环境对建立并传达正确、有效的汽车 4S 店形象具有直接影响。通过其所传达的视觉感受，可引起顾客的注意力与浓厚兴趣，给顾客提供方便的视觉引导，并在整个观赏、接受服务的过程中使顾客获得舒适的心理感受。此外，光的精心设计也会对整体空间产生令人惊叹的效果。

1. 自然采光

从视觉功能实验结果中可知，人眼在自然光条件下比在人工光条件下具有更好的视觉效果。同时，在自然光作用下，人们普遍感到舒适和有益于身心健康。此外，太阳光是一种巨大、安全的清洁光源，室内充分利用自然光，可以起到节约资源和保护环境的作用。因此，绝大部分建筑物应尽可能采用自然光。某品牌汽车 4S 店建筑顶棚设计图如图 3-29 所示。

对于采用自然光的汽车 4S 店室内空间，最重要的就是保证各个区域照度的需求。展示空间需要提供明亮的光环境，使顾客可以轻松观察到汽车的每一个细节，其平均照度需要达到 500～750lx，而休息、洽谈、接待等区域，更强调温馨、舒适的心理感受，则照度应比展示区域低，一般以 300～500lx 为宜。办公区域应保证正常办公的视觉需求，考虑到 VDT (Visual Display Terminal, 视觉显示终端) 作业形式的普及，工作面上照度则保证在 300～700lx 之间。室内自然采光还需要控制整个空间内的采光均匀度，避免因照度变化过大，引发使用者在生理、心理上的不舒适及疲劳感。汽车 4S 店大厅内的采光均匀度 (室内照度最低值与室内照度平均值之比) 要求不得低于 0.7。此外，还需要考虑防止眩光对室内光环境造成的不利影响。所谓炫光，是指在视野内出现过高的亮度或过大的亮度对比时，就会感到刺眼并影响视度。在生理上，表现为视功能下降、视觉出现失调；在心理上，导致产生疲倦、热情降低、工作效率下降等。所以，在整个建筑中，应绝对避免眩光的出现，最大限度降低不舒适眩光的影响。

如前文所述，汽车 4S 店大厅展示区域主要采用大面玻璃及玻璃幕墙作为围护结构，同时也形成了巨大的采光口，为室内提供充足的光源，保证各个区域有足够的照度水平。由于光本身所具有的质感、光辉以及透射、反射、折射等特性，当它照射在大面积玻璃幕墙上后，与玻璃的质感融合，可共同创造出灿烂的装饰效果。光线透过巨大的玻璃幕墙进入室内，使室内外空间取得透明透视效果，给人以明朗、畅快的心理感受。虽然玻璃幕墙提供了大面积的采光口，但是由于单侧采光会随着建筑进深的加大照度急速降低，而对于那些因基地限制面宽较小而进深颇大的建筑影响尤其严重。在远离玻璃幕墙的展厅另外一侧，基本照度难以保证，并导致整个室内采光均匀度的下降。因此，需要采取相应措施来改变光线分布。在顶棚安装角度恰当的反射板，使光线经反射透射到内侧区域；开设天窗，通过天窗光照的补充增加照度，改善均匀度。这些措施均较为有效并被广泛采用。玻璃幕墙与玻璃天窗的存在还极易产生眩光。一方面玻璃面本身具有非常大的亮度，与不透光界面产生巨大反差；另一方面，透过玻璃尤其是天窗进入室内的直射阳光，会造成室内亮度分布不均，当直射光线照射到展示汽车上时，还极易形成反射眩光。对于天窗，可以采用镀膜玻璃，或者在其下部加设反射遮阳板、电动遮阳幕帘，使直射光线转化为均匀、柔和的漫反射光后再进入室内。对于玻璃幕墙，首先要避免东西向，其次可设置恰当的遮阳板或者将整个玻璃面向内倾侧，使之处于阴影之中，以降低玻璃面的亮度。此外，建筑内部的界面、顶棚多采用浅色、光滑材质，以增加反射率，提高采光效率。

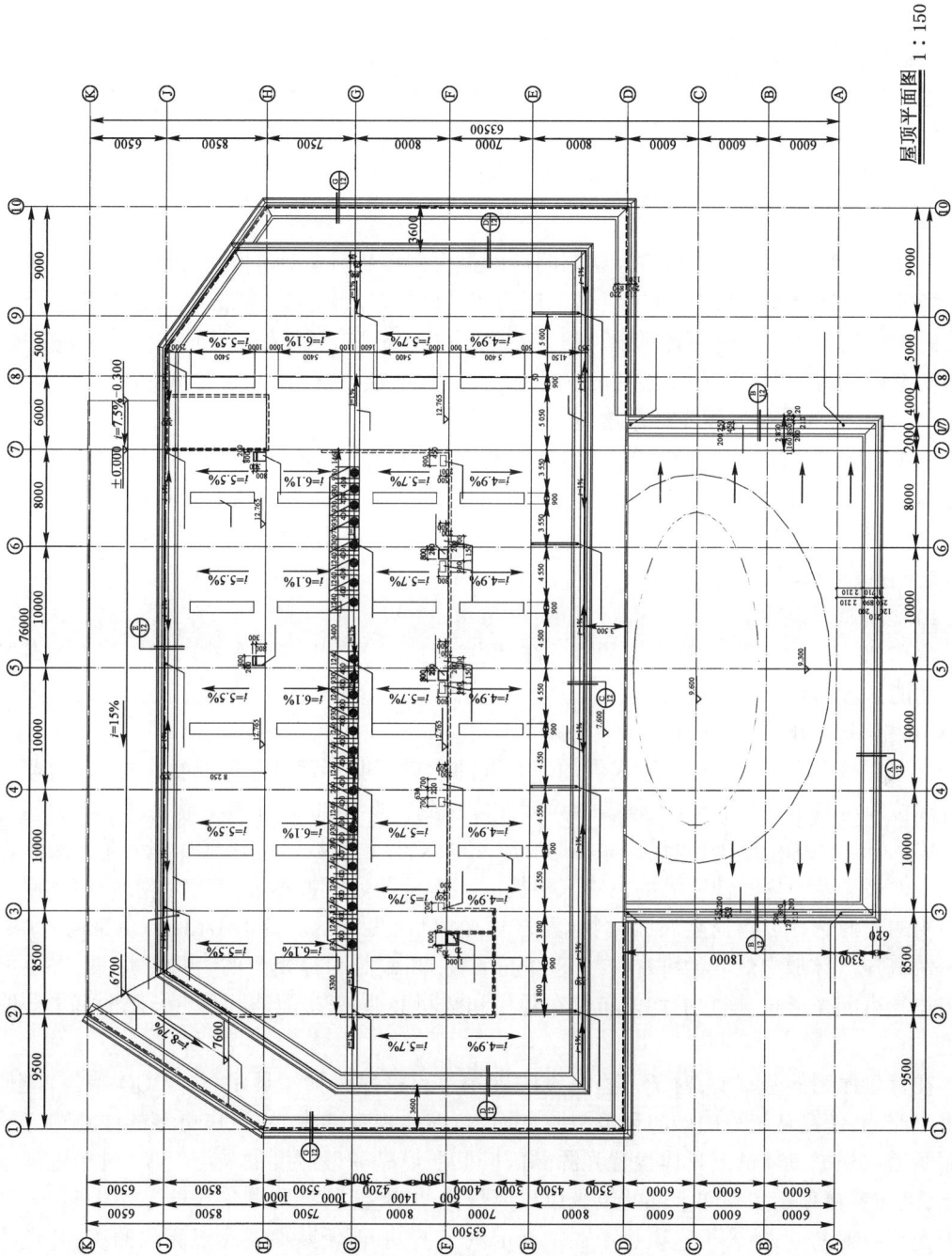

图3-29 某品牌汽车4S店建筑顶棚设计图（尺寸单位:mm）

屋顶平面图 1：150

对于建筑外部的自然光环境,应注意两个问题:一是对于建筑外观中的重要标志构件,如店牌、指示牌、标志柱、广告牌等需要选择由表面具有一定纹理和粗糙度的均匀反射材质构成,避免发生光幕反射而导致无法看清楚内容。二是对于玻璃幕墙所极易产生的光污染进行合理控制,通过调整角度、改换玻璃种类等方法,使反射眩光不进入街道中的人流与车流,造成困扰。

尽管自然光完全可以创造出良好的建筑光环境,但由于其受季节、天气等因素的影响显著,因此应恰当地辅以人工照明,形成混合照明,创造出在任何条件下均有良好效果的光环境。

2. 人工照明设计

灯光具有雕塑建筑的作用。人工照明可以最大限度地弥补建筑因受到时间、地点的限制而导致的光环境不佳状态。同时,人工照明还可以创造出极强的感染力,使建筑空间处于舞台的光照效果下。舞台的光照设计很好地演示了处于"暗环境"中对光与实体同时进行双向动态设计的观念。这种戏剧性的视觉感受,大大增加了汽车4S店建筑的吸引力,展示了汽车的魅力,为其整体视觉形象增色。

人工照明设计的主要目的是创造出特定的气氛,使建筑、展品能够显示出其独特特性,以传达最大量的信息,并广泛吸引顾客。优秀的照明设计首先要根据不同功能、环境、设计要求选择恰当的光源、灯具,并兼顾其光效、色温、显色性、使用寿命、经济性等相关因素以及相互之间的影响作用。

1)室内照明设计

汽车4S店室内照明能够吸引顾客的注意力,营造展示的趣味性和戏剧性。灯光的布置应与功能区域的划分和材料的应用相适应,对顾客产生引导识别性,弥补空间设计的不足与局限,并能够合理配置灯具,提高效率,减少浪费。

首先在整个汽车展示厅内应提供均匀布置的背景照明。背景照明使整个展示、营业空间各部位获得基本亮度的照明,使普通照明照度达到500~750lx,并避免形成过重阴影。考虑人体的舒适性感受原则,色温控制在3000~4000K,显色指数应达到80以上,保证能够正确地反映展品及室内其他物品的色彩。根据以上需求及建筑物本身空间特性,展示区域背景照明的光源选择以陶瓷金属卤化物灯、普通金卤灯、高压钠灯等HID(High Intensity Discharge,高压气体放电灯)类型灯为主,选择高天棚、高效照明提光灯的直接型灯具,并主要采用宽光束配光形式,把它们均匀布置在顶棚和空间上部,获得简洁、明亮、开敞的基本照明环境。

在背景照明的基础上,对于一些特殊的展示节点、区域,如主展示台、LOGO墙等,应辅以重点照明,使之从统一的照明环境中脱颖而出,形成视觉的中心,聚焦更多的注意力。重点照明需要根据具体情况具体设置光源、灯具,其照度是一般照度的3~5倍。对于主展示汽车,以布置在顶棚和空间上部的窄光束投射灯为主,光源选择与背景照明基本一致,合理布置光束投射角度,使若干光束集中在主展示汽车上,取得较其他展品更高的照度,并适当形成一定阴影,增加展品的立体感。当光束照在汽车表面上时,要避免极易形成的一次反射眩光,通过调整光束、灯具角度,使光源的反射位置高于正常人的视高或者采用反射型投光灯以保证正常的视觉环境。为适应展示布置,主展示汽车的经常性变换,提供重点照明的投射灯不仅可以灵活转变投光角度,还应设有导轨,保证位置可以根据内部空间变化、展品不同需求作适当调整,增加整体的灵活性。对于LOGO墙、展示屏风这些需要重点照明但是体量不是很大的构件,通常是在其附近,结合室内装修布置若干石英卤素投射灯,通过改变色温,加强照度达到突出重点的目的。重点照明可以使在一般照明的基础上产生视觉焦点,营造生动、活泼的空间气氛。

汽车4S店的大厅空间中还需要划分出若干功能不同、形式各异的小空间区域,如接待区域、休息区域、洽谈区域等。在这些空间区域的形成过程中,空间照明的作用不能忽略。虽然它们各有自身不同的特性,但总体来说,一般需要在大空间中创造较小的空间尺度氛围,营造出亲切、宜人的感受。因此照度不宜过高,色温以中间偏暖色为主,光源以选择卤钨灯、节能灯等为主。灯具多为直接向下照射或者半直接式,悬挂高度不宜过高,适当接近人的活动区域范围,但应有足够的保护角,避免产生直接眩光。

办公室的照明主要采用高效格栅灯具、高效荧光灯和高效反射器,使室内获得高效、清晰的照明效果,在避免阴影的同时避免在视觉终端系统上产生眩光。某汽车4S店天花板灯具布置设计图如图3-30所示。

2) 室外人工照明设计

建筑的立面照明通常采用泛光照明、轮廓照明与透光照明这三种形式。对于汽车4S店这类采用大面积玻璃幕墙的建筑,透光照明是最佳的选择。透光照明是利用室内照明所形成的亮度透过玻璃,在漆黑的夜空中使室内的一切均形成明亮的景观。透光照明较其他两种照明形式可以节省投资,简化设备安装与维修,有较高的经济性,并能够避免采用泛光照明时出现的"光污染"现象。在室外照明中,除了建筑的立面照明外,还需关注店牌、招牌、标志、广告牌、指示牌等构件的重点照明。只有突出了这些构件,才能充分强调形象的标志性和代表性,传达出强烈的品牌效应。这些构件的夜间照明主要选择透光材料,在其背后安装灯管,形成灯箱,使画面、色彩清晰地透射出来。对于一些不透明的标志画面,可采用投光灯照射,将画面的色彩和层次显现出来。在对这些部位进行照明设计时,要考虑整体形象的效果,其互相之间、与建筑主体之间均应和谐统一,避免出现杂乱、灯光色彩过多的缺点,导致整体性的破坏。

此外,在建筑周围的内部道路、场地中,应合理布置路灯、景观灯。一方面是功能使用上的需求,另一方面也可以更好地烘托主体建筑,使室外照明富有层次变化,主体照明与周边环境之间形成由亮转暗的过渡空间。灯具的设计应切合整体形象,使之成为一个有机组成部分,光源选择高压钠灯、金卤灯等。

良好、细致、独特的光环境设计可以传达给顾客最佳的视觉感受,体验到汽车4S店整体形象的独特魅力,有效增强其标志性与可识别性,加深顾客的印象以及对品牌的忠诚度。

灯具图例表

图例	说明
✦	8寸防潮筒灯
✦	8寸筒灯
✦	射灯
◆	洗墙射灯
●	轨道射灯
✦	装饰吊灯
●	吊灯
▢	600×600mm格栅灯
—	暗藏日光灯管
■	空调风口

北

一层展厅天花板布置图 比例1：150

600×600mm格栅灯
600×600mm格栅灯

轻钢龙骨石膏板
刮白表面乳胶漆装饰面

洗墙射灯
+3.000

+3.000

+2.500

射灯
+3.450

暗藏日光灯管

8寸筒灯
+3.000

射灯
+3.450

射灯

轻钢龙骨石膏板
刮白表面乳胶漆装饰面

洗墙射灯

暗藏日光灯管

轻钢龙骨石膏板
刮白表面乳胶漆装饰面

装饰吊灯

8寸筒灯
+3.000

8寸筒灯
+3.000

+3.000

轨道射灯

装饰品陈列柜

+3.000 暗藏日光灯管 600×600mm 矿棉板

+3.000
600×600mm 格栅板
600×600mm 格栅板
+3.000
600×600mm 矿棉板
暗藏日光灯管
+3.000

射灯

轨道射灯

轻钢龙骨石膏板
刮白表面乳胶漆装饰面

8寸筒灯
+3.000

吊灯

轨道射灯

轨道射灯

轨道射灯

轻钢龙骨石膏板
刮白表面乳胶漆装饰面

7637
12228
5091

7200
5400
5400
5400
61200
5400
7200

4000
8000
8000

2700
4500
2700
2700
5400
5400
61200
5400
4500
2700
7200

6000
6000
6000
6000
6000
6000
6000
42000

a) 一层天花板 图 3-30

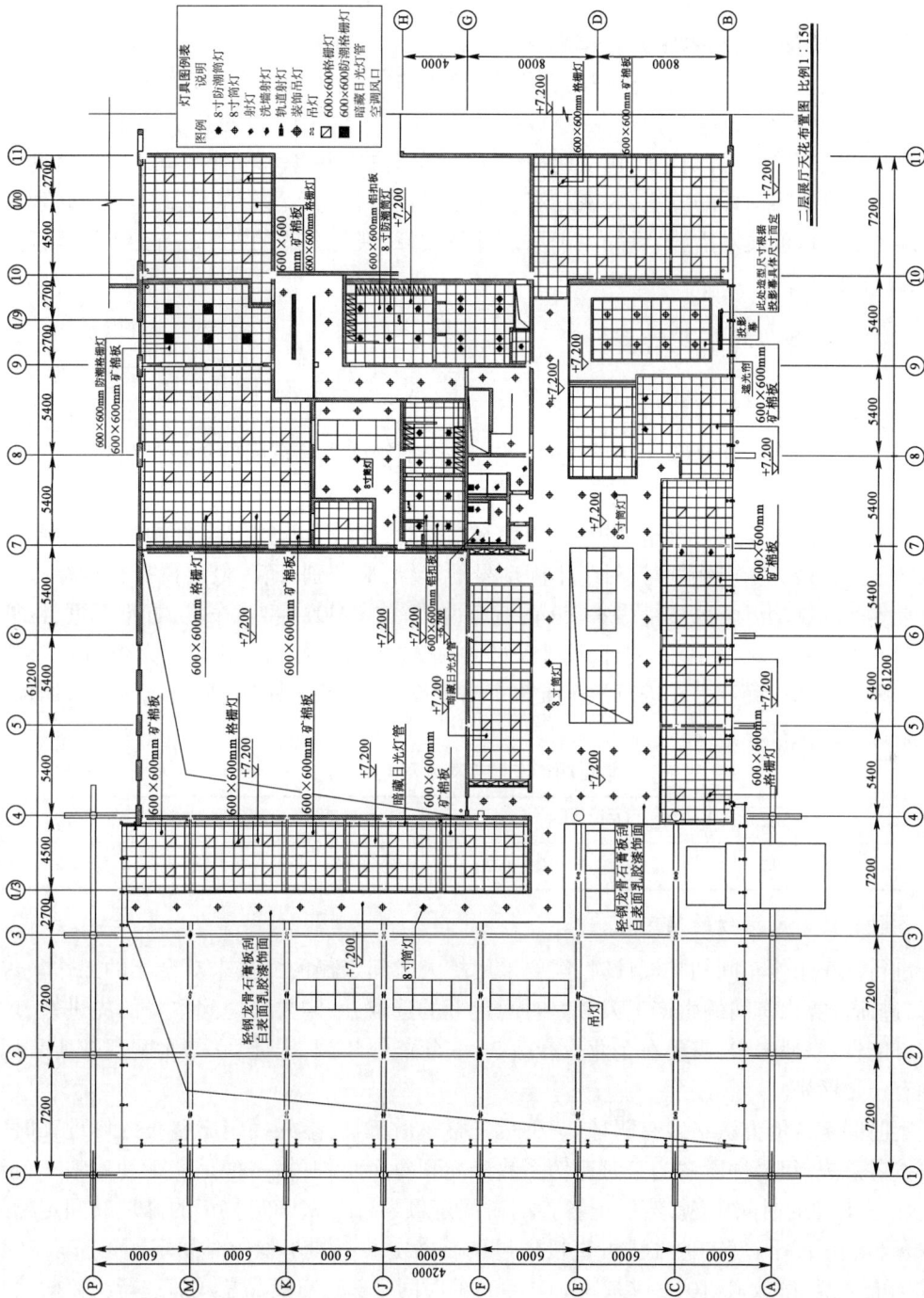

图3-30 某汽车4S店天花板灯具布置设计图(尺寸单位:mm)

第四节 汽车维修车间设计

维修车间是汽车4S店的重要组成部分,它以满足汽车用户需要和盈利为目的,主要从事汽车维护、修理及相关技术服务等作业内容。

汽车维修是汽车维护和汽车修理的泛称。汽车维护是为了维持汽车完好技术状况或工作能力而进行的作业。汽车维护是在故障发生前采取的技术措施,目的在于保持车容整洁,随时发现和消除故障隐患,防止车辆早期损坏,降低车辆的故障率和小修频率。汽车修理是用修复或更换汽车零部件的方法,为恢复汽车的完好技术状况而进行的作业。汽车修理是在故障发生后采取的技术措施,目的在于及时排除故障,恢复车辆的技术性能,节约运行消耗,延长其使用寿命。

一、汽车维修车间工艺计算

1. 生产任务与生产纲领的确定

生产任务是指汽车维修车间所承担的工作;生产纲领则指该车间的年设计生产能力,即生产任务的多少。

汽车维修车间主要进行汽车维护、车辆大修、总成大修、汽车改造、零件制配、技术革新及其他任务。在计算生产纲领时,对于不同型号的车辆,应分别计算,最后再折合成标准车型。通常生产纲领均以装载质量为 4~5t 的汽车(如解放 CA1091 型汽车)为标准车型,常见国产汽车的换算系数见表3-4。对于未列入车型的换算系数,可利用比较法及统计法参考车型的实际结构加以确定。在进行汽车维修车间设计时,若任务书中已经给出了生产纲领,则可不必进行此项计算。

常见国产车型换算系数 k_1 表 3-4

车辆型号	北京 BJ2020	解放 CA1091	黄河 JN1171/127	上海桑塔纳	奥迪 100	北京 BK670
换算系数 k_1	0.90	1.00	1.20	2.00	2.50	3.40

2. 各种作业时间定额的确定

在进行汽车维修车间初步设计时,需要采用扩大时间定额的方法来对全年的工作量进行计算,进而计算出车间的生产工人数。时间定额的选取,一定要考虑到本身的先进性、现实性和可能性;一般来说,需要在企业投产后 2~3 年能够达到,因此,它与车间现在所采用的定额有一定区别。

确定时间定额的方法一般有两种:一种是先整车后工种,指先确定出整车的修理工时,然后再按各总成、组合件所占的工时比例系数分配到每个工种;另一种是先工种后整车,指先确定出各工种的时间定额,然后把各种的时间定额累计起来确定整车的修理时间定额。在缺少资料的情况下,后一种方法可直接通过调研确定。不同车型的时间定额可按表3-4折合成标准车型(解放 CA1091 或东风 EQ1090)的时间定额。有商品总成需进行大修时,也需把其折合成整车,其折合系数参见表3-5。

如果生产纲领中有商品总成,可将商品总成折合成整车,再将整车换算成标准车型计算。汽油车、柴油车以及不同用途汽车的总成折合系数均不相同,参见表3-5。

汽车总成	汽车类别				
	载货汽车		轿车	大型客车	
	汽油机	柴油机		车架式	承载式
发动机附离合器	0.21	0.29	0.14	0.11	0.05
变速器	0.05	0.05	0.02	0.02	0.01
后桥(或驱动前桥)	0.08	0.10	0.06	0.04	0.02
前桥(或前悬架)	0.06	0.06	0.04	0.03	0.01
转向器	0.01	0.02	0.01	0.005	0.002
自动倾卸机构	0.07	0.05	—	—	—
传动轴	0.02	0.04	0.05	0.003	0.001
车身	—	—	0.65	0.62	0.85

如果生产纲领(生产能力)介于表3-6中两组数字之间,则需采用插值法求出批量系数 k_3:

$$k_3 = k'_3 - \frac{k'_3 - k''_3}{Z_2 - Z_1}(Z_i - Z_1) = k''_3 + \frac{k'_3 - k''_3}{Z_2 - Z_1}(Z_2 - Z_i) \qquad (3-1)$$

式中: Z_i——所求的生产能力数值,辆;

$\quad\ Z_1$——给定的标准端值 $(Z_1 < Z_i)$,辆;

$\quad\ Z_2$——给定的标准端值 $(Z_2 > Z_i)$,辆;

$\quad\ k_3$—— Z_i 对应的批量系数;

$\quad\ k'_3$—— Z_1 对应的批量系数;

$\quad\ k''_3$—— Z_2 对应的批量系数。

批量系数 k_3 表3-6

生产能力(辆)	100	250	500	750	1000	2000	4000
批量系数 k_3	2.40	1.54	1.18	1.08	1.00	0.91	0.80

【例3-1】 某汽车维修车间修车能力为解放 CA1091 整车1500辆,发动机总成1000台,变速器总成500台。生产纲领为1000辆时,其工时定额见表3-7。求表中各作业的工时定额。

生产纲领为1000辆时工时定额(单位:h) 表3-7

序 号	步 骤	工时定额	序 号	步 骤	工时定额
1	发动机拆卸	8.00	3	货厢拆卸	12.00
2	变速器拆卸	2.00	4	焊工(电、气焊)	25.00

解:工时定额 t_i 等于批量系数乘以1000辆生产纲领的工时定额 t_0,即:

$$t_i = k_3 t_0$$

(1)求出4种作业的生产纲领。

① $Z_发 = 1500 + 1000 = 2500$(辆)

② $Z_变 = 1500 + 500 = 2000$(辆)

③ $Z_厢 = 1500$(辆)

④ $Z_焊 = 15000 + 1000 \times 0.21 + 500 \times 0.05 = 1735$(辆)

（2）用插入法求出批量系数 k_3，见表 3-8。

解得的批量系数 k_3 表 3-8

生产纲领 Z_i	1000	1500	1735	2000	2500	4000
批量系数 k_3	1.00	0.96	0.93	0.91	0.88	0.80

（3）计算各作业的时间定额 t_i。

① $t_发 = 0.88 \times 8 = 7.04（h）$

② $t_变 = 0.91 \times 2 = 1.82（h）$

③ $t_厢 = 0.96 \times 12 = 11.52（h）$

④ $t_焊 = 0.93 \times 25 = 23.25（h）$

汽车维修车间其他任务的工时定额，可按以下比例计算：旧件修复工时一般约为修理工时的 30%；制配工时（不计商品零件）按修旧工时的 40%～50% 计；设备维修与技术革新工时，一般为修理工时、旧件修复工时及制配工时总和的 10%。工时定额也可参照汽车生产商的内部规定执行。

3. 职工人数的确定

1）年度工作量

汽车维修企业年度工作量可按式（3-2）计算：

$$Q = Z_i \sum t_i \tag{3-2}$$

式中：Z_i——某作业年度生产纲领，台；

t_i——各工位作业工时定额，h。

企业工人年度名义工时数 T_m 可按式（3-3）计算：

$$T_m = [365 - (d_x + d_j)] \cdot t_y \tag{3-3}$$

式中：d_x——全年周日天数，按双休日计算，全年共休息 104d；

d_j——每年国家规定的节假日休息天数，共 11d；

t_y——每班的工作时间，白班为 8h，其他班为 7h。

按白班计算：

$$T_m = [365 - (104 + 11)] \times 8 = 2000（h）$$

按其他班计算：

$$T_m = [365 - (104 + 11)] \times 7 = 1750（h）$$

企业工人年度实际工作时数 T_n 可按式（3-4）计算：

$$T_n = T_m \alpha \beta \tag{3-4}$$

式中：α——工人出勤率（考虑到病、产、探亲假）；

β——工时利用率（考虑到用于本职工作外的或停产的工时损失）。

交通运输部曾统计过全国 14 家典型汽车维修企业的出勤率为 95%，工时利用率为 86% 左右。

按白班计算：

$$T_n = (2000 \times 95\% \times 86\%) = 1634（h）$$

按其他班计算：

$$T_n = (1750 \times 95\% \times 86\%) = 1430（h）$$

2）所需工人数的确定

根据前文所述计算的年度工作量和年度工作时数，便可计算出生产工人数。

生产工人出勤人数 R_m 可按式(3-5)计算：

$$R_m = \frac{Q}{T_m} \qquad\qquad (3-5)$$

生产工人在册人数 R_n 可按式(3-6)计算：

$$R_n = \frac{Q}{T_n} \qquad\qquad (3-6)$$

各工种生产工人人数的计算,可参考表3-9进行。

各工种生产工人计算表　　　　　　　　　　　　表3-9

序号	作业名称	时间定额（h）	年度生产纲领（辆）	年度工作量（h）	年度工作时数（h）		生产工人数					
					名义时数	实际时数	计算数		实际数		各班人数		
							出勤数	在册数	出勤数	在册数	第一班	第二班	第三班
1													
2													
3													
4													
……													

　　生产工人数确定后,便可计算其他人员数。汽车维修车间人员的分配情况可参考表3-10。

汽车维修车间人员划分表　　　　　　　　　　　　表3-10

生产人员	工人	生产工人	汽车维修和技术革新工、汽车维修电工、轮胎工、车架钣金工、漆工、汽车木工、缝工、机工、钳工、锻工、焊工、铸工、热处理工
		辅助生产工人	设备维修工、配变电工、生产锅炉工、水站工、气站工、乙炔站工、车间起重工、仓库搬运工、化验员、计量员、检验员
	技术人员		车间、检验部门和技术部门的工程师、助工、技术员、技师
非生产人员	管理人员	行政管理	部门经理、车间主任、物资、计划、设备、总务、保卫、调度员、验收员、质量检查员、仓库主管、保管员、材料收发员、采购员、计工员等
		技术管理	总工程师、副总工程师、工程师、助工、技术人员、技师等
		政工	党、团、工、妇组织的领导、专职委员、干事、事务员等
	其他人员		6个月以上的病、伤、假人员,长期学习人员

3)其他人员数

(1)辅助生产工人数是根据企业设备数量、设备维修制度、技术革新任务、动力站房和库房的设置及作业班次来确定的。设备维修与技术革新工人数是根据工作量计算的,动力站房工人可按生产工人数的8%～10%考虑,库房工人可按生产工人总数的7%～9%确定。

(2)非生产人员数是根据企业的生产性质和企业职工总数来确定。非生产人员可按生产工人总数的18%左右选取。其中管理人员占职工总数的8%～12%;服务人员占职工总数的4%～5%;生产与非生产人员中的工程技术人员所占比例应不低于企业职工总数的8%～12%。

4. 建筑面积计算

汽车维修车间的建筑面积一般分为生产车间面积、仓库面积和其他面积。

1)生产车间面积

生产车间的面积通常包括发动机修理车间、底盘总成修理车间、汽车总装间、车身修理车间及修旧制配车间等的面积。其面积是根据车间的生产工人数、设备台数、工位(或车位)、周转总成数,以及汽车大修周期内的工件数等计算确定的。

(1)按生产工人数计算生产车间面积。面积 F 可按式(3-7)计算:

$$F = f_r R_m \tag{3-7}$$

式中:f_r——每个工人作业所需的面积定额,一般取 $8 \sim 12\text{m}^2/\text{人}$;

R_m——出勤生产工人数,人。

对设备少、手工操作的工间,如检验分类间、电工间、发动机附件间、钣金工间、钳工间等面积,也可按式(3-7)计算。

(2)按设备台数计算生产车间面积。面积 F 可按式(3-8)计算:

$$F = f_b Z_j \tag{3-8}$$

式中:f_b——每台设备占用的面积指标,一般取 $18 \sim 26\text{m}^2/\text{台}$;

Z_j——设备台数,台。

对于发动机修理与装配间、底盘总成修理与装配间、锻工间与热处理间等,计算时 f_b 取大值;对发动机磨合调试间、胎工间、机加工间、焊工间、电镀间等,计算时 f_b 取小值。

(3)按工位(或车位)数计算生产车间面积。面积 F 可按式(3-9)计算:

$$F = f_g N_g K_t \tag{3-9}$$

式中:f_g——每工位(或车位)占地面积,与汽车外形尺寸有关;

N_g——工位(或车位)数;

K_t——车位的通道系数,取 $4 \sim 6$。外洗和喷漆取小值,汽车拆装取大值。

工位或车位可分别按式(3-10)和式(3-11)计算:

$$N_g = \frac{R_m}{RB} \tag{3-10}$$

$$N_g = \frac{ZtK_g}{T_g} \tag{3-11}$$

式中:R_m——出勤生产工人数,人;

R——同时在一个工位上工作的人数,人;

B——每日工作班数,班;

Z——年度生产纲领,辆/年;

t——单位产品的时间定额,h;

T_g——工位(或车位)年工作时数;

K_g——不平衡系数,取 $1.1 \sim 1.4$。

(4)按扩大量标计算生产车间面积。面积 F 可按式(3-12)计算:

$$F = f_a Z_a \tag{3-12}$$

式中:f_a——换算后汽车的车面积比,$\text{m}^2/\text{辆}$;

Z_a——换算后生产纲领,辆。

扩大量标是指每辆换算汽车(或人)的单位面积指标,若为中型载重汽车,可直接参照表3-11 取值计算;若为其他载重汽车,则需换算成1.5t 载重汽车后,参照表3-12 取值进行计算。不同吨位汽车换算成1.5t 汽车时,需乘以质量系数 k_4,换算系数值见表3-13。

中型载货汽车的车面积比(单位:m²/辆) 表3-11

面积名称	生产纲领(辆)			
	300	600	1000	1500
区域面积	130	85	55	45
建筑面积	30	20	16	13
生产厂房面积	20	13	11	9

1.5t汽车的车面积比(单位:m²/辆) 表3-12

建筑面积名称	换算纲领(辆)						
	1.5t汽车的汽修企业大修能力						
	100	250	500	1000	2000	3000	4000
区域面积	40.00	30.00	25.60	22.00	18.00	15.80	14.00
总有效面积	12.10	9.74	7.60	6.31	5.01	4.32	3.87
生产面积	7.00	5.20	4.00	3.20	2.60	2.26	2.05
仓库面积	1.30	1.20	1.10	0.90	0.73	0.62	0.55
发动机间面积	0.55	0.45	0.40	0.35	0.28	0.24	0.21

换算成1.5t汽车质量系数 k_4 表3-13

汽车载质量(t)	1.5	2	3	4	5
质量系数 k_4	1.00	1.17	1.30	1.40	1.48

【例3-2】 已知某汽车维修车间生产纲领为CA1091型整车1500辆,发动机1000台,求表3-14中所列各项建筑面积。

1.5t汽车生产纲领面积指标(单位:m²/辆) 表3-14

建筑名称	生产纲领(辆)			
	1000	2000	3000	4000
发动机间面积	0.35	0.28	0.24	0.21
车架修理间面积	0.08	0.05	0.04	0.03
区域面积	22.00	18.00	15.80	14.00

解:根据式(3-12),需求出换算后的生产纲领 Z_a、换算后汽车的面积比 f_a 后,才能求出生产车间建筑面积 F。

(1)求出CA1091车三项指标的生产纲领。

发动机生产纲领为:1500 + 1000 = 2500(台)

车架生产纲领为:1500(辆)。

区域(厂区占地面积)生产纲领为:1500 + 0.21 × 1000 = 1710(辆)。

(2)换算成1.5t车生产纲领。

发动机间为:1.48 × 2500 = 3700(台)

车架修理间为:1.48 × 1500 = 2220(辆)

区域为:1.48 × 1710 = 2531(辆)

(3)利用插值法求出 f_a,见表3-15。

换算后汽车的车面积比	换算后生产纲领（辆）					
（m²/辆）	2000	2220	2531	3000	3700	4000
发动机间	0.28			0.24	0.219	0.21
车架修理间	0.05	0.048		0.04		0.03
厂占区域	18.00		16.83	15.80		14.00

（4）求出各项建筑面积。

$$F_发 = 0.219 \times 3700 = 810（m^2）$$

$$F_架 = 0.048 \times 2220 = 107（m^2）$$

$$F_区 = 16.83 \times 2531 = 42597（m^2）$$

2）仓库面积的计算

（1）按地面荷载计算仓库面积 F_c。

$$F_c = \frac{Q_c K_c n_c}{12q} \tag{3-13}$$

式中：Q_c——物料年消耗量，t/年；

    K_c——年入库量占全年消耗量的百分比；

    n_c——物料储备期（月），一般为 1~2 个月；

    q——仓库单位面积上平均荷载，t/m²。

（2）按容积计算仓库面积 F_c。

$$F_c = \frac{G_c}{q\delta} \tag{3-14}$$

式中：G_c——储存量，等于每日消耗量乘以储存日数，t；

    δ——仓库面积利用系数，取 0.25~0.60；

    q——单位面积上的有效负荷，t/m²，$q = pva_v/F'$；

    p——物料单位体积质量，t/m²；

    v——货架容量，m³；

    a_v——货架容量系数，取 0.4~0.6；

    F'——货架占地面积，m²。

（3）按百分比估算仓库面积。在进行企业初步设计时，仓库面积可按生产面积的 10%~15% 进行估算，分配比例见表 3-16。

仓库面积分配比例   表 3-16

序 号	名 称	分配比例（%）	序 号	名 称	分配比例（%）
1	汽车配件库	40~50	6	电石库	1
2	金属材料、工具库	15~20	7	二氧化碳气、氧气瓶库	1
3	油料库	3~5	8	轮胎库	8
4	总成储备库	1~10	9	劳动用品库	8
5	化学品库	2~4			

露天堆放场，应根据需要配制，面积一般取仓库面积的 20%。待修车与修竣车停车场

面积,根据停车位置数确定。待修车与修竣车停车位置数,通常按年大修车辆的3%~5%考虑。一般待修车停车场比修竣车停车场面积大一倍。

(4)按车面积比计算仓库面积。每辆大修汽车平均占用仓库面积,可按2.2~3.2m²/辆计算。生产规模大、物料储存期较短的修理企业取较小值,反之取较大值。

3)其他面积的计算

(1)行政办公用房面积。行政办公楼的房间组成应根据生产任务、性质和规模大小决定,建筑面积可参照表3-17确定。

行政办公用房面积定额 表3-17

室　别	面积(m²/人)	备　注	室　别	面积(m²/人)	备　注
一般办公室	3.5	不包括过道	图书室	0.5	包括阅览室
	7.0	包括过道	打字室	6.5	设微型计算机打字
领导办公室	20	书记、厂长、总工	文印室	7.5	包括装订、储存
	9	科长、车间主任等	收发传达室		一般15~20m²
会议室	0.5	无会议桌	会客室		一般20~60m²
	2.3	有会议桌	厕所 男		每50人设大、小便池各1个
设计绘图室	4~4.5		女		每25人设便池1个

(2)生活福利设施面积。生活福利设施主要是针对整个汽车4S店而言,主要有职工宿舍、医务室、职工食堂、浴室、自行车棚、自用停车场等。根据生产规模、占地面积和地形等条件,生活福利设施可设在厂区内或设在厂外生活区。一般生产规模较小的汽车4S店,一部分生活福利设施可与行政办公楼合并建在一起。

职工宿舍的面积可按4~6.5m²/人(楼房)考虑,单层床取大值,双层床取小值。医务室工作面积按30~40m²计。职工食堂面积,一般按最大班组职工人数计,每座位平均1.25~2.00m²。餐厅和厨房比例约为3:2。自行车棚面积是由职工骑自行车的人数确定的,自行车棚的布置应考虑便于职工存放、不妨碍交通及美观,一般设在厂区出入口附近为好。

厂内自用停车库宜独立建设,不附设于任何建筑物内,一般设在厂前区。汽车的配备通常按年大修150~200辆中型载货汽车配置一辆,停车库中还要考虑设置驾驶员休息室,可根据需要配备办公用轿车。

企业的生产任务如果包括商品总成,应分别采用不同的生产纲领计算面积;把各种计算面积整理成表3-18的形式,表中实际面积是考虑到柱网尺寸的,应对计算面积适当增减,在平面布局时,为画到图纸上的面积。

面积计算 表3-18

序　号	建筑名称	单位指标(m²/辆)	换算生产纲领(辆)	面积(m²)		备　注
				计算面积	实际面积	
1						
2						
3						
......						

二、汽车维修车间的平面布置

在进行汽车维修车间的平面布置时,车间形状应尽可能简单,占地面积要小,要考虑企业的生产规模、工艺特点、土地特点、土地条件以及发展远景,综合设计车间的建筑形式。

1. 车间的形式和布置方案

车间平面布置形式将直接影响以后的生产条件、运输路线和劳动作业环境,也将影响建筑结构和动力管道布置的合理性。

车间的建筑形式分为单层和多层两种。多层建筑的主要优点是占地面积小,动力管线长度短,适合占地面积紧张的大城市采用;缺点是建筑费用高,使用维修费用也高。汽车维修车间一般多为单层厂房,单层厂房又可分为分散营造和联合营造两种形式。

分散营造是指按车间或建筑物性质分散独立设置的建筑形式,其优点是建筑结构简单,自然采光和通风条件好,防火性能好,工种之间互相干扰小;缺点是占地面积大,生产线与运输距离长,道路与动力管线长,建筑费用与管理费用高。

联合营造是指把若干车间、工组或其他的有关房屋联合设置在一个大厂房内的建筑形式,其优点是占地面积小,生产线短,便于进行流水作业,同时减少了建筑费用和管理费用;缺点是防火性能差,通风采光条件不好,工种之间相互干扰大,房屋结构较复杂。

在设计汽车维修车间时,主生产厂房的布局可考虑以下几种布置方案:

(1)直线形流水线。这种布置方案将拆装车间设置在生产厂房的中央,汽车车架在修理过程中,以直线方向在生产厂房内移动;而汽车车身和发动机、底盘在各自的车间内修理时,也以直线形流水作业进行修理,移动方向是与车架的移动方向相平行,如图 3-31 所示。

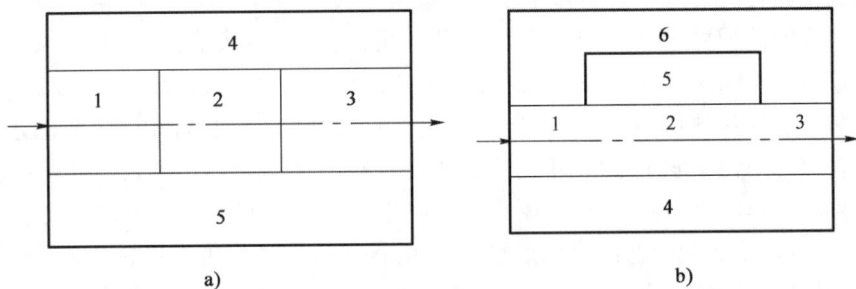

图 3-31　直线形流水线布置示意图

1-拆卸、清洗、零件检验分类;2-车架修理和喷漆;3-汽车装配和调试;4-车身修理;5-发动机和底盘总成修理 [图 3-31b)中 5 只作总成装配];6-零件修复与制造[图 3-31b)中的 6 内包括总成修理]

采用该种方案时,生产厂房一般呈矩形,而且矩形的长边较长,这样就使得厂房墙长度增大,增加了厂房的造价。直线形流水线的优点是各车间的流水方向相同,便于安排生产,且交通运输不交叉,适于承修车型比较复杂的中、小型汽车修理企业选用。其缺点是布局不紧凑,运输距离长,房屋造价高。

(2)直角形流水线。直角形流水线是指车架在修理与装配过程中要回转一个 90°直角。车身与总成修理的移动路线则垂直或平行于车架的移动方向,如图 3-32 所示。

一般正方形厂房多采用此方案。该方案的优点是主生产线短,布局紧凑,房屋造价低,适合较大的厂进行流水生产;缺点是个别车间距离主生产线远,需用桥式吊车运输。

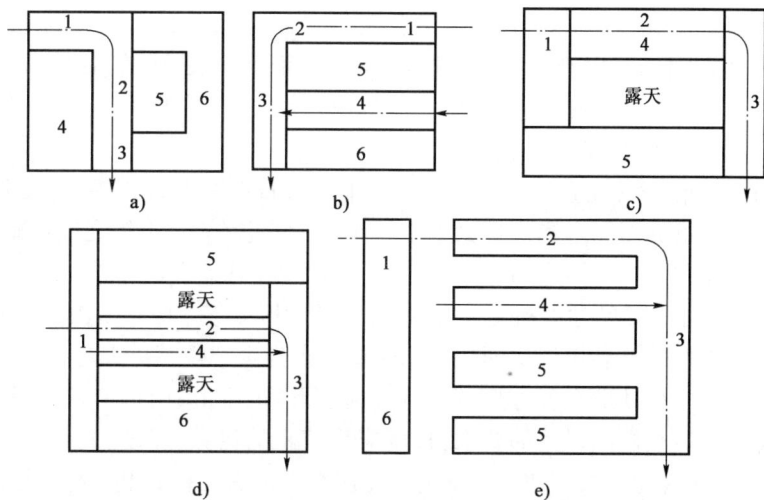

图 3-32　直角形流水线布置示意图

1-拆卸、清洗、零件检验分类;2-车架修理;3-汽车总装配;4-车身修理;5-总成修理和装配[图 3-32a)中 5 只组装总成,其修理在 6 中进行)];6-零件修复与制造

(3)门形流水线。门形流水线是指汽车的车架在修理移动时,回转两个 90° 直角弯,移动路线(主线)形成"门"形,如图 3-33 所示。

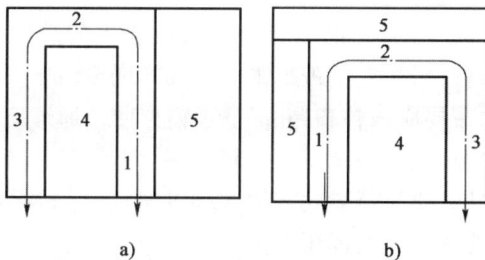

图 3-33　门形流水线布置示意图

1-拆卸、清洗、零件检验分类;2-车架修理与喷漆;3-汽车总装配;4-车身修理;5-发动机和底盘总成修理

在布置车间时,可将发动机、底盘修理、零件修复和配制车间布置在主线的四周,使厂房呈正方形。该方案的优点是主线比较短,布局紧凑,便于安排大规模流水生产;缺点是个别车间距主线稍远,有时会使运输产生交叉,且增加了运输量。

(4)尽头式布置。尽头式布置是指汽车的拆卸和装配是固定在一尽头式工段上进行的工艺。拆装有时可利用车间入口和出口大门的门廊来进行解体和最后调整,如图 3-34 所示。

这种方法在整个修理过程中,车架基本上不动,因此,发动机、底盘、车身要往返运输,有时笨重的零件和总成可在主线附近修理。其优点是占地面积小,所需设备简单,不受时间连续性限制;缺点是运输工作量大且路线交错,工人劳动强度大,修理车日长,一般只适于小型汽车修理厂或对复杂车型所进行的修理作业。

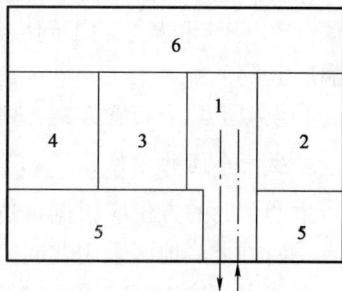

图 3-34　尽头式布置示意图

1-汽车拆卸、车架修理、汽车装配;2-车身修理;3-总成拆散、零件清洗、检验分类;4-总成装配;5-零件修复和制造;6-车厢修理和喷漆

2. 主生产车间平面布置的顺序

(1)主线(拆装线)的长度和形状的确定。主线长度是按主线上各工位的数目计算的。

一般长度取 9~12m,宽度取 6~9m(不包括总成存放面积)。主线上的工位包括如下作业:汽车外部清洗(也可不在主线上)、汽车解体、车架除漆、车架修理、车架喷漆、汽车装配、检验调整等 5~7 项。工位数可按式(3-11)、式(3-12)计算。求出长度后,可根据工位数和流水线的形式,拟定出主线的基本形状。

(2)主生产车间总面积的确定。各车间、工作间的面积算出后,应将进入主生产车间的各车间、工作间、工组的面积之和再扩大 10%~15%(考虑车间、工组之间的通道),确定出主厂房的计算总面积。

(3)主生产车间轮廓尺寸的确定。车间的外形除因工艺、卫生、运输上的特殊要求之外,应力求简单,更有效地利用厂房面积。同时要考虑到生产规模扩大时,厂房改建、扩建的途径。经常采用的厂房外形有长方形、正方形、山字形、工字形、门形、口字形等。厂房的长度和宽度应符合建筑上柱网尺寸的要求,长度应为柱距的倍数,宽度(跨距)小于 18m 时为 3 的倍数,大于 18m 时为 6 的倍数。厂房的高度应视厂内有无桥式起重机和卫生要求而定,应避免不必要地增加厂房高度,导致增加建筑费用。需要升高的厂房工作地点,应集中布置在一个或相邻的跨间内。

(4)绘制生产车间平面图。生产车间的各部分尺寸确定以后,要将各车间、工组按汽车修理工艺过程布置到平面图上去。在布置时应考虑如下原则:

①按照生产工艺顺序布置各车间和工作间。

②围绕主生产线布置各车间、工间时,应使笨重、体大的总成(或零件)的流动距离最短,力求避免出现运输线路迂回往返及跨越主生产线的现象。

③厂房内主要通道的布局应该整齐,并保证运输方便。通道应能沟通车间与车间、工间与工间、工作间与仓库,以及厂房内外的联系,避免"死胡同"。

④合理选择起重运输网,要注意梁式或桥式起重机、旋臂式起重机、城市轨道交通等运输方式之间的互相衔接,使其充分发挥作用。

⑤空间布置,减少隔墙,在划分车间和工作间时,应尽量减少隔墙,需要分隔的工间应尽量布置在厂房的四周;精密加工、修理间应设在采光较好的位置。

⑥厂房和各工间门的设置需慎重处理,按规定选取。有大型设备的工间,最好有通向室外的备用大门,经常开启的大门应避免朝北。

⑦要满足卫生防火要求,把有火源的工间、散发有害气体的工间配置在厂房的边缘和下风侧,产生噪声和灰尘的工间应设在隔开的房间内。房间的长度和宽度超过 60m 时,要设置温度缝。

⑧须拟定几个布置方案,进行综合分析比较后,突出主要因素,确定出最优方案。

3. 生产车间的方位

生产车间的方位应根据自然采光及常年主导风向确定。

①南方炎热地区采用北向窗户采光,可避免夏季阳光直接照射引起的过分炎热。

②北方寒冷地区采用南向窗户采光,可用阳光照射产生的热量防寒取暖,增加室内温度,降低冬季采暖费用。

③在布置配置庭院的复杂形状厂房时(如门形和山形厂房),建筑物各翼间的纵向,应与常年主导风向呈 0°~45°(图 3-35,箭头方向表示主导风向),并使庭院开口部分面向主导风向;如背向主导风向,须在庭院的封闭端留有通风的门。

半封闭庭院式建筑物各翼的间距,不得小于相对建筑物高度之和的 1/2,一般须在 15m

以上,庭院内不产生有害气体时,其间距可减至12m。

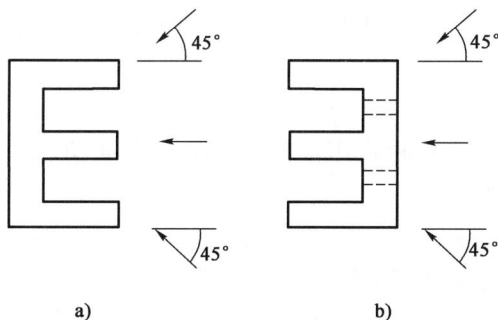

图3-35　半封闭庭院式建筑物对风向的方位图(箭头指主导风向)

三、汽车维修车间总平面布置

本部分为汽车维修企业总平面布置设计内容,汽车4S店的维修车间总平面设计,可参照汽车4S店总体设计规划进行合并设计。

汽车维修企业总平面图设计的任务是根据选好的厂址,按性质、规模和生产的工艺要求,对建筑物、构筑物、运输道路、厂房位置、厂区绿化等进行统筹规划,使全厂布置工艺合理、环境优美。

1. 厂区的划分

汽车维修企业可根据生产规模的不同,将全厂划分成4个区域,即生产区、辅助区、厂前区及生活区,设计时应分开设置。

(1)生产区。生产区主要由汽车维修、修旧制配等生产厂房组成,一般以汽车维修车间为中心,布置其他的生产车间和辅助部门。规模较大的汽车维修企业,可以分几个主汽车修理车间,如汽油车修理车间、柴油车修理车间;大中型汽车修理车间、小型车修理车间;发动机修理车间、底盘修理车间、汽车总装车间等。

(2)辅助区。辅助区主要由动力部门和仓库等组成。布置动力站房时,应该考虑靠近客户,同时也应注意防火安全距离和环境卫生的要求。

辅助区是指辅助生产的区域,一般布置在主厂房的周围。辅助区主要包括配电站、氧气站、乙炔站、压缩空气站、锅炉房、配件库、材料库、工具库、燃油料库、化学品及危险品库、木材库、废料库、停车场等。

(3)厂前区。厂前区指位于全厂前端的营业区域,一般包括大门、收发室、行政业务办公楼、自用车库、自行车棚等。同时,根据企业的地理位置和环境,厂前区也可以是从事汽车配件经营、汽车美容等的经营场所。

(4)生活区。生活区是指与全厂职工生活福利有关的区域,一般设在厂外,但考虑厂区的规模,个别生活用建筑物也可设厂内。生活区包括职工食堂、浴室、单身职工宿舍、招待所、卫生所、游艺室等。

2. 建筑物的布置

在满足生产工艺流程的前提下,厂区的建筑物布置还要考虑如下原则:

(1)合理缩小建筑间距。在企业区域面积中,建筑间距、道路等用地往往占很大比例。故在满足卫生、防火、安全等要求下,应合理地缩小建筑物间距,减少占地面积,降低土建费用。

(2)厂房集中布置或适当合并。厂房集中布置或车间加以合并的目的是节约用地,减少运输,节省劳力和降低投资费用。车间合并(包括横向和竖向合并)时,必须按其性质和要求,将同类的车间进行合并,如汽车旧件修复、零件配制、机械加工车间可以考虑合并,金属材料库、配件库和工具库等也可以考虑合并。

(3)要考虑企业发展的远景。在进行总平面布置时,要考虑到维修体制、制度的改革,科学技术的进步,以及将来修车数量增加时,对厂房改建、扩建的可能性。因此,要使远期规划和近期建设结合起来,对厂地的选择要留有余地。

(4)按长年主导风向进行布置。将产生火源的热加工间、锅炉房等布置在全厂的下风侧,散发有害气体的工间也应放在下风侧,并远离厂前区,位于全厂的后面或侧面。易燃品的存放间也应位于全厂的下风侧,但如接近火源,要使其位于热加工间的上风侧。

(5)全厂动力站的设置。如变电所、压缩空气站、乙炔发生站、氧气(瓶)站、蒸气站等,要注意靠近主生产厂房或用量最大的工间。

(6)工厂出入口的位置。工厂出入口包括大门、传达室、值班室等,一般应布置在全厂职工出入的主要通道附近。车辆出入口和人员出入口可分开设置,最好是单向行驶。出入口的数量可根据工艺流程、车(人)流量大小而定。工厂的后面应有备用门,作为应急等其他需要。

3.厂区道路与美化

1)厂区道路

(1)厂区道路应环绕各建筑物布置,横直贯通的道路网构成环形,但通往非主要车间和生活福利设施的道路,可设计为尽头式。在山坡地布置时,道路随着地形的变化,依等高线走向布置,这样可以缓和道路的坡度和满足道路的技术要求。

(2)道路网的布置应密切结合生产工艺流程,使厂内外运输畅通和人行方便,合理地分散人流、车流,保证主要流向距离最短。

(3)道路布置还要考虑卫生、防火、防爆和防震等方面的要求,并能使救护车、消防车开到事故现场。

(4)厂区内道路应该整齐,道路宽度和转弯半径应按标准(或计算)确定,不应盲目地加宽道路和采用高级路面。当生产规模较大而厂区附近又没有合适的试车场地时,可以考虑在厂区内设置试车道。一般工厂的道路占区域面积的 10%~12%,所以在满足运输的条件下,应尽量减少铺设面积,实行分期分批建设,使永久性道路和基建临时道路结合起来,以节省投资费用。

2)厂区美化

(1)厂区绿化。厂区绿化不仅能减弱生产中所散发出来的有害气体和噪声对人们健康的影响,而且能净化空气,减少烟尘;夏季遮阳防热,冬季防风保暖。

(2)美化措施。采用在路旁和其他需要处种植树木、花草和铺设草坪等方法绿化厂区。在对厂区进行绿化规划的同时,还可以考虑设置喷水池、塑像、画廊、板报、围墙、路灯等设施,使其既能起到宣传鼓动作用,又能起到美化环境的作用。

4.汽车维修企业平面布置实例

(1)总平面布置。图3-36为某汽车维修企业总平面图,其生产纲领为年大修600辆,是按长年主导风向西北、夏季主导风向西南布置的一个典型设计。

该设计的优点是:

①厂区划分明确。

②按主导风向布置工间。将热加工工作间、噪声较大、产生有害气体的工作间分散布置在厂区周围,产生火源的工作间布置在厂区的下风向。

③主厂房居中偏位置。为减少厂区的占地面积,节约基建投资和便于"三废"处理,将工艺联系较密切的工序都组织在一个主厂房内联合营造。

④乙炔站、压缩空气站靠近主生产厂房,缩短了输送管路,方便生产。

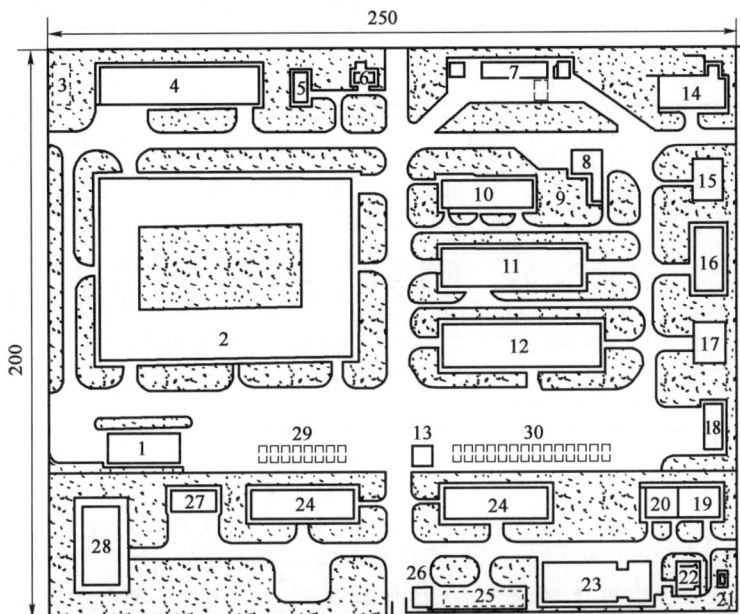

图 3-36　某汽车维修企业总平面图(尺寸单位:m)

1-汽车调试间;2-主厂房;3-木材棚;4-木工、缝工间;5-空气压缩机站;6-乙炔发生器站;7-油料、化学品库;8-汽车外部清洗间;9-卫生间;10-蓄电池、电镀、热处理间;11-配件库;12-机加工、焊工、设备维修间;13-汽车进出厂验收间;14-铸工间;15-旧料棚;16-锻工间;17-金属材料棚;18-变电站;19-锅炉房;20-浴室;21-煤渣堆;22-煤堆;23-食堂;24-办公生活用房;25-自行车棚;26-门卫、传达室;27-自用汽车库;28-球场;29-修竣车停车场;30-待修车停车场

该设计的缺点是:

①油料库位置稍远,蓄电池、电镀间不够靠边。

②生活福利设施不全,木工、漆工间的位置不太合适(长年主导风向上风向)。

(2)汽车维修企业主厂房平面布置。图 3-37 为某汽车维修企业主厂房平面布置图,其生产纲领为年大修 600 辆中型载货汽车。

该设计的优点是:

①主生产线采用直角形布置。汽车外部清洗(在主厂房外)后,进入汽车解体工位,然后进入车架除漆工位、车架修理工位和喷漆工位,回转 90°后,车架进入汽车总装工位进行汽车装配。

②进行必要分隔。对灰尘大、产生有害气体、噪声大的工间进行了分隔(车架喷丸、喷漆、发动机磨合、发动机主轴承浇注等)。

③总装线采用了斜角方案,减小跨度距离。

④各种运输方式(城市轨道交通、桥式起重机、悬挂起重机、旋臂起重机)互相衔接好。

⑤主厂房中间设有天井,既利于采光和通风,又可以停放大宗部件和总成,节省了车间面积。

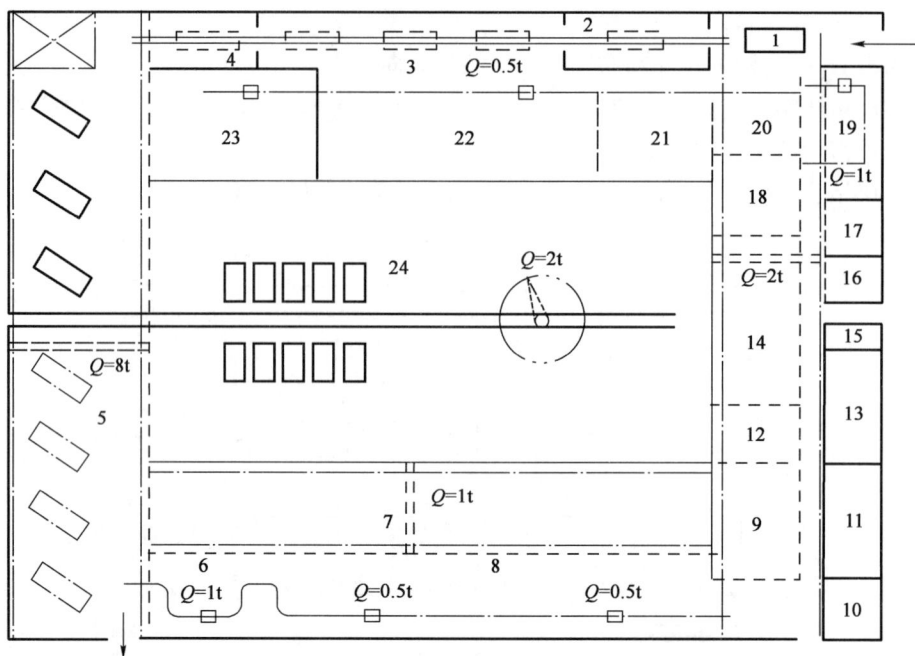

图 3-37　某汽车维修企业主厂房平面布置图

1-汽车解体;2-车架喷丸除漆;3-车架修理;4-车架、总成喷漆;5-汽车装配;6-发动机磨合试验;7-底盘总成修理;8-发动机修理;9-中间配套库;10-办公室;11-发动机附件;12-男更衣室;13-电工间;14-零件检验分类;15-发动机主轴承浇注间;16-女更衣室;17-卫生间;18-胎间;19-零件清洗;20-总成拆散;21-铜工、玻璃工间;22-钣金修理;23-钣金件喷漆;24-大宗件存放

该设计的缺点是:

①汽车解体后的一些大件离装修线远。

②有火源和气味的工间没有分散营造或靠边布置在下风向。

四、汽车维修车间技术设计

技术设计是初步设计的具体化,主要解决设计工作的工艺、设备、动力等主要技术问题,以便最后确定企业的技术经济指标及其生产投资。

1. 车间平面布置的标明

在进行生产车间平面布置时,应标明下列各项内容:

(1)各种设备及装配,包括机床及其他生产设备、工作台、检验台、工具柜、工作地、零件堆放地等。

(2)各种运输设备,包括梁式起重机、单轨起重机、旋臂起重机、城市轨道交通车辆、运输带等。

(3)厂房的柱网、外墙、内墙、隔墙及门窗等。

(4)厂房的主要尺寸,包括开间的跨度、长度、柱距,车间的长和宽,各工作间的内部尺寸。

(5)电、水、蒸汽、乙炔和氧气的需用地点以及下水道的排放口。

除平面布置图外,还应绘制生产车间的横截面图和纵截面图,表明车间内的竖向布置和厂房的高度等。平面布置图一般按1:100或1:50的比例绘制,车间设备、设施及上述各项内容,在平面布置图中用各种建筑设计图例和数据表示,如图3-38所示。

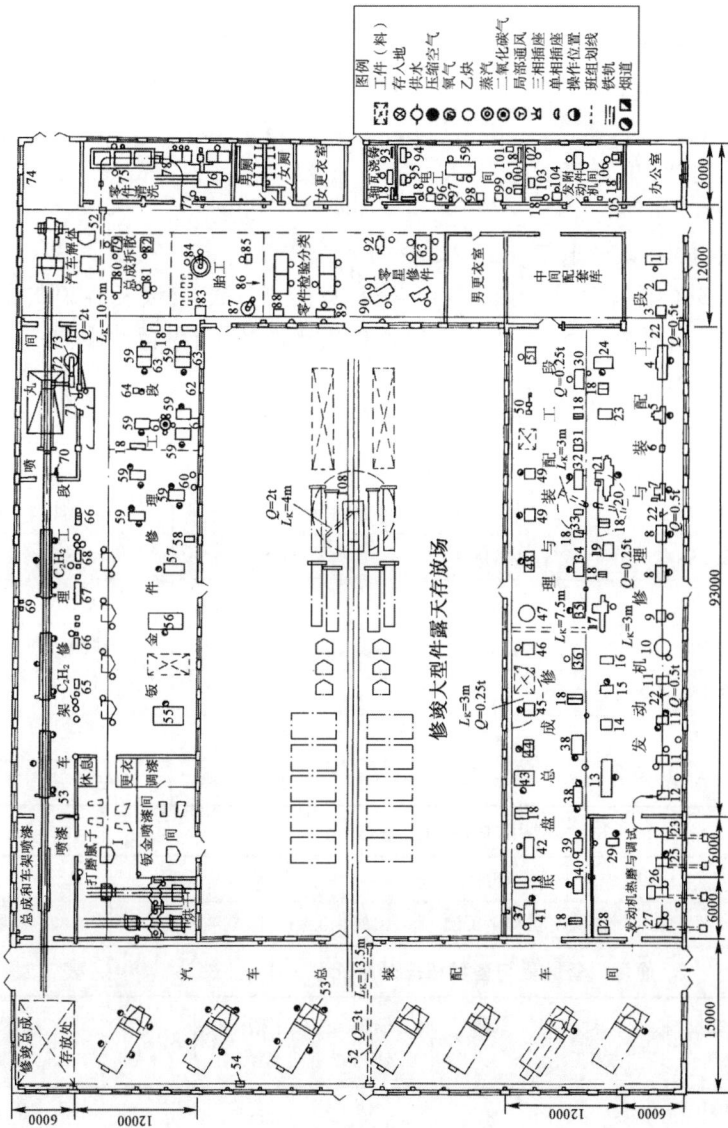

图3-38　年大修600辆汽车维修企业主厂房工艺设备平面布置图(尺寸单位：mm)

1-拆装气门导管及座圈工作台;2-液压机;3-水压试验机;4-立式平面磨机;5-金刚镗床;6-小型镗缸机;7-研磨机;8-主轴瓦镗床;9-气门座磨床;10-零件清洗机;11-发动机扭装配架;12-发动机冷磨床;13-活塞连杆综合作业;14-气门座检验;15-镗气门铰床;16-气门弹簧架;17-凸轮检校台;18-零件放置架;19-凸轮磨;20-旋臂起重机;21-曲轴磨床;22-电动葫芦;23-汽缸盖、进排气歧管作业;24-离合器综合作业;25-热磨合架;26-测功机;27-运转调试架;28-网测机起动电源;29-拆装架;30-传动轴、万向节检修;31-立式钻床;32-动平衡架;33-立式钻床;34-主减速器检修;35-主减速器装置台;36-半轴套拆装;37-轴承加箱器;38-后桥总成装配架;39-气门研动阀;40-转向机检验台;41-前制动器检修台;42-工字梁镗孔机;43-工字梁检校台;44-前制动蹄作业;45-制动鼓车磨机;46-摩擦片铆修机;47-多用擦孔机;48-变速器检修台;49-变速器装置架;50-变速器冷磨水槽;51-驻车制动器检修台;52-电动剪切板机;53-车架翻转架;54-工作台;55-弹簧C-H2;56-板料折叠机;56-板料折边压刀机;57-冲型剪切机;58-点焊组刀机;59-气筒刀;60-二氧化碳气体保护焊机;62-台式钻床;63-排工台;64-手动小型剪板机;65-万向钻床;66-直流电焊机;67-车架矫正器;68-车架检测仪;69-钢丝电加热炉;70-绞盘机;71-分选筒丸机;72-斗式传送带提升机;73-丸罐;74-骑马螺栓螺母拆装机;75-板金件脱漆槽;76-零件清洗设备;77-清洗设备装置架;78-缸体水坑清洗机;80-前桥总成拆散台;81-发动机拆散台;82-变速器拆散台;83-扩胎机;84-轮胎拆装机;85-内胎热木机;86-挂内胎架;87-内胎检验水槽;88-弹簧试验仪;89-泵件作业;90-砂轮机;91-卧式车床;92-摇臂钻床;93-轴瓦浇注机;94-仪表灯具检修台;95-仪表灯检查台;96-喇叭检修台;97-废料检修台;98-电热干燥箱;99-电枢绕线机;100-电动机;101-电器万能试验台;102-燃油系检验台;103-润滑系检验台;104-水泵、风扇检验台;105-清洗池;106-小型镗缸机

第三章　汽车 4S 店设计

2.设备的计算与选型

1）通用金属切削机床

通用金属切削机床主要用于零星修配、旧件修复、零件制配和设备维修等,其数量通常按式(3-15)计算:

$$N_j = \frac{t_j Z}{B_d T_m r} \tag{3-15}$$

式中:N_j——金属切削机床的台数;

Z——年度生产纲领,件(辆);

B_d——每日的工作班数;

T_m——年度名义工作时数(单班2000h);

t_j——每个零部件的加工时间,h/件;

r——设备利用系数,按表3-20取值。

利用表3-19～表3-21进行计算时,可用式(3-15)先计算出总台数,再按表3-20的分配比算出各种机械的数量;也可用式(3-15)直接计算出各种机床的数量,再合计出通用机床的总台数,最后整理成表格附在设计说明书中。

中型载货汽车机械加工工作量(单位:h)　　　表3-19

纲领(辆)	项　目			
	零件修复	零件配制	设备维修与技术革新	合计
300	19350	6345	7140	32835
600	38700	12690	14280	65670
1000	64500	21150	23800	109450
1500	96750	31725	35700	164175
均工时定额(h/辆)	150	47	85	—
机械加工比例(%)	43	45	28	—

通用金属切削机床利用系数　　　表3-20

类型	车床	铣床	刨床	磨床	镗床	钻床
利用系数	0.82～0.85	0.80～0.83	0.82～0.85	0.80～0.83	0.82～0.85	0.82～0.85

通用设备数量与各种机床分配比　　　表3-21

年生产纲领(辆)	机床数量(台)	单位数量(台/辆)	车床(%)	铣床(%)	刨床(%)	磨床(%)	镗床(%)	钻床(%)
300	12	0.400	56	12	10	13	—	9
600	23	0.383	51	12	10	15	2	10
1000	38	0.380	50	12	10	15	3	10
1500	56	0.373	49	12	10	15	4	10

2）专用设备与检测设备

汽车维修专用设备主要指曲轴磨床、凸轮轴磨床、镗缸机、磨缸机、轴承镗削机、磨气门机、气门座修磨机、制动鼓镗磨机、曲轴动平衡机、传动轴动平衡机等,数量可按式(3-16)计算:

$$N_i = \frac{t_i(Z_1 - Z_2)}{B_d T_m r}(1 + k) \tag{3-16}$$

式中:N_i——专用设备台数;

t_i——每个零部件的加工时间,h/件,$t_i = K_3 t_0$,计算式见式(3-15);

Z_1——换算成标准车型整车生产纲领,件(辆);

Z_2——换算成标准车型总成生产纲领,件(辆);

k——其他服务系数,取 $k = 0.10$;

B_d——每日的工作班数;

T_m——年度名义工作时数(单班 2000h);

r——设备利用系数,按表3-20取值。

如果有扩大量标的资料,见表3-22,可按式(3-17)计算:

$$N_i = n_i \frac{Z}{100} \tag{3-17}$$

式中:n_i——每100辆车占用设备数,台;

Z——企业修车年生产纲领,辆。

每100辆中型载货汽车占用设备台数 表3-22

	年大修生产纲领(辆)	300	600	1000	1500
通用机床	机床台数(台)	12	23	38	56
	扩大量标(台/100辆)	4.00	3.83	3.80	3.73
专用机床	机床台数(台)	7	8	13	18
	扩大量标(台/100辆)	2.33	1.33	1.30	1.20

运用上述计算方法,同样可以计算出维修企业中,用于检验测试的设备数量。但是,在检测工时的定额中,必须要考虑到重复试验的工时,一般按检测工时定额的 5% ～10% 计算。

3)其他设备

①锻压机械、焊接设备和热处理设备。锻压机械、焊接设备和热处理设备是根据该项作业的年工作量和企业的具体情况来确定和配备设备。生产规模比较小的企业,一般不设热处理车间,往往通过外协来解决。

②木工机械。木工机械数量通常不按机床工作量计算,而是按车间作业要求配备。

③起重运输设备。起重运输设备的选择直接影响到劳动生产率、作业延续时间和工人劳动强度,所以,新建企业尽可能采用机械化的起重运输设备。在各车间和库房内,可借助桥式起重机的空间作业缓解地面的拥挤情况,车间和车间之间的运输,可通过地面轨道车和蓄电池车实现。起重运输设备的型号和规格,根据各车间所需的起重吨位、起重设备的工作制度以及厂房的跨度等具体条件选择。

在汽车维修企业中,经常用的起重机有电动桥式起重机、电动梁式悬挂起重机、手动桥式起重机、电动葫芦、手动葫芦和旋臂起重机等。厂内常用的运输设备有起重机、蓄电池车、地面轨道车、平板推车等。一些专门用于拆装的非标准小车,可根据需要自行选做。

起重机工作制度一般根据电动机的相对持续率来进行选择,如式(3-18):

$$JC = \frac{H_0}{H_0 + H_1} \times 100\% \qquad (3-18)$$

式中:JC——电动机相对维持率;

　　H_0——工作时间,min;

　　H_1——停机时间,min。

　　JC 值通常用在 10min(一个工作周期)内的工作时间来决定,但起重机在空间停留及无负荷升降和运行时间不应记入工作时间。对桥式起重机,一般是用升降机构的工作时间来计算。

　　JC 值为 15% 时,是轻级工作制度;为 25% 时,是中级工作制度;为 40% 时,是重级工作制度。汽车修理厂一般规模不大,起重机工作也不繁忙,其工作制度可按轻级或中级选取。拆装间的起重吨位,可按汽车质量减去车厢质量后的 50% 选取,其他车间或工作间按最大总成或零件质量选取。起重机设备的台数,按其服务线的长度确定,每台服务长度为50～70m。

　　对于标准设备的选型,可根据国家的定型产品目录进行选择。对一些非标产品,可自制或与有关企业协同制作。设备的数量、型号确定后,应列成明细表(包括非标设备)附于设计说明书中。

3. 动力站房设计

1)变电站设计

　　汽车维修企业用电一般由厂外高压电网供电,厂内通常设置变电站(所),负责全厂生产和照明用电。若供电不足或高压输电网离厂较远,可考虑自备发电组供电。

　　(1)生产用额定电容量。生产用额定电容量是根据企业生产工艺设备电容量的统计确定。一般可以按每辆大修车耗电量 1.74～3.30kW 来估算全厂的生产用电容量,生产规模大的厂取小值,反之取大值。但最后还要根据实际配备的工艺设备及其数量,对额定电容量进行修正。

　　生产用电计算可由式(3-19)计算:

$$Q_{s'} = P_s \cdot Z \qquad (3-19)$$

式中:$Q_{s'}$——生产用电量,kW;

　　P_s——每辆车大修单位耗电量,kW/辆;

　　Z——大修生产纲领,辆。

　　年大修 300～1000 辆中型载货汽车的维修企业生产用额定电容量,可参考表 3-23 选取。

年大修 300～1000 辆中型载货汽车修理企业生产用额定电容量　　　　表 3-23

生产车间	生产纲领(辆)			平均每辆车额定电容量(kW)
	300	600	1000	
发动机、底盘总成修理	290	350	430	0.425～0.987
车身、车架修理车间	140	170	340	0.340～0.467
修旧、配制车间	460	650	750	0.750～1.533
辅助部门	100	150	220	0.220～0.333
合计	990	1320	1740	1.740～3.300

　　(2)照明用电额定容量。照明用电额定容量,一般根据单位容量计算法确定。单位容

量是指每单位被照面积的灯泡安装功率,按式(3-20)计算:

$$p = \frac{P}{S_0} \qquad (3-20)$$

式中:P——全部灯泡的安装功率,W;

S_0——被照明地面面积,m^2。

表 3-24 所列为照明用电单位容量,单位容量取决于照明器材的形式、要求最小照度、计算高度、房间面积、天花板反射系数、墙壁反射系数、地面反射系数、感光补偿系数等因素。此外,它还和灯具的布置及灯泡的效率有关(灯泡功率越大,效率越高)。式(3-21)只适用于均匀的照明计算。

照明用电单位容量   表 3-24

车　间	工 间 名 称	单位容量 (W/m^2)	使用电压 (V)	采 用 灯 型
主修车间	汽车外洗、零件清洗、胎工间等	6	220	白炽灯
	零件检验分类、总成装试、汽车装试、电工零星修配、蓄电池间	8	220 (36)	白炽灯 (地沟荧光灯)
	更衣室、通道、卫生间	3	220	荧光灯
车身车间	车架、钣金、铜工、木工、漆工	8	220	白炽灯(漆工防爆)
	除漆防锈间	6	220	白炽灯
	缝工间	10	220	白炽灯
配修车间	机加、焊工、热处理、电镀、工具间	8	220	白炽灯(电镀防爆)
	锻工间、铸工间	7	220	白炽灯
辅助车间	设备维修、技改间	8	220	白炽灯
	各类库房、锅炉房	4	220	防爆灯
	变电站	8	220	白炽灯
	计量化学分析室	10	220	白炽灯
	空气压缩机站、乙炔站	5	220	防爆灯
办公服务部门	办公室、宿舍、食堂、招待所、收发室	3	220	荧光灯
	停车库、浴室	5	220	白炽灯
	自行车库	1	220	白炽灯
	球场	30	220	白炽灯
户外路灯		每 40m 装一个 60W 高压水银灯		

照明用额定电容量 Q_z,可按式(3-21)计算:

$$Q_z = S_z \cdot P_z \qquad (3-21)$$

式中:S_z——被照的地面面积,m^2;

P_z——单位电容量,kW/m^2。

照明用电一般占生产用电量的 6% ~7% 。

表 3-25 是解放 CA1091 汽车修理厂照明用额定电容量。

解放 CA1091 汽车修理厂照明用额定电容量   表 3-25

生产车间和部门	年大修车辆数（辆）			平均每100辆车额定电容量（kW）
	300	600	1000	
发动机、底盘总成修理车间	13	27	37	3.7~4.3
车身、车架修理车间	11	16	20	2.0~3.7
旧件修配车间	12	17	21	2.1~4.0
辅助部门	4	7	10	1.0~1.3
办公生活服务部门	20	26	32	3.2~6.7
合计	60	93	120	12~20

（3）电力负荷计算。电力负荷是选择供电系统中的导线、变压器和开关设备等的主要依据。汽车修理企业一般采用需要系数计算电力负荷，如式（3-22）：

$$N_{max} = \sqrt{(\sum P_{max})^2 + (\sum Q_{max})^2} \qquad (3-22)$$

式中：N_{max}——最大负荷班内半小时平均最大视在负荷值，kW；

$\sum P_{max}$——最大负荷班内半小时平均最大视在（有功）功率之和，kW；

$\sum Q_{max}$——最大负荷班内半小时平均最大视在（无功）功率之和，kW。

有功功率值按式（3-23）计算：

$$\sum P_{max} = K_m K_x \sum P_e = K_0 \sum P_e \qquad (3-23)$$

式中：K_m——负荷周期系数，一般取 0.8~0.9；

K_x——需要系数，即电力计算最大负荷与用电设备总容量的比值，一般取 0.25~0.35，见表3-26；

K_0——K_m 与 K_x 的乘积，全厂集中供电时，修理厂取 0.20~0.32；

$\sum P_e$——全厂生产与照明额定用电容量之和，kW。

设备需要系数和功率因数   表 3-26

用电设备名称	设备台数	需要系数	功率因数	功率因数正切值
单独传动机床	<5	0.7	0.75	0.88
	5~10	0.5~0.6	0.75	0.88
	11~20	0.4~0.5	0.70	1.02
	21~30	0.3~0.4	0.70	1.02
	>30	0.25	0.65	1.17
连续运转设备（空气压缩机、水泵、通风机等）	<10	0.80	0.80	0.75
	>10	0.70	0.80	0.75
反复短时运转设备（起重机、电动葫芦）	<5	0.25	0.50	1.73
	>5	0.20	0.50	1.73
交流电焊机	—	0.35	0.40	2.29
直流电焊机	—	0.40	0.70	1.02
电阻炉、照明		0.80	1.00	0
干燥室、电镀槽	—	0.60	0.95	0.32

无功率值按式(3-24)计算：

$$\sum Q_{\max} = \sum P_{\max} \tan\lambda \tag{3-24}$$

式中：$\tan\lambda$——功率因数的正切值，见表3-26。

根据计算所得的最大视在负荷值，同时考虑该厂近期发展的可能性等因素，适当选用变压器。

(4)全厂用电消耗量计算。年度生产用电量 $Q_s(\text{kW} \cdot \text{h})$ 可按式(3-25)计算：

$$Q_s = 3.6(P_b + P_y)K_cT_m r \tag{3-25}$$

式中：P_b——白班生产用额定电容量之和，kW；

P_y——夜班生产用额定电容量之和，kW；

K_c——生产用电负荷综合系数；

T_m——年度名义工作时数(单班2000h)；

r——设备平均利用系数。

年度照明用电量 $Q_z(\text{kW} \cdot \text{h})$ 可按式(3-26)计算：

$$Q_z = 3.6P_zT_z \tag{3-26}$$

式中：P_z——全厂照明用额定电容量之和；

T_z——全厂照明时间平均值，室内照明年时数单班为540~760h；双班为1900~2030h；三班为3800~4000h；室外照明年时数取3300h。

全厂年度用电量 Q_0 为：

$$Q_0 = Q_s + Q_z \tag{3-27}$$

大修中型载货汽车年度用电量按每辆车4780~8070kW·h计；生产规模大的汽车修理厂取小值，反之取大值。其中，照明用电占6.2%~6.3%。

(5)变电站的建筑要求。

①变压器间的耐火等级为二级，其门窗材料应满足防火要求。变压器基础轨梁建议采用两种轨道通用的形式，底座要考虑变压器漏油问题。

②当变压器间上面有房间时，沿变压器内外墙挑出防火挡板。

③进风窗应加装孔为 $10\text{mm} \times 10\text{mm}$ 的防动物金属网。

④门外开，耐火极限不小于0.75h。开启角度不应小于150°，门上可设金属百叶窗，以补充进风口的进气不足。

⑤地面坡度为2%左右。有油坑时，向坑孔中心倾斜；无油坑时，向门的方向倾斜。

变电站平面布置如图3-39所示。

2)锅炉房设计

(1)蒸汽消耗量计算。使用的蒸汽包括生产用蒸汽和生活用蒸汽。生产用蒸汽，主要用于汽车外部清洗和零件清洗、喷漆件烘干、电镀槽加热、锻造车间及热处理车间等。生活用蒸汽，主要用于饮水用热水交换器、淋浴和采暖等。

①生产用蒸汽消耗量计算。

a.清洗设备蒸汽消耗量计算。

用蒸汽加热时，清洗设备蒸汽消耗量按式(3-28)计算：

$$g_q = \frac{W\eta}{i - t_n} \tag{3-28}$$

式中：g_q——清洗设备蒸汽消耗量，kg/h；

i——蒸汽热焓量,J/kg;

t_n——蒸汽与被加热液体混合的热液中的热容量,J/dm³;

η——蒸汽供热系统的热损失系数,一般取1.20;

W——加热设备单位时间供热量,J/h。

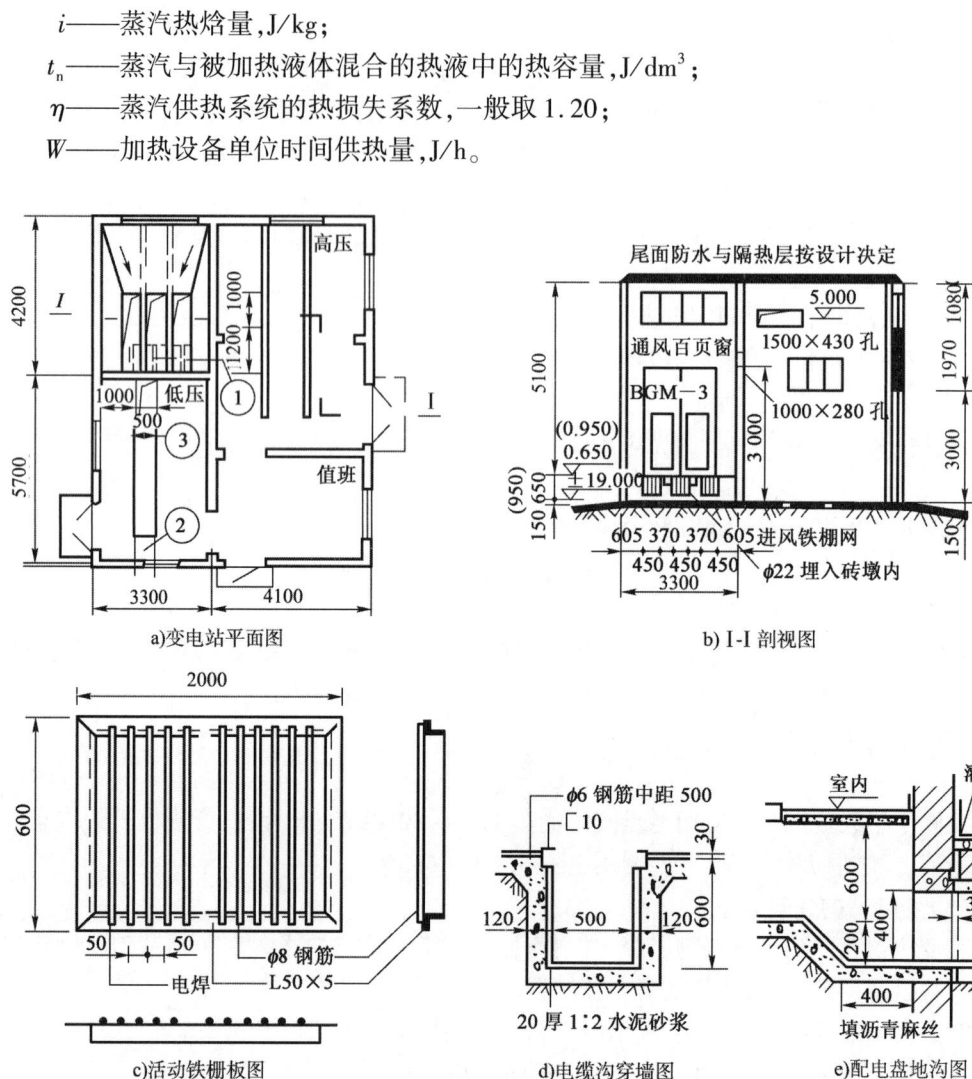

a)变电站平面图

b) I-I 剖视图

c)活动铁栅板图

d)电缆沟穿墙图

e)配电盘地沟图

图3-39 变电站平面布置图(尺寸单位:mm)

W 可按下式计算:

$$W = \frac{G(t_2 - t_1)C}{T} \qquad (3\text{-}29)$$

式中:G——被加热物质量,kg;

T——加热时间,h;

C——比热值(设备材质),J/(kg·℃)

t_2——被加热物终点温度,℃;

t_1——被加热物初点温度,℃。

用蒸汽间接加热时,蒸汽的消耗量按式(3-30)计算:

$$g_i = \frac{W\eta}{r_n} \qquad (3\text{-}30)$$

式中:g_i——间接加热时蒸汽消耗量,kg/h;

r_n——蒸汽的汽化热,J/kg。

概略计算蒸汽消耗量 g_c 时,可用经验公式(3-31)计算:

$$g_c = (10\% \sim 15\%) G'$$ (3-31)

式中:G'——被清洗零件的质量。

由式(3-32)可知,清洗 1t 零件需 $100 \sim 150kg$ 蒸汽。采用清洗槽清洗大型零件时可取小值,采用清洗机或清洗小型零件时取大值。

b. 漆工间蒸汽消耗量计算。

烘干室外围热耗量 W_u 可按式(3-32)计算:

$$W_u = 4186.8 K_u (t_p - t_a) \eta_1 \sum F$$ (3-32)

式中:$\sum F$——烘干室外围面积之和,m^2;

K_u——烘干室外围各部分的传热系数;

t_p——烘干室内最高温度,℃;

t_a——烘干室外最低温度,℃;

η_1——烘干室附加热损失系数,取 1.1。

烘干室内热耗量 W_n 可按式(3-33)计算:

$$W_n = \frac{G_t (t_p - t_a) C_t + G_q (t_p - t_a) C_q}{T_y}$$ (3-33)

式中:G_t——被烘干钣金件质量,kg;

G_q——室内空气质量,取 $1.2928kg/m^3$;

C_t——铁的比热容,$711.86J/(kg \cdot ℃)$;

C_q——空气比热容,$1009J/(kg \cdot ℃)$;

t_p——烘干室内预热温度,℃;

t_a——室内最低温度,取 16℃;

T_y——预热连续时间,取 $2 \sim 4h$。

烘干室总耗热量 W 可按式(3-34)计算:

$$W = W_u + W_n$$ (3-34)

蒸汽消耗量可按式(3-35)计算:

$$g_q = 1.2 \frac{W}{r_n}$$ (3-35)

式中:W——烘干室总耗热量,J/h;

r_n——蒸汽的汽化热,J/kg;

1.2——蒸汽供应系统中的热损失系数。

c. 电镀间蒸汽消耗量计算。

固定槽加热平均蒸汽消耗量按式(3-36)计算:

$$Q_s = Q_{max} T_d \times 40\%$$ (3-36)

式中:Q_s——固定槽平均蒸汽消耗量,kg/h;

Q_{max}——最大蒸汽消耗量,kg/h;

T_d——槽子加热时间,h。

对于流动水槽保持温度所需要的蒸汽量计算方法,与槽子加热到工作温度所需的蒸汽量的计算相同;不同的是只将槽子加热时间改为更换全槽水所经过的时间(按具体情况确定)。不同槽子蒸汽消耗量见表3-27。

不同槽子蒸汽消耗量 表3-27

类　　别	槽子规格 (mm)	工作容积 (L)	加热时间 (h)	蒸气消耗量(kg/h)		质量 (kg)
				加热时	工作时	
碱性槽	600×400×600	125	1	19.8	4.3	47
	800×600×800	340	1	41.5	11.5	114
	600×600×1200	396	1	49.5	13.0	129
	1000×600×1200	660	1	42.0	22.7	179
	1500×600×1500	1280	1	154.0	43.3	316
	1500×600×800	630	1	77.0	21.7	193
	2000×600×800	840	1	103.0	28.9	243
	800×600×1200	528	1	65.5	18.2	153
酸性槽	400×400×400	51	1	6.0	1.0	83
	800×600×800	345	1	27.5	6.0	273
	600×600×1000	325	1	25.5	5.5	269
	1000×600×1000	540	1	44.0	9.5	380
	1000×600×1200	660	1	54.0	11.5	423
	800×600×2000	500	1	74.5	16.0	682
	2000×600×800	840	1.5	48.0	14.5	615
	1200×800×1200	1056	1.5	60.5	18.0	557
	1200×800×1500	1300	1.5	77.0	23.0	801
热水槽	400×400×600	83	1	13.3	15.8	39
	600×400×800	173	1	27.5	18.8	60
	800×600×600	240	1	30.0	26.0	95
	800×600×800	340	1	41.5	35.2	114
	1000×600×800	420	1	52.5	38.8	131
	600×600×1000	342	1	40.5	35.5	102
	600×600×1200	396	1	49.5	43.0	129
	1200×600×1200	793	1	98.0	73.0	206
	1200×600×1500	1010	1	124.0	82.5	269

d. 锻造车间的蒸汽消耗量计算。

锻造车间的蒸汽消耗量按式(3-37)计算:

$$g_d = \rho \sum q \qquad\qquad (3-37)$$

式中：g_d——锻造车间蒸汽单位耗量，kg/h；

$\sum q$——各台蒸汽锤单位时间蒸汽总耗量，kg/h，见表 3-28；

ρ——蒸汽锤同时使用系数，见表 3-29。

蒸汽锤蒸汽总耗量　　　　　　　　　　表 3-28

蒸汽锤规格 [N(kg)]	蒸汽压力 [MPa(kg·f/cm²)]	蒸汽温度 (℃)	蒸汽耗量(kg/h)	
			平均值	最大值
9806.95(1000)	0.588~0.784(6~8)	200	920~1000	1400~1840
19613.30(2000)	0.588~0.784(6~8)	200	1320~1550	2000~2500
29419.95(3000)	0.588~0.784(6~8)	200	1600~2000	2400~3600

蒸汽锤同时使用系数　　　　　　　　　　表 3-29

蒸汽锤台数	1	2	3	4	5	6
ρ	1.00	0.95	0.90	0.85	0.80	0.75

e. 热处理车间蒸汽消耗量计算。

热处理车间主要用蒸汽加热清洗槽、中和槽、皂化槽中的溶液。另外，有时淬火槽溶液也要加热。蒸汽的消耗量主要和槽的容积、加热方式、加热温度和加热时间有关，并参照表 3-30、表 3-31 确定。

不同槽的加热温度和加热方式　　　　　　　　　　表 3-30

加热槽 名称	清洗机	清洗槽	酸洗槽	中和槽	热水槽	皂化槽	铝合金 淬火槽	大型淬火 水槽
工作温度 (℃)	80~100	80~100	60~70	60~70	60~80	80~90	50	50
溶液成分	Na_2CO_3 (3%~10%)	Na_2CO_3 (3%~5%)	H_2SO_4 (5%~18%)	$CaCO_3$ (10%) Na_2CO_3 (3%)	清水	工业肥皂 (2%~3%)	清水	清水
加热方式	蛇形管加热						直接加热	

槽子容积与加热时间　　　　　　　　　　表 3-31

槽子容积(m³)	<1	1~1.5	1.5~5	5~10	10~20	20~25	25~30
加热时间(h)	0.5	1.0	1.5	2.0	3.0	4.0	5.0

②生活用蒸汽消耗量计算。

a. 供应开水消耗蒸汽量计算。

单位时间最大饮用开水量按式(3-38)计算：

$$q_{max} = \frac{K_h q_s n_s}{T_r} \qquad\qquad (3-38)$$

式中：q_{max}——单位时间最大饮用开水量，L/h；

K_h——小时变化系数；

q_s——用水标准,L/日;

n_s——供应饮水人数;

T_r——每日供水时间,h。

供应上述饮用水量所需的热消耗量 W_{max} 为:

$$W_{max} = 4186.8 \times 1.1 \Delta t \times q_{max} \tag{3-39}$$

式中:Δt——开水与冷水的温差,℃;

1.1——开水供应系统中的热损系数。

则供应开水的蒸汽消耗量为:

$$g_1 = \frac{1.2 W_{max}}{r_n} \tag{3-40}$$

式中:g_1——供应开水所耗蒸汽量,kg/h;

r_n——蒸汽的汽化热,J/kg;

1.2——蒸汽供应系统中的热损系数。

b.淋浴用蒸汽消耗量计算。

淋浴用蒸汽消耗量按式(3-41)计算:

$$g_2 = 4186.8 \times 1.15 \frac{W_1}{r_n} \tag{3-41}$$

式中:g_2——淋浴用蒸汽消耗量,kg/h;

1.15——热水供应系统热损失系数;

W_1——单位时间热耗量,J/h。

W_1 可按式(3-42)计算:

$$W_1 = 4186.8 q_1 \Delta t \tag{3-42}$$

式中:q_1——单位时间加热量,J/h;

Δt——冷热水温差,℃。

c.采暖用蒸汽消耗量计算。

采暖用蒸汽消耗量按式(3-43)计算:

$$g_3 = \frac{W_n}{r_n} \tag{3-43}$$

式中:g_3——采暖用蒸汽消耗量,kg/h;

W_n——单位时间热耗量,J/h。

W_n 可按式(3-44)计算:

$$W_n = 4186.8 q_n \Delta t V_n \tag{3-44}$$

式中:q_n——耗热量指标,J/(m³·h·℃);

Δt——室内外温差,℃;

V_n——建筑物外轮廓体积,m³。

生活用蒸汽消耗量 g_s 等于上述三项计算之和,即:

$$g_s = g_1 + g_2 + g_3 \tag{3-45}$$

③全厂蒸汽消耗总量。全厂蒸汽消耗总量包含生产用蒸汽消耗量和生活用蒸汽消耗

量。但有时为了简化运算,全厂的蒸汽消耗量可根据单位消耗指标进行计算。中型载货汽车在进行大修时,蒸汽单位消耗量指标为:生产用蒸汽消耗量取 1.2~3.0kg/(h·辆),生活用蒸汽消耗量取 6.0~9.0kg/(h·辆)。生产纲领小的企业设计时用大值,生产纲领大的企业设计时取小值。

(2)燃料消耗量计算。锅炉燃料消耗量 P_o 可按式(3-46)计算:

$$P_o = \frac{d_e(i_q - i_{gs})}{\eta_o Q_a}$$ (3-46)

式中: d_e ——锅炉蒸发量,kg/h;

i_q ——蒸汽的热焓量,J/kg;

i_{gs} ——给水焓,一般用给水温度值代入,J/kg;

η_o ——锅炉效率,见表3-32;

Q_a ——燃料工质的低位发热量,当燃料温度较高时,按表3-33所列值代入。

锅炉效率估算表 表3-32

锅炉型号	KZG 2~8	KZL 4~13	SZP 6.5~13	SHL 10~13	SHL 20~13	AZD 20~13	SHY 20~13	SHF 20~13
估算效率 (%)	70	70~75	70~75	70~75	75~80	78~82	88	87

各种燃料的低位发热值 表3-33

锅炉燃料	无烟煤	烟煤	煤矸石	褐煤	重油
Q_a(MJ/kg)	25.12~32.66	20.93~29.31	4.19~8.37	10.47~20.93	37.68~43.96

粗略计算汽车维修企业蒸汽日消耗量指标时,可分别按式(3-47)和式(3-48)计算:

$$G_s = \frac{(1.2 \sim 3.0) \times 8 \times Z}{1000}$$ (3-47)

$$G_h = \frac{(6.0 \sim 9.0) \times 8 \times Z}{1000}$$ (3-48)

式中: G_s ——生产用蒸汽消耗量,m³/日;

G_h ——生活用蒸汽消耗量,m³/日;

Z ——标准车型的生产纲领,辆。

(3)锅炉生产能力的计算。锅炉设备主要供应生产用蒸汽、采暖用蒸汽和其他生活用蒸汽。锅炉生产能力主要根据锅炉单位时间最大负荷和实际作业情况进行计算,即:

$$Q_q = K_0(K_1 Q_1 + K_2 Q_2 + K_3 Q_3)$$ (3-49)

式中: Q_q ——全厂蒸汽总耗量,kg/h;

K_0 ——蒸汽管路损耗系数,一般取 1.3~1.4;

Q_1 ——全厂生产用蒸汽消耗量,kg/h;

Q_2 ——全厂采暖用蒸汽消耗量,kg/h;

Q_3 ——全厂生活用蒸汽消耗量,kg/h;

K_1、K_2、K_3 ——同时使用系数。

为了概略计算采暖通风消耗蒸汽量,可根据建筑物的体积、室内外温差和采暖通风耗热量指标 q_0 (表3-34),算出每小时所需的耗热量 q_r 后,再确定采暖通风的消耗蒸汽量。

建筑物名称	建筑物容积 （1000m³）	耗油量指标 q_0 （J/m³·h·℃）	建筑物名称		建筑物容积 （1000m³）	耗油量指标 q_0 （J/m³·h·℃）
修理车间	10~20	4605.48	空气压缩机间		<1	5024.16
	20~30	4186.80	办公室	单层	1~2	4605.48
	30~40	3768.12			2~5	4186.80
	40~50	3558.78		双层	1~5	2930.76
	50~60	3349.44			5~10	2512.08
	60~70	3140.10	住宅 （多层）		1~5	2930.76
	>70	2930.76			5~10	2512.08
油漆库	1~5	6280.20			10~20	2093.40
	5~10	5861.52	浴池		<0.5	6280.20
分散营造时 的辅助车间	<1	6280.20			0.5~1	5024.16
	1~5	5024.16				

每小时所需耗热量可按式(3-50)计算：

$$q_r = 4168.6 q_0 (t_0 - t_1) V_n \tag{3-50}$$

式中：q_0——采暖通风耗热量指标，J/（m³·h·℃）；

t_0——建筑物室内计算温度，℃；

t_1——室外采暖通风计算温度，℃；

V_n——建筑物容积，m³。

表 3-34 中的 q_0 值适用于墙厚为一砖和一砖半、单层玻璃窗和屋面传热系数值小于最大允许值的情况。如墙厚增加或采用双层玻璃窗时，q_0 应乘以 0.8~0.9 的修正系数；当屋面保温较差时，应根据情况乘以大于 1 的修正系数。

(4)锅炉房的平面布置。

①锅炉房的总平面布置原则。

a.力求靠近负荷中心；设在常年主导风向的下风向位置。

b.便于燃料、灰渣的存放和运输；便于给水、排水和供电。

c.应有较好的采光和通风条件；符合国家卫生标准、防火规定及锅炉安全检查规程中的有关规定。

d.锅炉房应分散营造，不应与主厂房、住宅相连，同时选择好的地形条件，以防积水和山洪的侵袭。

②锅炉房工艺布置。

a.锅炉间和辅助房间的布置应符合工艺流程，力求合理、紧凑，便于施工、维修和运行，有扩建的可能。

b.小型锅炉一般直接安装在地坪上，尽量不用楼层布置(可考虑在锅炉本身平台上进行锅炉上部作业)。机械加煤的小型锅炉直接安装在地坪上时，应采用机械除渣方式。

c.鼓风机、引风机一般应布置在锅炉间外的偏棚或偏屋内，以减轻振动和噪声对操作工人和生产的干扰。

d.烟道及烟筒的布置应尽量简单，并使每一台锅炉所受到的引力均衡。

汽车服务场站设计（第2版）

e. 应保证给水泵进水口有足够的压力,给水温度和给水泵进水口压力的关系见表3-35。

给水温度和给水泵进水口压力的关系　　　　　　　　　　　　表3-35

给水温度(℃)	80	90	105	110
最低进水口压力(kPa)	19.614	29.418	58.836	107.866

f. 应在锅炉间或饮水间内设钳工台。

汽车维修企业生产用锅炉房设备的平面布置如图3-40所示。

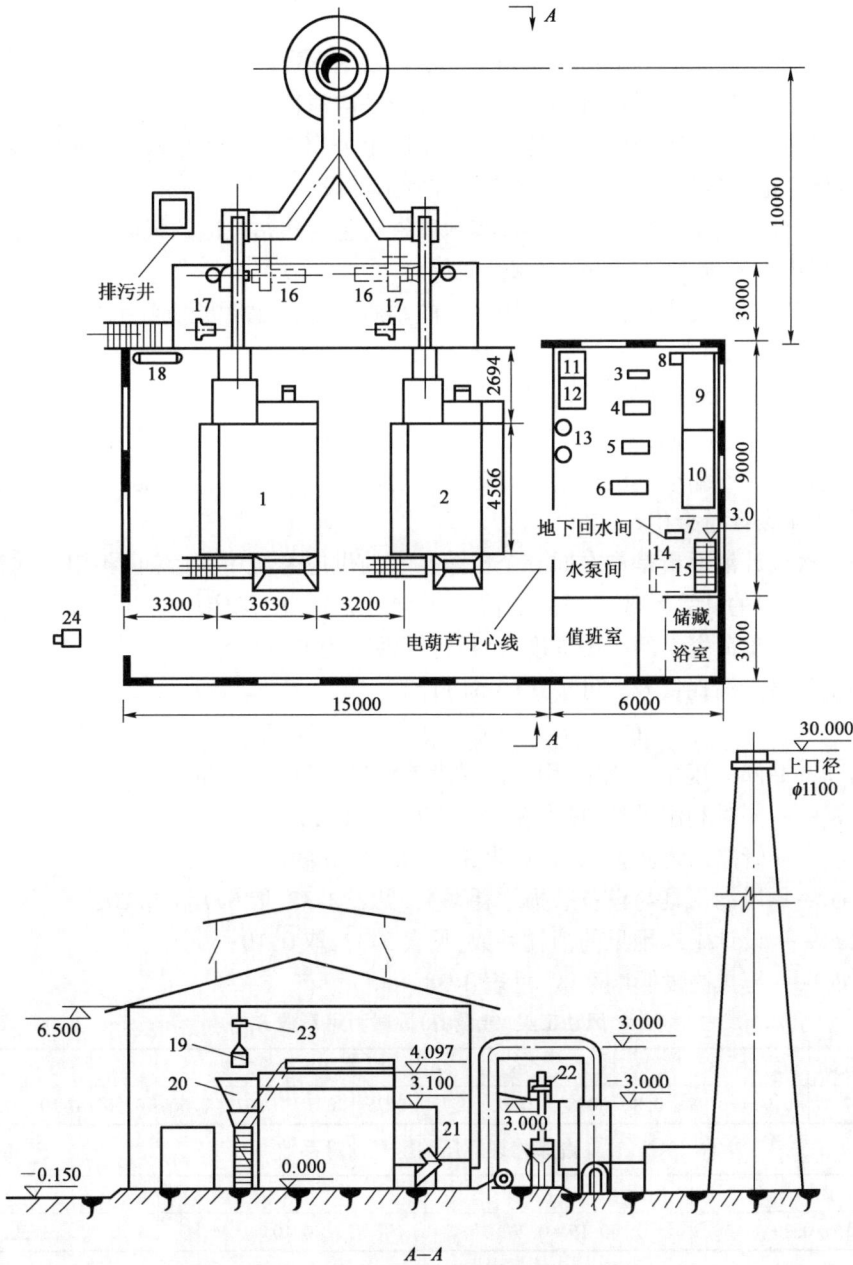

图3-40　锅炉房平面布置图(尺寸单位:mm)

1-SZZ4-13型锅炉;2-SZZ2-13型锅炉;3-塑料泵;4-离心泵;5-给水泵;6-蒸汽泵;7-3/2BA-6型离心泵;8-解吸器;
9-除氧水池;10-软水池;11-稀盐液池;12-浓盐液池;13-软水设备;14-回水池;15-除气器;16-引风机;17-鼓风机;
18-分汽缸;19-给煤斗;20-煤仓;21-清灰用螺旋除渣器;22-双级蜗旋除尘器;23-电葫芦;24-胶轮手推车

3）空气压缩机站设计

压缩空气主要用来驱动各种风动机械和风动工具，如风动板、风钻、风动砂轮、风动剪、喷漆、喷砂、电解液搅拌、轮胎充气、气动千斤顶、气动铆钉机、气动起重机、锻工用气锤、气动润滑油加注器、射流机床、零件清洁器等。常采用压力为 $0.196 \sim 0.784 MPa（20 \sim 80 N/cm^2）$ 的压缩空气。在进行压缩空气站工艺设计时，首先要掌握和了解必要的资料，计算压缩空气消耗量，然后进行机组选型、储气罐的选用。

（1）设计的基本资料。

①压缩空气消耗量基本资料。压缩空气消耗量基本资料包括各作业班中的用气设备名称、规格及数量，使用压力要求，最大消耗量，理论平均消耗量等。

②工程项目总图。图上应标明各用户在总图上分布情况，确定空气压缩机站在总图上的位置，以便考虑空气压缩机站的设备布置和管道铺设。

③气象条件和地质资料。气象条件和地质资料包括建站地区的气温、大气压力、常年主导风向、空气中含尘量、地下水位、土壤性质等。

④水文资料。水文资料包括所使用水源的水质硬度、悬浮物含量、氢离子浓度和夏季最高水温等。

⑤工程项目近期和远期发展情况。

（2）压缩空气消耗量计算。多数用户在工作中对压缩空气的使用是不连续的，其负荷的波动也比较大。压缩空气消耗量的确定并不是用一个简单的公式就可以解决，需要进行统计分析，力求设计符合生产实际。

压缩空气设计消耗量是指在同一个压缩空气的供应系统中，在综合各用户的消耗量基础上，计入所需要的计算系数后，所得到的计算结果。因此，确定压缩空气设计消耗量的关键问题一是用户负荷资料的准确程度，二是计算系数的选取。

压缩空气最大消耗量 Q_{max} 可按式（3-51）计算：

$$Q_{max} = K_t(1 + \phi_1 + \phi_2 + \phi_3 + \phi_4) \sum q_{max} \tag{3-51}$$

式中：$\sum q_{max}$——同一压缩系统中，用户的最大消耗量总和，m^3/min；

K_t——同时利用系数，见表3-36，取 $0.43 \sim 0.9$；

ϕ_1——管路系统漏损系数，见表3-37，取 $0.15 \sim 0.20$；

ϕ_2——风动工具与设备磨损增耗系数，见表3-37，取 $0.15 \sim 0.20$；

ϕ_3——设计中未预见的消耗系数，见表3-37，取 0.10；

ϕ_4——海拔高度影响系数，见表3-38。

风动工具（或设备）同时利用系数 K_t 表3-36

风动工具数量	2	3	4	5	6	7	8	10	12	15	20	30	50	70
同时利用系数 K_t	0.9	0.9	0.8	0.8	0.8	0.77	0.75	0.7	0.67	0.60	0.58	0.50	0.50	0.43

汽车修理厂压缩空气计算系数   表3-37

ϕ_1	ϕ_2	ϕ_3	K_1
$0.15 \sim 0.20$	$0.15 \sim 0.20$	0.10	1.30

不同海拔高度影响系数 ϕ_4 表3-38

海拔 H(m)	0	305	610	914	1219	1524	1829	2134	2438	2743	3048	3658	4572
影响系数 ϕ_4	0	0.03	0.07	0.10	0.14	0.17	0.20	0.23	0.26	0.29	0.32	0.37	0.43

当海拔 $H < 11000 m$ 时，海拔高度 H 和大气压力 P、大气温度 T 和大气密度 ρ 有以下关系式：

$$P = 0.1013(1 - 0.2257H)^{5.256} \qquad (3\text{-}52)$$

$$T = t_0 - 6.5H \qquad (3\text{-}53)$$

$$\rho = \rho_0(1 - 0.02257H)^{4.256} \qquad (3\text{-}54)$$

式中：t_0——海平面上大气温度，℃；

ρ_0——海平面上大气密度，kg/m³。

以理论平均消耗量计算，理论平均消耗量是风动工具或设备的连续工作消耗量与设备利用系数的乘积。

设备利用系数 η_c 可按式(3-55)计算：

$$\eta_c = \frac{T_c}{T_0} \qquad (3\text{-}55)$$

式中：T_c——风动工具或设备在每班中的实际使用时间，h；

T_0——每班额定工作时间，h。

设备利用系数与同时利用系数都可表示风动工具在不同时间内间断的使用压缩空气的情况。但两个概念有不同之处，设备利用系数用来表示单个风动工具在一个作业班时间内的使用程度；而同时利用系数则用来表示某些相同规格的风动工具在较短时间内同时工作的程度。

设计消耗量 Q_j 可按式(3-56)计算：

$$Q_j = K_1(1 + \phi_1 + \phi_2 + \phi_3 + \phi_4)\sum q \qquad (3\text{-}56)$$

式中：$\sum q$——平均理论消耗量总和，m³/min，$\sum q = \eta_c \sum q_{max}$；

K_1——压缩空气消耗量不平衡系数，见表3-37，取1.30。

（3）空气压缩机安装容量计算和选型。在确定设备安装容量时，必须考虑到设备生产效率和备用系数。备用系数是指在一个空气压缩机站内所安装的相同压力参数的机组，当其中一台或最大一台因检修停止工作时，其余备用机组的容量与设计消耗量的比值。备用系数一般不低于75%。

设备安装容量 Q_y 可按式(3-57)计算：

$$Q_y = k_a \sum \frac{Q_i}{\eta_i} + \frac{Q_a}{\eta_d} \qquad (3\text{-}57)$$

式中：k_a——备用系数，一般取≥0.75；

Q_i——每台机组的容量，m³/min；

Q_a——最大一台机组的容量，m³/min；

η_i——每台机组的生产效率；

η_d——最大一台机组的生产效率。

空气压缩机组的选型应考虑以下几点：

①设备台数应与设计消耗量相适应，同时要选择效率高、占地面积小、运行可靠、维修方便的设备。

②一般要考虑备用设备，因维修停机对用户影响不大时，也可安装一台机组。

③为了使维修、操作、备件更换方便，应尽可能选用相同型号的空气压缩机；如选不同型号同一压力参数的空气压缩机，最好不超过两种型号。

④在一个站房内的空气压缩机一般为2~4台，并考虑留有改建和扩建的余地。空气压缩机的型号，请参看有关产品目录。

（4）储气罐的选用。储气罐用于储存、稳定和冷却压缩空气，并分离压缩空气中的油和水。

①储气罐的容积 V_g 可按经验公式计算：

当排气量 $Q_g < 15m^3/min$ 时：

$$V_g = 0.5\sqrt{10Q_g} \tag{3-58}$$

当排气量 $Q_g = 15 \sim 30m^3/min$ 时：

$$V_g = 0.5\sqrt{10Q_g} \sim 0.5\sqrt{5Q_g} \tag{3-59}$$

计算出储气罐容积后，参照表 3-39 选用标准储气罐。

标准储气罐基本参数 表 3-39

公称容积(m³)	0.7	1.2	1.6	2.1	2.5	3.7	4.6	5.6	7.0	8.5	10.0	12.7
外径(m)	0.7	0.8	0.9	1.0	1.1	1.2	1.3	1.4	1.5	1.6	1.7	1.8
总高(m)	2.17	2.42	2.86	3.11	3.46	3.80	4.10	4.34	4.58	4.93	5.28	5.62
进(排)气管径(mm)	89	108	108	133	133	159	194	219	219	245	273	273
安全阀接头(mm)	40	40	40	40	40	75	75	75	75	75	75	75
压力表接头(mm)	15	15	15	15	15	15	15	15	15	15	15	15
支板(个)	3	3	3	4	4	4	4	4	4	4	4	4
质量(kg)	255	340	445	570	870	1010	1120	1360	1730	2000	2300	2760

②储气罐的安装与试验。

a. 储气罐安装在露天场地上时，其基础应高出地面。

b. 储气罐一般同压缩机配套供应，但汽车修理企业一般负荷比较集中，因此，为满足负荷集中的高峰期的要求，储气罐一般比配套供应的罐大。

c. 当有多台储气罐时，宜单列布置，相邻两罐之间的净距离要大于 1m，和空气压缩机站外墙的距离一般保持在 1.5m 以上。储气罐的位置应避开机器的门、窗，以免影响机器间的自然采光和通风。

d. 储气罐在安装之前应进行水压试验，试验压力为工作压力的 1.25 倍，但不得小于其工作压力加上 0.294MPa。储气罐安全阀的极限压力应调整为比工作压力大 10%。

e. 为便于观察储气罐中的压力，压力表可引进机器间或值班室内。

空气压缩机站工艺设备平面布置图如图 3-41 所示。

4)乙炔站设计

工业用乙炔气体在常温和大气压下是无色气体，因含有硫化氢（H_2S）及磷化氢等杂质，故有特殊的臭味。乙炔气体主要用于气焊和气割，在氧气的助燃下，其火焰温度一般可达 2000 ~ 3000℃，有时可用其加热和熔化金属。

（1）各种消耗量的计算。在设计乙炔站时，首先要确定乙炔气体的年消耗量，然后根据乙炔的年消耗量，计算年电石消耗量、年水消耗量、年排渣量和年电石库容量。

乙炔年消耗量可按式（3-60）计算：

$$Q_n = 2000\beta q_n B \tag{3-60}$$

式中：q_n——平均每小时乙炔耗量，m^3/h；

β——工时利用率，取 0.85 ~ 0.95；

B——作业班制（如 1 班工作 $B = 1$，2 班工作 $B = 2$）；

2000——单班每年名义工作时数，h。

电石年消耗量可按式（3-61）计算：

$$G_n = \frac{4.8Q_n}{1000} \tag{3-61}$$

式中:4.8——生产 $1m^3$ 乙炔气体的电石消耗量, kg/m^3。

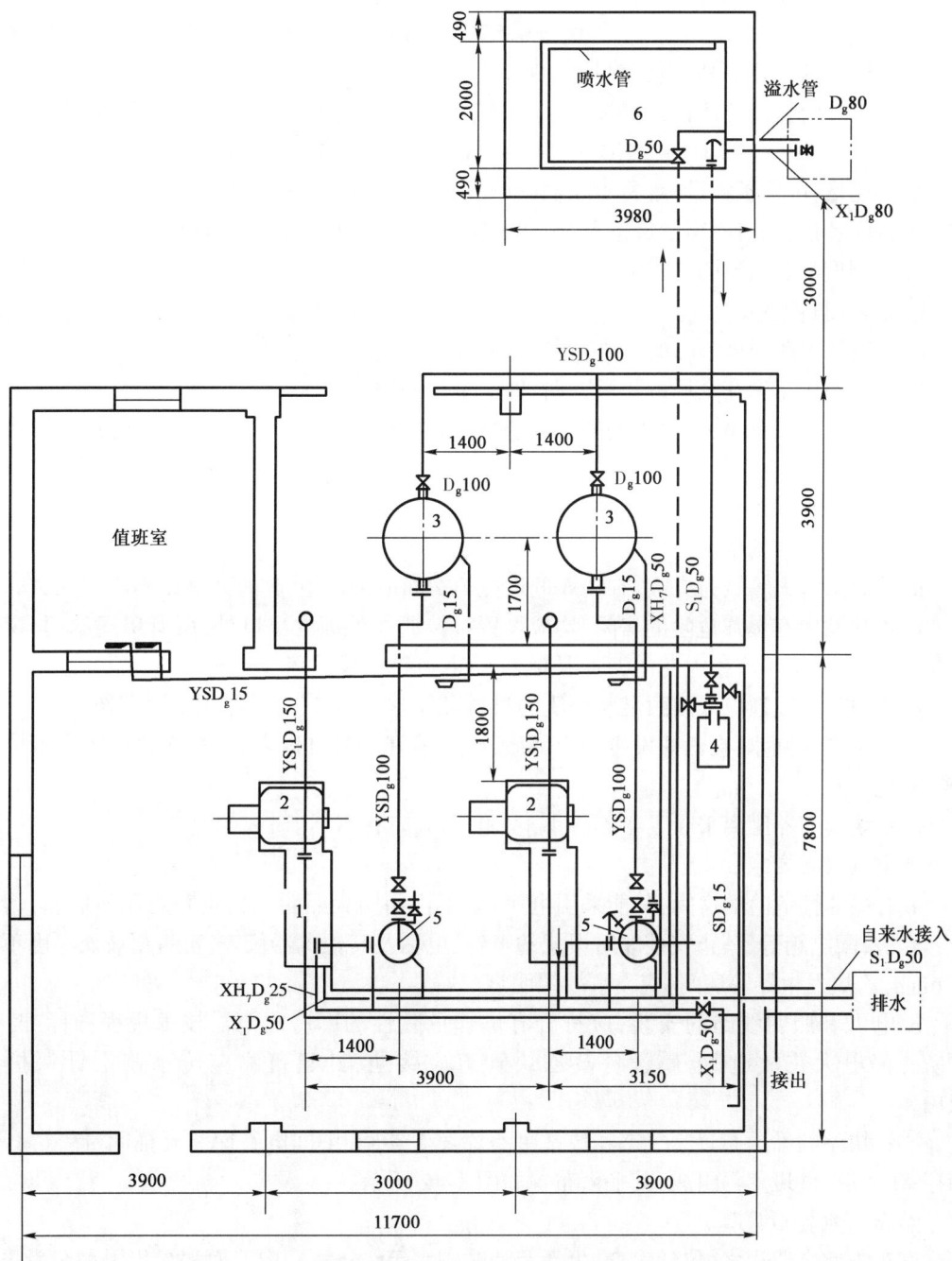

图 3-41　空气压缩机站工艺设备平面布置图(尺寸单位:mm)

1-空气压缩机;2-电动机;3-储气罐;4-离心水泵;5-水套式油水分离器;6-冷却水循环水池;YS-压缩空气管;XH₇-循环净水管;S-自来水管;S₁-空气压缩机吸气管;X₁-下水管

电石渣年排量 V_n 可按式(3-62)计算:

$$V_n = 1.15 \times 1000 G_n \tag{3-62}$$

式中:1.15——1kg 电石产生的电石渣量,kg/kg。

水年消耗量 W_n 可按式(3-63)计算:

$$W_n = 0.56 \times 1000 G_n \tag{3-63}$$

式中:0.56——1kg 电石所需耗水量,kg/kg。

以上各种消耗量的计算,是根据电石(碳化钙)的化学分解反应方程式计算而来:

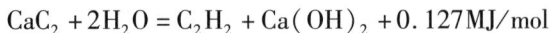

$$CaC_2 + 2H_2O = C_2H_2 + Ca(OH)_2 + 0.127MJ/mol$$

氧气耗量:可按扩大量标(每100 辆中型载货汽车 1~2 瓶/d)计算。

电石库容量:电石库容量可按每个月的平均储量计,即 $1/12G_n(t/月)$。

(2)乙炔站设计要求。

①总平面布置要求。

a. 乙炔站应在明火车间的上风方向,距离应不小于 25m。

b. 乙炔站应布置在全厂的下风方向,处于全厂的边缘处。

c. 生产能力在 $20m^3/h$ 以下的气态乙炔站,可以附设在生产车间中,但应用封闭的防火墙与生产车间隔开。

d. 乙炔站与铁路、公路及建筑物的安全距离,应符合有关规定。

②建筑物的结构要求。

a. 乙炔站耐火等级为二级,有爆炸危险性的房间应为单层,其有效高度不小于 3.25m。

b. 乙炔站中有爆炸危险的房间,均应设置直接通往外面的出口处,所有房间的门、窗均应向外开;应采用不产生火花的沥青混凝土地面,或铺上橡胶毯。

c. 乙炔站的屋顶应采用耐燃和轻质的材料,以防在爆炸气流的作用下脱落伤人。

d. 屋顶禁止漏水,在乙炔发生器上部屋顶上,最好安装排风帽,电石库地坪的高度应高出室外地坪 0.3~0.9m。

e. 乙炔发生器距离采暖设备不得小于1m,与墙应有不小于1m 的通道。

③电气设备要求。

a. 有爆炸性危险的房间,只能采用电照明,不许用明火照明。禁止安装任何插座、熔断器、开关及配电箱等,禁止安装非防爆式的电钟、电话及其他电器仪表;密封用玻璃厚度不小于6mm,乙炔发生器等房间,应设事故照明灯。

b. 电力和照明线路的安装,应符合有爆炸危险性的厂房之电器技术规程和标准;为了防止静电火花放电,金属设备及乙炔管道应接地,其建筑物应位于避雷针保护区域内。

④乙炔站的平面布置。气态乙炔站由乙炔发生器间、中间电石库和开桶间、储气筒间、储存室、渣坑、值班室等组成,其平面布置如图 3-42 所示。

5)全厂水耗量计算

汽车维修企业用水,包括生产、生活及消防用水等。浇洒厂内路面和绿化用水在消防用水中予以考虑。水源一般由外部自来水网供给,若自来水水源不足或没有时,要设置水塔和水井。

(1)生产用水。

①工艺设备用水,可依据表3-40 计算。

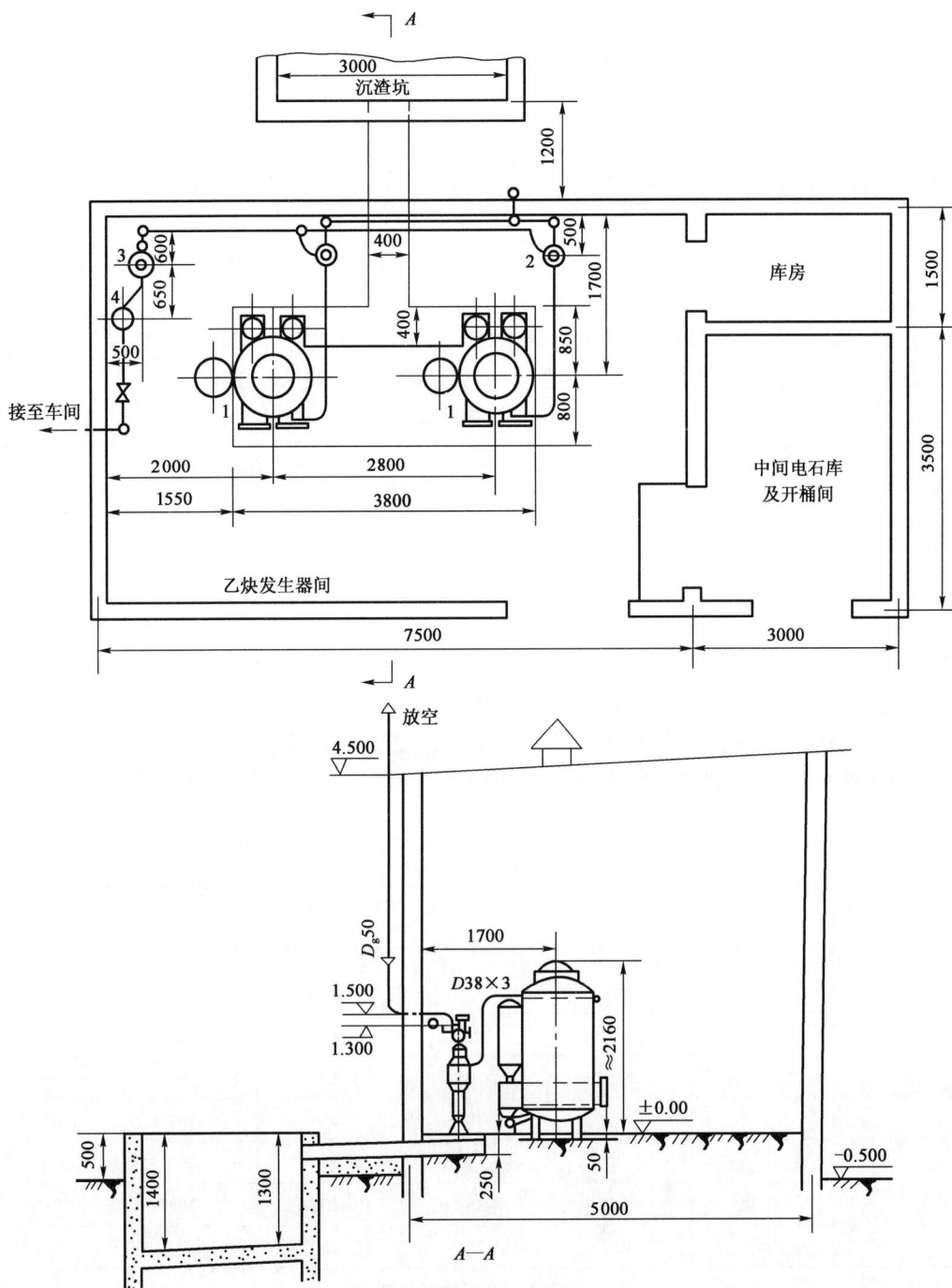

图 3-42 气态乙炔站平面布置图

1-乙炔发生器;2-安全水封;3-总水封;4-气水分离器

工艺设备耗水量表　　　　　　　　　　　　　表 3-40

工艺设备名称	汽车外部清洗设备	零件清洗设备	汽缸体水压试验	水泵试验台	蓄电池清水槽	乙炔发生器	空气压缩机	锅炉	发动机冷磨热试
水耗量	0.5~1.0 (m³/辆次)	2.5 (m³/日辆次)	0.1~0.2 (m³/台次)	2.0 (L/d 辆次)	0.3 (L/h)	10~15 (L/kg 电石)	4 (kg/m³ 空气)	800 (kg/h)	1.5~1.8 (m³/h)

表 3-40 中数据,是指大修中型载货汽车的平均数据(以 CA1091、EQ1090 为标准车型),计算时若有不同型车,需要换算成标准车型。

②各类车间用水。各类车间包括锻造车间、铸造车间、热处理车间、焊接车间、修旧车间、机加工车间及实验室等。计算用水时,应分别累计各车间所用设备的耗水量,然后计算出各车间的总耗水量。粗略计算时,可按每修 100 辆中型载货汽车 6～7t/d 计算。

(2)生活用水。生活用水包括办公设备用水、工人淋浴用水、饮用水、消防用水、浇洒路面和绿化用水等。

①洗、饮水。各生产车间、班组最高用水标准按 25～35L/(人·d)计算,热加工、脏污程度大的车间取大值,其他车间取小值。办公生活设施用水标准见表 3-41。

办公生活设施用水标准 表 3-41

建筑物名称	办 公 楼	集体宿舍		幼儿园、托儿所		医 务 室
		无洗浴室	有洗浴室	有宿舍	无宿舍	
用水标准(L/人·d)	10～25	50～75	75～100	50～100	25～50	15～25

淋浴用水量按 40～60L/(人·班)计,不接触有毒物质及粉尘、不污染或轻度污染的人员(如仪表、机械加工等)取小值,反之取大值。

饮用开水量标准按每人每班计,热加工车间为 4～5L/(人·班),冷加工车间为 3～4L/(人·班),其他(如生活间、集体宿舍、办公楼)为 1～2L/(人·班)。

②消防用水。工业企业厂区内室外消防用水量见表 3-42。厂区内室内消防用水量见表 3-43。

厂区内室外消防用水量 表 3-42

建筑物的面积等级	生产类别	建筑物容积(m³)				
		≤3000	3000～5000	5000～20000	20000～50000	>50000
		一次火灾用水量(L)				
一、二级	丁、戊	5	5	10	10	15
	甲、乙、丙	10	10	15	20	30
三级	丁、戊	5	10	15	25	35
	丙	10	15	20	30	40
四、五级	丁、戊	10	15	20	30	-
	丙	15	20	25	-	-

厂区内室内消防用水量 表 3-43

建筑物种类	水柱股数	每股水量(L/S)
容积<2500m³工业辅助建筑	1	2.5
容积>2500m³工业辅助建筑	2	2.5
主厂房	2	据计算定,一般>2.5

③绿化用水。绿化用水应根据路面种类、气候和土壤等条件确定,浇洒路面和庭园草地的用水量可依据表 3-44 确定。

路面种类	沥青路面	碎石路面	庭院及草地
用水量	0.2~0.5	0.4~0.7	1.0~1.5
每日洒水次数	≤3	≤4	≤2

汽车维修企业生活用水指标,最大耗水量可按 260~330kg/(日·人)计,大企业选小值,小企业选大值。

4. 建筑设计要求

1)对建筑物的要求

(1)汽车外部清洗间。

①地面采用耐油防潮材料,墙壁须涂防潮材料,清洗间内金属件均涂防锈漆。地面向回收水室倾斜角度不得小于 20%,清洗台位离地面高 0.6m。

②室外设有沉淀和清水池,考虑水的循环使用和污泥的清除,盖板应与地面平齐。

(2)零件清洗间。

①屋内金属构件均涂有防锈漆;地面和墙壁采用耐碱、耐酸、防潮材料。

②室外设有污水池,装有油水分离、碱液回收设备。

(3)发动机磨合调试间。

①地面和墙壁(下部)采用耐油防潮材料,便于排水和清扫,地下设有通往室外的排气通道。

②房间应同其他工间隔离,墙壁采取隔音措施。

(4)汽车总装与调试间。

①设置地沟,地沟地面要用耐油防潮材料,地沟长度为车总长加 0.7m,宽 0.9m,深1.2~1.3m,沟底向台阶方向倾斜。

②地沟内设有通风排气设备和照明灯。

(5)蓄电池间。

①充电间的地面、清洗池以及从地面算起的 1.2m 高的墙壁,均采用耐酸材料,地面应向地漏倾斜。

②充电间两侧墙下沿或中间设阶梯台阶,便于放置需充电的蓄电池。

③在蓄电池修理间内的熔铅炉和熔沥青炉上部,应设局部通风设备。

④充电间向外开门,窗户安装磨砂玻璃,电气设备安装、设置应符合有关规程标准。

(6)喷砂涂漆间。

①地面采用耐磨防潮材料,并做成漏斗式斜坡,易于回收砂;内墙采用坚硬耐磨材料,玻璃窗下缘离地面高 2.5m 左右。

②间内设有下吸式排风设备及其净化装置。

(7)漆工间。

①喷漆间采用下吸式排风方法,并要净化处理,一般采用水溶净化法。

②烘干室围墙采用隔热、耐腐蚀材料,并采用局部通风;照明及其他电气设备安装符合有关规定。

(8)焊接间。

①焊接工作地点与电焊机停放地点隔开,最好用大面积玻璃相隔以便于观察。

②电焊机应接地,焊工台上部应设置局部通风罩。

③乙炔间与焊接间毗邻时,焊接间不能直通乙炔间,需用耐火墙相隔确保安全。

(9)热处理间。

①电炉必须接地。

②若设置高频感应加热炉,应设两个地下储水池,水池盖与地面平齐,因高频感应加热炉对无线电波有影响,故房间还应采取屏蔽措施。

(10)电镀间。

①电镀间因产生有害气体,其有效高度不应低于4m,宽度应符合建筑标准,地面应采用耐酸、耐碱材料,并向地漏倾斜。

②电源室能方便地通向电镀室,以便调整管理电源,最好用大面积的玻璃分隔,电镀间外应设污水处理池,屋顶应设置天窗。

2)采暖、通风和采光要求

(1)冬季采暖。由锅炉房热力网集中供热,各车间(工间)的采暖温度见表3-45。

(2)室内通风。根据各车间(工间)和设备的工作条件,分别采用自然和强制通风。产生有害物质和大量余热的工间(如蓄电池充电间、电镀间、零件清洗间、热处理间、焊工间、漆工间、锻工间和锅炉房等)及其部分设备,采用局部通风措施。

(3)房间照明。白天照明,除汽车维修地沟和地下仓库外,所有房屋均采用自然采光;其他班次为用电照明。各工间要求见表3-45。

采暖温度、换气次数和自然采光面积比 表3-45

车 间	工 间 名 称	采暖温度(℃)	换气次数(次/h)	采光面积比	备 注
底盘总成修理车间	汽车外部清洗间	16	4~5	$>\frac{1}{10}$	
	汽车解体总成拆散工位	16	2.4	$>\frac{1}{8}$	
	零件清洗间	16	12~15	$>\frac{1}{8}$	
	零件检验分类间	16	4~5	$>\frac{1}{6}$	
	中间配套库、总成库	16	2	$>\frac{1}{6}$	
	底盘总成修理与装配间	16	2~4	$>\frac{1}{6}$	铆接、磨削机局部通风
	胎工间	16	6	$>\frac{1}{6}$	
	汽车总装与调试间	16	4~5	$>\frac{1}{6}$	汽车排气管口设局部通风
底盘总成修理车间	蓄电池间	18	9	$>\frac{1}{6}$	充电间强制通风
	零星修配间	16	2	$>\frac{1}{6}$	
	办公室	18	1	$>\frac{1}{6}$	

车　间	工间名称	采暖温度 （℃）	换气次数 （次/h）	采光 面积比	备　　注
发动机总成 修理车间	发动机修理与装配间	16	2~4	$>\frac{1}{6}$	离合器作业局部通风
	发动机冷磨与调试间	16	6	$>\frac{1}{6}$	强制通风
	轴承浇注间	16	5	$>\frac{1}{6}$	局部通风,铅及无机化合物 浓度低于 0.01mg/m³
	电工间	16	2	$>\frac{1}{6}$	
	发动机附件修理间	16	2~4	$>\frac{1}{6}$	
	办公室	16	1	$>\frac{1}{6}$	
车架总成 修理车间	喷砂间	16	13~15	$>\frac{1}{6}$	强制通风
	车架、钣金、镉工间	16	6	$>\frac{1}{6}$	强制通风
	木工间	16	6	$>\frac{1}{6}$	强制通风
	缝工间	16	2~4	$>\frac{1}{6}$	
	漆工间	16	13~15	$>\frac{1}{6}$	强制通风
配修车间	机、钳加工间	16	2~4	$>\frac{1}{6}$	
	焊工间	16	6	$>\frac{1}{6}$	强制通风
	热处理间	16	7	$>\frac{1}{6}$	强制通风
	电镀间	16	9~11	$>\frac{1}{6}$	强制通风
	锻工间	16	5~7	$>\frac{1}{6}$	强制通风
	铸工间	16	7~9	$>\frac{1}{6}$	强制通风
	设备维修与革新间	16	2~4	$>\frac{1}{6}$	

第五节　库房设计

　　汽车4S店一般都设有库房,用于存放待销售新车和汽车配件。库房是汽车4S店设计中不可或缺的部分,作为汽车4S店整体结构的一个组成部分,在设计时必须与汽车4S店整体形象设计协调统一。但是,在实际设计中却因各汽车 4S 店经营侧重点不同,使库房设计无统一标准可循。例如,当汽车 4S 店同时经营汽车配件的外供业务和汽车售后服务业务时,便无法预测所需汽车配件的基本供应量,汽车配件的流量只能依据市场需求而定,这就可能导致相应规模的汽车 4S 店,配备有不同库存容量的库房。因此,在库房设计时应依据具体情况,并结合汽车 4S 店整体设计思想确定相应设计环节。

一、库房规划

1. 库房规划内容

库房规划对合理利用库房和发挥库房在整车及配件流转中的作用有着重要意义。库房规划主要包括:库房的合理布局;库房的发展和规模,如扩建及改造、库房吞吐、储存能力的增长等;库房机械化发展水平和技术改造方向,如库房机械化、自动化水平等;库房的主要经济指标,如仓库主要设备利用率、劳动生产率、仓库吞吐储存能力、整车及配件周转率、储存能力利用率、储运质量指标、储运成本的降低率等。因此,库房规划是在合理布局和正确选择库址的基础上,对库区的总体设计、建设规模及储存保管技术水平的确定。

2. 库区总体设计

库区总体设计,是根据库区场地条件、业务性质和规模、储存物品的特性及储存技术条件等因素,对库区主要建筑物、辅助建筑物、构筑物、货场、站台等固定设施和库内运输路线所进行的总体安排和配置,即库区平面布置,以最大限度地提高库房储存和作业能力,降低各项作业费用。需要说明的是,作为 4S 店整体结构的组成部分,整车及配件库在设计时应充分考虑与销售中心、维修车间的距离、位置、协作关系,既要保证最优化又要避免交叉干扰。库区总体设计合理与否直接影响库房各项工作的效率和储存物品的安全,以及仓库储存保管功能的发挥。

库区总体设计应满足以下条件:

(1)方便仓储作业和物品的储存安全。

(2)最大限度地利用仓库面积,减少用地。

(3)防止重复装卸搬运、迂回运输,避免阻塞通道。

(4)有利于充分利用仓储设施和机械设备。

(5)符合安全保卫和消防工作的要求。

(6)结合当前需要和长远发展,要利于未来库房的扩建、改建。

(7)库房规模应与汽车 4S 店整车销售及配件消耗量相适应。

二、库房建筑设施

1. 库房建筑的基本要求

库房建筑是仓储、保管物品的主要设施,应满足如下基本要求:

(1)有利于物品的保管和养护。

(2)符合仓储业务需要和有利于组织仓储作业。

(3)便于安装和使用机械设备。

(4)保证仓库安全,配套必要的安全设施。

（5）有利于充分利用仓库空间。

2. 库房建筑形式与建筑构造的基本要求

（1）库房建筑形式。库房的建筑形式多种多样，一般按库房的建筑结构和使用的建筑材料来划分库房的建筑形式。其中，按照建筑结构可分为单层、多层和立体仓库；按照建筑材料可分为木结构、砖结构、钢结构、钢筋混凝土结构等形式。汽车4S店的配件库房多采用单层、钢筋混凝土结构，多配置在汽车维修车间与汽车销售展厅之间或二楼办公区下方；整车库房则多配置在汽车4S店主体结构外围的独立仓储建筑中或设置露天存放区；也有少数汽车4S店将整车库房及配件库房联合营造、分区管理。

（2）库房建筑构造的基本要求。库房一般由地基、地坪、墙体、屋顶和门窗几部分组成。因库房类型和规模不同，储存物品的保管要求、安装的设备、使用的建筑材料、投资情况等也不尽相同，因此，为保证建筑质量及储存物品的作业安全，必须针对具体情况和条件，严格按库房建筑的各项技术准则进行设计施工。

①关于地坪的问题。地坪的作用主要是承受货物、货架以及人和机械设备等的荷载，为此地坪必须有足够的强度以保证安全使用。根据使用的建筑材料可分为三合土、沥青、砖石、混凝土以及土质地坪等。对地坪的基本要求是平坦坚实、耐摩擦和冲击、表面光洁不起灰尘。地坪的承载能力应视堆放物品性质而定，当地质条件和使用的建筑材料都确定好后，一般承载能力为 $5 \sim 10 t/m^2$。

②关于墙体的问题。墙体是库房建筑的主要组成部分，起着承重、围护和分隔等作用。墙体一般可分为内墙和外墙；按承重与否可分为承重墙和不承重墙。对于起不同作用的墙壁，可根据不同要求选择结构和材料。对于外墙，因其表面接触外界，受外界气温变化、风吹、雨淋、日晒等大气侵蚀的影响，因此，对承重外墙除要求其满足具有承重能力的条件外，还需要考虑保温、隔热、防潮等围护要求，以减少外部温湿度变化对库存物品的影响。

③关于屋顶的问题。屋顶的作用是抵御雨雪、避免日晒等自然因素的影响，由承载和覆盖两部分构成。承载部分除承担自身重量外，还要承担风、雪的荷载；覆盖部分用于抵御雨、雪、风、沙的侵袭，同时也起保温、隔热、防潮的作用。对屋顶的要求是防水、保温隔热，防火性能好、自重轻、坚固耐用等。

④关于门窗的问题。门窗是库房围护结构的组成部分，要求具有防水、保温、防火、防盗等性能。库房窗户主要用于通风和采光，窗户的形状、尺寸、位置和数量应保证库内采光和通风的需要，且要求开闭方便，关闭严密；库门主要用于人员、搬运车辆、设备、物品等通行，作业完毕后要关闭以保持库内正常温度、湿度，保证物品存放安全。库门要求关启方便、关闭精密，库门的数量、尺寸应考虑库房容积、吞吐量、运输工具的类型、规格和储存物品的形状等因素。

⑤关于库内的辅助设施设备。整车库房重点配套安全疏散、防火相关的设施设备；配件库房则应配套相应货架、搬运装备、举升装备等，并注意配件的分类和分区存放管理。

另外，特殊库房建筑，应按照其相应技术要求进行设计建造，如立体库、冷藏库、有害物品库、地下库、洞库等，严格执行相关建筑标准，确保库房安全，以适应特殊物品储存、保管的需要。

复习思考题

1. 汽车4S店设计是否需要建立统一的标准或参照样本?

2. 试分析汽车4S店店址选择的影响因素。

3. 试分析汽车4S店整体布局合理性对建店后汽车营销的影响。

4. 进行汽车4S店汽车销售中心设计时,你认为最重要的因素是什么? 为什么?

5. 销售中心光环境设计的重要性体现在哪些方面? 光环境设计应注重哪些方面?

6. 汽车4S店维修车间设计的生产任务和生产纲领分别指什么?

7. 汽车4S店维修车间工艺设计时,需要确定哪些指标? 如何计算?

8. 汽车4S店维修车间的平面布置形式和方案有哪些? 各有什么特点。

9. 简述汽车4S店维修车间技术设计的内容及方法。

第四章　汽车检测站设计

本章主要介绍汽车检测的分类、汽车检测站的规模及工艺组织;汽车检测站设计所需的参数及各参数的计算方法;汽车检测站平面布置的要求和注意事项。

通过学习本章内容,要求学生了解汽车检测的目的和分类;了解汽车检测站的规模和工艺流程;掌握汽车检测站工艺设计参数及其计算方法;掌握汽车检测站平面布置的基本要求和注意事项。

第一节　概　　述

汽车检测站是综合运用现代检测技术,对汽车进行不解体(或仅拆卸个别零部件)检查和性能测试与分析的工作机构。

《中华人民共和国道路交通安全法》规定:对登记后上道路行驶的机动车,应当依照法律、行政法规的规定,根据车辆用途、载客载货数量、使用年限等不同情况,定期进行安全技术检验。

机动车辆必须按照车辆管理部门的规定定期进行检验,作为发放和审验行驶证的主要依据。营运车辆还必须根据交通运输管理部门制定的车辆检测制度,对车辆的技术状况进行定期或不定期检测,作为发放和审验营运证件的主要依据。

年检指按照车辆管理部门规定的期限对在用车辆进行的定期检验,或根据交通运输管理部门制定的车辆检测制度,对营运车辆进行的定期检测。

车辆定期检测的目的是检验车辆的主要技术性能是否满足《机动车运行安全技术条件》(GB 7258—2017)的相关要求,督促车属单位(车主)对车辆进行维修和更新,确保车辆具有良好的技术状况,消除事故隐患,确保行车安全。同时,使车辆管理部门全面掌握车辆分类和技术状况的变化情况,以便加强管理。

一、汽车检测的分类

根据汽车检测目的和内容不同,一般可分为汽车安全检测、汽车维修检测和委托检测等。

1.汽车安全检测

汽车安全检测的目的是确定汽车性能是否满足有关汽车运行安全等法规的规定,它是对全社会民用汽车的安全性检查。汽车安全检测依据的主要标准有《机动车运行安全技术条件》(GB 7258—2017)和《机动车安全技术检验项目和方法》(GB 38900—2020)等。

《机动车运行安全技术条件》（GB 7258—2017）是进行注册登记检验和在用机动车检验、机动车查验等机动车运行安全管理及事故车检验最基本的技术标准，同时也是我国机动车新车定型强制性检验、新车出厂检验和进口机动车检验的重要技术依据之一。该标准规定了机动车的整车及主要总成、安全防护装置等有关运行安全的基本技术要求，以及消防车、救护车、工程救险车和警车及残疾人专用汽车的附加要求。《机动车安全技术检验项目和方法》（GB 38900—2020）是检验机动车安全技术性能的重要标准，该标准规定了机动车安全技术检验的检验项目、检验方法、检验要求及检验结果判定、处置和产料存档，适用于具备检验检测资质的机构对机动车进行安全技术检验，也适用于从事进口机动车检验检测的机构对入境机动车进行安全技术检验。经批准进行实际道路试验的机动车和临时入境的机动车，可参照该标准进行安全技术检验。

汽车安全检测一般分为外观检测和性能检测两部分。

外观检测一般通过目测和实际操作来完成，主要内容包括：

（1）检查车辆号牌、行车执照有无损坏、涂改、字迹不清等情况，校对行车执照与车辆的各种数据是否一致。

（2）检查车辆是否经过改装、改型或更换总成，其更改是否经过审批及办理过有关手续。

（3）检查车辆外观是否完好，连接件是否紧固，是否有"四漏"（漏水、漏油、漏气、漏电）现象。

（4）检查车辆整车及各系统是否满足《机动车运行安全技术条件》（GB 7258—2017）所规定的基本要求。

对汽车相关性能的检测，采用专用检测设备对汽车进行规定项目的检测，主要有转向轮侧滑、制动性能、车速表误差、前照灯性能、废气排放分析和喇叭声级六项。

《机动车安全技术检验项目和方法》（GB 38900—2020）规定的汽车安全主要检测项目见表4-1。

机动车安全技术检验项目和方法　　　　　　　　　　　表4-1

序号	检验项目		检验方法
1	联网查询	车辆事故、违法、安全缺陷召回等信息	利用联网信息系统查询
2	车辆唯一性检查	号牌号码和分类*	目视检查，目视难以清晰辨别时使用内窥镜等工具。注册登记安全检验时应拓印车辆识别代号（或整车出厂编号，下同），在用机动车安全检验时应使用检验PDA（Photo-Diode Array，光电二极管阵列检测器）拍摄打刻的车辆识别代号；大型客车、重中型货车、重中型挂车应使用PDA由近及远拍摄车辆识别代号视频，视频应能清晰显示车辆识别代号、打刻区域情况以及车辆前部特征等；有条件时，使用VIN（Vehicle Identification Number，车辆识别号码）码信息读取仪器采集、比对车载ECU（Electronic Control Unit，电子控制单元）记载的车辆识别代号等信息；有疑问时，可采用金属探伤仪、油漆层微量厚度检验仪等仪器设备；注册登记安全检验时，如打刻（或铸出）的发动机号码/驱动电机号码不易见，只查看发动机易见部位或覆盖件上能永久保持的标有发动机型号和出厂编号的标识；在用机动车安全检验时，如打刻（或铸出）的发动机号码/驱动电机号码不易见，且易见部位或覆盖件上的发动机/驱动电机标识缺失的，使用内窥镜等工具进一步确认
		车辆品牌和型号	
		车辆识别代号（或整车出厂编号）*	
		发动机号码/驱动电机号码*	
		车身颜色和车辆外形*	

序号	检验项目		检验方法
3	车辆特征参数检查	外廓尺寸*	用长度测量工具测量,重中型货车、重中型专项作业车、重中型挂车应使用符合标准的自动测量装置
		轴距	用长度测量工具测量,有条件时可使用自动测量装置
		核定载人数和座椅布置*	目视检查。注册登记安全检验时目测座椅宽度、深度及驾驶室内部宽度等参数偏小或载客汽车座椅布置及固定情形异常的,使用量具测量相关尺寸
		栏板高度	用钢尺等长度测量工具测量
		悬架*	目视检查
		客车出口*	目视检查。目测应急出口尺寸偏小的,使用长度测量工具测量相关尺寸
		客车乘客通道和引道*	目视检查。目测通道、引道偏窄或高度不符合要求时,使用通道、引道测量装置检查
		货厢/罐体*	目视检查。目测货厢/罐体有超长、超宽、超高嫌疑时,使用长度测量工具测量相关尺寸
4	车辆外观检查	车身外观*	目视检查。对封闭式货厢的货车、挂车应打开车厢门检查。对客车、货车,操作检查前风窗玻璃刮水器。目测车窗玻璃可见光透射比、车身尺寸等参数有疑问时,使用透光率计、钢直尺、钢卷尺等工具测量相关参数。对大型客车、重中型货车、重中型载货专项作业车、重中型挂车,在平整场地上使用钢直尺,在距地1.5m高度内,测量第一轴和最后轴(对挂车仅测最后轴)上方的车身两侧对称部位的高度
		外观标识、标注和标牌*	目视检查。目测字高偏小时,使用长度测量工具测量相关尺寸
		外部照明和信号装置	目视检查并操作
		轮胎*	目视检查。目测胎压不正常时,使用轮胎气压表测量相关参数。检查轮胎花纹深度时,对大型客车、重中型货车、重中型载货专项作业车、危险货物运输车的转向轮使用轮胎花纹深度计测量;对大型客车、重中型货车、重中型载货专项作业车的其余轮胎以及其他车型的轮胎检验时,目测轮胎胎冠花纹深度偏小的,使用轮胎花纹深度计测量;有条件时可使用轮胎花纹深度自动测量装置
		号牌/号牌板(架)*	目视检查。目测号牌安装位置、形式有疑问时使用长度测量工具测量相关尺寸
		加装/改装灯具	目视检查
5	安全装置检查	汽车安全带*	目视检查并操作
		应急停车安全附件*	目视检查
		灭火器*	目视检查
		行驶记录装置*	目视检查并操作
		车身反光标识*	目视检查。目测逆反射系数偏小时,使用专用检验仪器

121

第四章 汽车检测站设计

序号	检验项目		检 验 方 法
5	安全装置检查	车辆尾部标志板*	目视检查。目测逆反射系数偏小时，使用专用检验仪器
		侧、后、前下部防护*	目视检查。目测防护装置单薄、安装不规范时，使用长度测量工具
		应急锤*	目视检查
		急救箱*	目视检查
		车速限制/报警功能或装置	审查机动车产品公告、机动车出厂合格证、产品使用说明书等凭证资料
		防抱制动装置*	打开电源，观察ABS（Antilock Brake System，防抱死制动系统）指示灯或EBS（Electronic Brake System，电子制动系统）指示灯；对于半挂车检查相关装置
		辅助制动装置*	审查机动车产品公告等凭证资料并操作驾驶室（区）内操纵开关，无操纵开关或有疑问时检查相关装置
		盘式制动器*	目视检查
		制动间隙自动调整装置	目视检查。有疑问时检查产品使用说明书等凭证资料
		紧急切断装置*	目视检查
		发动机舱自动灭火装置*	目视检查
		手动机械断电开关*	目视检查。有疑问时操作开关，观察是否断电
		副制动踏板*	目视检查。有疑问时分别踩下主、副制动踏板，判断主、副制动踏板工作是否正常
		校车标志灯和校车停车指示标志牌*	目视检查
		危险货物运输车标志*	目视检查
		驾驶区隔离设施	目视检查
		肢体残疾人操纵辅助装置*	目视检查
6	底盘动态检验	制动	以不低于20km/h的速度正直行驶，双手轻扶转向盘，急踩制动踏板后迅速放松
		转向	检验员操作车辆，起步并行驶20m以上，利用目视、耳听、操作感知等方式检查。对大型客车、重型货车、重型载货专项作业车、危险货物运输车使用转向角测量仪测量转向盘最大自由转动量
		传动	
		仪表和指示器	检验过程中，观察仪表和指示器
7	车辆底盘部件检查*	转向系统部件	车辆停放在地沟上方的指定位置，使用专用手锤等工具检查，并由操作人员配合；检查大型客车、重中型货车、重中型专项作业车的转向机构时应使用底盘间隙仪
		传动系统部件	
		行驶系统部件	
		制动系统部件	
		其他部件	

序号	检验项目			检验方法
8	仪器设备检验	整备质量/空车质量*		用地磅或轴(轮)重仪等装置测量
		行车制动*	空载制动率	采用制动检验台检验;不适用于制动检验台检验的车辆,采用便携式制动性能测试仪等设备路试检验
			空载制动不平衡率	
			加载轴制动率	
			加载轴制动不平衡率	
		驻车制动*		
		前照灯远光发光强度*		采用前照灯检测仪检验
		转向轮横向侧滑量		采用侧滑检验台检验

注:1. 所有检验项目应一次检验完毕,出现不合格项时应继续进行其他项目的检验,但不适宜继续进行检验的项目除外。

2. 不合格项目复检时应再次确认车辆识别代号。

3. 对汽车进行仪器设备检验时,除检验员外可再乘坐一名送检人员或随车人员。

4. 半挂牵引车可与半挂车组合成铰接列车同时实施检验,也可单独检验。

5. 小型、微型载客汽车的车辆底盘部件检查时,对不具备地沟条件的,可采用其他能观察到车辆底盘部件的方式。

6. 检验检测时,带"*"的项目应采用符合标准的机动车检验 PDA 等设备拍摄检验照片(或视频),其数量、内容和清晰度应能满足现行《机动车安全技术检验监管系统通用技术条件》(GA 1186)的要求,但在用机动车安全检验时发现打刻(或铸出)的发动机号码/驱动电机号码不易见,且易见部位或覆盖件上的发动机/驱动电机标识缺失无法拍摄的,应记录在检验表中;对于 2018 年 1 月 1 日起出厂的总质量大于或等于 12000kg 的栏板式、仓栅式、自卸式、罐式货车及总质量大于或等于 10000kg 的栏板式、仓栅式、自卸式、罐式挂车,应拍货箱或常压罐体(或设计和制造上固定在货箱或常压罐体上且用于与车架连接的结构件)上打刻的车辆识别代号照片。

7. 因更换发动机申请变更登记前进行安全技术检验时,应当确认并记录变更之后的发动机型号和出厂编号。

2. 汽车维修检测

汽车维修检测依据检测目的不同分为维修前技术状况检测和修竣车辆技术状况检测。通过对汽车维修前的技术状况检测和故障诊断,确定附加作业和小修作业项目以及是否需要大修;通过对修竣车辆技术状况的检测,监控汽车维修企业的维修质量。

《汽车维护、检测、诊断技术规范》(GB/T 18344—2016)规定,汽车二级维护前应进行进厂检测,依据进厂检测结果进行故障诊断并确定附加作业项目。二级维护作业过程中发现的维修项目也作为附加作业项目。二级维护作业完成后应进行竣工检验,竣工检验合格的车辆,由维护企业签发维护竣工出厂合格证。

1)二级维护进厂检测内容

(1)故障诊断。OBD(On Board Diagnostics,车载自动诊断系统)的故障信息等。

(2)行车制动性能检测。采用台架检验或路试检验行车制动性能。

(3)排气污染物检测。汽油车采用双怠速法检测,柴油车采用自由加速法检测。

(4)根据驾驶员反映的车辆技术状况确定的检测项目。

2)汽车二级维护竣工检验项目及技术要求

二级维护竣工检验内容包括整车、发动机及其附件、制动系统、转向系统、行驶系统、传动系统、牵引连接装置、照明信号指示装置和仪表、排放等,检验项目和技术要求见表4-2。

汽车二级维护竣工检验项目和技术要求 表4-2

序号	检验部位	检验项目	技术要求
1	整车	清洁	全车外部、车厢内部及总成外部清洁
2		紧固	各总成外部螺栓、螺母紧固,锁销齐全有效
3		润滑	全车各个润滑部位的润滑装置齐全,润滑良好
4		密封	全车密封良好,无漏油、漏液和漏气现象
5		故障诊断	装有OBD的车辆,无故障信息
6		附属设施	后视镜、灭火器、客车安全锤、安全带、刮水器等齐全完好、功能正常
7	发动机及其附件	发动机工作状况	在正常工作温度状态下,发动机起动三次,成功起动次数不少于两次,柴油机三次停机均应有效,发动机低、中、高速运转稳定,无异响
8		发动机装备	齐全有效
9	制动系统	行车制动性能	符合现行《机动车运行安全技术条件》(GB 7258)的规定,道路运输车辆符合现行《机动车安全技术检验项目和方法》(GB 38900)的规定
10		驻车制动性能	符合现行《机动车运行安全技术条件》(GB 7258)的规定
11	转向系统	转向机构	转向机构各部件连接可靠,锁止、限位功能正常,转向时无运动干涉,转向轻便、灵活,转向无卡滞现象
12			转向节臂、转向器摇臂及横直拉杆无变形、裂纹和拼焊现象,球销无裂纹、不松旷,转向器无裂损、无漏油现象
		转向盘最大自由转动量	最高设计车速不小于100km/h的车辆,其转向盘的最大自由转动量不大于15°,其他车辆不大于25°
13	行驶系统	轮胎	同轴轮胎应为相同的规格和花纹,公路客车(客运班车)、旅游客车、校车和危险货物运输车的所有车轮及其他机动车的转向轮不得装用翻新的轮胎,轮胎花纹深度及气压符合规定,轮胎的胎冠、胎壁不得有长度超过25mm或深度足以暴露出帘布层的破裂和割伤以及凸起、异物刺入等影响使用的缺陷
14		转向轮横向侧滑量	符合现行《机动车运行安全技术条件》(GB 7258)的规定,道路运输车辆符合现行《机动车安全技术检验项目和方法》(GB 38900)的规定
15		悬架	空气弹簧无泄漏、外观无损伤,钢板弹簧无断片、缺片、移位和变形,各部件连接可靠,U形螺栓螺母扭紧力矩符合规定
16		减振器	减振器稳固有效,无漏油现象,橡胶垫无松动、变形及分层
17		车桥	无变形、表面无裂痕、密封良好
18	传动系统	离合器	离合器接合平稳,分离彻底,操作轻便,无异响、打滑、抖动和沉重等现象
19		变速器、传动轴、主减速器	变速器操纵轻便,挡位准确,无异响、打滑及乱挡等异常现象,传动轴、主减速器工作无异响

序号	检验部位	检验项目	技 术 要 求
20	牵引连接装置	牵引连接装置和锁止机构	汽车与挂车牵引连接装置连接可靠,锁止、释放机构工作可靠
21	照明、信号指示装置和仪表	前照灯	完好有效,工作正常,性能符合现行《机动车运行安全技术条件》(GB 7258)的规定
22		信号指示装置	转向灯、制动灯、示廓灯、危险报警闪光灯、雾灯、喇叭、标志灯及反射器等信号指示装置完好有效
23		仪表	各类仪表工作正常
24	排放	排气污染物	汽油车采用双怠速法,应符合现行《点燃式发动机汽车排气污染物排放限值及测量方法(双怠速法及简易工况法)》(GB 18285)的规定,柴油车采用自由加速法,应符合现行《柴油车污染物排放限值及测量方法(自由加速法及加载减速法)》(GB 3847)的规定

3. 委托检测

委托检测是指为了不同的目的和要求进行的车辆或总成的检测,其检测项目和内容不固定且与上述各类检测有所不同,通常是接受相关部门或机构的委托而进行。委托检测包括:

(1)接受委托,对车辆改装、改造、报废及其有关新工艺、新技术、新产品、科研成果等项目进行检测,提供检测结果。

(2)接受公安、环保、商检、计量和保险等部门的委托,为其进行有关项目的检测并提供检测结果。

二、汽车检测站的规模和工艺组织

1. 汽车检测站的规模

汽车检测站按其规模和业务范围,一般分为大型检测站、中型检测站和小型检测站。

(1)大型检测站,也称车辆综合性能检测站,能够对车辆的动力性、经济性、安全性、排放及噪声等技术状况进行全面的检测诊断。大型检测站又分为 A、B、C 三级。

①A 级站。能承担在用车辆的技术状况和车辆维修质量的检测,接受委托对车辆改装、改造、报废及其有关新工艺、新技术、新产品、科研成果等项目进行检测,为公安、环保、商检、计量和保险等部门进行有关项目的检测。可完成对车辆的制动、侧滑、灯光、转向、前轮定位、车速、车轮动平衡、底盘输出功率、燃料消耗、发动机功率和点火系统状况及异响、磨损、变形、裂纹、噪声、排气污染物等状况的检测。

②B 级站。能承担在用车辆技术状况和车辆维修质量的检测,可完成对车辆的制动、侧滑、灯光、转向、车轮动平衡、燃料消耗、发动机功率和点火系统状况及异响、变形、噪声、排气污染物等状况的检测任务。

③C 级站。能承担在用车辆技术状况的检测,可完成对车辆的制动、侧滑、灯光、转向、车轮动平衡、燃料消耗、发动机功率及异响、噪声、排气污染物等状况的检测任务。

大型检测站的检测设施设备齐全,一般至少设有两条检测线,一条为安全检测线,一条为性能检测线;安全防护设施也较为齐全,并配有不小于检测车间面积的停车场;A级站和B级站出具的检测报告或检测结果,还可以作为汽车售后服务企业维修质量优劣的凭证。

(2)中型检测站,也称汽车安全性能检测站,主要是围绕与汽车行驶安全有关的项目进行检测,即检验项目为车辆的制动、侧滑、灯光、转向、前轮定位、车速、噪声、排气污染物等内容。中型检测站通常只设一条检测线,配备的设备主要是汽车安全检测仪器,有的也配备有排气分析和噪声检测的仪器。

(3)小型检测站,一般为汽车运输服务类企业内部自设的检测站,主要是为企业自身的运输车辆提供服务,按"定期检测、视情修理"的原则,确定最佳维修时机。同时也用于监控企业车辆的维修质量,使车辆安全、节能运行,降低运输成本。小型检测站根据需要配备一些固定或便携式的仪器,可定点检验,也可流动检验,机动灵活,投资较少,但其检测报告或检测结果仅作为企业内部的参考使用。

2.汽车检测站的工艺组织

汽车检测站根据其服务功能,一般分为汽车安全环保检测站、汽车综合性能检测站和汽车维修检测站。

(1)汽车安全环保检测站。汽车安全环保检测站主要检测汽车安全及环保有关的项目,受公安机关车辆管理部门的委托,承担汽车申请注册登记时的初次检验、汽车定期检验、汽车临时检验和汽车特殊检验(包括事故车辆、外事车辆、改装车辆和报废车辆等的技术检验)。

根据《机动车辆安全技术检测站管理办法》的规定,安全检测站必须具备检测车辆侧滑、车速表误差、灯光、轴重、制动、排放、喇叭的设备及其他必要的检测设备。汽车安全环保检测站的工艺组织如图4-1所示。

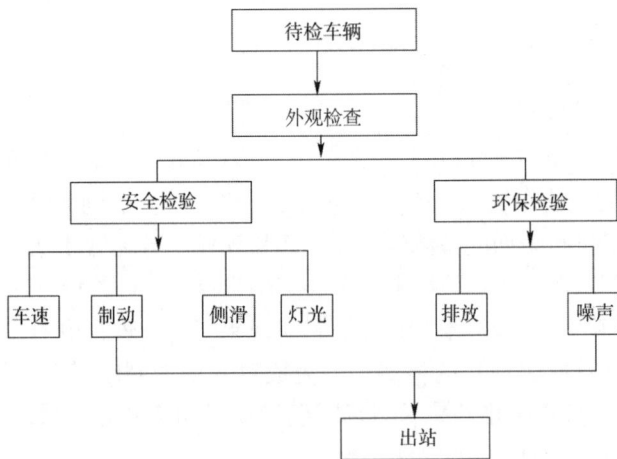

图4-1　汽车安全环保检测站工艺组织图

(2)汽车综合性能检测站。汽车综合性能检测站是综合运用现代检测技术、电子技术和计算机应用技术,对汽车实施不解体检测、诊断的企业或机构,主要由一条至数条检测线组成。它具有能在室内检测、诊断出车辆的各种性能参数,查出可能出现故障的状况,为全面、准确评价汽车的使用性能和技术状况提供可靠依据的能力。

汽车综合性能检测站既能承担车辆动力性、经济性、可靠性和安全环保管理等方面的检测,又能承担车辆维修质量的检测以及在用车辆技术状况的检测评定,还能承担科研、教学方面的性能试验和参数测试,能为汽车使用、维修、科研、教学、设计、制造等部门提供可靠的检验数据。

汽车综合性能检测站根据其级别和所承担的任务,配备相应的检测设备,其工艺组织如图4-2所示。

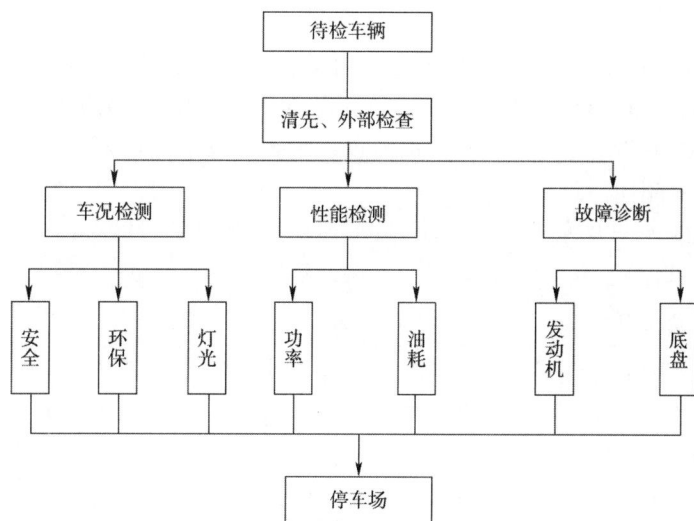

图4-2 汽车综合性能检测站工艺组织图

(3)汽车维修检测站。汽车维修检测站是为汽车维修提供服务的检测站,其任务是:对二级维护前的汽车进行技术状况检测和故障诊断,以确定附加作业项目和小修项目;对大修前的汽车或总成进行技术状况检测,以确定是否达到大修标准、是否需要大修作业;对维修后的汽车进行技术检测,以监控汽车的维修质量。汽车维修检测站的工艺组织如图4-3所示。

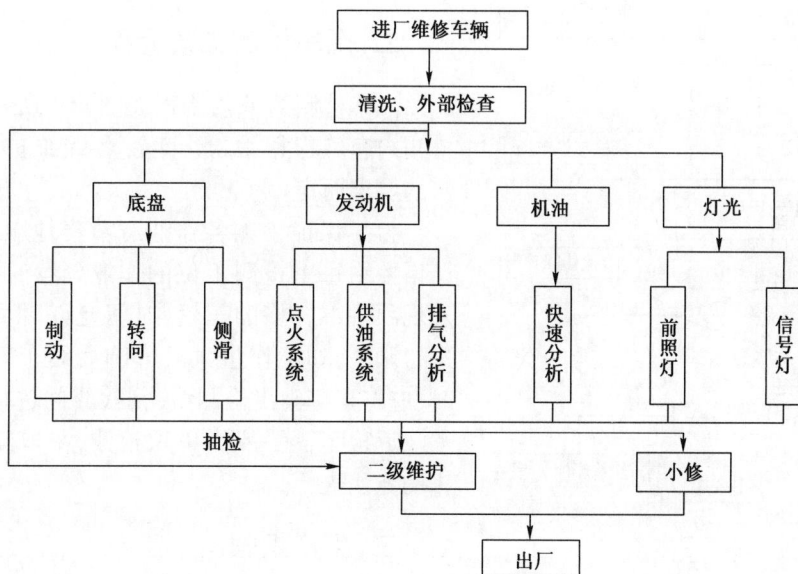

图4-3 汽车维修检测站工艺组织图

第二节　汽车检测站的工艺设计

一、汽车检测站基本布局和工位布置

1.汽车检测站基本布局

汽车检测站由检测间、检测线、检测工位、计算机控制系统、停车场、试车道路、业务厅等组成。其中，检测间净空高度、进出口高度和宽度必须符合车辆检测需要和安全的要求。检测间应通风、防雨，并设置排(换)气、排水装置。检测间通道地面彩条引车线应清晰可见。检测线布置在检测间内。

停车场面积应大于或等于检测间面积，不允许与检测场地、试车道路和行车道路等设施共用。

2.汽车检测站工位布置

目前，国内检测站以综合性能检测站居多，通常由一条安全环保检测线和一条综合检测线组成。这两种检测线都是由多个检测工位组成并且按一定顺序分布在直线通道上。

(1)安全环保检测线。安全环保检测线有人工控制和自动控制两种类型，人工控制的安全环保检测线主要由外观检查工位、侧滑制动车速表工位、灯光尾气工位组成。自动控制安全环保检测线一般由汽车资料输入及安全装置检查工位、侧滑制动车速表工位、灯光尾气工位、车底检查工位、综合判定及主控制室工位组成。

(2)综合性能检测线。综合性能检测线有两种类型，一种类型为不包括安全环保检测线的主要设备，主要由底盘测功工位组成；另一种是包括安全环保检测线主要检测设备在内，由外观检查及前轮定位工位、制动工位和底盘测功三个工位组成，能对汽车技术状况进行全面检测。

二、汽车检测工艺流程

汽车检测的工艺流程如图4-4所示。其具体检测内容可根据季检、年检、各级维护、小修和大修的要求而定。

为了保证检测各作业有节奏地顺利进行，需严格控制每个检测工位的作业延续时间；检验中发现项目不合格的车辆，时间允许时可在工位上进行调整，如工作量大且影响后续车辆进行检测时，应将车辆驶出检测线，到检修间进行小修或调整。返检车辆一般为单项检测，采取随时插空安排的方法进行。

三、生产纲领

汽车检测站的生产纲领是指检测站每年(或

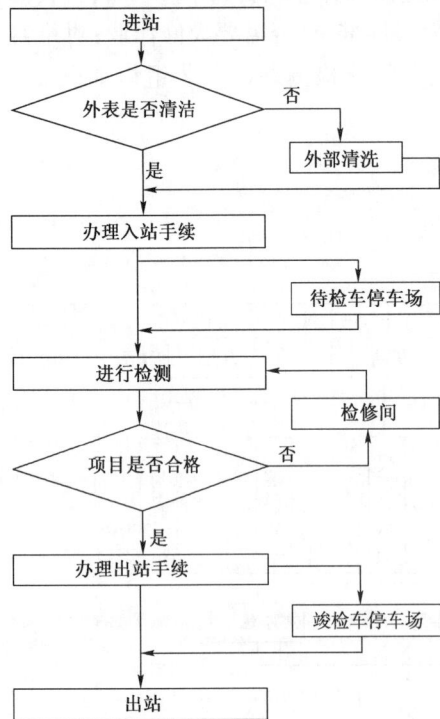

图4-4　汽车检测工艺流程

每日)检测车辆的次数。根据检测站类型的不同,各类汽车检测站的生产纲领也不同。汽车检测站生产纲领通常是根据服务范围内的在册车数、大修次数、维护次数、检测周期、返检率等来确定。

生产纲领可按式(4-1)计算:

$$Z = (A_m - A_p)n_1 + A_p n_2 + A_0 n_3 + A_m \alpha_j \qquad (4\text{-}1)$$

式中:Z——汽车检测站生产纲领,辆次;

A_m——在册车辆数,辆;

A_p——年送大修车辆数,辆;

A_0——需送检的维护车辆数,辆;

n_1——车辆季、年检次数,次;

n_2——送大修车辆每辆需年检次数,次;

n_3——维护车辆每辆需年检次数,次;

α_j——车检不合格修后返检率,%。

四、工作制度及年工作量

汽车检测站的工作制度和其他汽车服务企业一样,是指每年的工作天数、每天的工作班数、每班的工作时数及其隶属关系。

每年的工作天数可按式(4-2)计算:

$$d = d_0 - (d_i + d_x + d_s) \qquad (4\text{-}2)$$

式中:d——每年的工作天数;

d_0——每年的天数,取 365 日;

d_i——国家规定的法定假日休息时间,取 11 日;

d_x——国家规定的每周休息时间,全年 52 周,共计 104 日;

d_s——设备年维修天数,每年检修两次,每次 7~10 日。

年度工作时间分为名义工作时间 T_m 和实际工作时间 T_n:

$$T_m = d \cdot t_j \qquad (4\text{-}3)$$

式中:t_j——汽车检测站每天的工作时间,h。

$$T_n = T_m \cdot \alpha \cdot \beta \qquad (4\text{-}4)$$

式中:α——工人出勤率;

β——工时利用率。

汽车检测站的年度工作量 Q 可按式(4-5)计算:

$$Q = Z \sum t \qquad (4\text{-}5)$$

式中:t——检测每辆汽车的工时定额,h/辆次;

Z——汽车检测站生产纲领,辆次。

在计算中,由于安全线和性能线工时定额不一样,故需要分开计算。如果各工作位置节拍不一致,也可分别计算,然后累计总和。

五、人员数的确定

汽车检测站的人员可分为生产工人(检测员)、辅助工人和非生产人员(管理、技术、质检负责人等)。

1. 生产人员

生产人员需经有关部门培训、考核,取得合格证、资格证后,方能上岗。生产人员人数可根据年度工作量和年度工作时间来计算确定:

$$R_m = \frac{Q}{T_m} \tag{4-6}$$

$$R_n = \frac{Q}{T_n} \tag{4-7}$$

式中:R_m——生产人员出勤人数,人;

R_n——生产人员在册人数,人;

Q——汽车检测站年度工作量,h;

T_m——年度名义工作时间,h;

T_n——年度实际工作时间,h。

2. 辅助人员

辅助人员的数量根据检测站设备数量、设备维修时间、车辆外部清洗和调整工作量、动力设置情况等确定。一般也可按生产人员数的7%~10%粗略计算。

3. 非生产人员

非生产人员一般按全站总人员的18%计算。其中管理人员8%,工程技术人员6%,其他服务人员4%。

六、工位数的确定

检测线工位数可按式(4-8)计算:

$$D = \frac{A_p t_p}{T_a} \tag{4-8}$$

式中:D——检测线工位数,个;

A_p——汽车检测站每天平均检测车辆数,辆;

t_p——每辆检测车辆的平均作业时间,h;

T_a——工位每天有效作业时间,h。

对于大型汽车检测站,安全线和性能线所设工位可以分开计算和设置,通常每条线一般设3~6个工位,可按检测内容进行划分。安全线常对噪声、侧滑、制动力、速度表、前照灯、CO和HC化合物、烟度(柴油机)、底盘各部位进行检测;性能线则重点对发动机、底盘、转向系统和制动系统等作深入诊断。

七、设备的选择

1. 设备数量

每一工位每项设备应配置的台数,可按式(4-9)计算:

$$N_i = \frac{t_0}{T_i} \tag{4-9}$$

式中:N_i——某项检测设备的数量,台;

t_0——某项检测作业的年度工作量,等于年检测次数乘以作业时间,h;

T_i——设备年度实际工作时间，h/台。

设备年度实际工作时间 = 年工作天数 × 班制 × 班工作时数 × 设备完好率 × 设备利用率。计算时如果设备不足1台，可取整为1台。

2. 设备的选型

在进行设备选型时，要根据本站的具体情况，选取可靠性好、检测精度高、自动化程度高、经久耐用、价格合理的产品。国产设备购置、维修、售后服务都十分方便，因此应尽可能选用国内产品。设备的型号和性能根据汽车检测站实际情况及相关设备产品目录确定。

八、建筑面积的计算

汽车检测站主厂房（检测车间）的面积可根据检测线的占地面积进行计算，也可根据生产人员数、设备台数、工位及通道等进行确定。

1. 根据检测线的占地面积计算

检测线长度 L 可按式（4-10）计算：

$$L = lD + l_1(D - 1) + 2Z \qquad (4-10)$$

式中：l——被检汽车长度，m；

l_1——前后两车之间的安全距离，m；

D——工位数，个；

Z——长度方向安全保护距离，m。

检测线的长度应符合建筑上柱网尺寸的要求，厂房建筑通常长度取6的倍数。

检测线宽度 B 可按式（4-11）计算：

$$B = b + 2c \qquad (4-11)$$

式中：b——被检测汽车的宽度，m；

c——宽度方向安全保护距离，m。

检测线的宽度应符合建筑上柱网尺寸的要求，即小于18m时取3的倍数，大于18m时取6的倍数。

则检测线的面积（单线）F 可按式（4-12）计算：

$$F = LB \quad \text{或} \quad F = fKD \qquad (4-12)$$

式中：f——被检车辆垂直投影面积，m^2；

K——工位单位面积系数，取4~5；

D——工位数，个。

2. 估算

在没有资料的情况下，可根据工位数（各工位长10~15m）、暂停车位（待检停车）数估算检测线长度；可根据设备、车辆行驶通道、人行通道来估算检测线的宽度。厂房的长度和宽度要符合建筑上柱网统一化的规定。

其他建筑面积，如洗车台、停车场、调整维修间、锅炉房、空压机室、配电室、办公楼等，可参照第三章"汽车4S店设计"部分的相关内容进行计算。

九、动力计算

汽车检测站的用水、用电、电气计算，请参照第三章"汽车4S店设计"部分的相关内容进行。

第三节　汽车检测站的平面布置

汽车检测站的平面布置包括检测站主厂房(检测车间)的平面布置和检测站总平面布置两部分。

一、汽车检测站主厂房平面布置

汽车检测站主厂房(检测车间)的平面布置是根据检测线工位的划分,按检测性质和检测内容的不同,采用顺序通道式进行布置。

大型检测站的安全线和性能检测线,通常采用两条流水线分开平行布置的方式,这样可同时进行检测,效率较高,如图4-5所示。

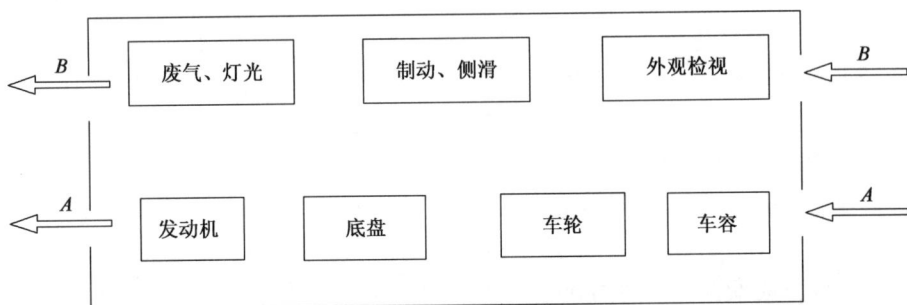

图4-5　检测车间平面布置示意图

从图4-5中可以看出A-A线为性能检测线,按4个工位进行检测,主要任务是鉴定汽车维修质量和判定汽车维修时机。B-B线为安全检测线,至少设3个工位(一般可在3~6个工位之间选择),主要为季检、年检要求的安全、环保等项目做检测。不同工位的设备、检测项目、人员配置情况见表4-3。

不同工位设置所需的设备、检测项目及人员配置情况　　表4-3

工位	工位号	主要设备	检测项目	操作人员数	检测能力（辆/h）
三工位检测线	1	汽车举升器、轮胎气压表、车轮平衡机	汽车外观、底盘、轮胎气压检查、车轮平衡	7	6
	2	底盘综合试验台、侧滑试验台、车轮刺入物检测器	制动、车速试验、底盘测试、侧滑试验车轮是否有铁物刺入		
	3	地沟及举升器、前轮定位仪、前照灯、排气检测仪	前轮定位、前照灯照度、光轴方向、排气污染物		
四工位检测线	1	汽车举升器、车轮平衡机、轮胎刺入物检查器、轮胎气压表	外观、底盘检测、车轮平衡、检查轮胎有无刺入铁物、轮胎气压	9	7~8
	2	底盘综合试验台、X-Y双笔记录仪	底盘测功、制动、车速油耗测定		
	3	前轮定位仪、测滑试验台	前轮定位、前轮侧滑量		
	4	前照灯检测仪、排气分析仪	前照灯照度、光轴方向、排气分析		

工位	工位号	主要设备	检测项目	操作人员数	检测能力（辆/h）
五工位检测线	1	地沟及举升器、轮胎气压表、车轮平衡机	外观、底盘检视、轮胎气压、车轮平衡	10	7~8
	2	前轮侧滑试验台、前轮定位、转向力仪	前轮侧滑量、前轮定位、转角、转向力		
	3	轴重仪、制动试验台、速度表试验台	车轮负荷、制动试验、车速表检验		
	4	底盘测功仪、发动机测试仪	功率测量、发动机工况及油耗检查		
	5	前照灯检测仪、排气分析仪（烟度计）	前照灯照度、光轴、排气分析		
六工位检测线	1	汽车举升器、轮胎气压表、车轮平衡机	汽车外观及底盘检视、轮胎气压、轮胎平衡	11	7~8
	2	底盘综合试验台、排气分析仪等	底盘测功、车速试验、排气分析、油耗测定		
	3	前轮转角仪、振动试验台	前轮转向角、车身及底盘振动试验		
	4	高速制动试验台、轮胎刺入物检查器	前轮、后轮高速制动试验、轮胎是否刺入铁物		
	5	动态前轮定位仪	动态检查前轮定位		
	6	前照灯检测仪	前照灯照度、光轴方向		

二、汽车检测站主厂房平面布置实例

（1）汽车检测站主厂房（检测车间）检测设备平面布置如图4-6所示。

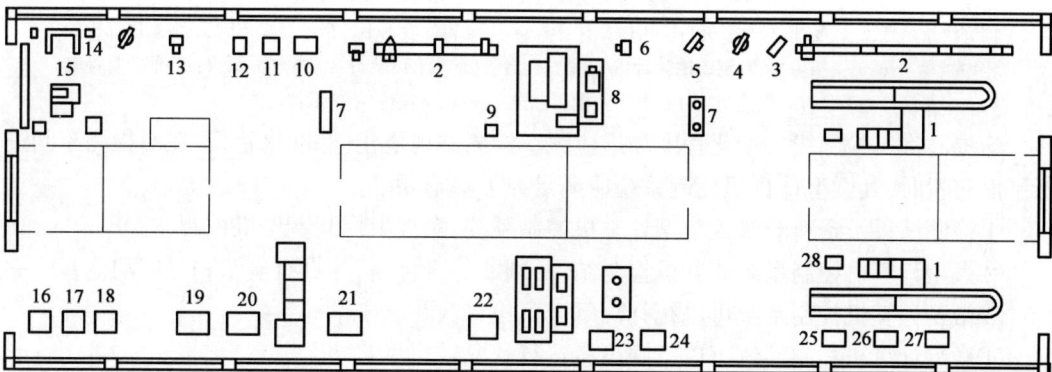

图4-6 汽车检测站主厂房（检测车间）检测设备平面布置图

1-地沟;2-ABS摄像机;3-P显示器;4-确认反光镜;5-信号灯;6-内线自动电话;7-显示器;8-ABS检测台;9-声级计;10-烟度计;11-排气分析仪;12-X、DS按钮;13-H、X记录器;14-光电开关;15-前照灯检测仪;16-汽缸漏气量检测仪;17-发动机综合测功机;18-发动机异响检测仪;19-燃料流量传感器;20-传动系异响检测仪;21-底盘测功机;22-侧滑试验台;23-车速表测试仪;24-车轮定位仪;25-声发射仪;26-游隙检验仪;27-车轮平衡仪;28-轮胎充气机

（2）典型汽车检测站主厂房（检测车间）全自动安全环保检测线平面布置图分别如图4-7、图4-8所示。

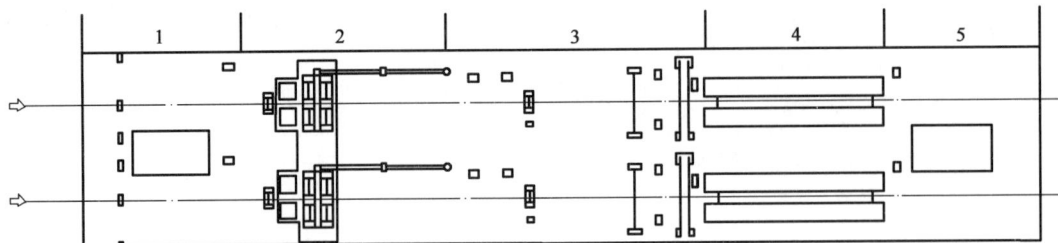

图4-7　日本五工位全自动安全环保检测线平面布置图

1-汽车资料输入及安全检查装置工位；2-侧滑制动车速表工位；3-灯光尾气工位；4-车底检查工位；5-综合判定及主控制室工位

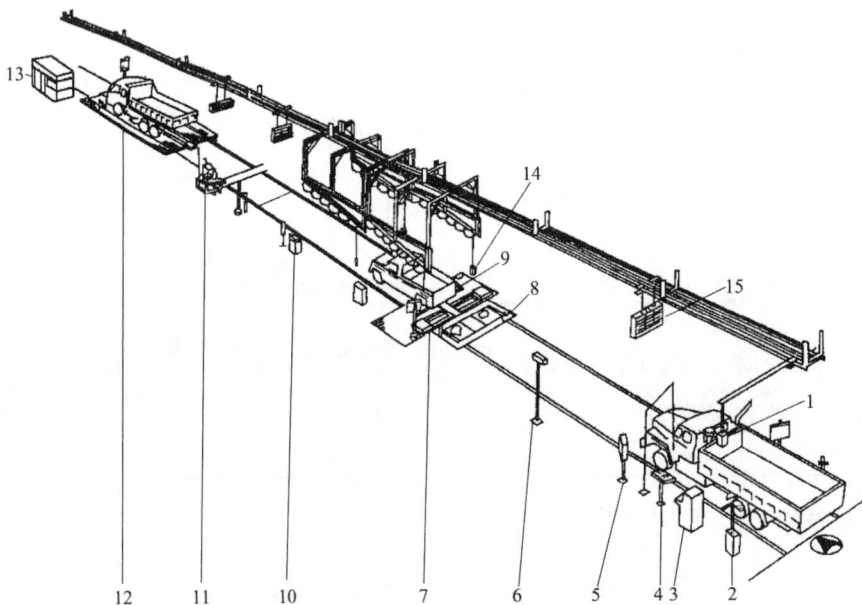

图4-8　国产五工位全自动安全环保检测线平面布置图

1-进线指示灯；2-烟度计；3-汽车资料输入微型计算机；4-安全装置检查不合格项目输入键盘；5-烟度计检验程序指示器；6-电视摄像机；7-制动试验台；8-侧滑试验台；9-车速表试验台；10-废气分析仪；11-前照灯检测仪；12-车底检查工位；13-主控制室；14-车速表检测申报开关；15-检验程序指示器

为提高汽车检测线自动化程度和适应汽车检测站规范化、标准化管理，在对检测车间进行平面布置时，其微型计算机控制系统应满足如下基本要求：

①检测结果及资料能录入微型计算机控制系统，实现由控制室主机控制；

②微型计算机控制系统能分析检测结果，判断是否合格，并具有显示和打印功能；

③微型计算机控制系统可以统计出每天车检总数及合格率等参数；

④微型计算机控制系统可以反映设备运行状况；

⑤控制室能跟踪各检测工位，并将其显示在电子屏幕上。

三、汽车检测站总平面布置

汽车检测站总平面布置图如图4-9所示。汽车检测站车辆出口不得妨碍道路交通；检测间应宽敞、明亮、整洁，通风、排水、照明设备好，工艺布局合理，安全防火设施齐全；汽车检测站停车场地不得小于检测间面积。

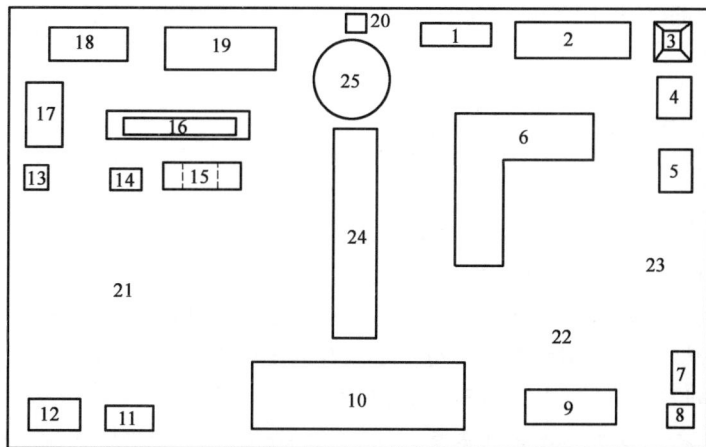

图 4-9 汽车检测站总平面布置图

1-自行车棚;2-食堂;3-煤堆;4-锅炉房;5-浴池;6-办公楼;7、13-公共卫生间;8-加油站;9-调整间;10-检测主厂房;11-空气压缩机站;12-变电室;14-水泵房;15-循环水池;16-洗车台;17-机修间;18-材料库;19-自用车库;20-收发室;21-待检车停车场;22-竣检车停车场;23-球场;24、25-花坛

除上述要求外,还应考虑到如下问题:

①汽车检测站主厂房应位于全站的中心位置;

②考虑常年主导风向和夏季主导方向,把易燃品、噪声大、有污染的建筑物放在全站的下风向和边缘位置;

③站内除设待检、竣检停车场外,有条件时可设置试车跑道;

④建筑物之间的距离应符合卫生防火要求;

⑤建筑物布置均匀、道路整齐,同时应考虑站区的绿化。

四、厂房的建筑要求

(1)汽车检测站主厂房通常采用单层结构、直线通道式,房高度、跨度、柱距应符合建筑标准化要求。

(2)汽车检测站主厂房地面为水磨石,并在检测线上划出白色行车标志;墙面及屋顶应考虑消声措施,如拉毛处理等。

(3)汽车检测站主厂房内应选择自然采光,窗地面积比一般为 1/6~1/3;白天除地沟可用日光灯照明外,其他部分均采用自然光线照明。

(4)汽车检测站主厂房应具备必要的排水与排气设施。地沟面层采用耐油防潮材料,沟底向台阶方向倾斜,以便排水;沟内设置通风排气设备和照明灯具。

(5)汽车检测站主厂房内的水、电、气等动力供应线路或管道应尽可能选择墙内或地下通道,不要外露。

(6)配备必要的采暖系统,尤其是高寒地区,要求检测通道温度不低于 10℃,控制室温度为 20℃左右,其他各室温度为 15℃左右。

(7)保障必要的室内供水,特别是洗手池和消火栓的用水。为便于冲洗地面,应设置排水口;机油分析化验间还应设置洗手池和上、下水道。

(8)室内通风应采用自然通风和强制通风相结合的方法。凡是发动机运转的检测工位,均应设置强制通风设备,以免有害气体散发到厂房内;机油检测间也应采用局部强制通风措施。

📖 复习思考题

1.《中华人民共和国道路交通安全法》对机动车的检测有何规定?

2.根据检测目的的不同,汽车检测的类型有哪些?

3.汽车安全检测的目的是什么? 目前主要检测标准有哪些?

4.汽车维修检测包括哪些基本类型? 检测目的是什么?

5.大型汽车检测站的级别是怎样划分的?

6.简述汽车检测站工艺设计的内容。

7.简述汽车检测站总平面布置应注意哪些问题。

第五章　汽车加油站设计

本章主要介绍汽车加油站工艺设计参数（容量、油罐的选择、加油柱数目、工作人员数、建筑面积）及各参数的计算方法；汽车加油站选址的基本要求及区域组成情况；汽车加油站平面布置内容和注意事项；汽车加油站设计效果的评价指标及安全设计的主要要求。

通过学习本章内容，要求学生掌握汽车加油站设计参数及其计算方法；掌握汽车加油站平面布置内容、建筑结构要求及注意事项；了解汽车加油站设计效果的评价指标；了解汽车加油站安全设计的基本要求。

汽车加油站是最早发展起来的汽车服务类企业，主要从事液体石油产品的计量、存储和发放工作，是汽车服务行业的重要组成部分，对保证汽车的正常运行起着重要的作用。汽车加油站按其容量可分为大、中、小三种类型，当容量大于 2500t 时为大型加油站，当容量小于 500t 时为小型加油站，介于两者之间的为中型加油站。目前，为汽车提供相关服务的主体多为小型加油站，本章将以小型加油站为主要设计对象，介绍其工艺计算、平面布置、安全设计和技术经济指标等。

第一节　汽车加油站的工艺计算

汽车加油站的工艺计算，应考虑汽车加油站的性质、来油方式、距离和油源，其主要是确定油罐（池）类型、油站的容量、加油柱数目、工作人员数量和主要设施面积。

一、汽车加油站容量的确定

汽车加油站容量是指油站的储油数量，其大小应能满足两次来油间隔时间内，有足够的油品供应，既不能有过剩，也不应有不足。汽车加油站的容量一般与下列因素有关：

（1）加油站的级别。级别越高，油站容量越大。

（2）加油站油品的周转量。其他条件相同时，油品周转量越大，油站的容量越大。

（3）石油产品的运入运出条件。石油产品的供应和销售不均匀、运输条件变化等对油站的容量都有很大影响。

（4）加油站的任务范围。除主要任务（燃油加注）外还承担辅助任务（石油产品的混合、脱水，润滑油的再生等）时，需要增加辅助容量。

汽车加油站容量的确定常采用图解法和计算法。

图解法主要是根据统计汽车加油站进油和出油的数据，找出油品的最大剩余量和最小剩余量，两者之差即为汽车加油站的容量。各种石油产品容量之和即为加油站石油产品的总容量。此方法需要作出进油和出油曲线图或统计表,从图表中找出全年中油站的最大和最小剩余的、得不到利用的蓄油量,比较费时。

计算法是根据有关数据,确定出加油站的设计容量,再选定油罐或油池,最后确定建造容量。在得到油品的周转量后,可直接计算加油站的设计容量:

$$G_y = \frac{g_y D_0 A_m \alpha_m}{1000} \tag{5-1}$$

式中:G_y——油品的年度周转量,t;

g_y——每辆车日平均用油量,kg/(辆·日);

D_0——汽车年平均运行天数,日;

A_m——供油的在册车辆数,辆;

α_m——车辆的技术完好系数。

汽车加油站的设计容量可按式(5-2)计算:

$$V_y = \frac{G_y}{k_y \gamma_y \eta_y} \tag{5-2}$$

式中:V_y——汽车加油站的设计容量,m³;

k_y——油品的周转系数,指油品年度周转量与油罐(池)容量之比,一般取15;

γ_y——石油产品的密度,t/m³;

η_y——油罐(池)利用系数,一般取0.95。

当粗略计算设计容量时,也可由一年中用量最高的月份的周转量确定V_y,但此种算法是以均匀进油为计算前提的,估算公式如下:

$$V_y = \frac{G_{max} \alpha_0}{30 \gamma_y \eta_y} \tag{5-3}$$

式中:G_{max}——石油产品最高月份周转量,t;

α_0——按日计算时的容量备用系数,可参照表5-1选取。

容量备用系数的选取

表5-1

最高月份周转量 G_{max}(t/月)	<500	500~15000	15000~25000	>25000
容量备用系统 α_0	30	20	8	5

二、油罐(池)的选择

在汽车加油站的建设中,储油设施成本约占油站总投资的60%。因此,选择(制造)储油设施是一项十分重要的工作。油罐(池)可依据用途、材料、结构等进行分类,如图5-1所示。

金属油罐主要用于储存黏度低的透明石油产品及润滑油,如储存黏度高的易凝结的石油产品,须安装加热设备。非金属油罐(池)主要用于储存不透明黏度高的石油产品。为防止渗漏,内壁面应涂覆特殊的防护层。

油罐(池)可分为地上、地下和半地下三种设置方式;按油品种类,可分为汽油、柴油、润滑油及重油罐等多种。油罐(池)的类型确定后,还要确定其容量和数量,选择时主要考虑以下几点:

(1)油罐(池)质量好、价格低、寿命长;

(2)同种石油产品要选用两个油罐,便于同时进行收进和发放工作;

(3)尽量选用标准油罐和同类型油罐,以便降低安装费用和经营费用;

（4）油罐的建造容量应大于设计容量,其差值应尽可能小。

标准卧式金属圆柱油罐的容量及外形如图 5-2 所示,尺寸见表 5-2。

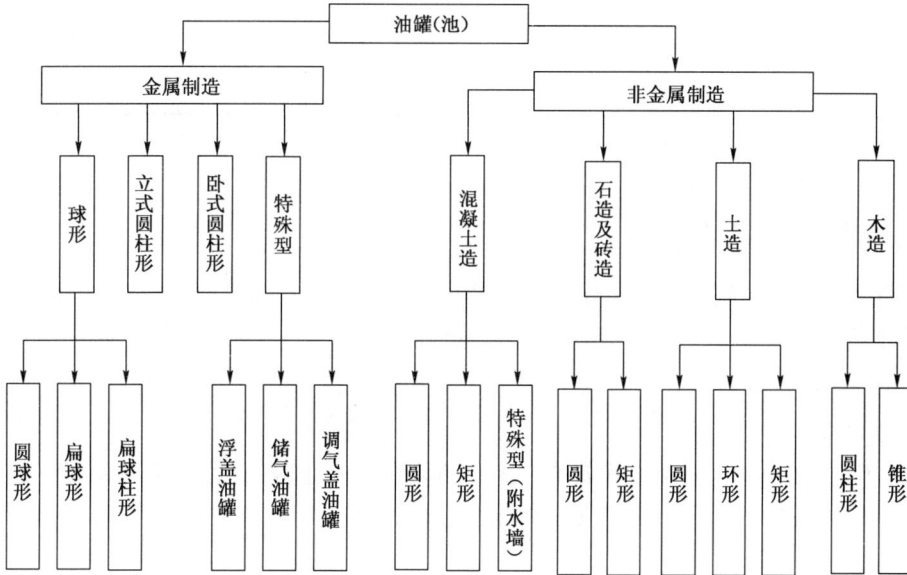

图 5-1　油罐(池)分类

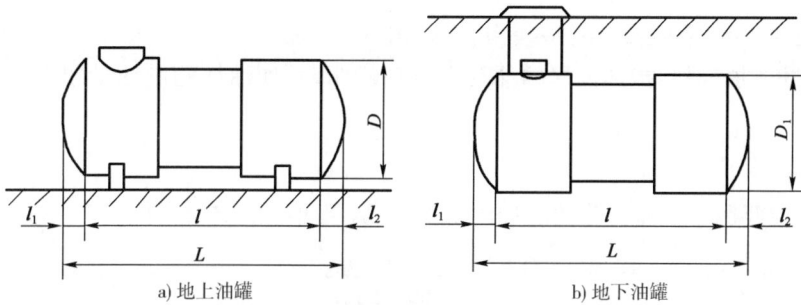

a) 地上油罐　　　　　　　　b) 地下油罐

图 5-2　标准油罐外形

标准油罐的容量及外形尺寸　　　　　　　　　　　　　　　　表 5-2

容量 (m³)	平 底 式			球 形 底 式				全部质量(kg)	
	D	L	l	D	L	l_1	l	标准	实际
9.5	1705	4140	4140	—	—	—	—	950	896
10.5	2200	2800	2800	—	—	—	—	1100	1025
11.0	—	—	—	1705	4820/4940	340/400	4140	990	930
18.5	—	—	—	2200	3780/3900	490/550	2800	1184	1706
24.0	2400	5510	5510	—	—	—	—	1848	1706
28.0	—	—	—	2400	6590/6710	540/600	5510	1913	1817
47.0	2600	8850	8850	—	—	—	—	4020	3567

容量	平 底 式			球 形 底 式				全部质量(kg)	
(m³)	D	L	l	D	L	l_1	l	标准	实际
51.0	—	—	—	2600	9890/ 10010	520/ 580	8850	3773	3454

注：1. D 为油罐高度，L 为油罐总长度，l 为油罐直段长度，l_1 为左封头长度，l_2 为右封头长度。

2. 通常情况下，$l_1 = l_2$。

三、加油柱数目的确定

加油柱是向汽车加注燃油的装置，其结构包括抽油泵、计量器、给油管、加油管嘴等，全部零部件安装在一个密闭的柱形外壳中的金属框架上。

1. 加油柱的分类

1）按安装方式分类

（1）固定式加油柱：全部装置安装在固定的油泵台上，国内加油站多采用此种方法。

（2）移动式加油柱：全部装置安装在能够移动的运输机械（车辆、轮船等）上，具有机动、灵活、适应特种需要的特点。

2）按驱动方法分类

（1）手动式加油柱：指加油柱的油泵由工作人员人力驱动，适用于在没有电源的地方进行加油。加油柱的供油量较小，一般为 25～30L/min。

（2）电动式加油柱：指加油柱的油泵由电动机驱动，加油柱的供油量较大，一般为 50～100L/min。

2. 加油柱数目的确定

加油柱主要用于汽油和柴油的加注工作，其数量可按式(5-4)计算：

$$n_j = \frac{1000 G_{max}}{60 d_y t_j \gamma_y g_j} \tag{5-4}$$

式中：G_{max}——石油产品最高月周转量，t；

d_y——每月工作天数，日；

t_j——每天的加油时间，h；

γ_y——油品的密度，t/m³；

g_j——每台加油柱的供油量，L/min。

式(5-4)中 t_j 指除去辅助时间的泵油时间。当 n_j 为小数时，应结合工作制度适当取整数。

若加油站每天的供油量比较均匀，则可按式(5-5)计算加油柱数目：

$$n_j = \frac{A_0 e}{60 t_j g_j} \tag{5-5}$$

式中：A_0——每天进站加油的车辆数，辆；

e——每辆车平均加油量，L/辆。

四、汽车加油站人员的确定

汽车加油站的人员数，可根据作业的年度工作量 Q、年度名义工作时数 T_m 和实际工作

时数 T_n 确定。

出勤生产工人数 R_m 按式(5-6)计算:

$$R_m = \frac{Q}{T_m} \tag{5-6}$$

在册生产工人数 R_n 按式(5-7)计算:

$$R_n = \frac{Q}{T_n} \tag{5-7}$$

管理及其他人员数,可根据有关规定,按生产工人数的一定比例确定。小型加油站可根据实际工作需要,按经验指标确定人员数。一般标准为加油员 3 人(两班制)、计划统计员 1 人、油罐车驾驶员 1 人、安全保卫人员(含夜间值班人员)2 人,管理及其他人员 2～3 人,共计 10 人左右。

五、汽车加油站建筑面积的确定

汽车加油站的占地面积,是根据其所属的各建筑物和构筑物的面积、防火间距及发展规划确定的,目前还没有供设计时参考的标准面积定额。

各建筑物和构筑物的面积,可根据工作人员、机具设备、车位等单位面积定额,按工业建筑标准有关规定确定。下面以确定桶装油料仓库的面积为例加以说明。

仓库的面积 F_y 可按式(5-8)或(5-9)计算:

$$F_y = \frac{p_t}{q} \tag{5-8}$$

$$F_y = \frac{P_t}{\gamma_y D_t \beta_0 M} \tag{5-9}$$

式中: p_t——桶装油料的质量, t;

q——单位土地面积允许的负荷, t/m², 见表5-3;

P_t——桶装油料计算质量, t;

D_t——油桶的最大外径, m;

β_0——容积充实系数, 见表5-4;

M——堆垛层数, 易燃品为一层, 可燃品一般应小于五层。

考虑到通道面积, 仓库的面积 F_0 可按式(5-10)计算:

$$F_0 = \frac{F_y}{k} \tag{5-10}$$

式中: k——面积利用系数, 通道为 1～2m 时, 取 0.45; 通道为 1.1～1.3m 时, 取 0.36。

单位土地面积允许的负荷　　　　　　　　表 5-3

油 料 名 称	每桶油质量 (kg)	单位土地面积允许的 负荷 q(t/m²)	油 料 名 称	每桶油质量 (kg)	单位土地面积允许的 负荷 q(t/m²)
汽油	170	0.52	汽缸油	200	0.33
透平油	200	0.33	压缩机油	200	0.33
车用机油	240	0.40	凡士林	195	0.34

油料名称	每桶油质量 （kg）	单位土地面积允许的 负荷 $q(t/m^2)$	油料名称	每桶油质量 （kg）	单位土地面积允许的 负荷 $q(t/m^2)$
索立多尔	230	0.38	汽缸用黑油	205	0.34
乳化油	240	0.40	维思考金	210	0.35
机油	200	0.33	瓦波尔	205	0.34
锭子油	200	0.33	黑油	210	0.35

容积充实系数　　　　　　　　　　　　表 5-4

桶类型	容积（L）	容积充实系数 β_0	桶类型	容积（L）	容积充实系数 β_0
铁皮铁桶	20	0.943	木桶	100	0.546
卷制铁桶	100	0.653		150	0.562
	200	0.612		175	0.540
焊接铁桶	100	0.571		200	0.560
	200	0.600	胶合板小桶	50	0.794
			厚纸板小桶	25	0.700

第二节　汽车加油站的平面布置

一、汽车加油站场址的基本要求与组成

1. 场址的基本要求

(1)汽车加油站的场址应有足够的面积,考虑未来扩建,可增加 25% ~ 30% 的面积。

(2)场址最好设在有缓坡的地面上,便于雨水的排除和油品的自然装卸。

(3)地基的土质要坚定稳固,土壤容许应力应符合油罐对土壤荷载的要求。

(4)进行平面布置时要符合有关防火、卫生等标准,沿加油站边界留有消防通道。

(5)加油站应靠近交通干线,以便于石油产品的运输。

(6)尽量利用市政设施(水、电、气等),以减少投资成本。

2. 汽车加油站的区域组成

规模较大的加油站场址通常划分 6 个区域,即油品收发区、油品储存区、作业区、辅助区、行政区和清理区。

(1)油品收发区:是石油产品验收入库和经营发放的区域,一般位于场区的前方,主要设置泵台、站房、化验室、工人休息室等。

(2)油品储存区:是存放和保管石油产品的区域,一般位于场区的后方,主要包括油罐(池)场、防火护墙、消防站等。

(3)作业区:是石油产品零星发放的工作区域,一般位于储存区的一侧,主要有装油台、灌桶间、桶装油库、净油桶仓库和污油桶仓库等。

(4)辅助区:是为加油站主要设施服务的区域,一般位于场区的侧前方,主要包括卸货场、洗车台、维修间、锅炉房、变电所、水泵站等。

（5）行政区：是加油站行政管理和办公的区域，一般位于场区的两侧进出口处，主要包括办公室、收发室、服务部、保卫室、自用车库等。

（6）清理区：是清理雨水和收集流洒油品的区域，一般位于场区前方的最低处，主要包括滤沙池、分油池、备用槽、淤泥场等。

在实际设计中，并非每个加油站都需要设置 6 个区域，根据加油站的规模和任务，个别区域可以不设。另外，城市道路附近的加油站规模都比较小，一般仅设置加油柱（泵台）、地下储油罐、站房等（个别加油站附设有小修室、洗车台等），在进行平面布置时，很难把它们划分成明确的区域。

二、汽车加油站的平面布置

平面布置的目的是保证工艺和经营方面的流程作业能够正常进行，防止运输工具及石油产品的逆向移动。

1. 平面布置的要求

（1）汽车加油站应按当地常年主导风向进行布置，把产生火源和停放易燃品的建筑物布置在场区边缘下风向处。

（2）各建筑物、构筑物之间的距离，应符合防火间距的要求。

（3）汽车加油站内道路最好采用环形，有利于满足生产和消防要求。

（4）储油区应设在完全分隔的场地内，并符合各种油品分别保管的要求。

（5）汽车加油站应有良好的通风，并与周围的建筑物有一定的安全距离；加油站与人行道要用栅栏分开。

（6）汽车加油站出入口最好设在支路或次要道路上，保证交通安全、畅通。

（7）考虑到汽车加油站的发展，应留有改建、扩建的余地。

2. 主要设施布置

小型汽车加油站的主要设施包括站房、加油柱、罩棚、地下油罐及油泵台等，中、大型汽车加油站还应附设汽车小修室、洗车台等。

加油柱是将燃油从储油罐中抽出来，通过油管、油枪把燃油加注到汽车的油箱或油桶中，其位置多设在高出加油站地面的油泵台上。油泵台的宽度不小于 1.2m，高 0.15 ~ 0.20m，长度按实际情况而定。油泵台上放置油泵，油泵台的两边为加油车辆的停（行）车道，加油柱的高度约为 1.8m，平面尺寸为 80cm×60cm，如图 5-3 所示。

地下储油罐一般设置在站房两侧的空地处或加油平台下方。罐顶离地面 0.8 ~ 1.2m。地下油罐分为直埋式和槽埋式两种：直埋式要求严格防腐，外壁应包裹沥青、玻璃、丝布等；槽埋式油罐要求槽内防水。两者相比，后者占地面积大、投资成本高，故直埋式油罐较为多见。地下油罐不能与地下管网发生冲突，特别是电力电缆和高、中压煤气管道，要求远离所埋设的管道，最好不在同一线路上。同时，油罐还要避免建在人防工程上面，特别是出口处。

罩棚分两种，一种与站房连在一起，一种是独立设置。长、宽尺寸根据具体情况确定，但柱外挑檐应不小于 2m，棚底离地面高度应不小于 4.5m。汽车加油站各类罩棚布置如图 5-4 所示。

行车道的宽度须遵循以下规定：单车道不小于 3.5m、双车道不小于 6m。加油站出入口处行车道的宽度以 9 ~ 10m 为宜，其转弯半径可根据车型而定，但一般应不小于 9m。出入道路的最大坡度不大于6%,坡长应小于20m。油泵台两侧一般均铺设行车道,并有一定的长度,以免车辆排队加油时,影响交通。如站内有空余地面,可考虑建停车场,供加油车辆临时停放,但站内停车场和道路路面不应采用沥青路面。

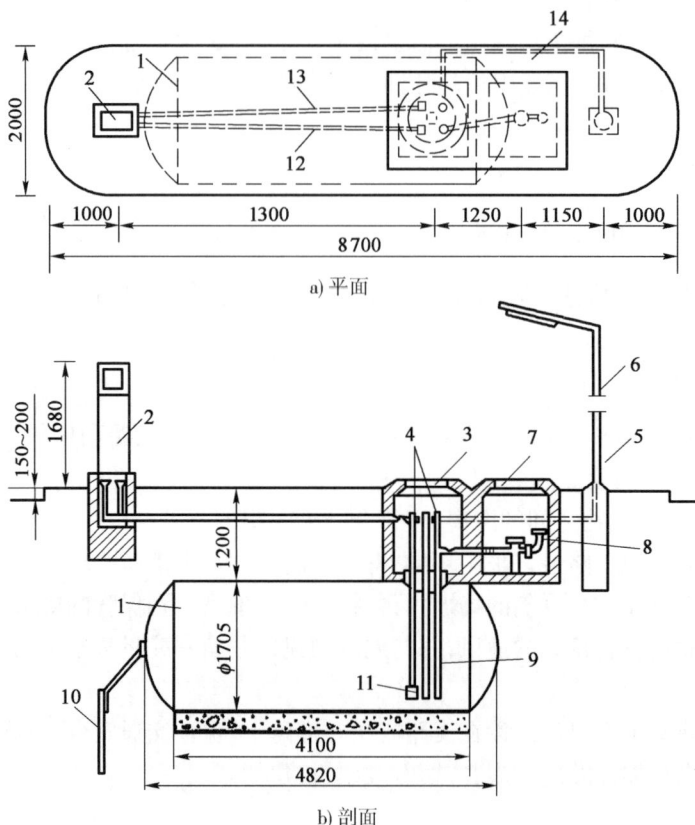

图5-3　加油设备布置简图(尺寸单位:mm)

1-油罐;2-加油柱;3-检视井盖;4-干式灭火器;5-通风口;6-照明灯柱;7-注油井盖;8-注油过滤器;9-量油管;
10-搭铁铁管;11-吸油阀;12-主管;13-回油管;14-通风管

3. 汽车加油站的平面布置

汽车加油站一般按6个区域设置:收油区、储存区、作业区、辅助区、行政区和清理区。布置时,收油区应靠近交通路线;储存区应和其他区分隔开;作业区应布置在出入口附近,以便减少用户停留时间;辅助区应与其他各区远离,避免明火工作时发生危险;清理区应布置在加油站内最低的地方,便于雨水、油污自行流入分油池;行政管理区应位于出入口附近,便于办公和业务联系。

城市内的小型汽车加油站一般设在城市道路附近,有两种形式:路口式和路段式。路口式汽车加油站设在道路交叉路口附近的用地上,如图5-5所示,其优点是来往车辆加油方便,视距条件好;缺点是车辆多时会造成堵塞,影响交通,甚至引起交通事故。路段式汽车加油站设在道路旁弯进去的用地上,如图5-6所示,其优点是对交通影响较小,加油比较方便;缺点是距离较远(一般距路口50m以上),可见性较差。

汽车服务企业内部的自用加油站,当其规模较小时,可参考图5-7提供的总平面布置形式进行设计。

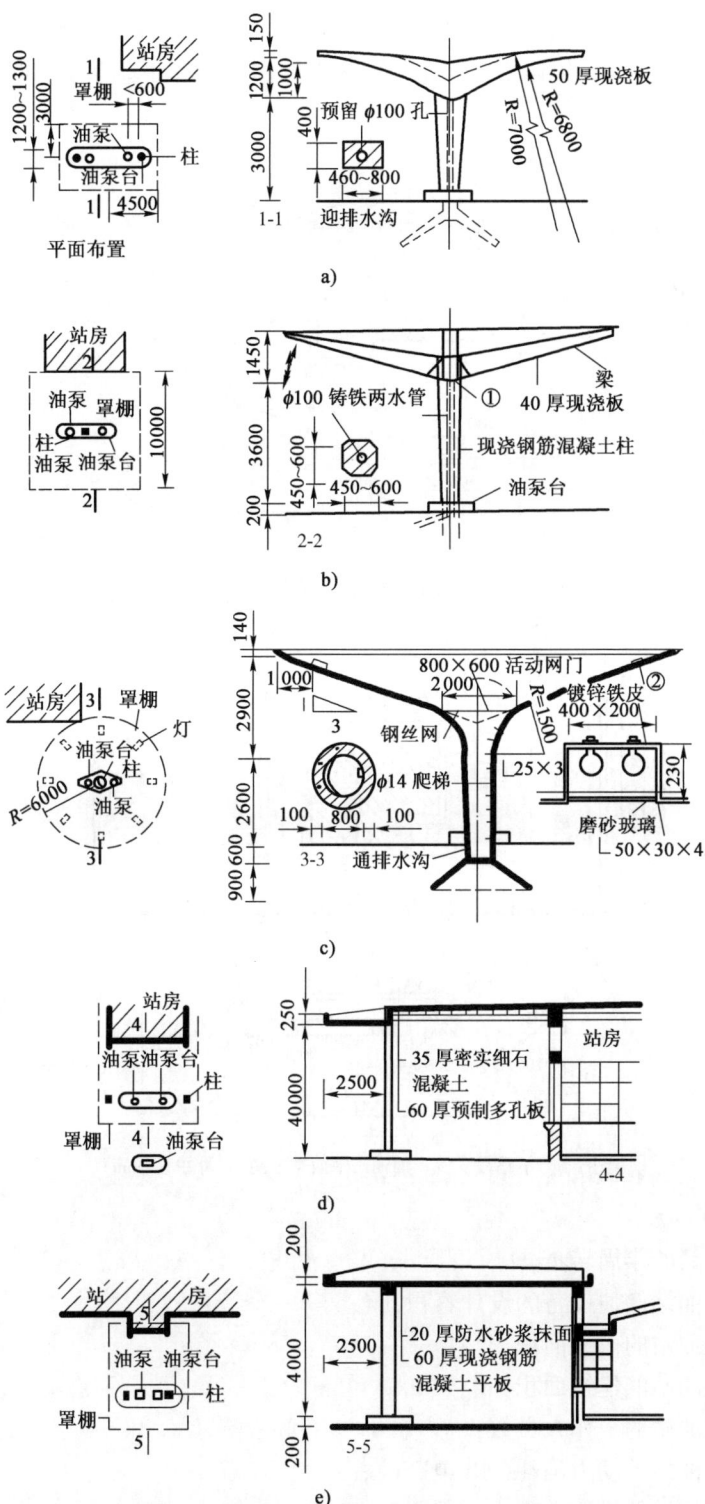

图 5-4　汽车加油站各类罩棚布置图(尺寸单位:mm)

三、评价指标

技术经济指标是评价汽车加油站设计是否合理、是否先进的衡量尺度。汽车加油站设计的技术经济指标同其他企业设计一样,分为总体指标和单位指标两种。总体指标说明汽车加油站的总体设计情况;单位指标便于不同规模的同类型汽车加油站之间进行比较。

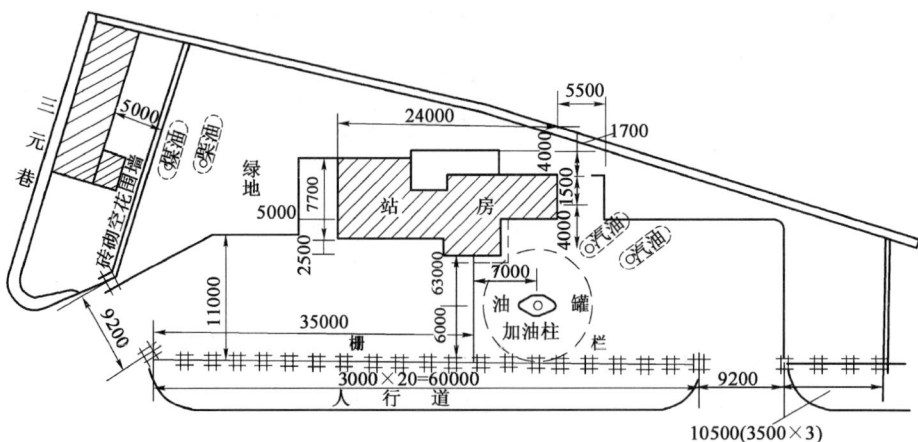

图 5-5　某路口式汽车加油站平面布置图(尺寸单位:mm)

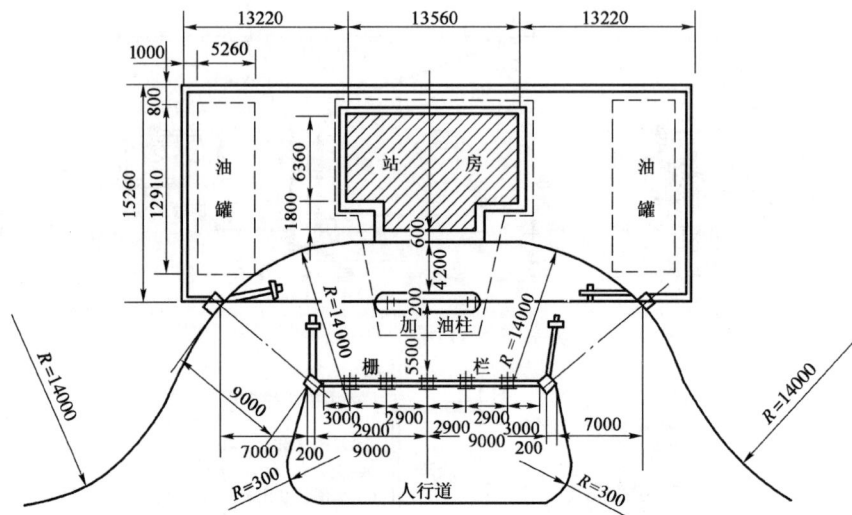

图 5-6　某路段式汽车加油站平面布置图(尺寸单位:mm)

1.总体指标

(1)石油产品的年周转量,t;

(2)汽车加油站储油设备的设计容积,m³;

(3)汽车加油站的占地面积,m²;

(4)汽车加油站的建筑面积,m²;

(5)汽车加油站的工作人员数;

(6)汽车加油站的动力消耗(水、电、气);

(7)建设加油站的投资总额,元。

2.单位指标

(1)单位周转量的占地面积,m²/t;

(2)单位容量的占地面积,m²/m³;

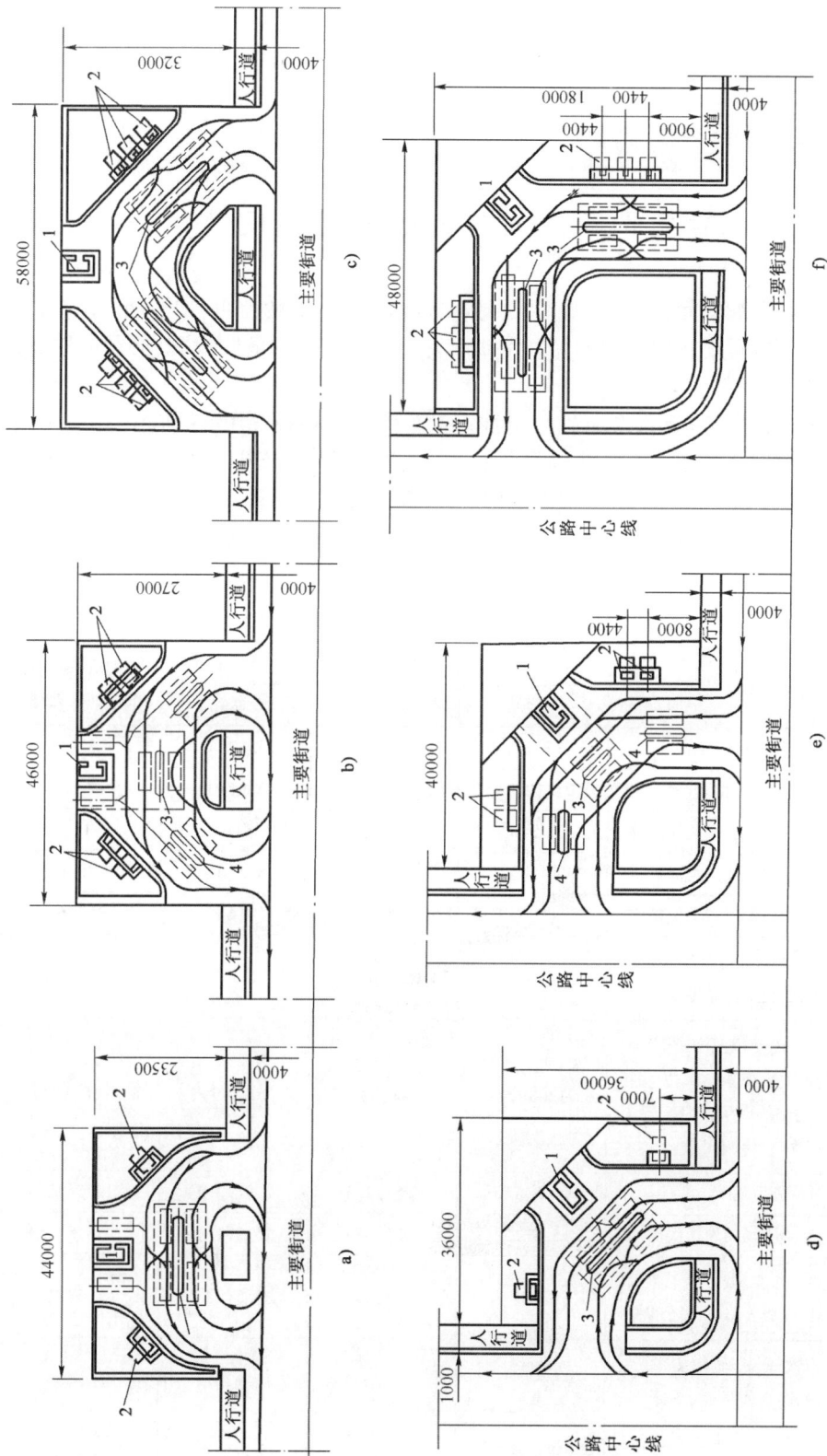

图5-7 汽车加油站总平面布置参考方案（尺寸单位：mm）

1-服务办公处;2-储存燃料的地下油罐;3-燃料和润滑油加注柱(有棚顶);4-燃料和润滑油加注柱(无棚顶)

（3）单位容量的动力消耗,kW/m³;

（4）每个工作人员所占设计容量,m³/人;

（5）每个工作人员的占地面积,m²/人;

（6）单位容量的投资额,元/m³;

（7）单位面积的投资额,元/m²。

第三节　汽车加油站的安全设计

随着汽车能源的多元化发展,燃气汽车数量逐渐占有一定的比重,加油加气站在人们的日常生活中发挥着重要作用。加油加气站属于易于发生火灾的危险设施,必须采取有效的防火技术措施,保证其安全运营。

加油站的设计应符合《汽车加油加气加氢站技术标准》(GB 50156—2021)中有关规划、环境保护和防火安全的要求。本节以汽车加油站为例进行安全设计内容简介。

（1）加油站设施及建(构)筑物之间的距离符合防火要求。油罐、加油机和通气管管口与站外建(构)筑物的防火距离见表5-5,站内设施间的防火距离见表5-6。

汽油(柴油)工艺设备与站外建(构)筑物的安全距离(单位:m)　表5-5

站外建、构筑物的防火距离（m）		级　别			
		埋地油罐			加油机、通气管口、油气回收处理装置
		一级站	二级站	三级站	
项目	重要公共建筑物	35(25)	35(25)	35(25)	35(25)
	明火或散发火花地点	21(12.5)	17.5(12.5)	12.5(10)	12.5(10)
	民用建筑物保护类别　一类保护物	17.5(6)	14(6)	11(6)	11(6)
	二类保护物	14(6)	11(6)	8.5(6)	8.5(6)
	三类保护物	11(6)	8.5(6)	7(6)	7(6)
	甲、乙类物品生产厂房、库房和甲、乙类液体储罐	17.5(12.5)	15.5(11)	12.5(9)	12.5(9)
	丙、丁、戊类物品生产厂房、库房和丙类液体储罐以及容积不大于50m³的埋地甲、乙类液体储罐	12.5(9)	11(9)	10.5(9)	10.5(9)
	室外变配电站	17.5(15)	15.5(12.5)	12.5(12.5)	12.5(12.5)
	铁路、地上城市轨道线路	15.5(15)	15.5(15)	15.5(15)	15.5(15)
	城市快速路、城市主干路、高速公路、一级公路、二级公路	7(3)	5.5(3)	5.5(3)	5(3)
	城市次干路、城市支路、三级公路、四级公路	5.5(3)	5(3)	5(3)	5(3)
	架空通信线	1.0(0.75)倍杆高且不应小于5m	5(5)	5(5)	5(5)

站外建、构筑物的防火距离 （m）		级　别			
		埋地油罐			加油机、通气管口、 油气回收处理装置
		一级站	二级站	三级站	
项目	架空电力线路 无绝缘层	1.5(0.75)倍杆高 且不应小于6.5m	1.0(0.75)倍杆高 且不应小于6.5m	6.5(6.5)	6.5(6.5)
	架空电力线路 有绝缘层	1.0(0.5)倍杆高 且不应小于5m	0.75(0.5)倍杆高 且不应小于5m	5(5)	5(5)

注：表中括号内数字为柴油设备与站外建(构)物的安全距离。

加油站内设施间的防火距离（部分要求）　　表 5-6

设施名称	汽油罐	柴油罐	汽油通气管 管口	柴油通气管 管口	加油机	油品卸车点	消防泵房 和取水口
汽油罐	0.5	0.5	—	—	—	—	10
柴油罐	0.5	0.5	—	—	—	—	7
汽油通气管管口	—	—	—	—	—	3	10
柴油通气管管口	—	—	—	—	—	2	7
加油机	—	—	—	—	—	—	6
油品卸车点	—	—	3	2	—	—	10

注：表中"—"表示无防火间距要求。

（2）对石油产品进行安全储存。对石油产品进行安全储存的方法可有多种，通常是在油罐上设置防火器，有条件时可采用惰性气体法、水压介质法、饱和原理法等对石油产品进行储藏，使其遇火不能燃烧、爆炸。

（3）在加油站安装电气设备时，要严格执行国家规定的防爆、防雷、防静电等规范。爆炸和火灾危险场所级别见表5-7。

爆炸和火灾危险场所级别　　表 5-7

序号	建筑物、构筑物	石油产品	危险场所级别
1	油泵房、阀室	易燃油品、可燃油品	Q-2、H-1
2	油泵棚、露天油泵站	易燃油品、可燃油品	Q-3、H-1
3	灌油间	易燃油品、可燃油品	Q-1、H-1
4	桶装油品库房	易燃油品、可燃油品	Q-2、H-1
5	桶装油品敞棚、场地	易燃油品、可燃油品	Q-3、H-1
6	油罐区	易燃油品、可燃油品	Q-2 或 Q-1 H-1
7	铁路装卸油品设施	易燃油品、可燃油品	Q-1、H-1
8	人工洞石油库油罐区的主巷道、支巷道、 油泵房、油罐操作间、油罐室等	易燃油品、可燃油品	Q-2、H-1
9	化验室、修洗桶间、润滑油再生间	易燃油品、可燃油品	H-1

（4）加油站的消防设施应根据油罐形式、油品火灾危险性、加油站等级及与邻近单位的消防协作条件等因素，综合考虑消防给水、泡沫灭火的相关设施。

（5）为了防止油蒸气的扩散，避免油品损失、引起火灾或损害人体健康，油罐入孔盖须加耐油橡胶、石棉垫片密封，工作人员工作间与泵房要分隔开，油罐的呼吸散放管，要高出地面4m以上。

复习思考题

1. 汽车加油站设计容量是什么？如何确定？

2. 进行汽车加油站油罐选择时，应主要考虑哪些因素？

3. 汽车加油站的平面布置有哪些基本要求？

4. 路口式汽车加油站和路段式汽车加油站各有什么特点？

5. 进行汽车加油站设计时，如何处理站内分区问题？

6. 设计汽车加油站时要注意哪些安全问题？

第六章 电动汽车充电站设计

本章主要讲述电动汽车充电站的定义及组成;电动汽车充电站的选址原则和平面布置方法;电动汽车充电站充电系统设计、监控系统设计要求及通信系统设计要求。

通过学习本章内容,要求学生了解电动汽车充电站设计的定义及组成,掌握电动汽车充电站选址的原则、电动汽车充电站的平面布置内容和要求,以及电动汽车充电站充电系统设计和要求。

电动汽车充电站作为电动汽车运行的能量补给站,是电动汽车商业化发展所必备的重要配套基础设施,充电站的建设将直接影响电动汽车产业的发展。要推动电动汽车市场的发展,充电站的建设速度必须与电动汽车推广速度相匹配。

电动汽车充电设施指为电动汽车提供充电服务的相关电气设备,如低压开关柜、直流充电机、直流充电桩、交流充电桩和电池更换装置等。《汽车加油加气加氢站技术标准》(GB 50156—2021)对于在汽车加油加气站设置电动汽车充电设施进行了规定:户外安装的充电设备的基础应高于所在地坪200mm及以上;户外安装的直流充电桩和交流充电桩的防护等级不应低于 IP 54;直流充电桩或交流充电桩与站内汽车通道(或充电车位)相邻一侧应设置车挡或防撞(柱)栏,防撞(柱)栏的高度不应小于 0.5m;电动汽车充电设施应布置在辅助服务区内。

电动汽车充电站是采用整车充电模式、为电动汽车提供电能的场所,应包括 3 台及以上电动汽车充电设备(至少有 1 台非车载充电机),以及相关供电设备、监控设备等配套设备。《电动汽车充电站设计规范》(GB 50966—2014)对电动汽车充电站的总平面布置、充电系统、供配电系统、监控及通信系统、消防给水及灭火设施、节能与环保等方面进行了规范。

第一节 电动汽车充电站的设计原则与规划

一、电动汽车充电站设计的基本原则

(1)贯彻国家法律、法规,符合地区国民经济和社会发展规划的要求。

(2)与当地的区域总体规划和城市规划相协调。电动汽车充电站的规划建设应纳入当地的区域总体规划和城镇规划,其建设应与周边环境相协调。

(3)符合防火安全及用电安全及环境保护的要求。

(4)采用新技术、新设备、新材料,促进技术创新。充电站所选用的设备必须是经国家主管部门认定的鉴定机构鉴定合格的产品,积极稳妥地采用新技术、新设备、新材料,不得采用国家已公布的淘汰产品。

二、电动汽车充电站规划布局

1. 与电动汽车交通密度和充电需求的分布尽可能一致

（1）充电需求和交通密度密切相关，但又受到电动汽车运行方式的制约。交通密度是指在单位长度车道上，某一瞬间所存在的车辆数，一般用"辆车道"表示。根据定义，交通密度基本上是在一段道路上测得的瞬时值，它不仅随时间的变化而变动，也随测定区间的长度而变化。为此，常将瞬时交通密度用某总计时间的平均值表示。该区域的电动汽车交通密度越大，说明在区域内运行的电动汽车数量越多，从而对充电站点的需求也会越大。

（2）充电需求是指一定数量的电动汽车在特定时间和特定地点对充电的需求，例如，对于电动公交车来说，其运营线路的起（终）点站为充电需求区域，企业班车以企业所在地为其充电需求区域。充电设施网点数量的控制应考虑与充电需求的分布尽可能保持一致，应与各区域的电动汽车交通密度成正比。

（3）站点布局因地制宜，集约化利用土地。充电站点数应与充电需求的分布尽可能保持一致，应与各区域的电动汽车交通密度成正比。因此，规划充电站应根据区域供需平衡情况，再结合城市空间布局结构，满足该地区电动汽车运行配套需求，服务能力适度超前。

2. 充电设施的布局应符合充电站服务半径要求

由于各交通区域的交通密度不同，故反映充电设施网点密度的服务半径也各不相同。电动汽车动力电池的续驶里程是影响充电设施服务半径的重要因素。目前，电动汽车动力电池的理论单次充电行驶里程为 150～200km，考虑动力电池的寿命老化、交通拥堵等现实因素，从保证电动汽车使用者连续行驶的角度出发，充电设施的服务半径应以电动汽车单次充电行驶里程 100km（甚至更短）计算，只有这样才能有效保障电动汽车的持续行驶能力。集中充电站服务范围为 100～120km²，服务半径为 5～7km；充换电站服务半径约为 2km。镇区充电设施服务半径应控制在 0.9～1.2km 之间。

3. 满足站点用地面积相关规范要求

根据充电设施的基本功能和配置要求，以土地高效利用为基础，确定规划充电站选址用地规模，集中充电站用地面积按 3000m² 预留，大型充换电站面积按 2000m² 预留，中型充换电站按 1000m² 预留，小型充换电站按 800m² 预留。

三、充电站规划布局要考虑的因素

电动汽车的动力来源于动力电池，由于车载空间和质量所限，动力电池的容量只能满足一定里程的要求，充电站也就成为电动汽车进行电能补给不可缺少的子系统。因此，在目前动力电池提供的续驶里程有限的情况下，充电设施的建设将直接影响电动汽车产业的发展。充电站建设应考虑功能性、技术要求、经济效益和社会效益等多方面因素。

（1）兼顾经济效益及社会效益。要推广普及电动汽车，就必须配套完善的充电设施，以保证电动汽车使用无后顾之忧，增强公众对使用电动汽车的信心。实现充电设施经济效益和社会效益的双赢，是电动汽车产业化和推广普及的关键。

（2）满足相关规范要求。充电站的主要功能是有效地完成对电动汽车动力电池的电能补给，为了顺利实现能量补给功能，充电站的变配电系统、充电系统、动力电池调度系统和充电设施监控系统的结构、设备性能和接口应满足相关规范要求。

（3）考虑通用性和扩展性。目前,电动汽车的动力蓄电池为多种类型并存,如铅酸动力蓄电池、锂动力蓄电池、镍氢类动力蓄电池等。即使是同一类型的动力蓄电池,充电曲线以及使用性能也不同。因此,充电站充电设施设计要保证功能完善、通用性以及可扩展性。

（4）满足安全要求。设备和人身的安全是充电设施设计必须充分保证的,安全性的范围不仅包括充电设备,如充电桩和充电机,而且包括被充电设备,如电动汽车、动力蓄电池,特别是包括充电工作人员、汽车驾驶员。

（5）满足环保要求。充电站的运行必将对周围环境带来一定的影响,比如电磁干扰、噪声、安全危害等。进行充电站设计时,须尽量减小充电设施给周围环境带来的负面影响,保证满足本区域的环保要求。此外,在有敏感设备的地方,充电站是否会影响这些设备的正常运行也是需要考虑的。

第二节　电动汽车充电站选址及平面布置

一、充电站选址

1.影响充电站选址的因素

（1）运行经济性。在选址时要考虑运行经济性,因一旦选择好站址,外部与充电站运营相关的因素就基本确定了。外部因素不仅影响运行的经济性而且影响运营维护。所谓运营维护是指在充电站运行后需要消耗的成本,包括用电费用、维护费用、充电机的损耗、人工成本等。

（2）电网安全性。因为电动汽车充电站对电力的需求较大,所以在选址的同时要考虑电网安全因素。如果当地电网供电能力较低,则不仅不能保证充电站供电的可靠供应,还会影响当地电网的安全性。

（3）交通便利性。交通便利主要是指在充电站选址的过程中要考虑附近的道路状况、车流量以及车道状况,这些直接关系到充电站未来的利用率。应选择交通便利、车流量大的地方作为充电站站址。

（4）区域发展性。所谓区域发展性是指充电站建成后的发展潜力,这是建设初期需要考虑的问题,毕竟充电站的建设是为以后电动汽车的发展提供服务,对于区域性的发展有以下几个影响因素:

①人口数量。人口因素往往是影响充电站区域发展的关键因素,因为人口越多,未来电动汽车的数量越多。电动汽车数量增加,对充电站的需求也就越大,这些人口都是未来充电站发展的潜在客户。

②居民消费习惯。居民消费习惯主要反映居民对未来消费品的需求能力,一般情况下比较发达区域居民的消费水平相对比较高,尤其是一些大型商业区域,这些区域的人均消费水平高,消费意识较强,具有超前消费的能力,该区域居民往往容易受到新鲜事物的影响,因此这些区域的居民更容易购买未来比较盛行的新能源汽车,这就是所谓的居民消费对充电站选址的影响。

2.充电站选址

充电站是中低压配电网的重要组成部分,站址选择应兼顾电网规划的要求,并与电网规划、建设与改造紧密结合，以满足电力系统对电力平衡、供电可靠性、电能质量、自动化等方面的要求，并结合变配电设施的建设、改造进行科学、合理的选址。

（1）充电站的选址应结合城市电动汽车发展规划统筹考虑，并与配电网现状和近远期规划紧密结合，以满足充电站对供电可靠性、电网对充电站电能质量和自动化的要求。充电站的站址应接近供电电源端，并便于供电电源线路的进出。

（2）公共充电站应选择在进出车便利的场所，充电站进出口宜与城市次干道路相连，便于车辆通行，不宜选择在城市干道的交叉路口和交通繁忙路段附近。

（3）充电站的站址可选择在公共停车场等公共区域，也可选择在公司所属营业场所或公交、环卫等车队的专用停车场。交流充电桩的建设可选择在公共建筑（商场、办公写字楼等）和住宅小区等的公共停车场或充电站内，也可选择在公司营业场所停车场内。

（4）充电站建（构）筑物厂房类别根据建设条件的不同进行划分，小型充电站可直接由低压供电，建（构）筑物厂房类别为戊类；中型充电站或大型充电站的配电变压器宜选用干式变压器，此时，建（构）筑物厂房类别为丁类；当选用油浸变压器时，建（构）筑物厂房类别为丙类。

（5）充电站应满足环境保护和消防安全的要求。充电站的建（构）筑物火灾危险性分类应符合《火力发电厂与变电站设计防火标准》（GB 50229—2019）和《建筑设计防火规范（2018年版）》（GB 50016—2014）的有关规定。充电站内的充电区和配电室的建（构）筑物与站内外建筑之间的防火间距符合《建筑设计防火规范（2018年版）》（GB 50016—2014）的有关规定，充电站建（构）筑物相应厂房类别划分应符合表6-1的规定。

充电站建（构）筑物相应厂房类别划分　　　　　　　　　　表6-1

充电站建设条件	建（构）筑物厂房类别
采用油浸变压器	丙类
采用干式变压器	丁类
采用低压供电	戊类

注：干式变压器包括 SF_6 气体变压器和环氧树脂浇铸变压器等。

（6）充电站应远离易燃、易爆、污染等危险源。当无法远离时，不应设在有爆炸危险环境场所的正上方或正下方，当与有爆炸危险的建筑物毗邻时，应满足《爆炸危险环境电力装置设计规范（2018年版）》（GB 50058—2014）的要求。

（7）充电站不应设在有剧烈振动或高温的场所，不宜设在多尘、水雾或有腐蚀性气体的场所。当无法远离时，不应设在污染源风向的下风侧。

（8）充电站不应设在室外地势低洼、易积水的场所和易发生次生灾害的地点，安装电气设备的功能性用房不应与浴室或经常积水场所相邻。

（9）充电站的环境温度应满足为电动汽车动力电池正常充电的要求。动力电池充放电工作效率受充电场所及环境条件的影响，尤其是受环境温度的影响。在常温下，动力电池充电接受能力较强，随着环境温度的降低，其充电接受能力逐渐降低，充电效率降低。因此，随环境温度降低，充电站功率需求将增加，建设充电站时应尽可能保证其环境温度符合动力电池充电要求。

（10）充电站与党政机关办公楼、中小学校、幼儿园、医院、大型图书馆、文物古迹、博物馆、大型体育馆、影剧院等重要或人员密集的公共建筑应具有合理的安全距离。

（11）若条件允许，则充电站宜预留一定的备用场地。

二、充电站的平面布置

1. 总平面布置

（1）充电站的总体布置应满足便于电动汽车的出入及停放，保障站内人员和设施的安全。

（2）充电站包括站内建筑、站内外行车道、充电区、临时停车区及变配电设施等，根据充电站的规模不同略有差异，充电站的站内外道路应在总图布置时充分考虑。站区总布置应满足总体规划要求，并应符合站内工艺布置合理、功能区分区合理明确、充电高峰时的交通组织安全、便捷、顺畅，以及交通便利和节约用地的原则。

（3）充电站充电车位布置和站内交通组织与停车场（库）设计相似，但也有充电站自身特点。充电站建设不仅要考虑常规停车场（库）设计标准，还要考虑电动汽车充电接口位置、充电机类型、变配电设备布置及电缆管沟布置等。电动汽车的充电接口位置决定了停车方式，而停车方式又决定了通（停）车道最小宽度和交通组织，所以应根据电动汽车的充电接口位置和充电站总平自然地形情况，选择适合的停车方式、交通组织及充电站出入口。

（4）在保证交通组织顺畅、工艺布置合理的前提下，应根据自然地形布置充电站；对于选址于坡度较大地区的充电站；在保证车辆进出车位时的安全顺畅以及车辆能够平稳停放的前提下，应根据地形进行布置设计，以减少土石方工作量，必要时可考虑台阶式分层布置充电车位。

（5）当充电站设在商场、超市停车场内或其他场地内时，为了避免受其他场地营业时间等条件的限制，宜设置独立的出入口。

（6）充电区应考虑安装防雨、雪设施，以保护站内充电设施、方便进站充电的电动汽车驾乘人员。

2. 充电设备及建筑布置

（1）充电设备应靠近充电位布置，以便于充电，设备外廓距充电位边缘的净距不宜小于0.4m。充电设备的布置不应妨碍其他车辆的充电和通行，同时应采取保护充电设备及操作人员安全的措施。

（2）在用地紧张的区域，充电站内的停车位可采用立体布置。

（3）充电设备的布置宜靠近上级供配电设备，以缩短供电电缆的路径。

（4）充电站内建筑的布置应方便观察充电区域。

（5）充电站宜设置临时停车位置。

3. 道路布置

（1）充电站内道路的设置应满足消防及服务车辆通行的要求。充电站的出入口不宜少于2个，当充电站的车位不超过50个时，可设置1个出入口。入口和出口宜分开设置，并应明确指示标识。

（2）充电站内双列布置充电位时，中间行车道宜按行驶车型双车道设置；单列布置充电位时，行车道宜按行驶车型双车道设置。充电站内的单车道宽度不应小于3.5m，双车道宽度不应小于6m。充电站内道路的转弯半径应按行驶车型确定，且不宜小于9m，道路坡度不应大于6%，且宜坡向站外。充电站内道路不宜采用沥青路面。

（3）充电站的道路设计宜采用城市型道路。

（4）充电站的进出站道路应与站外市政道路顺畅衔接。

第三节　电动汽车充电站充电系统设计

一、定义

电动汽车充电站是指采用整车充电模式为电动汽车提供电能的场所，应包括3台及以上电动汽车充电设备（至少有1台非车载充电机），以及相关供电设备、监控设备等配套设备。

电动汽车充电站由充电系统、蓄电池管理系统、充电站监控系统等组成。

（1）充电系统。充电系统是由充电站内的所有充电设备、电缆及相关辅助设备组成的系统。其中，充电设备是与电动汽车或动力蓄电池相连接，并为其提供电能的设备，包括车载充电机、非车载充电机、交流充电桩等设备。

①非车载充电机：是指固定安装在地面，将电网交流电能变换为直流电能，再用传导方式为电动汽车动力蓄电池充电的专用装置。

②交流充电桩：是指采用传导方式为具备车载充电机的电动汽车提供交流电能的专用装置。

（2）蓄电池管理系统。可以控制动力蓄电池的输入和输出功率，监视蓄电池的状态（温度、电压、荷电状态），为蓄电池提供通信接口的系统。

（3）充电站监控系统。对充电站的供电设备、充电设备运行状态、环境监视及报警等信息进行采集，应用计算机及网络通信技术实现对站内设备的监视、控制和管理的系统。

二、非车载充电机

1. 非车载充电机输出电压的选择

（1）非车载充电机的最高充电电压应根据电动汽车动力蓄电池的特性及电池单体串联数量确定。

（2）非车载充电机输出的直流电压范围宜优先从以下三个等级中选择：150~350V、300~500V和450~700V。

（3）非车载充电机的输出电压（U_r）可按式（6-1）计算：

$$U_r = nK_u U_{cm} \tag{6-1}$$

式中：n——电动汽车动力蓄电池的串联电池单体数量；

K_u——充电机输出电压裕度系数，宜取1.0~1.1；

U_{cm}——单体电池最高电压，V。

（4）充电机直流输出电压范围宜从电压优选范围中选择一组最高电压大于或等于U_r的等级确定。

2. 非车载充电机输出额定电流的选择

（1）根据电动汽车动力蓄电池的容量和充电速度以及供电能力和设备性价比，在确保安全、可靠充电的情况下确定最大充电电流。

（2）非车载充电机输出的直流额定电流应优先采用以下值：10A、20A、50A、100A、160A、200A、315A 和 400A。

（3）非车载充电机的输出直流额定电流（I_r）可按式(6-2)计算：

$$I_r = K_c I_m \tag{6-2}$$

式中：K_c——充电机输出电流裕度系数，宜取 1.00～1.25；

I_m——电动汽车动力蓄电池最大允许持续充电电流，A。

（4）应从电流优选值中选择一个大于或等于 I_r 的数值确定为充电机直流输出额定电流。

3. 非车载充电机的功能要求

（1）具有根据电池管理系统提供的数据动态调整充电参数、自动完成充电过程的功能。

（2）具有判断充电机与电动汽车是否正确连接的功能，当检测到充电接口连接异常时，应立即停止充电。

（3）具有待机、充电、充满等状态的指示，能够显示输出电压、输出电流、电能量等信息，故障时应有相应的告警信息。

（4）具有实现手动输入的设备。

（5）具备交流输入过压保护、交流输入过流保护、直流输出过压保护、直流输出过流保护、内部过温保护等保护功能。

（6）具备本地和远程紧急停机功能，紧急停机后系统不应自动复位。

4. 非车载充电机接口要求

非车载充电接口应在结构上防止手轻易触及裸露带电导体。充电连接器在不充电时应放置在人不轻易触及的位置。对于安装在室外的非车载充电机，充电接口处应采取必要的防雨、防尘措施。

非车载充电机应具备与电池管理系统通信的接口，用于判断充电连接状态、获得动力蓄电池充电参数及充电实时数据。

非车载充电机应具备与充电站监控系统通信的功能，用于将非车载充电机状态及充电参数上传到充电站监控系统，并接收来自监控系统的指令。

5. 非车载充电机的布置与安装应要求

（1）充电机的布置应便于车辆充电，并应缩短充电机输出电缆的长度。

（2）应采用接线端子与配电系统连接，在电源侧应安装空气开关。

（3）充电机保护接地端子应可靠接地。

（4）充电机应垂直安装于与地平面垂直的立面，偏离垂直位置任一方向的误差不应大于 5°。

（5）室外安装的非车载充电机基础应高出充电站地坪 0.2m 及以上。必要时可在非车载充电机附近设置防撞栏，其高度不应小于 0.8m。

三、交流充电桩

（1）交流充电桩供电电源应采用 220V 交流电压，额定电流不应大于 32A。

（2）交流充电桩应具有为电动汽车车载充电机提供安全、可靠的交流电源的能力，并应符合下列要求：

①具有外部手动设置参数和实现手动控制的功能和界面。

②能显示各状态下的相关信息,包括运行状态、充电电量和计费信息。

③具备急停开关,在充电过程中可使用该装置紧急切断输出电源。

④具备过负荷保护、短路保护和漏电保护功能,具备自检及故障报警功能。

⑤在充电过程中,当充电连接异常时,交流充电桩应立即自动切断电源。

(3)交流充电桩应具备与上级监控管理系统的通信接口。

(4)交流充电桩的安装和布置要求。

①电源进线宜采用阻燃电缆及电缆护管,并应安装具有漏电保护功能的空气开关。

②多台交流充电桩的电源接线应考虑供电电源的三相平衡。

③可采用落地式或壁挂式等安装方式。落地式充电桩安装基础应高出地面 0.2m 及以上,必要时可安装防撞栏。

④保护接地端子应可靠接地。

⑤室外充电桩宜采取必要的防雨和防尘措施。

第四节 其他设计

一、供配电系统

1. 布置要求

供配电装置的布置应符合现行《20kV 及以下变电所设计规范》(GB 50053)的有关规定,遵循安全、可靠、适用的原则,便于安装、操作、搬运、检修和调试。当建设场地受限时,中、低压开关柜可与变压器设置在同一房间内,且变压器应选用难燃型或不燃型,其外壳防护等级不应低于 IP2X。

2. 配电系统要求

(1)中低压配电系统宜采用单母线或单母线分段接线,低压接地系统宜采用 TN-S 系统。

(2)低压进出线开关、分段开关宜采用断路器。来自不同电源的低压进线断路器和低压分段断路器之间应设机械闭锁和电气联锁装置,防止不同电源并联运行。

(3)低压进线断路器宜具有短路瞬时、短路短延时、短路长延时和接地保护功能,宜设置分励脱扣装置,不宜设置失压脱扣装置或低压脱扣装置。

(4)非车载充电机、监控装置以及重要的用电设备宜采用放射式供电。

(5)开关柜宜选用小型化、无油化、免维修或少维护的产品。

3. 无功功率补偿要求

(1)无功功率补偿装置宜设置在变压器低压侧,补偿容量宜按最大负荷时变压器高压侧功率因数不低于 0.95 确定。

(2)当用电设备的自然功率因数满足变压器高压侧功率因数不低于 0.95 的要求时,可不加装低压无功功率补偿装置。

4. 配电线路的设计要求

(1)中压电力电缆宜选用铜芯交联聚乙烯绝缘类型;低压电力电缆宜选用铜芯交联聚

乙烯绝缘类型,或选用铜芯聚氯乙烯绝缘类型。

(2)低压三相回路宜选用五芯电缆,单相回路宜选用三芯电缆,且电缆中性线截面应与相线截面相同。

(3)三相用电设备的电力电缆的外护套宜采用钢带铠装;单芯电缆的外护套不应采用导磁性材料铠装。

(4)交流单芯电缆不宜单根穿钢管敷设,当需要单根穿管时,应采用非导磁管材,也可采用经过磁路分隔处理的钢管。

二、监控系统

1. 系统结构要求

(1)充电站监控系统应由站控层、间隔层及网络设备构成,监控系统可按照图6-1进行结构设计,规模较小的充电站可根据实际需要进行简化。

(2)站控层应实现充电站内运行各系统的人机交互,实现相关信息的收集和实时显示、设备的远方控制以及数据的存储、查询和统计,并可与相关系统通信。

(3)间隔层应能采集设备运行状态及运行数据,实现上传至站控层、接收和执行站控层控制命令的功能。

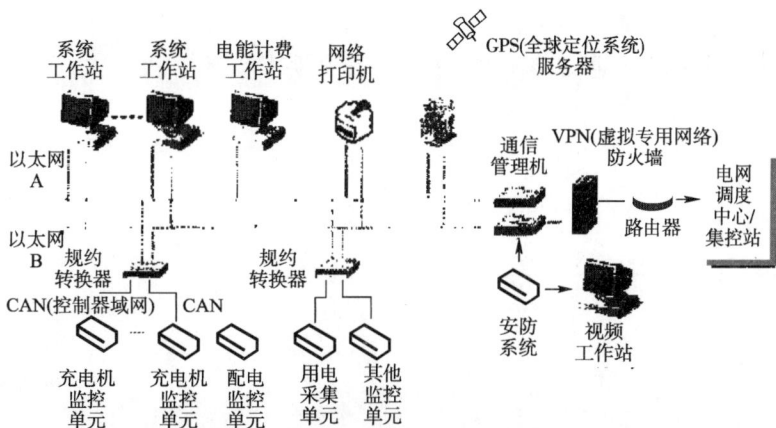

图6-1 充电站监控系统结构示意图

2. 设备配置

根据充电站的规模和硬件构成,可选择配置以下设备:

(1)站控层设备,包括服务器、工作站和打印机。

(2)间隔层设备,包括充电设备测控单元、供配电设备测控单元和安防终端。

(3)网络设备,包括网络交换设备、通信网关、光电转换设备、网络连线、电缆和光缆。

3. 系统配置应遵循的原则

(1)站控层配置应能满足整个系统的功能要求及性能指标要求,主机容量应与监控系统所控制采集的设计容量相适应,并留有扩充裕度。

(2)主机系统宜采用单机配置,规模较大的充电站可采用双机冗余配置,热备用运行。

（3）应设置时钟同步系统，其同步脉冲输出接口及数字接口应满足系统配置要求。

三、通信系统

通信系统的设计应满足以下要求：

（1）间隔层网络通信结构应采用以太网或 CAN 结构连接，部分设备也可采用 RS485 等串行接口方式连接。

（2）站控层和间隔层之间以及站控层各主机之间的网络通信结构应采用以太网连接。

（3）监控系统应预留以太网或无线公网接口，以实现与各类上级监控管理系统的数据交换。

（4）通信协议的版本应易于扩展。

复习思考题

1. 在汽车加油加气站设置电动汽车充电设施有什么要求？
2. 电动汽车充电站是如何定义的？适应什么样的充电模式？由哪几部分组成？
3. 电动汽车充电站设计应遵循哪些基本原则？
4. 电动汽车充电站规划布局应考虑哪些因素？
5. 电动汽车充电站的平面布置包括哪些内容？
6. 非车载充电机设计包括哪些内容？各有什么要求？
7. 交流充电桩设计包括哪些内容？各有什么要求？

第七章　城市停车设施设计

本章主要介绍停车设施平面设计、路内停车泊位设计、多层停车库设计、坡道式停车库设计、机械式车库设计和地下车库设计。通过学习本章内容,要求学生了解掌握停车设施设计相关术语,掌握不同类型停车设施的设计内容,掌握停车设施内交通组织方法、停车设施出入口及通道设计要求。

第一节　汽车停车设施设计概述

一、停车设施的选址

停车设施的选址应依据相关规划,综合考虑周边用地情况、停车需求、交通出行特征、路网承载能力及城市交通管理等因素确定。停车设施选址应符合以下要求:

(1)应符合城市总体规划、城市综合交通体系规划、城市停车规划和城市环境保护及防火等要求。

(2)应节约城市土地资源,重视地下空间的开发与利用,集约用地,服务半径不宜大于500m,城市中心地区不宜大于300m。

(3)特大型、大型、中型停车库、场宜设置在临近城市道路;不相邻时,应设置通道连接。

城市停车设施应充分利用城市土地资源,集约用地,因地制宜地选择停车场形式;重视地下空间的开发与利用,宜结合城市广场、体育场馆等设施修建地下停车库;在停车需求较大的区域,宜建设地上、地下停车库和机械式停车库。

在选址时还需要考虑停车设施的规模,配建停车设施的建设规模应依据城市停车配建标准确定,公共建筑配建停车场主要考虑建筑的使用功能、建筑面积、客流量等,住宅区考虑居住户数等确定。

停车设施的规模按停车当量数计算,不同车型的停车当量换算系数见表7-1。

不同车型的停车当量换算系数　　　　　　　　　表7-1

车型	微型车	小型车	轻型车	中型车	大型车	铰接车
换算系数	0.7	1.0	1.5	2.0	2.5	3.5

二、停车设施的组成

停车设施的必要组成部分包括停车基本设施、建筑设备、安全防护与环境保护设施。此外,可以根据停车设施的规模及功能要求选择管理设施和服务设施。

（1）停车基本设施：包括停车位、行车通道和人行通道。机械式停车库还应包括机械停车设备。

（2）建筑设备：包括给水排水系统、电气系统和交通工程设施。停车库还应包括采暖通风系统。

（3）安全防护与环境保护设施：包括消防、防雪、防滑等安全防护设施和绿化、降噪等环境保护设施。

（4）管理设施：包括值班室（管理办公室）、控制室、防灾中心等管理用房。

（5）服务设施：包括卫生间、等候室、洗车房等设施。

三、停车设施的要求

1. 基本停车设施的要求

（1）应根据设施类型、建设规模等设置交通工程设施。交通工程设施可分为交通管理设施和交通安全设施。其中，交通管理设施包括标志、标线、信息系统和运行监控系统等；交通安全设施包括护栏、隔离设施、防撞设施等。

（2）交通标志宜采用附着式标志安装方式，条件受限时也可采用单柱、悬臂或门架式标志安装方式。交通标志不应侵占行车与停车限界。

（3）交通标线包括标划和设置于停车场地面的各种线条、箭头、文字、立面标记、凸起路标与轮廓标等。特大、大型、中型城市停车设施应以交通标线区分停车位、行车道、禁行（停）位及场内分区等。

2. 安全防护设施的要求

（1）应设置有效的预防和救灾设施，行车坡道应根据需要采取防雪、防滑等措施。

（2）停车库、场的抗震、防雷、防火设计分别应符合现行《建筑抗震设计规范》（GB 50011）、《建筑物防雷设计规范》（GB 50057）、《汽车库、修车库、停车场设计防火规范》（GB 50067）和《机械式停车设备通用安全要求》（GB 17907）的规定。

（3）应考虑对周边建筑的安全、消防、噪声、振动和景观影响，噪声超标的机电设备应采取减振、降噪措施，在人口、建筑稠密地区的停车场建筑应采取防止产生光污染的相关措施。

（4）采用的机电设备要求质量可靠、技术合理，对有可能危及人身安全的设备应采取安全防护措施。

3. 停车智能化设施要求

（1）大型和特大型机动车停车库、场应设置智能化停车系统。

（2）智能化系统应与火灾自动报警及消防联动系统连接。

（3）应设置车位信息系统和自动报警系统，并可根据停车设备类型、建设规模及环境等因素，选择配置出入口控制系统、智能化电子收费系统、停车诱导系统、反向寻车诱导系统、电子标签系统、车辆以及驾驶员高清图像比对系统、大型停车库运行视频监控系统、远程通信及协助系统等智能化系统。

此外，停车库（场）应优先采用自然采光，当自然采光无法满足要求时，应设置照明，并应采用节能电源。停车设施还应按照有关标准和要求配置电动汽车充电设施，配建比例应结合电动汽车的发展需求、停车场规划及用地条件综合确定。充电设施接口应设置电池充满自动断电装置。鼓励优先布置紧急车辆、残障人士车辆、大型客车、新能源汽车、超小型车的专属停车位以及生活性物品配送车辆卸货车位。

四、停车设施类型的选择

在具体选择停车设施的类型时,必须结合企业的客观实际,因地制宜,综合考虑以下三方面因素。

1. 当地的气候条件

在气候条件中,主要影响停车设施类型选择的是气温。气温越低,车辆的保管工作越复杂。影响车辆停放和保管最有代表性的气温参数是最冷月份的平均温度和一年中0℃以下的时间。我国长江流域及以北部分城市1月平均气温见表7-2。从表中可以看出,我国各地区的气温参数的差别范围是很大的。长江以南绝大部分地区最冷月份的平均气温都在0℃以上,而长江北部某些地区达到 -20℃以下。所以,对于我国北方地区,有效解决车辆在低温条件下的停放和保管问题,具有重要的现实意义。

我国长江流域及以北部分城市1月平均气温(单位:℃)　　　　表7-2

城　市	1月平均气温	城　市	1月平均气温	城　市	1月平均气温
呼和浩特	-23.4	北京	-4.8	郑州	-1.2
齐齐哈尔	-22.8	天津	-4.2	青岛	-1.8
哈尔滨	-21.5	太原	-7.7	重庆	7.8
长春	-16.3	石家庄	-3.4	武汉	3.9
乌鲁木齐	-16.1	西安	-6.6	南京	2.2
沈阳	-12.8	兰州	-6.8	上海	3.4
大连	-5.4	济南	-2.0	杭州	3.6

2. 车辆的运行条件

车辆的运行条件主要指出车情况及车辆类型,对车辆保管方法的选择影响很大。

出车情况包括三种:随时准备出车、根据派车通知单出车和按规定的时刻出车。第一种情况要求车辆经常处于容易起动状态,保证可以随时出车,因此应该采用有保暖的室内车库。在后两种情况下,出车前有一定的准备时间,可根据具体情况,结合防寒措施加以考虑。

从车辆类型看,对于轿车和公共汽车,为了防止车身锈蚀,一般不宜采用露天停放的保管方式;对于载货汽车,为了降低停车场的基建投资,甚至可以考虑在 -20℃以上的地区都可采用露天停放保管的方式。对于挂车和半挂车,一般不论其气温条件和运行条件如何,都可以采用露天保管方式。

3. 运输企业对停车场建设的投资额

用投资指标评价时,不难证明利用露天停车场的经济效果好。企业自建停车场的投资费用包括场区开拓和美化、建筑物和构筑物以及工艺设备等方面。根据实际经验,如以停放100辆汽车的暖车库的基建投资为100%,则装有预热设备的露天停车场的基建投资仅为20%。如采用保暖车库停放和保管车辆,其企业总投资为100%,而采用露天停放保管车辆方法的企业,总投资仅为75%左右。所以,在资金有限或属临时停车场地或在环境气候温和的条件下,采用露天停车场,其经济效益是比较显著的。

但是必须指出,合理确定企业停车设施的类型问题,不能只从基建投资角度分析,还应考虑车辆的运营费用。车辆的运营费用包括直接费用和间接费用两个方面,其中直接费用是指保持车辆技术状况良好的维修费用及折旧费用。实践证明,露天停车场的直接费用很大,比在室内保管车辆的费用要增加10%以上。由于这种直接费用与车辆保管方法的关系比较隐蔽,且经济效果的反应期也较长,所以往往容易被人们忽视。间接费用是指停车设施建(构)筑物的维护、设备的维修和折旧费等。由于这些费用所占的比例不大,所以采用露天停车场所获得节约间接费用的经济效果不会不大于3%。比较直接费用和间接费用可知,在严寒的环境气候条件下,不宜采用露天停车场保管车辆。对露天停车场保管车辆的效果不能简单地肯定或者否定,必须结合客观实际,科学地加以综合论证。

第二节　停车位、停放形式及容量的确定

车辆的停放方法指车辆进出车位的方式以及在设施内的停放形式。在组织车辆停放时,不论采用哪种停车方法,均应满足以下基本要求:

(1)符合车辆回场(库)和出车的顺序,并满足车辆维修工作制度的要求;

(2)车辆驶入和驶出车位时,应行驶安全,调车方便,并保证车辆能迅速安全疏散;

(3)停车面积应经济。

一、停车位

汽车在车库停放时,除车体本身所占空间外,车辆与墙、柱之间应留有一定余地,以供打开车门、行驶、调车之用。

停车设施用地面积或建筑面积按车位计算,地面停车场停车位用地面积为 $25 \sim 30 m^2$/标准停车位,地下停车库与地上停车楼停车位建筑面积为 $30 \sim 40 m^2$/标准停车位,机械式停车库停车位建筑面积为 $15 \sim 25 m^2$/标准停车位,路内停车泊位的用地面积为 $15 \sim 20 m^2$/标准停车位。

二、车辆的停放方式

车辆在停车设施内停放保管时,根据停车场地条件和车辆的停车要求,可以采用不同的停放方式。

按车辆纵轴线与通道中心线的相对位置关系,分为下列三种停放方式:

(1)平行式(图7-1)。这种停放形式占用的停车带较窄,车辆驶出方便,但单位长度内停放的车辆数最少,一般很少采用。在车型多、场地狭长、或沿周边布置停车时,可考虑采用这种方法。

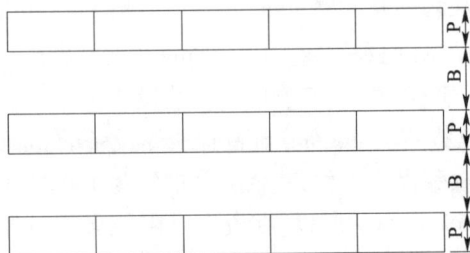

图7-1　平行式停车

P-停车带;B-通道

（2）垂直式（图 7-2）。这种停放形式由于车辆垂直于通道，所以单位长度内停放的车辆数最多，用地比较紧凑，但所需通道较宽。布置时可采用通道两边停车，合用中间一条通道的方式，因此在场区整齐的情况下被广泛采用。

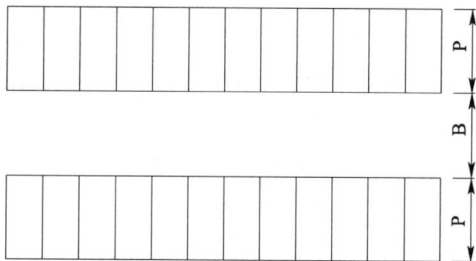

图 7-2　垂直式停车

P-停车带；B-通道

（3）斜列式（图 7-3）。这种停放形式的车辆与通道构成角度 Q_t，一般取 30°、45° 和 60° 三种。

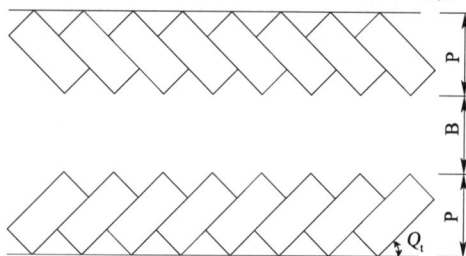

图 7-3　斜列式停车

P-停车带；B-通道；Q_t-车辆与通道角度

斜列式停放的特点是停车带宽度随车身长度和停放角度而异，车辆的进出、停发均较方便。但是由于受通道宽度限制，车辆只能在通道内单向前进行驶，同时，单位车辆停放占地面积比垂直式多，且随着停放角度的减小，车辆前后不能利用的三角形面积增大，尤其是30°停放，用地最不经济。所以，这种方式一般只有在停车带宽度有限的场合下采用。

三、车辆停发方式

车辆停发方式，即车辆进出车位通常有三种方式：前进式停车后退式发车［图 7-4a)］、后退式停车前进式发车［图 7-4b)］和前进式停车前进式发车［图 7-4c)］。前两种进出车位的方式统称为尽头式，第三种称贯通式。由于后退式停车前进式发车方式发车迅速、行驶方便，所需调车通道面积较小，且便于车辆的安全疏散，因此广为采用。对于前进式停车前进式发车进出车位的方式，其优点为车辆进、出都采用前进式行驶，可避免车辆进出车位时的交叉，调车安全性较好，但因占地面积较大，通常很少采用。

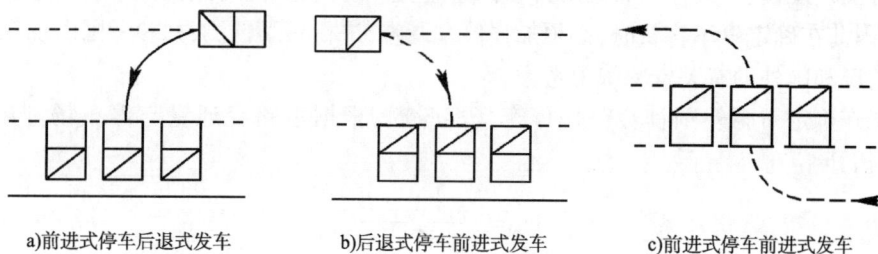

a)前进式停车后退式发车　　b)后退式停车前进式发车　　c)前进式停车前进式发车

图 7-4　车辆停发方式

四、设计车型及停车场容量的确定

1. 设计车型选择

不同类型的车辆,外形尺寸不同,以何种车型作为设计依据是首先要解决的问题。

我国车辆的车型很多,可归并为五类,其车型分类及各类车型外廓尺寸见表7-3。对汽车运输企业来说,由于主要使用中型客车和货车,故通常可选用中型车作为停车设施的设计车型。而对于住宅小区、商业区等则以小型车为主,故通常选用小型车作为停车设施的设计车型。

设计车型的外廓尺寸(单位:m)　　　　　　　表7-3

设计车型		外廓尺寸		
		总长	总宽	总高
微型车		3.80	1.60	1.80
小型车		4.80	1.80	2.00
轻型车		7.00	2.25	2.75
中型车	客车	9.00	2.50	3.20
	货车	9.00	2.50	4.00
大型车	客车	12.00	2.50	3.50
	货车	11.50	2.50	4.00

注:专用机动车库可以按所停放的机动车外廓尺寸进行设计。

机械式停车库停车位的最小外廓尺寸应符合表7-4的要求。

机械式停车库的停车位最小外廓尺寸(单位:m)　　　　　　表7-4

尺寸参数	全自动停车库	复式停车库
宽度	车宽+0.15	车宽+0.50(通道)
长度	车长+0.20	车长+0.20
高度	车高+微升微降高度+0.05,且不小于1.60	车高+微升微降高度+0.05,且不小于1.60,兼作人行通道时应不小于2.00

2. 停车场容量的确定

停车场的容量是指同时能停放的最大车辆数。确定社会公用停车场的容量要比汽车运输企业的自用停车场困难和复杂得多,因为社会公用停车场的容量与其服务对象、性质、车辆到达和离去特征、高峰日吸引车次总量、停车场地周转次数、平均停放时间、停车不均衡系数、城市性质、规模、公共建筑布局等许多因素有关。目前,我国对这类停车场的定量研究资料不多,因此在确定停车容量时,必须加强停车调查,进行科学预测,并参考国内现有停车场的使用情况和国外的有关资料统筹考虑。

日本在确定市区外围社会公用停车场容量时,根据道路交通量与停车场利用率,按式(7-1)估算:

$$Q_P = \frac{N_B \cdot A_g \cdot B_g}{C_g} \tag{7-1}$$

式中:Q_P——停车数量,辆;

N_B——规划年限（一般指通车 10 年后），一侧道路的日交通量，辆；

A_g——中途停车率，%；

B_g——高峰率，以高峰小时交通量占日交通量的百分数计；

C_g——停车场周转率，等于 1h 除以平均停车时间。

对于我国公路干线旁的停车场，有建议最大容量为 60 辆；标准容量为 25～40 辆；最小容量为 15 辆。

汽车运输企业停车场的容量取决于企业的任务和车辆的沿线工作情况。若企业每辆汽车都有固定停放位置，则停车位置数目 M 应等于汽车在册车数 A_u，即：

$$M = A_u \qquad (7-2)$$

若车辆停放位置不固定，则停车位置数决定于车辆沿线工作情况、企业维修工段用作停车的可能性，以及企业分设机构的情况。一般来说，维护工段在工作结束后可停放最后一辆维护汽车。

若企业的车辆每天仅有一段时间运行，车辆工作结束后同时停放在场内，则停车位置数应为：

$$M = A_u - \sum A - A_k \qquad (7-3)$$

式中：$\sum A$——企业可利用来停放车辆的维护工段数与每日平均送外厂进行修理的车辆数之和；

A_k——停放在企业分设机构的车数。

当汽车昼夜全运行时，停车位置数为：

$$M = A_u - \sum A - A_k - A_e \qquad (7-4)$$

式中：A_e——整个昼夜在外运行的最少车数。

显然，车辆昼夜不断运行的企业，车辆的停车位置数最少，有时可不超过在册车数的 1/3。

第三节　停车设施的平面布置

一、停车设施平面布置的基本原则

停车设施的平面布置主要取决于功能要求、车辆的停放方法、停车位数、停车区参数、车辆的移动方法以及房屋的结构等因素。进行停车设施平面布置时应遵守下列基本原则：

（1）要满足停放车辆的功能要求，并使停车区尽量位于可扩展的一侧，适当考虑留有发展余地。

（2）停车设施内的汽车行驶路线、行车通道以及各主要辅助设施的位置，要符合总的工艺流程。

（3）停车区域要完整，要有效地利用行车通道和占地面积。不同类型的车辆应根据具体情况，尽可能分区停放。

（4）大型停车设施车辆的入口与出口宜分开设置，使车辆单向路线行驶，以免发生车流和人流的相互交叉。车辆入口处应设置明显的行驶方向和停车位置标志。

二、停车区域交通组织设计

进行机动车停车场(库)设计时,应根据实际情况优化内部交通组织方式,并确保内部交通安全、顺畅和便捷。

停车区域内交通组织方式主要有回环式、直通式、迂回式等多种形式,设计时宜采用单向交通组织,以减少内部车辆交织,提高运行安全性。

1.停车库的交通组织

停车库的交通组织主要有单斜路中央型、单斜路单边型等11种形式(图7-5),应根据多层停车库的层数及内部布局选择适当的形式,确保交通安全。

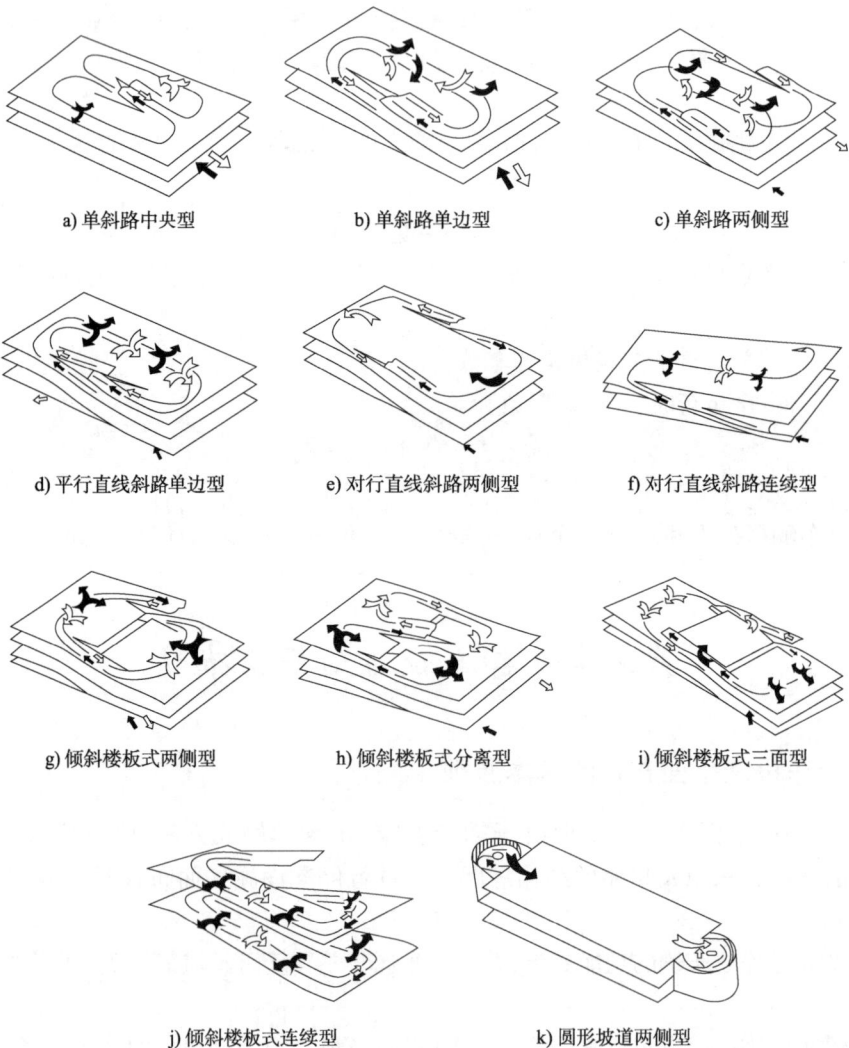

a) 单斜路中央型　　　b) 单斜路单边型　　　c) 单斜路两侧型

d) 平行直线斜路单边型　　　e) 对行直线斜路两侧型　　　f) 对行直线斜路连续型

g) 倾斜楼板式两侧型　　　h) 倾斜楼板式分离型　　　i) 倾斜楼板式三面型

j) 倾斜楼板式连续型　　　k) 圆形坡道两侧型

图7-5　机动车停车场(库)内部交通组织方式

2.交通组织优化

充分利用驾驶行为学、车辆行驶动态限界和动视域分析工具,优化车行通道,合理组织车行路线,提高车辆在停车场(库)内进出的便捷性。采用交通标线进行交通组织优化如图7-6所示。

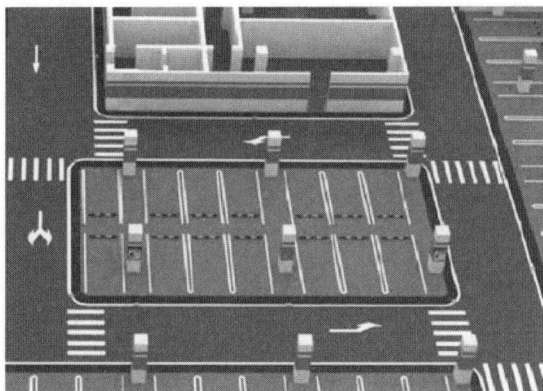

图 7-6　机动车停车场(库)交通组织优化

3. 停车场(库)交通流线设计

机动车停车场(库)交通流线设置要点如下:

(1)主动线。在设计方案中,须体现交通主动线;主动线上诱导信息密度应适当加大,优于其他通道。

(2)一般通道。一般通道长度不宜超过 68m。宜采用逆时针单循环,避免小半径右转弯。机动车停车场(库)交通流线设计如图 7-7 所示。

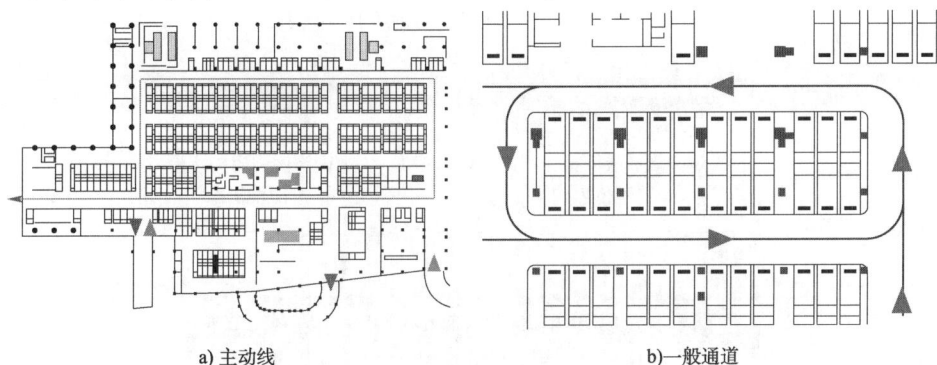

a)主动线　　　　　　　　　　　　　　b)一般通道

图 7-7　机动车停车场(库)交通流线设计

4. 优化平面布局

(1)在保证停车场(库)内行车效率和行人安全的前提下,合理规划通道宽度,充分利用停车场(库)空间资源。

(2)基于人防分区、消防分区、柱网分布和设备层分布,对停车空间系统优化,增加停车泊位数量。机动车停车场(库)平面布局优化方案如图 7-8 所示。

(3)根据停车设施的不同服务业态和停车需求,结合停车场(库)的物理结构和防火分区等,对停车场(库)进行合理的功能分区和色彩设计,便于用户辨识停车区域。机动车停车场(库)分区色彩设计如图 7-9 所示。

(4)对停车场(库)进行人性化的环境设计,包括标志标线和柱面墙面设计、材质设计、视觉效果设计等。

(5)场地内道路转弯时,应保证具有良好视野,弯道内侧的边坡、绿化及建筑物不应影响行车的有效视距。

（6）当坡道位置与建筑立柱关系产生矛盾时，一般可采用两种方法：

① 移动坡道范围内的立柱，立柱可沿着坡道边线设置。

② 移除坡道范围内的立柱，加横向反梁，周边立柱做加强，同时须确保最小净空高度要求。坡道与立柱关系示意图如图 7-10 所示。

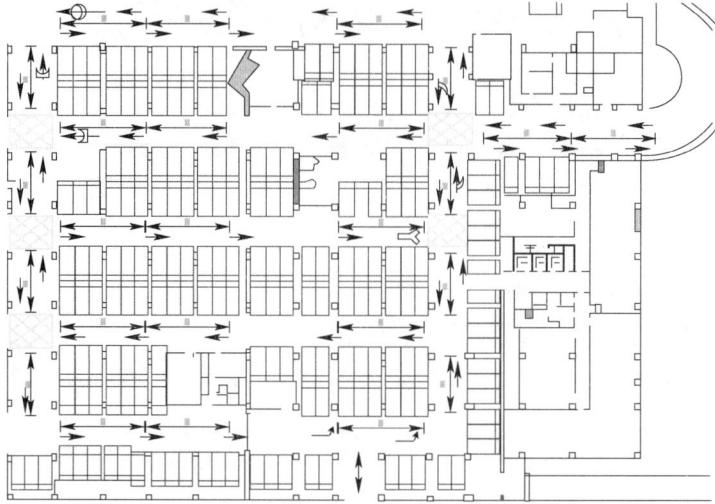

图 7-8　机动车停车场（库）平面布局优化方案

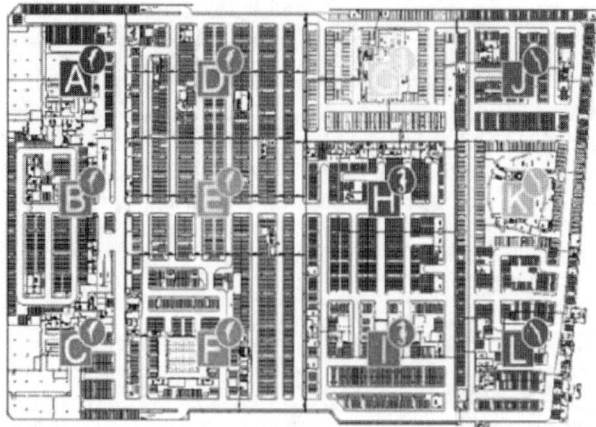

图 7-9　机动车停车场（库）分区色彩设计

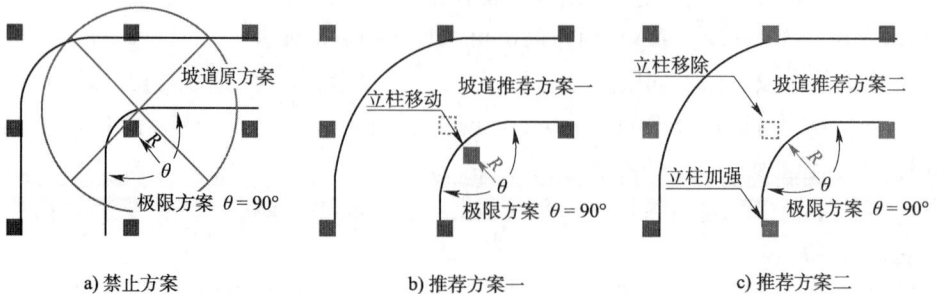

a) 禁止方案　　　　　　　　b) 推荐方案一　　　　　　　　c) 推荐方案二

图 7-10　坡道与立柱关系示意图

三、停车库平面布置的类型及方案选择

1.平面布置的类型分类

停车库平面布置可分为敞开式、分隔式、敞开-分隔式和综合式四种,如图7-11所示。

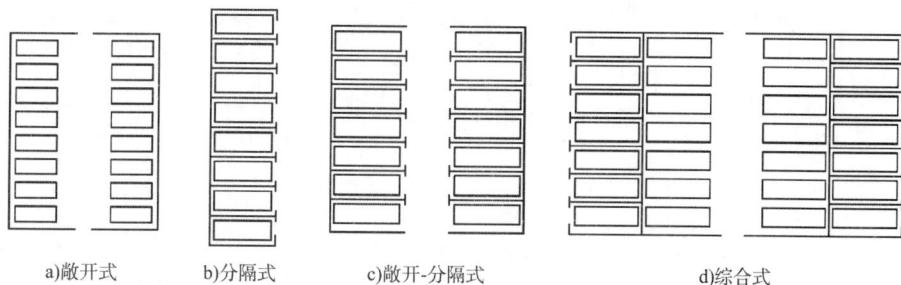

a)敞开式　　b)分隔式　　　　c)敞开-分隔式　　　　　　d)综合式

图7-11　停车库布置类型

敞开式停车库是把汽车停放在一个公共的房间内,在库内车道的一侧或两侧停放车辆,每侧可停放一列或两列汽车。分隔式停车库是将汽车停放在相互隔离的房间内,单列停放时,每个车库有1~2个停车位;而双列停放时,可有2~4个停车位,并且每个车库均有通向室外的大门。敞开-分隔式是指库内设有敞开的公用行车道,而各个隔离的车库布置在通道两侧的公共房间内。综合式停车库内,汽车既可停放在隔离的房间内,也可停放在公共的房间内。

2.布置类型及方案选择

停车库类型的选择,除取决于车辆的用途外,还应考虑汽车隔离情况、防火安全性、车辆看管方便性、面积利用程度及房屋的热能损失程度等。

就防火安全而言,分隔式停车库由于相互隔离而使火灾不易蔓延,但也不易及时发现火情。从看管汽车的方便性考虑,敞开式停车库比较优越。而就房屋热能损失而言,分隔式停车库的大门数目很多,热能损失较大。

对于专门用途的汽车和机关单位自用的公务汽车,通常采用分隔式停车库。这种停车库无内部通道,建筑结构简单,房屋利用率比敞开式停车库高。但当停放车辆数目较多时,由于分隔式停车库的内墙和外墙周长很大,大门数目也较多,其建筑场地的利用率和总经济效果不如敞开式停车库。

按建筑场地形状、尺寸以及停车库的容量等不同,敞开式停车库可有不同的平面布置方案。敞开式停车库中可设一个或几个车区,车区可相互平行、相互垂直或采用综合配置方案。图7-12列出了停放同一厂牌汽车的敞开式停车库的几种平面布置方案。

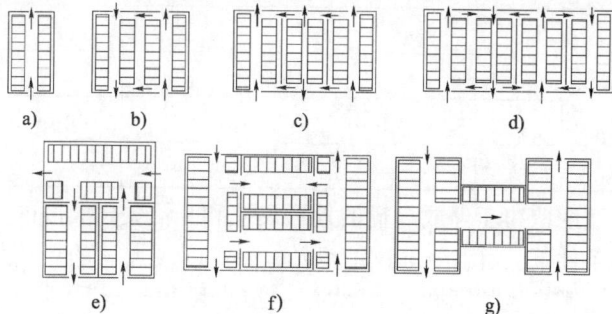

图7-12　停放同一厂牌汽车的敞开式停车库平面布置方案

停放不同厂牌的汽车时,停车库的平面布置较为复杂。最理想的是每一车区停一种厂牌的汽车,但要使各车区宽度与房屋结构形式、车区数目与车辆厂牌数目相适应,且各车区的长度与同一厂牌汽车数目相适应,否则必须采用综合式的布置方案。图7-13列出了停放不同厂牌汽车的敞开式停车库的几种平面布置方案。

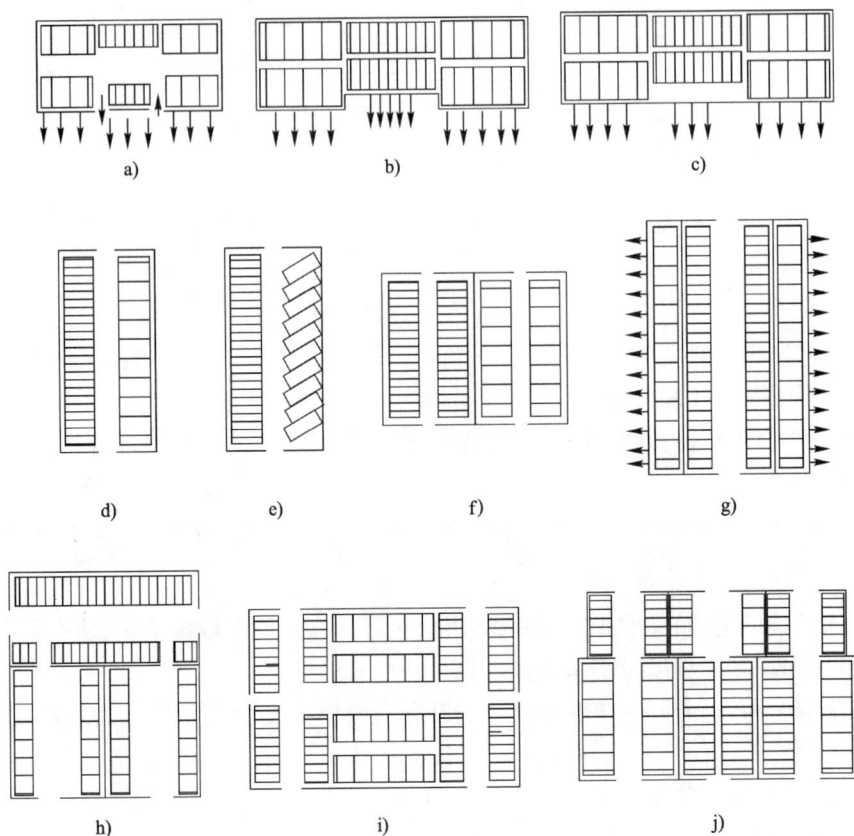

图7-13 停放不同厂牌汽车在敞开式停车库的平面布置方案

选择停车区布置方案时,必须考虑车辆的行驶方便性,尽可能采用单向行驶方式。

敞开式停车库的大门数目决定于车库的容量和车辆的出库要求,其通向室外的大门数可按表7-5确定。当车辆数超过100时,车辆每增加50辆应增加一个大门。

敞开式停车库通向室外的大门数   表7-5

室内停放车数(辆)	有经相邻房间直通室外的出口	无经相邻房间直通室外的出口
10以下	1	1
11~25	1	2
26~50	2	3
51~100	3	4

停车库大门的宽度取决于停放车辆的外形尺寸和车辆驶出大门的方法。在保证车辆不必倒车而能驶出的条件下,大门的最小宽度按车辆宽度应加宽的尺寸见表7-6。停车库大门的最小高度应较车辆高度加高0.3m。大门的最小尺寸确定后,参照建筑构件规格,确定大门的实际尺寸。

汽车驶出大门的方式	车 辆 类 别	应加宽尺寸（m）
车辆垂直驶出大门	微型车	0.7
	小型车	1.0
	轻型车	1.2
车辆斜角驶出或转弯驶出	微型车、小型车	1.0
	轻型车	1.5
	中型车	2.0

目前，我国汽车运输企业主要还是采用露天停车的方法。根据停车场地的长度和宽度条件，停放方案可分为垂直式和斜列式、尽头式和贯通式、单列和双列、单面和双面等不同组合方法。汽车单车适用于尽头式、单列、双面、垂直式和斜列式停车方案；汽车列车适用于贯通式、单列、单面和斜列式停放方案。单独挂车可采用与汽车列车相同的停放方案。

图 7-14 所示为两种不同行驶路线的斜列交织布置方案，可以看出，单向行驶的面积利用率和使用方便程度均较高，而双向行驶的行驶路线相交，要求有较宽的通道。

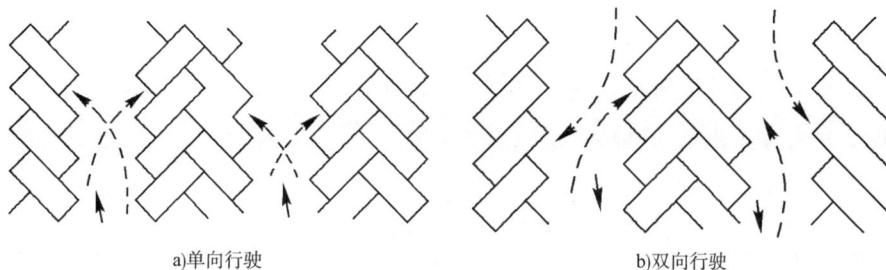

a)单向行驶　　　　　　　　　　　　　　b)双向行驶

图 7-14　斜列交织布置方案

轿车在室内停放时，为了保证汽车出入车库时互不妨碍，也适用斜列交织停放方案。

第四节　路内平面停车泊位设计

停车泊位是指利用道路一侧或两侧设置的停车泊位。为缓解机动车停车设施不足问题，在统筹考虑道路等级及功能、地上杆线及地下管线、车辆及行人交通流量组织疏导能力等情况下，可适当设置限时停车、夜间停车等，分时段临时占用道路的机动车泊位。

一、设置要求

(1)路内停车泊位的设置应遵循保障道路交通有序、安全、畅通的原则。

(2)路内停车泊位的设置应当处理好与机动车、非机动车和行人交通的关系，保障各类车辆和行人的通行和交通安全。

(3)停放周转率应以停车需求调查和预测为基础，合理确定路内停车泊位数量，集约利用道路资源。

(4)路内停车泊位可依所在地区、道路编号，可建立相应的停车诱导系统，并可与路外停车诱导系统、城市的交通管理系统等进行有机衔接。

（5）人行道设置路内停车泊位，应满足承载要求。

（6）路内停车泊位的标志和标线设置应按现行《道路交通标志和标线》（GB 5768）的规定执行。

（7）路内停车泊位与服务对象目的地之间的距离不应大于200m。

（8）距路外停车场出入口200m以内，不宜设置路内停车泊位。

（9）设置路内停车泊位时，应同时制定与交通需求管理政策一致的价格管理措施。城市中心区不宜设置免费路内停车泊位。

二、设置条件

1.路内停车泊位设置率

路内停车泊位过多影响交通，过少则不能满足停车需求，因此《城市道路路内停车泊位设置规范》（GA/T 850—2009）对路内停车泊位设置率作出了规定，见表7-7。

路内停车泊位设置率 表7-7

城市规模	小城市	中等城市	大城市	特大城市
比例（%）	≤15	≤12	≤10	≤8

2.路内停车泊位停放周转率

路内停车泊位停放周转率宜按7~9车次/日计算。

3.设置路内停车泊位的道路宽度

设置路内停车泊位的道路宽度见表7-8。

设置路内停车泊位的道路宽度（单位:m） 表7-8

通 行 条 件	车行道路路面实际宽度 W	泊位设置	通 行 条 件	车行道路路面实际宽度 W	泊位设置
机动车双向通行道路	$W \geqslant 12$	可两侧设置	机动车单向通行道路	$W \geqslant 9$	可两侧设置
	$8 \leqslant W < 12$	可单侧设置		$6 \leqslant W < 9$	可单侧设置
	$W < 8$	不可设置		$W < 6$	不可设置

4.占用道路设置停车泊位的 V/C（停车量/停车容量）值

占用机动车道设置停车泊位的 V/C 值见表7-9，占用非机动车道设置停车泊位的 V/C 值见表7-10，占用机动车、非机动车混行道设置停车泊位的 V/C 值见表7-11。

占用机动车道设置停车泊位的 V/C 值 表7-9

机动车单侧道路高峰小时 V/C 值	泊位设置	机动车单侧道路高峰小时 V/C 值	泊位设置
$0 \leqslant V/C < 0.8$	可设置	$V/C \geqslant 0.9$	不可设置
$0.8 \leqslant V/C < 0.9$	有条件的可设置	—	—

占用非机动车道设置停车泊位的 V/C 值 表7-10

非机动车单侧道路高峰小时 V/C 值	泊位设置	非机动车单侧道路高峰小时 V/C 值	泊位设置
$0 \leqslant V/C < 0.7$	可设置	$V/C \geqslant 0.9$	不可设置
$0.7 \leqslant V/C < 0.9$	有条件的可设置	—	—

机动车单侧道路高峰小时 *V/C* 值	非机动车单侧道路高峰小时 *V/C* 值	泊 位 设 置
$0 \leqslant V/C < 0.8$	$0 \leqslant V/C < 0.7$	可设置
$0.8 \leqslant V/C < 0.9$	$0.7 \leqslant V/C < 0.9$	有条件的可设置
$V/C \geqslant 0.9$	$V/C \geqslant 0.9$	不可设置

注:两项 *V/C* 值中,达到其中一项即可。

5.人行道设置停车泊位

人行道设置停车泊位后剩余宽度见表7-12。

人行道设置停车泊位后剩余宽度(单位:m) 表7-12

类 型	人行道剩余宽度	
	大城市	中、小城市
各级道路	3	2
商业或文化中心区以及大型商店或大型文化公共机构集中路段	5	3
火车站、码头附近路段	5	4
长途汽车站	4	4

6.道路沿线出入口的安全视距

道路沿线出入口的安全视距 *S* 按式(7-5)计算:

$$S = S_1 + S_2 = \frac{Vt}{3.6} + \frac{V^2}{254(\varphi \pm i)} \tag{7-5}$$

式中:S_1——反应距离,是指驾驶员发现前方的阻碍物,经过判断决定采取制动措施的时刻到制动器真正开始起作用的时刻汽车所行驶的距离,m;

S_2——制动距离,指汽车从制动生效到汽车完全停住这段时间内所走的距离,m;

V——车辆的行驶限速,m/s;

t——反应时间,一般取 2.5s;

φ——路面与轮胎间的附着系数,一般按路面在潮湿状态下的 φ 值计算;

i——道路坡度,上坡取正值,下坡取负值。

三、不应设置停车泊位的路段和区域

以下路段和区域不应设置停车泊位:

(1)快速路和主干路的主路路段;

(2)公交车专用道、人行道(步行道内的行人通过区)和人行横道;

(3)交叉路口、铁路道口、急弯路、宽度不足 4m 的窄路、桥梁、陡坡、隧道以及距离上述地点 50m 以内的路段;

(4)公交车站、急救站、加油站、消防栓或者消防队(站)门前以及距离上述地点 30m 以内的路段;

(5)距路口渠化区域 20m 以内的路段;

(6)单位和居住小区出入口两侧 10m 以内的路段;

（7）水、电、气等地下管道工作井及距离上述地点1.5m以内的路段。

四、停车泊位设计

（1）停车泊位平面空间由车辆本身的尺寸加四周必要的安全间距组成。停车泊位设计分大、小两种尺寸。大型泊位长15600mm、宽3250mm，适用于大、中型车辆，小型泊位长6000mm、宽2500mm，适用于小型车辆。条件受限时，宽度可适当降低，但最小不应低于2000mm。

（2）路内停车泊位的排列形式分为平行式［图7-15a)］、斜列式［图7-15b)］和垂直式［图7-15c)］。一般应采用平行式排列，小型车也可采用斜列式和垂直式，大型车辆的停车泊位不应采用斜列式和垂直式的停放方式。

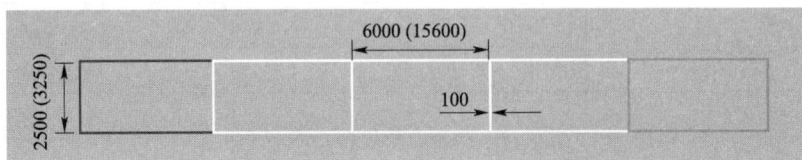

a）平行式

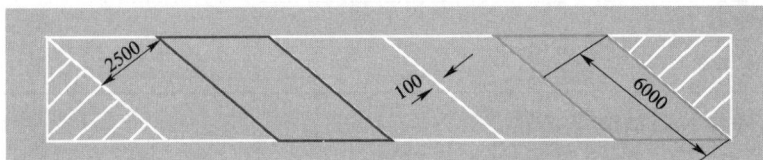

b）斜列式

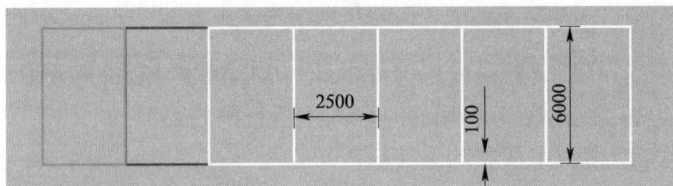

c）垂直式

图7-15　路内停车泊位排列形式（尺寸单位：mm）

（3）采用平行式时，停车泊位与机动车道间宜留出1m（最小0.5m）的开门区空间。采用斜列式时，宜标明停车后车头方向朝向的行车道，以减少停放车辆与行驶车辆碰撞的概率，如图7-16所示。

图7-16　斜列式停车实例（停车后车头方向朝向行车道）

（4）多个停车泊位相连组合时，每组长度宜在60m，每组之间应留有不低于4m的间隔。

停车泊位组合如图 7-17 所示。

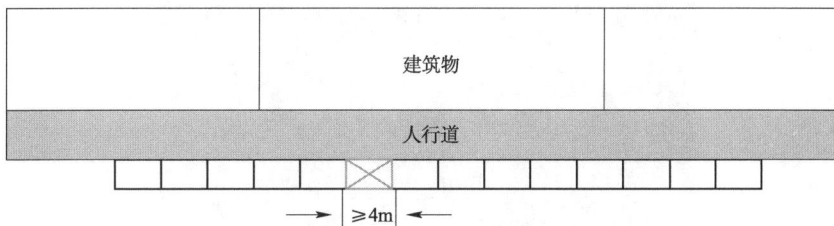

图 7-17　停车泊位组合

（5）设置路侧停车泊位时,应按照车行道、停车带、机非隔离带、自行车道的顺序依次布置,禁止占用步行道,减少占用自行车道停放机动车。路侧停车泊位应设置在自行车道外侧,如图 7-18 所示。

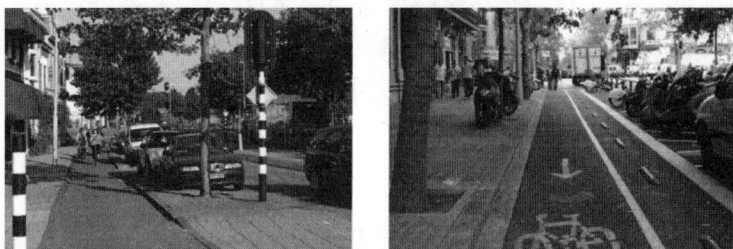

图 7-18　路侧停车泊位设置在自行车道外侧

（6）建筑前区不宜设置机动车停车泊位,建筑出入口前不应设置机动车停车泊位。建筑前区不宜设置机动车停车泊位的反例如图 7-19 所示。

图 7-19　建筑前区不宜设置机动车停车泊位的反例

（7）路内停车泊位不得侵占行人过街空间或影响行人过街视线,宜在过街横道两侧 4m 内施划禁止停车标线,或在过街横道处进行缘石延展设计。过街横道处路内停车泊位设计如图 7-20 所示,过街横道处进行缘石延展设计的实例如图 7-21 所示。

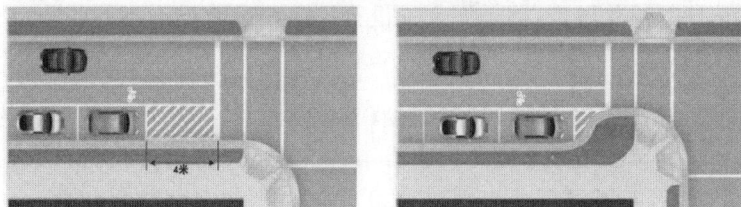

a)过街横道两侧施划禁止停车标线　　　　b)过街横道处进行缘石延展设计

图 7-20　过街横道处路内停车泊位设计

图 7-21　过街横道处进行缘石延展设计的实例

（8）路内停车泊位不得侵占公交车停靠位置,宜在公交停靠站前后施划地面公交专属停车泊位标线或布设岛式车站,避免公交车停靠站被其他车辆侵占。

（9）应考虑设置残疾人专用停车泊位,其数量应不少于停车泊位总数的 2%。残障车位、母婴车位和卸货车位应相应设置路缘石坡道。残障车位设计如图 7-22 所示。

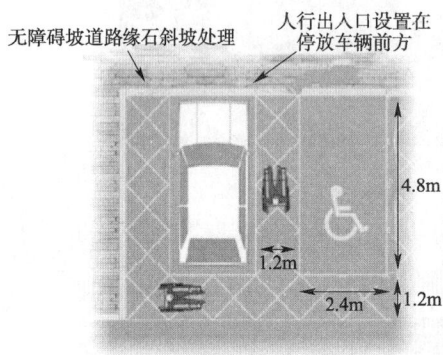

图 7-22　残障车位设计

五、居住区路内停车设计

基于老居住区停车缺乏的现状,小区内占道停车应采取因势利导的方式治理,以兼顾停车、行车、充电和消防需求。针对不同的现状道路宽度、拓宽条件及交通组织方式,制定不同的道路宽度标准。

1. 确定居住区内道路停车位合理的设置尺寸

从常见小汽车尺寸来看,宽度主要以 1.7 ~ 1.9m 为主,长度大都在 5m 以内。因此,老居住小区路内停车位宽度可以控制为不小于 2m,标准泊位长度按照 5.5m 设置,部分区域可以结合树池、草坪等绿化要素,因地制宜地设置长度 4.0 ~ 5.5m 不等的非标准车位。

2. 确定道路通行的最小宽度

有双向通行要求的道路行车宽度应控制在 6m 以上,以满足双向两车道的最低宽度要求;有消防通道要求的单向道路宽度不应小于 4m,以满足消防强制性规范要求;无消防通道要求的单向道路宽度不应小于 3m。道路拓宽改造的标准通常有以下类型:

（1）双向通行、双向停车,宽度不小于 10m。通常 8 ~ 9m 的道路可以拓宽改造至 10m,实现双侧停车并保障双向通行畅通。

（2）单向通行、双侧停车，宽度不小于8m。通常7m左右的道路可以拓宽改造至8m并实施单向交通，实现双侧停车，从而更多地挖潜车位。但根据小区整体交通组织设计，需要双向通行的道路只能单侧停车。

（3）单向通行、单侧停车，宽度不小于6m。通常4～5m的道路可以拓宽改造至6m，实现单侧停车且保障消防车道的畅通。改造前后道路标准段平面如图7-23所示。

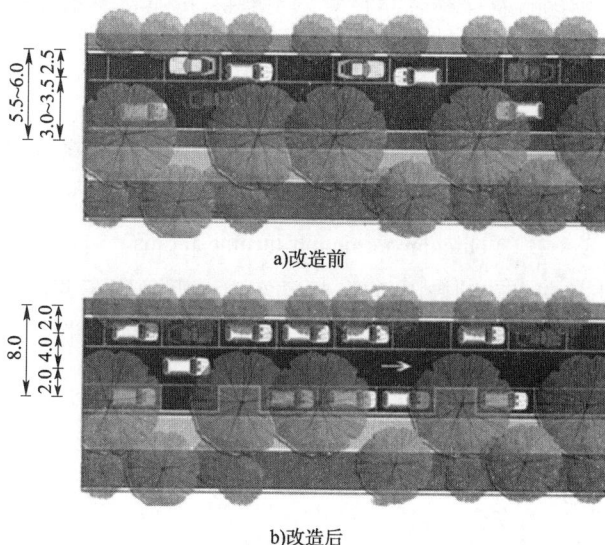

图7-23　改造前后道路标准段平面图(尺寸单位:m)

通过合理的单向交通组织，充分利用道路资源，消除拥堵点，有效避免纠纷，确保消防通道畅通。在以到达性为主的主要进出道路上设置管理岗亭，有效规范行车秩序。

老居住小区、各居住组团与配套的医院、学校等公共建设用地相交错，住宅停车位和公共配建停车位在时间和空间上可实现资源共享。通过道路改造、交通组织增加路内临时停车泊位，在满足绿地率标准的宅间空地挖潜建设地下停车库，在增加停车泊位的同时，实现环境质量的同步改善。

第五节　多层停车库设计

随着城市建设规模的日益扩大和汽车运输业的不断发展，城市用地逐渐紧缺，地面停车场占用了大面积城市土地。为使用城市用地更加合理化，充分利用空间，世界各国都在建造多层停车库(又称停车楼)和地下停车库，从而解决车辆停放、道路交通拥挤以及日益增多的汽车停车困难问题，提高道路通行能力。

按照车辆在库内的运输方式不同，多层停车库又可分为坡道式停车库和机械式停车库。本节将学习坡道式停车库，即停车楼的设计。停车楼建筑按建设方式可划分为独立式和附建式。停车楼建筑设计符合适用、安全、卫生、经济、环保、节能等基本要求。停车库建筑设计应使用方便、安全可靠、技术先进、经济合理，并应满足所在城市及地区交通管理的要求。

一、相关术语

1. 地下车库(Underground garage)

室内地坪低于室外地坪高度超过该层净高1/2的车库。

2. 敞开式机动车库(Open motor vehicle garage)

任一层车库外墙敞开面积超过该层四周外墙体总面积的 25%,敞开区域均匀布置在外墙上且其长度不小于车库周长的 50% 的机动车库。

3. 停车当量(Equivalent parking unit)

用于协调各种不同车型,便于统计与计算停车数量、停车位大小等数据而设定的标准参考车型单元。

4. 停车位(Parking stall)

车库中为停放车辆而划分的停车空间或机械式停车设备中停放车辆的独立单元,由车辆本身的尺寸加四周所需的距离组成。

5. 机动车最小转弯半径(Vehicular minimum turning radius)

机动车回转时,当转向盘转到极限位置,机动车以最低稳定车速转向行驶时,外侧转向轮的中心平面在支承平面上滚过的轨迹圆半径。机动车最小转弯半径表示机动车能够通过狭窄弯曲地带或绕过不可越过的障碍物的能力。

6. 环形车道外半径(Outer radius of the circular lane)

以回转圆心为参考点,机动车回转时其外侧最远端循圆曲线行走的轨迹半径加上机动车最远端至环形车道外边的安全距离。

二、车库建筑选址

(1)车库选址应符合城镇的总体规划、道路交通规划、环境保护及防火等要求。

(2)车库选址应充分利用城市土地资源,地下车库宜结合城市地下空间开发及地下人防设施进行设置。

(3)专用车库宜设在单位专用的用地范围内;公共车库应选择在停车需求大的位置,并宜与主要服务对象位于城市道路的同侧。

(4)机动车库的服务半径不宜大于 500m,非机动车库的服务半径不宜大于 100m。

(5)特大型、大型、中型机动车库宜临近城市道路;不相邻时,应设置通道连接。

(6)车库出入口的设计应符合下列要求:

①车库出入口的数量和位置应符合现行《民用建筑设计通则》(GB 50352)的规定及城市交通规划和管理的有关规定;

②车库出入口不应直接与城市快速路相连接,且不宜直接与城市主干路相连接;

③车库主要出入口的宽度不应小于 4m,并应保证出入口与内部通道衔接的顺畅;

④当需在车库出入口办理车辆出入手续时,出入口处应设置候车道,且不应占用城市道路;机动车候车道宽度不应小于 4m、长度不应小于 10m,非机动车应留有等候空间;

⑤机动车库出入口应具有通视条件,与城市道路连接的出入口地面坡度不宜大于 5%;

⑥机动车库出入口处的机动车道路转弯半径不宜小于 6m,且应满足基地通行车辆最小转弯半径的要求;

⑦相邻机动车库出入口之间的最小距离不应小于 15m,且不应小于两出入口道路转弯半径之和;

⑧机动车库基地出入口应设置减速安全设施。

（7）地下车库排风口宜设于下风向，并应做消声处理。排风口不应朝向邻近建筑的可开启外窗；当排风口与人员活动场所的距离小于10m时，朝向人员活动场所的排风口底部距人员活动地坪的高度不应小于2.5m。

（8）允许车辆通行的道路、广场，应满足车辆行驶和停放的要求，且面层应平整、防滑、耐磨。车库总平面内的道路、广场应有良好的排水系统，道路纵坡坡度不应小于0.2%，广场坡度不应小于0.3%。

三、总体设计

1. 总平面设计

车库总平面可根据需要设置车库区、管理区、服务设施、辅助设施等。车库总平面的功能分区应合理，交通组织应安全、便捷、顺畅。在停车需求较大的区域，机动车库的总平面布局宜有利于提高停车高峰时段停车库的使用效率。

车库总平面设计还应满足下列要求：

（1）车库总平面的防火设计应符合现行《建筑设计防火规范（2018版）》（GB 50016）和《汽车库、修车库、停车场设计防火规范》（GB 50067）的规定。

（2）车库总平面内，单向行驶的机动车道宽度不应小于4m，双向行驶的小型车道不应小于6m，双向行驶的中型车以上车道不应小于7m。

（3）机动车道路转弯半径应根据通行车辆种类确定。微型、小型车道路转弯半径不应小于3.5m；消防车道转弯半径应满足消防车辆最小转弯半径要求。

（4）道路转弯时，应保证良好的通视条件，弯道内侧的边坡、绿化及建（构）筑物等均不应影响行车视距。

2. 设计车型外廓尺寸

机动车库应根据停放车辆的设计车型外廓尺寸进行设计。机动车设计车型的外廓尺寸可按表7-3取值。

3. 最小净距

汽车之间以及汽车与墙、柱、护栏之间的最小净距应符合表7-13的要求。表中纵向指机动车长度方向、横向指机动车宽度方向；净距指最近距离，当墙、柱外有突出物时，从其凸出部分外缘算起。

汽车之间以及汽车与墙、柱、护栏之间最小净距（单位：m）   表7-13

项　　　目		机动车类型		
		微型车、小型车	轻型车	中型车、大型车
平行式停车时机动车间纵向净距		1.20	1.20	2.4
垂直式、斜列式停车时机动车间纵向净距		0.50	0.70	0.80
车间横向净距		0.60	0.80	1.00
车与柱间净距		0.30	0.30	0.40
大型车	纵向	0.50	0.50	0.50
	横向	0.60	0.80	1.00

4. 最小转弯半径

车库内机动车最小转弯半径应符合表7-14的规定。

机动车最小转弯半径（单位:m） 表7-14

车型	微型车	小型车	轻型车	中型车	大型车
最小转弯半径 r_1	4.5	6.0	6.0~7.2	7.2~9.0	9.0~10.5

如图7-24所示,机动车的环形车道最小外半径(R_0)和内半径(r_0)的尺寸应分别按公式(7-6)~式(7-10)计算。

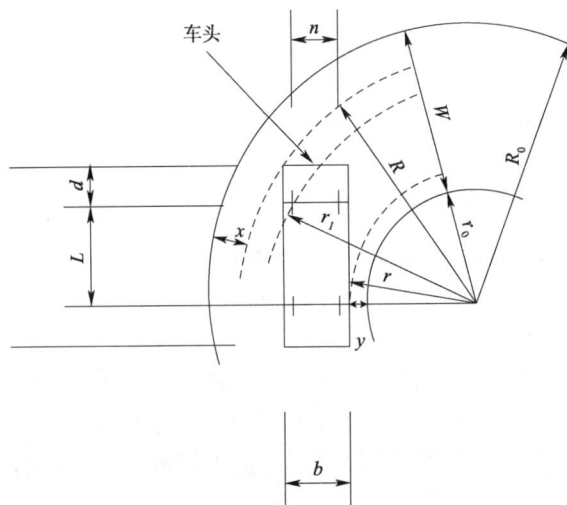

图7-24 机动车环形车道平面图

$$W = R_0 - r_0 \tag{7-6}$$

$$R_0 = R + x \tag{7-7}$$

$$r_0 = r - y \tag{7-8}$$

$$R = \sqrt{(L+d)^2 + (r+b)^2} \tag{7-9}$$

$$r = \sqrt{r_1^2 - L^2} - \frac{b+n}{2} \tag{7-10}$$

式中: b——机动车宽度;

d——前悬尺寸;

L——轴距;

n——前轮距;

r_1——机动车最小转弯半径;

R_0——环形车道外半径;

r_0——环形车道内半径;

R——机动车环行外半径;

r——机动车环行内半径;

W——环形车道最小净宽;

x——机动车环行时最外点至环道外边安全距离,宜大于或等于250mm,当两侧为连续障碍物时宜大于或等于500mm;

y——机动车环行时最内点至环道内边安全距离,宜大于或等于250mm,当两侧为连续障碍物时宜大于或等于500mm。

四、停车区域设计

1. 车辆停放方式

停车区域应由停车位和通车道组成。停车区域的停车方式应排列紧凑、通道短捷、出入迅速、保证安全和与柱网相协调,并应满足一次进出停车位要求。停车方式可采用平行式、斜列式(倾角30°、45°或60°)和垂直式(图7-25)。

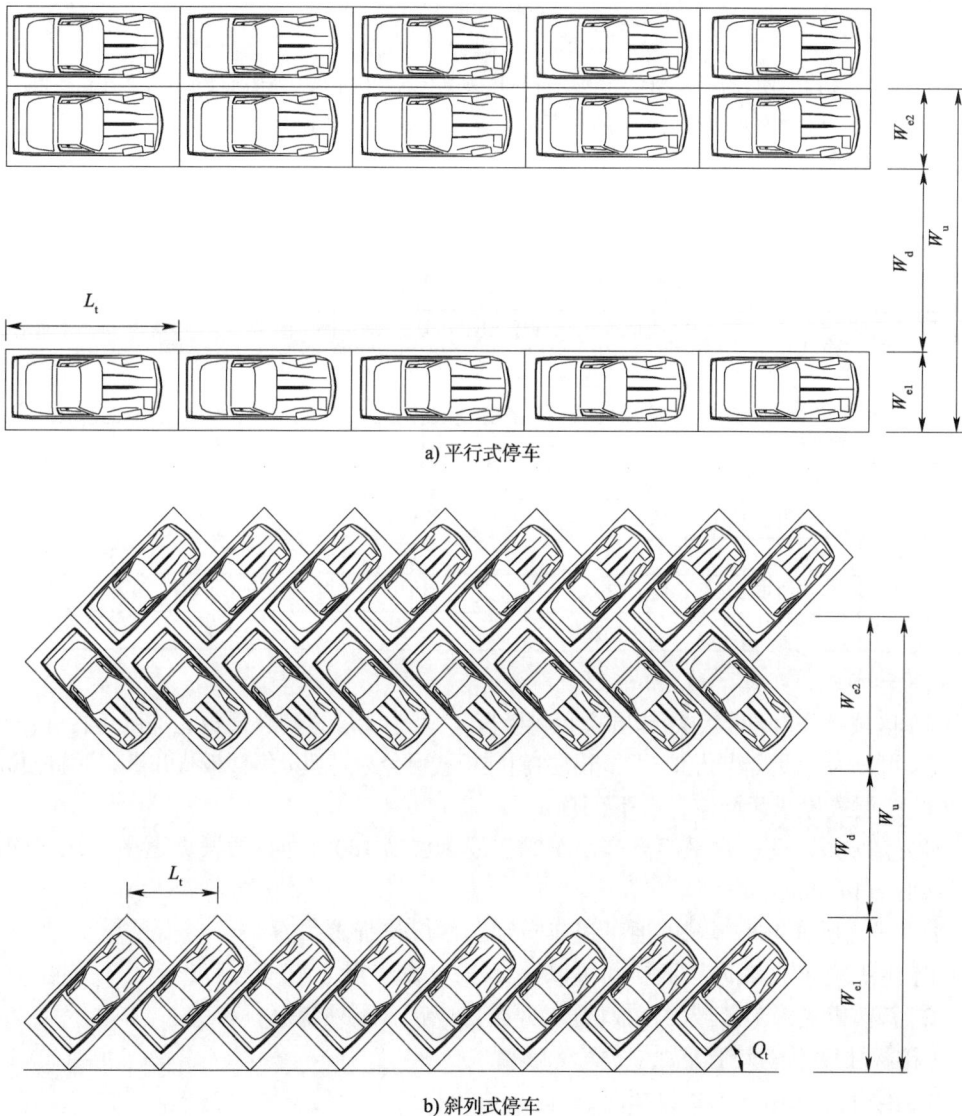

a) 平行式停车

b) 斜列式停车

图 7-25

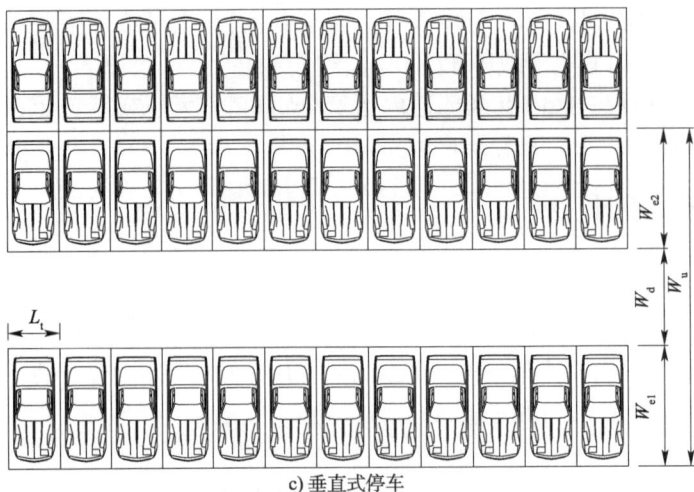

c) 垂直式停车

图7-25　车辆停放方式

W_u-停车带宽度；W_{e1}-停车位毗邻墙体或连续分隔物时，垂直于通(停)车道的停车位尺寸；W_{e2}-停车位毗邻时，垂直于通(停)车道的停车位尺寸；W_d-通车道宽度；L_t-平行于通车道的停车位尺寸；Q_t-机动车倾斜角度

2. 停车位及通道尺寸

机动车最小停车位、通道宽度可通过计算或作图法求得，且库内通车道宽度应大于或等于3.0m。小型车的最小停车位、通道宽度应符合表7-15的规定。

小型车的最小停车位、通道宽度（单位：m）　　　　　表7-15

停车方式		垂直通车道方向的最小停车位宽度		平行通车道方向的最小停车位宽度 L_t	通道最小宽度 W_d
		W_{e1}	W_{e2}		
平行式	后退式停车	2.4	2.1	6.0	3.8
斜列式	30° 前进(后退)停车	4.8	3.6	4.8	3.8
	45° 前进(后退)停车	5.5	4.6	3.4	3.8
	60° 前进停车	5.8	5.0	2.8	4.5
	60° 后退停车	5.8	5.0	2.8	4.2
垂直式	前进停车	5.3	5.1	2.4	9.0
	后退停车	5.3	5.1	2.4	5.5

3. 特殊形式停车区

停车区域可分为平楼板式、错层式和斜楼板式，其中错层式和斜楼板式均属于特殊停车区。错层式又可分为二段式错层和三段式错层；斜楼板式可分为直坡形斜楼板式和螺旋形斜楼板式。

（1）错层式停车区域应符合下列规定：

①两直坡道之间的水平距离应使车辆在停车层做180°转向，两段坡道中心线之间的距离不应小于14.0m；

②三段错层式停车区域的通车道应限定车辆行驶路线；

③错层式停车区域内楼面空间可以叠交，叠交水平尺寸不应大于1.5m。

（2）斜楼板式停车区域的楼板坡度、停车位应符合下列规定：

①楼板坡度不应大于5%；

②当停车位采用斜列式停车时，其停车位的长向中线与斜楼板的纵向中线之间的夹角不应小于60°。

对于斜楼板式停车区域，必要时可设转向的中间通车道；为防止行车高峰堵车，可增设螺旋坡道。

五、出入口及坡道

1. 机动车库出入口和车道数量

机动车库出入口和车道数量应符合表7-16的规定,且当车道数量大于或等于5且停车当量大于3000辆时,机动车出入口数量应经过交通模拟计算确定。

机动车库出入口和车道数量(单位:个)　　　　　表7-16

出入口和车道数量	停车当量(辆)						
	特大型	大型		中型		小型	
	大于1000	501～1000	301～500	101～300	51～100	25～50	小于25
机动车出入口数量	≥3	≥2		≥2	≥1	≥1	
非居住建筑出入口车道数量	≥5	≥4	≥3	≥2		≥2	≥1
居住建筑出入口车道数量	≥3	≥2	≥2	≥2		≥2	≥1

对于停车当量小于25辆的小型车库,出入口可设一个单车道,并应采取进出车辆的避让措施。机动车库的人员出入口与车辆出入口应分开设置,机动车升降梯不得替代乘客电梯作为人员出入口,并应设置标识。

2. 出入口及坡道最小净高

按出入方式,机动车库出入口可分为平入式、坡道式、升降梯式三种类型。车辆出入口的最小间距不应小于15m。车辆出入口宽度,双向行驶时不应小于7m,单向行驶时不应小于4m。车辆出入口及坡道的最小净高应符合表7-17的要求。净高指从楼地面面层(完成面)至吊顶、设备管道、梁或其他构件底面之间的有效使用空间的垂直高度。

出入口及坡道的最小净高(单位:m)　　　　　表7-17

车　　型	最小净高	车　　型	最小净高
微型车、小型车	2.20	中型、大型客车	3.7
轻型车	2.95	中型、大型货车	4.2

3. 平入式出入口设计要求

(1)平入式出入口室内外地坪高差不应小于150mm,且不宜大于300mm;

(2)出入口室外坡道起坡点与相连的室外车行道路的最小距离不宜小于5.0m;

(3)出入口的上部宜设有防雨设施;

(4)出入口处宜设置遥控启闭的大门。

4. 坡道式出入口设计要求

(1)出入口可采用直线坡道、曲线坡道和直线与曲线组合坡道,其中直线坡道可选用内直坡道式或外直坡道式。

(2)出入口可采用单车道或双车道,坡道最小净宽应符合表7-18的规定,此宽度不包括道牙及其他分隔带宽度。当曲线比较缓时,可以按直线宽度进行设计。

坡道最小净宽(单位:m)　　　　　表7-18

形　　式	最小净宽		形　　式	最小净宽	
	微型、小型车	轻型、中型、大型车		微型、小型车	轻型、中型、大型车
直线单行	3.0	3.5	曲线单行	3.8	5.0
直线双行	5.5	7.0	曲线双行	7.0	10.0

（3）坡道的最大纵向坡度应符合表7-19的规定。

坡道的最大纵向坡度 表7-19

车 型	直 线 坡 道		曲 线 坡 道	
	百分比(%)	比值(高:长)	百分比(%)	比值(高:长)
微型车、小型车	15.0	1:6.67	12	1:8.30
轻型车	13.3	1:7.70	10	1:10.0
中型车	12.0	1:8.30		
大型车	10.0	1:10.0	7.0	1:1:2.5

（4）当坡道纵向坡度大于10%时，坡道上、下端均应设缓坡坡段，其直线缓坡段的水平长度不应小于3.6m，缓坡坡度应为坡道坡度的1/2，如图7-26所示；曲线缓坡段的水平长度不应小于2.4m，曲率半径不应小于20m，缓坡段的中心为坡道原起点或止点，停车带宽度是指停放车辆在平行于通道方向所占的区域宽度。大型车的坡道应根据车型确定缓坡的坡度和长度。

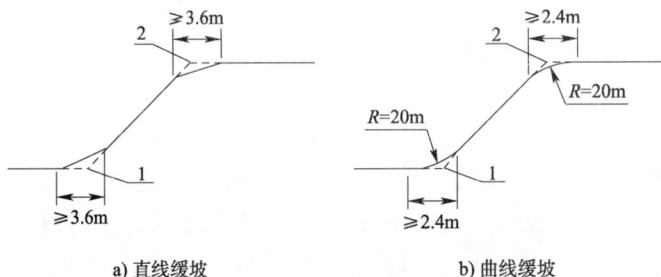

a) 直线缓坡   b) 曲线缓坡

图7-26 缓坡段示意图
1-坡道起点；2-坡道止点

（5）微型车和小型车坡道转弯处的最小环形车道内半径(r_0)不宜小于表7-20的规定；其他车型的坡道转弯处的最小环形车道内半径应按计算确定。

坡道转弯处的最小环形车道内半径(r_0) 表7-20

	坡道转向角度(a)		
最小环形车道内半径(r_0)	$a \leq 90°$	$90° < a < 180°$	$\alpha \geq 180°$
	4m	5m	6m

注：坡道转向角度为机动车转弯时的连续转向角度。

（6）环形坡道处弯道超高宜为2%~6%。

第六节　机械式停车库设计

机械式停车库分为全自动停车库与复式停车库。全自动停车库的停车设备宜采用平面移动类、巷道堆垛类和垂直升降类；复式停车库的停车设备可采用升降横移类和简易升降类。机械式停车库应根据总体布局需要，结合机械停车设备的技术要求与合理的柱网关系进行设计。在设计机械式停车库时，要执行国家的技术经济政策，做到技术先进、经济合理、安全适用。

一、相关术语

1. 附建式停车库(Accessorily build mechanical parking garage)

与其他建筑物或构筑物结合建造,并共用或部分共用建筑主体结构的机械式停车库。

2. 重列式停车库(Tandem mechanical parking garage)

连续两排及以上的机械式停车位纵向或横向贯穿排列在一起的停车库。

3. 转换区(Transfer area)

存取汽车时,由驾驶员驾驶状态转换为停车设备控制状态或由停车设备控制状态转换为驾驶员驾驶状态的区域。

4. 巷道堆垛类停车设备(Stacking mechanical parking system)

使用巷道堆垛机,将汽车水平且垂直移动到停车位旁,并用存取交接机构存取汽车的机械式停车设备。

5. 平面移动类停车设备(Horizontal shifting mechanical parking system)

在同一水平层上用搬运器平面移动汽车或载车板,实现存取汽车的机械式停车设备。多层平面移动类机械式停车设备还需使用升降机来实现不同层间的升降。

6. 垂直升降类停车设备(Vertical lifting mechanical parking system)

使用升降机将汽车升降到指定层,并用存取交接机构存取汽车的机械式停车设备。

二、总体设计

机械式停车库的停车设备选型应与建筑工程设计同步进行,并应根据停车设备、辅助设施和配套设施等进行建筑空间的设计。机械式停车库应预留安装操作空间,且操作空间的宽度和高度应根据停车设备类型进行确定。

1. 停车区域设计

1)设计车型尺寸

机械式机动车库停放车辆的外廓尺寸及质量可按表7-21规定采用。

机械式机动车库停放车辆的外廓尺寸及质量 表7-21

车型	长×宽×高(m)	质量(kg)	车型	长×宽×高(m)	质量(kg)
小型车	≤4.4×1.75×1.45	≤1300	特大型车	≤5.3×1.90×1.55	≤1700
中型车	≤4.7×1.80×1.45	≤1300	超大型车	≤5.6×2.05×1.55	≤2350
大型车	≤5.0×1.85×1.55	≤1500	客车	≤5.0×1.85×2.05	≤1850

2)停车位设计

机械式停车库停车位的最小外廓尺寸应符合表7-22的要求。

机械式停车库停车位的最小外廓尺寸 表7-22

车型	全自动停车库	复式停车库
宽度(m)	车宽+0.15	车宽+0.50(通道)
长度(m)	车长+0.20	车长+0.20
高度(m)	车高+微升微降高度+0.05, 且不小于1.60	车高+微升微降高度+0.05,且不小于1.60, 兼作人行通道时应不小2.00

3)复式停车库设计

复式停车库停车区域的净高应根据各类停车设备的尺寸确定。复式停车库停车设备中

升降横移类车库组合单元横向最小尺寸应按式(7-11)计算:

$$W_0 = N \times W + 0.2 \qquad (7-11)$$

式中:W_0——组合单元横向最小尺寸,m;

    N——平层车位数量,个;

    W——单车位设备装置尺寸宽度,m。

复式停车库停车设备组合单元车位数量应分别按式(7-12)和式(7-13)计算:

升降横移类:

$$X = N \times C - C + 1 \qquad (7-12)$$

简易升降类:

$$X = N \times C \qquad (7-13)$$

式中:X——组合单元车位数量,个;

    N——平层车位数量,个;

    C——组合单元停车层数,层。

升降横移类停车设备高度尺寸应符合表7-23的要求。

升降横移类停车设备高度尺寸   表7-23

形　式	停车设备层数	设备装置高度(m)
出车面以上	二层停车设备	3.50 ~ 3.65
	三层停车设备	5.65 ~ 5.90
	四层停车设备	7.45 ~ 7.70
	五层停车设备	9.03 ~ 9.55
	六层停车设备	11.15 ~ 11.40
出车面以下	底坑一层停车设备	1.90 ~ 2.10

复式停车库通车道的最小尺寸应根据车型倒车入库的需求计算,最小不得小于5.8m。

2. 出入口设计

复式停车库的出入口及坡道应符合汽车库建筑设计的相关要求。全自动停车库出入口应符合下列规定:

(1)机械式停车库的人员疏散出口和车辆疏散出口应分开设置。

(2)车辆出入口并设时应设置不少于2个的候车位,车辆出入口分开设置时,候车位不应少于1个;当机动车需要掉头而受场地限制时,可设置机动车回转盘,并应根据回转盘设备确定安装回转盘的地坑尺寸。

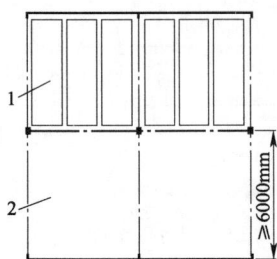

图7-27　车位前的出入口场地
1-停车位;2-通道或室外道路

(3)出入口宽度应大于所存放的机动车设计车型宽加0.50m,且不应小于2.50m,高度不应小于2.00m。

(4)机械式立体停车库的出入口可根据需要设置库门或栅栏等安全保护设施。

(5)对于采用升降横移类和简易升降类停车设备的机械式停车库,车位前的出入口场地尺寸应满足车辆转向进入载车板的要求,且其宽度不宜小于6000mm,如图7-27所示。

(6)机械式停车库应根据需要设置检修通道,且宽度不应小于60cm,停车位内检修通道净高不宜小于停车位净高。设置检修孔时,检修孔宜为正方形,且边长不宜小于70cm。

（7）平面移动类停车库、巷道堆垛类停车库和垂直升降类停车库宜设置管理室,且管理室宜设在临近出入口处,并应满足观察车辆进出状况的视野要求。当不能设在临近出入口处时,管理室内应设置具备观察车辆进出状况功能的视频监控系统。其他类型停车库可根据规模和管理需要设置管理室。

3. 基础设计

机械式停车库的地下底坑应保持干燥,宜采取排水措施,并应根据当地气候、水文地质情况,进行防水设计。机械式停车库出入口处应设置防止雨水倒灌的设施。设有回转盘的停车库,回转盘的底坑应采取防水和排水措施。

机械式停车库的地基、基础和结构等应根据建设场地的地质勘探报告、停车设备的荷载要求及国家现行有关标准的规定进行设计,并应符合下列规定:

（1）宜采用混凝土基础,且混凝土的厚度不宜小于2.0cm,强度等级不宜小于C25。

（2）停车设备钢架与基础之间宜采用直接预埋、埋设预埋件等方式进行连接;预埋件的尺寸、位置和精度等应满足停车设备安装的要求。

（3）埋设设备预埋件的建筑结构混凝土厚度不宜小于20cm;当混凝土厚度小于20cm时,应对连接构造采取加强措施。

（4）停车设备的钢架宜为便于现场拼装的形式,并应满足机械式停车库对钢架的强度和刚度要求。

（5）当附建式停车库与建筑物主体结构连接时,不应对建筑物产生不利影响,并应对原建筑物进行检测和符合性验算,再根据检测和验算结果,进行连接设计。

4. 电气工程设计

机械式停车库的电气工程应按国家现行有关标准进行设计,并应符合下列规定:

（1）停车库的配电宜采用双回路供电,且两个回路的供电线路之间应设置自动切换装置;当采用单回路供电时,宜配置备用电源。

（2）停车设备的电源应采用三相五线制,并应与消防配电、停车库照明和监控系统等线路分设。

（3）停车库的人员疏散出入口、配电室、控制室及管理室等应设置应急照明器具,且应急照明器具的应急工作时间不应小于30min。

（4）停车库内应设检修插座箱或检修插座,并宜根据需要分别设置36V、220V或380V的电源插座。

（5）停车库宜预留电动汽车充电设施接口,并应设置电池充满自动断电装置。

5. 安全设计

（1）停车设备的出入口、操作室、检修场所等明显可见处应设置安全标志,并应符合现行《安全标志及其使用导则》（GB 2894）的要求。

（2）全自动机动车库的设备操作位置应能看到人员和车辆的进出,当不能满足要求时,应设置反射镜、监控器等设施。

（3）机械式停车库的防雷设计应符合现行《建筑物防雷设计规范》（GB 50057）的规定。

（4）机械式停车库的防火设计应符合现行《汽车库、修车库、停车场设计防火规范》（GB 50067）的规定。

（5）当机械式停车库不具备自然通风条件或自然通风不能满足停车库内空气品质要求时，应设置机械通风装置，并应符合现行《工业企业设计卫生标准》（GBZ 1）的规定。

（6）全封闭的机械式停车库宜设置机械排烟系统，风管应采用难燃材料。排烟风机应满足当输送介质温度在280℃及以上时能至少连续工作30min，并在介质温度冷却至环境温度时仍能连续正常运转的要求。

6. 其他设计要求

（1）机械式停车库应优先采用自然采光，当自然采光无法满足要求时，应设置照明，并宜采用节能光源。复式停车库照度标准值应按现行《汽车库建筑设计规范》（JGJ 100）执行；全自动停车库照度标准值宜符合表7-24的规定。

机械全自动停车库照度标准值　　　　　　　　　表7-24

房间或场所	参考平面及其高度	照度标准值（lx）	房间或场所	参考平面及其高度	照度标准值（lx）
出入口	地面	30	控制室	0.75 水平面	100
通道路面	地面	30	管理室	0.75 水平面	75
停车位	地面	20	机房	地面	50
操作盘	盘面垂直而	100	—	—	—

注：1. 对于停车位的照度标准，当无驾驶员进入时，不作要求。

2. 操作盘的照度标准值适用于由驾驶员自行操作时。

（2）机械式停车库智能化系统可按现行《智能建筑设计标准》（GB/T 50314）进行设计，并应符合下列规定：

①宜设置车位信息系统和自动报警系统，并可根据停车设备类型、建设规模及环境等因素，选择配置出入口控制系统、智能化电子收费系统、停车诱导系统、反向寻车诱导系统、电子标签系统、车辆以及驾驶员高清图像比对系统、大型停车库运行视频监控系统、远程通信及协助系统等智能化系统。

②机械式停车库宜至少被一种无线通信信号覆盖，且停车库转换区宜设置有线和无线通信装置。

③机械式停车库智能化系统应与火灾自动报警及消防联动系统连接。

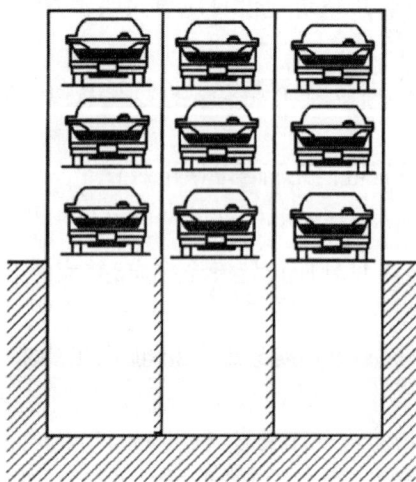

图 7-28　三组垂直升降式简易升降类停车设备并联

（3）机械式停车库的噪声指标应符合现行《社会生活环境噪声排放标准》（GB 22337）的规定，停车库内一氧化碳浓度应符合现行《工作场所有害因素职业接触限值　第 1 部分：化学有害因素》（GBZ 2.1）的规定。

（4）当机械式停车库内温度不能满足停车设备正常工作温度要求时，应采取采暖或散热措施。

三、简易升降类停车库

（1）简易升降类停车库可由单套简易升降类停车设备横向并联组合而成（图7-28），且每组并联组合的简易升降类停车库的停车位不宜超过 50 个。

（2）垂直升降式简易升降类停车库的停车层数

不宜超过四层,且地下停车层数不宜超过两层。

(3)垂直升降式简易升降类停车库的停车层净高不应小于200cm;停车库的停车位长度不应小于适停车型长度加20cm,宽度不应小于适停车型宽度加50cm。

(4)垂直升降式简易升降类停车库的地坑侧壁与停车设备之间应预留设备安装操作空间,且其间距不宜小于20cm。

(5)垂直升降式简易升降类停车库出入场地可与场区交通通道共用,且其宽度不宜小于6m。

(6)垂直升降式简易升降类停车库的地坑宜采用混凝土结构,设备基础可与地坑结构设计为一个整体。

(7)垂直升降式简易升降类停车库的地坑内应设有排水设施,室外停车库还应有防止雨水灌入的措施,排水系统可采用自动水位控制排水设施,并应符合现行《建筑给水排水设计规范》(GB 50015)的规定。

四、平面移动类停车库

(1)单层平面移动类停车库的停车位不宜超过50个;通过设在升降井道内的提升机,可将单层平面移动类停车设备组合成多层平面移动类停车库。

(2)平面移动类停车库内的停车位应根据可使用的建筑面积和周边交通环境,采取纵向布置、横向布置或多排布置等布置方式,同时应根据停车设备的布置方式进行建筑结构设计,并应符合下列要求:

①在狭长场地宜采取多层纵置式布置停车位,且升降机井道的设置位置应与出入口对应,搬运巷道应根据纵向停车位方向进行设置(图7-29)。

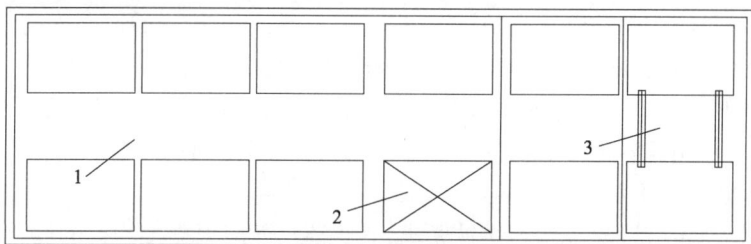

图7-29 多层纵置式布置
1-巷道;2-升降机;3-搬运器

②多层横置式平面移动类停车库升降机井道应设置在出入口位置,搬运巷道应根据横向停车位方向进行设置,并宜设置检修通道、检修人孔或检修楼梯(图7-30)。

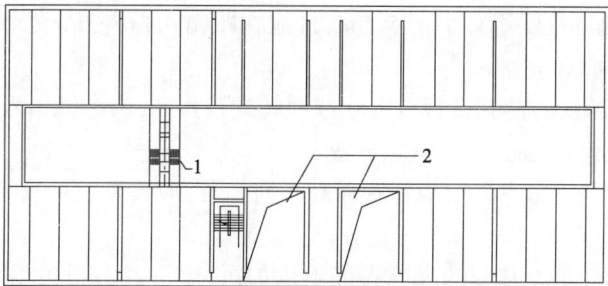

图7-30 多层横置式布置
1-搬运器;2-提升机井道

③多层多排布置式平面移动类停车库宜纵向布置,排间距不宜小于100mm,并宜在多

排布置的一侧设置检修通道、检修人孔或检修楼梯(图7-31)。

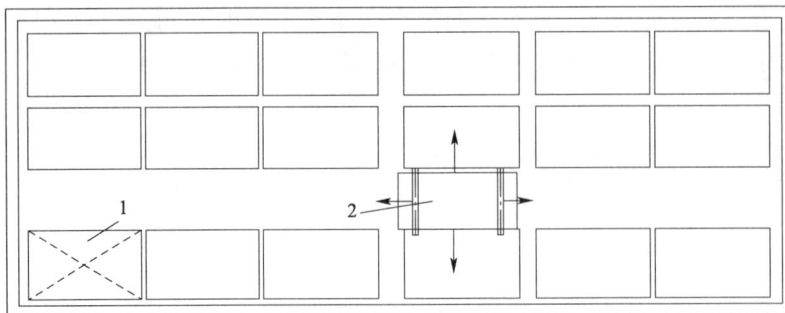

图7-31　多层多排式布置
1-升降机;2-搬运器

（3）平面移动类停车库基础的纵向全长不均匀沉降差不得大于20mm。

（4）平面移动类停车库的转换区应设置照明和应急照明。设备维修、调试用照明插座应设置在升降机井和巷道处，间距不宜大于10m。

（5）停车数量少于50辆的平面移动类停车库的通风系统可与排烟系统组合设置，排气口宜设置在平面移动类停车库下部。排烟口应设置在上部，各自的风口应上、下分开设置。当停车位超过50个时，通风系统应与排烟系统分开设置。

五、巷道堆垛类停车库

（1）巷道堆垛类停车库应根据场地的平面和空间条件确定停车设备层数和停车位布置方式。巷道堆垛类停车库的停车设备层数宜为2～6层，巷道堆垛类停车库的每层停车位宜为20～100个，每套巷道堆垛类停车设备的停车位宜为30～100个。

（2）巷道堆垛类停车库应根据停车设备及适停车型进行设计，并应符合下列要求：

①巷道宽度应满足巷道堆垛机的运行要求，巷道底坑地面应平整、干燥，且其全长水平高差不得大于20mm；

②巷道两端应留有堆垛机运行缓冲距离，其距离尺寸应根据堆垛机的运行速度确定，并应保证堆垛机急停时不与巷道两端构造相碰。

（3）巷道堆垛类停车库出入口的设置应与巷道堆垛机的设置配套，并应符合下列规定：

①出入口的数量应与库内堆垛机相配套，每台堆垛机应至少配置1个出入口；

②出入口前应设置不少于2个车位的候车空间；

③转换区双向通道宽度不宜小于5.5m，且应在距出入口外6m处设置候车区；转换区单向通道宽度不宜小于3m；

④可根据停车位堆垛方向，设置直入式或回转式转换区，当车辆出入转换区的方向和堆垛机、停车位的方向不一致时，应设置回转盘。

（4）当巷道堆垛类停车库采用横置式混凝土结构时，应设置检修通道、检修人孔或检修楼梯。

（5）巷道堆垛类停车库基础的纵向长度不均匀沉降差应满足堆垛机运行要求，且不宜大于20mm。

（6）巷道堆垛类停车库转换区应设置照明和应急照明。维修、调试用照明插座应设在升降机井和巷道处，间距不宜大于10m。

（7）停车数量少于 50 辆的巷道堆垛类停车库的通风系统可与排烟系统组合设置，排气口宜设置在停车库下部，排烟口应设置在上部，各自的风口应上、下分开设置。当停车位超过 50 个时，排烟系统应与通风系统分开设置。

六、垂直升降类停车库

（1）垂直升降类停车库宜设置于狭小空间环境，停车层数宜为 20～25 层。

（2）垂直升降类停车库可独立建造，也可附建于既有建（构）筑物。可采用钢结构或混凝土结构建造。单套垂直升降类停车设备可组合成垂直升降类停车库。

（3）垂直升降类停车库升降井道顶部和底部应设置设备运行缓冲空间，缓冲空间应符合表 7-25 的规定。

垂直升降类停车库升降井道顶部和底部设备运行缓冲空间 表 7-25

升降速度 S（m/min）	最小缓冲距离（mm）		升降速度 S（m/min）	最小缓冲距离（mm）	
	顶部间隙	底坑深度		顶部间隙	底坑深度
$S \leqslant 45$	1200	1200	$90 < S \leqslant 120$	1800	2100
$45 < S \leqslant 60$	1400	1500	$120 < S \leqslant 150$	2000	2400
$60 < S \leqslant 90$	1600	1800	—	—	—

（4）上驱动式垂直升降类停车库宜在顶部设置提升设备机房，且机房层高不宜小于 2200mm；下驱动式垂直升降类停车库的提升设备的设备基础应避开回转盘，垂直升降类停车设备距底坑内壁的安装距离不宜小于 400mm。

（5）垂直升降类停车库出入口应符合下列要求：

①出入口宜采用直入式，当不能采取直入式时，应设置回转盘，且回转盘可设置在提升井道内或转换区；

②非通过式出入口门前应设置不少于 2 个候车位；

③出入口门、围栏等应满足停车设备的连锁安全要求。

（6）垂直升降类停车库的基础埋深应满足整体稳定性要求，且混凝土强度等级不宜小于 C30。

（7）独立建设的垂直升降类停车库，其高宽比、抗风及抗震计算应按现行《高层建筑混凝土结构技术规程》（JGJ 3）执行。

（8）垂直升降类停车库钢架的设计应与停车设备的设计进行协同，并应满足升降导轨、配重导轨等刚度和变形的控制要求。

（9）附建式垂直升降类停车库应结合所附建（构）筑物的防雷情况进行防雷设计。

（10）垂直升降类停车库顶部设备机房内的温度可能超过设备要求时，应设置通风和散热装置。

（11）垂直升降类停车库应在出入口、转换区、车辆升降机和停车位等处设置监视系统。

第七节　坡道式停车库设计

按照车辆在库内的运输方式不同，多层停车库可分为坡道式停车库和机械式停车库。坡道式停车库采用坡道，合理解决了车辆的竖向移动问题。

一、坡道式停车库

1.坡道定义

多层停车库的坡道是指连接楼层的斜向车道,汽车可沿坡道驶入各层的停车区。

2.坡道的分类

坡道可根据与建筑物的相对位置、防火隔离情况、平面轮廓、通道宽度、空间结构、上升高度和行驶特性等进行分类,如图7-32所示。

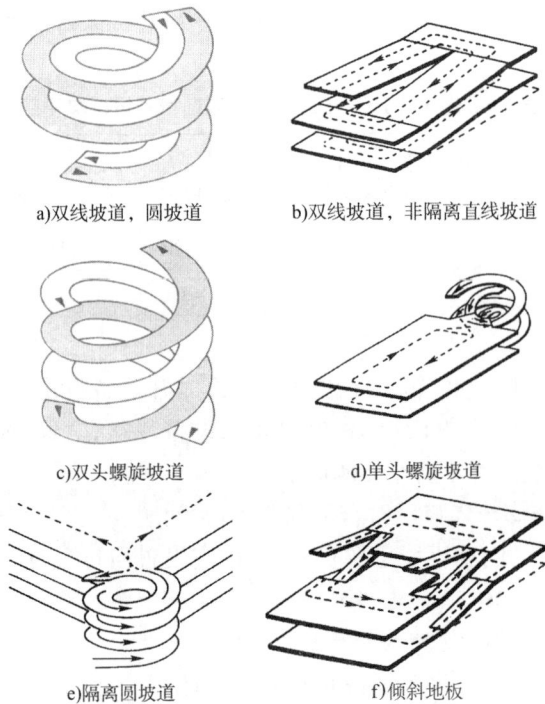

a)双线坡道,圆坡道　　　　　　b)双线坡道,非隔离直线坡道

c)双头螺旋坡道　　　　　　　　d)单头螺旋坡道

e)隔离圆坡道　　　　　　　　　f)倾斜地板

图7-32　坡道的基本形式

（1）按坡道与建筑物的相对位置,坡道可分为外坡道和内坡道。外坡道设在建筑物的外面,通常是露天式的,也可以建成顶棚式或周围镶玻璃式的。露天外坡道受外界气候因素影响较大,路面须采取防滑处理,一般用于楼层数不多(2~4层)和气候比较温和的条件下。外坡道有利于提高建筑面积和利用率,充分利用空间。内坡道是布置在建筑物内部,能保证建筑物布置较紧凑。

（2）按防火隔离情况,坡道可分为可隔离式坡道和非隔离式坡道。隔离式坡道是在坡道与停车区之间设有防烟气的耐火隔离墙,其优点是可防止坡道中汽车排出的废气侵入停车区,减少火灾危险;缺点是隔离墙妨碍汽车驾驶员的视线,行车安全性差,且隔离占用一部分建筑面积,经济性也比较差。非隔离式坡道的坡道与停车区之间无隔离墙,因此具有驾驶员视线好、行车安全性和经济性较好的优点;但缺点是停车区内不安静,废气污染比较大。

（3）按照外部轮廓,坡道可分为直线坡道和曲线坡道。直线坡道是指汽车上下坡时按直线行驶,而达到水平面时汽车回转进入各楼层的停放区和继续上下坡。曲线坡道是指汽车在上下坡时,同时沿曲线坡道回转。两者相比,直线坡道占用面积较少,建筑结构简单,可建成较大的坡度;其缺点是在多次交换方向时,由于必须通过中间层的水平通道,增加了回转行驶的路程。从施工方便性和建设经济性方面考虑,直线坡道优于曲线坡道,因此在现代多层车库建设中得到广泛采用。曲线坡道由于具有回转行驶路程短和建筑造型美观的特色,同样具有强大的生命力。

(4)按照坡道宽度,坡道可分为单车道和双车道。单车道的宽度仅能供一辆汽车行驶,双车道可供两辆汽车同行。当层数较少、各层存车数量不多时,可采用单车道。这种情况下,单车道可用作不同时间内的双向行驶,但必须确保行车安全,否则应采用双车道。当上、下车辆的坡道分开设置时,广泛采用单车道。

(5)按坡道空间结构不同,坡道可分为单螺旋坡道和双螺旋坡道。单螺旋的单车坡道不能同时上下车,在需要同时上下车的情况下,可采用分建两个单螺旋单车坡道或双螺旋坡道方案。

(6)按坡道的一次上升高度,坡道可分为全坡道和半坡道(图7-33)。汽车无须中断就可以走完两楼层间全部高度的坡道称为全坡道,仅能走完半层楼高的坡道称为半坡道。半坡道经济性好,也是应用最广泛的车库内坡道,它允许建成稍大些的坡度,结构紧凑,安全性好,但车辆上下行驶路线较长。在邻近两楼的地形条件只差半层楼高时,采用半坡道的方案尤为合理。

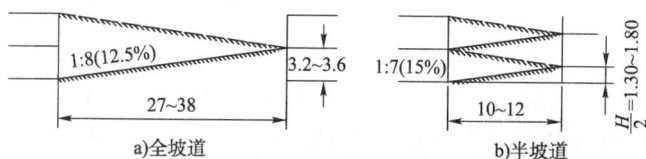

图7-33　全坡道和半坡道(尺寸单位:m)

(7)按车辆行驶的特性,坡道可分为连续式坡道和间断式坡道。连续式坡道可保证车辆从底层到最高层之间行驶的连续性,不需要穿过中间楼层;而间断式坡道只保证两相邻楼层间坡道行车的连续性,汽车达到最高层时要通过所有中间层。当层数较多且各层容量很大时,宜选用连续式坡道。隔离坡道和曲线坡道都属于连续式坡道,直线坡道和半坡道则属于间断式坡道。

上述各类坡道,其最大坡度应保证汽车在挂第二挡时能顺利上坡,同时应保证坡道与楼层水平面相接处汽车能方便通过,为此,相接处常做成弧形。对一般汽车来说,坡道的最大坡度角可以在14°～18°之间,即为25%～33%的坡度。但实际中常用坡度在3%～12%的范围内。一般情况下,坡道设施的平均坡度可按如下推荐值选取:倾斜地板取1:25(坡道上升高度:坡道水平投影长度)或4%;曲线坡道取1:12或8.5%;直线坡道取1:8或12.5%;半坡道取1:7或14.5%;倾斜地板相连的多层停车库,事实上是宽型坡道的一种变形,在这种结构的车库中,没有专用的坡道[图7-32f]。

为了保证汽车转弯和行驶的安全性,各类坡道的宽度可参考表7-26取值。坡道两侧应设护栏,其高度不小于0.9m。坡道旁设人行道时,其宽度不小于0.75m,且人行道应设在坡道的内侧。

各类坡道所宜采用的宽度　　　　　　　　　　　　　　　表7-26

坡 道 类 型	坡道通车部分的宽度
直线形单车道	按汽车的最大宽度加上0.8m,但总宽度不小于2.5m
直线形双车道	按汽车的最大宽度加倍后再加上1.8m,但总宽不小于5.0m

坡 道 类 型	坡道通车部分的宽度
曲线形单车道	按汽车的最大宽度加上 1.0m,但总宽度不小于 3.5m
曲线形双车道	按汽车投影的最大宽度加倍后再加上 2.2m,但总宽度不小于 7.0m

坡道的通行能力 N_x(辆/h)可按式(7-14)计算:

$$N_x = \frac{3600}{t_x} \tag{7-14}$$

式中:t_x——坡道上行驶汽车之间的时间间隔,s。

t_x 可按式(7-15)计算:

$$t_x = \frac{3600\, l_x}{v} \tag{7-15}$$

式中:l_x——坡道上行驶汽车之间的距离加汽车本身长度,m;

v——汽车在坡道上的行驶速度,m/h。

二、坡道式停车库的布置方案

坡道的类型及其数量和坡道上的行车组织,对停车库的布置有直接的影响。当采用双坡道行车组织时,一条坡道供汽车上升,另一条坡道则供汽车下降所用。

在各楼层的水平面内设水平通道,用于完成车辆的水平移动。图 7-34 ~ 图 7-38 列举了多层停车库中所采用坡道的各种不同的布置方案。

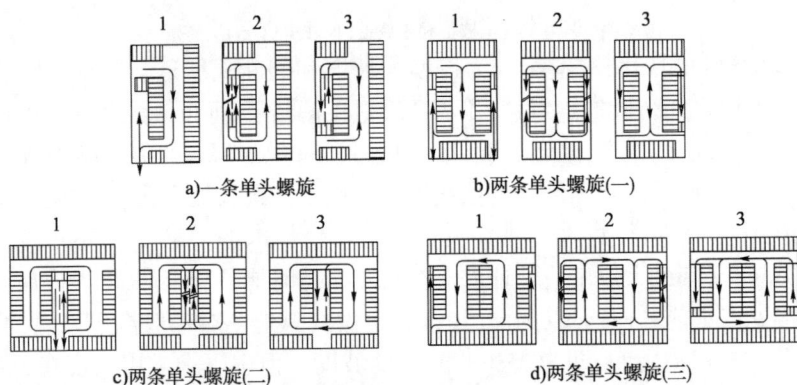

a)一条单头螺旋   b)两条单头螺旋(一)

c)两条单头螺旋(二)   d)两条单头螺旋(三)

图 7-34　有连续行车坡道的多层停车库布置方案

1-第一层;2-中间层;3-顶层

多层停车库采用坡道方式布置方案的评价指标,除采用评价单层停车库的指标外,还必须研究车辆移动线路长度、楼层的通视性、行车速度、疏散安全便利性和经济性。

1. 车辆移动线路长度

汽车从停车库内上升,水平移动到停车位以及汽车下降到地面所走过的线路长度,取决于坡道的上升角度、坡道上的行车组织、坡道的位置以及停车库内部尺寸等。在其他条件相同时,线路越短,布置方案越紧凑、越合理。其中坡道坡度的大小对车辆移动的线路长度表现最为显著。

通常在圆形坡道的停车库中,其线路最短;在有倾斜地板的坡道停车库中,其线路最长。

坡道的位置对线路的长度有重要影响。位于停车库两端的圆形单螺旋坡道和位于停车库中心的圆形双螺旋坡道,均能保证最小的线路长度。

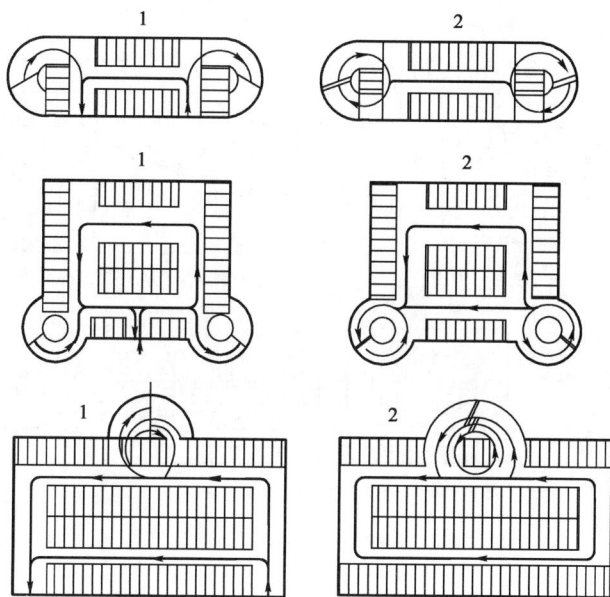

图 7-35　有间断行车坡道的多层停车库布置方案
1-第一层;2-中间层

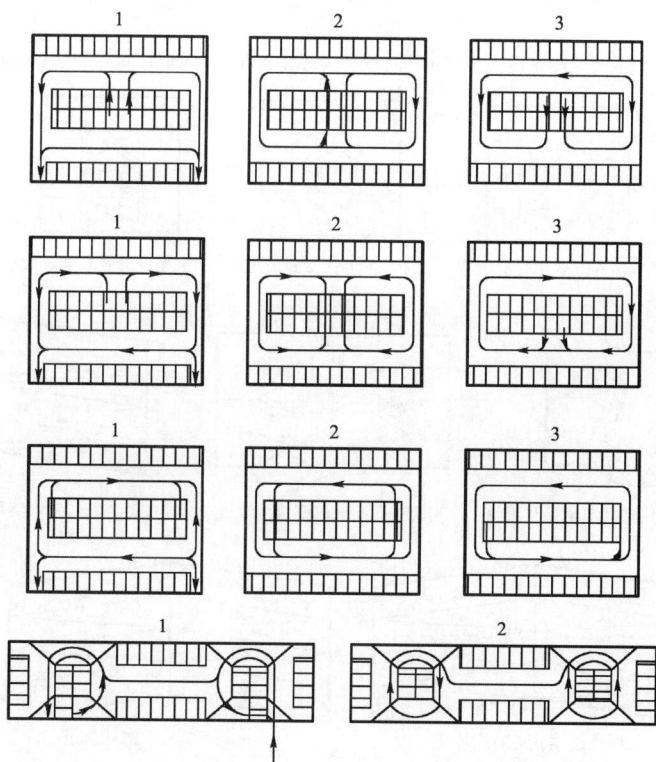

图 7-36　半坡道两条双螺旋的多层停车库布置方案
1-第一层;2-中间层;3-顶层

a)间断行车的直线坡道(一)　　　　b)间断行车的直线坡道(二)

c)间断行车的直线坡道(三)　　　　d)连续行车的圆形坡道和椭圆坡道(一)

e)连续行车的圆形坡道和椭圆坡道(二)

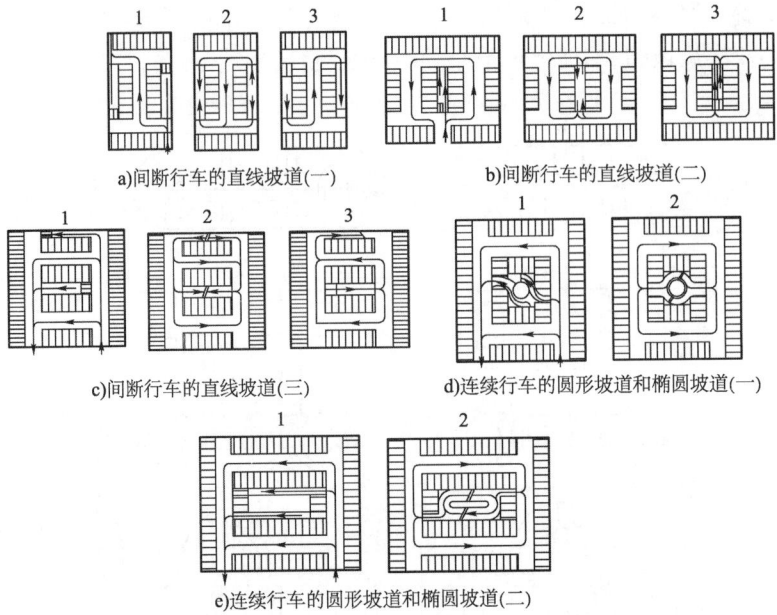

图 7-37　有双螺旋的多层停车库布置方案
1-第一层;2-中间层;3-顶层

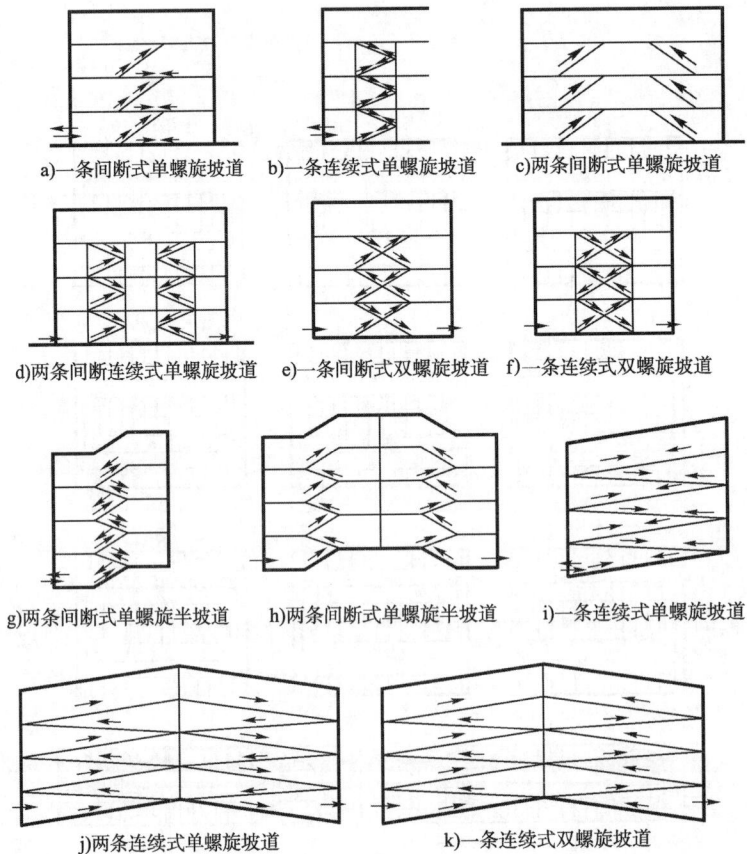

a)一条间断式单螺旋坡道　　b)一条连续式单螺旋坡道　　c)两条间断式单螺旋坡道

d)两条间断连续式单螺旋坡道　　e)一条间断式双螺旋坡道　　f)一条连续式双螺旋坡道

g)两条间断式单螺旋半坡道　　h)两条间断式单螺旋半坡道　　i)一条连续式单螺旋坡道

j)两条连续式单螺旋坡道　　　　　　k)一条连续式双螺旋坡道

图 7-38　多层停车库的立面布置方案

在采用半坡道的停车库中,线路的长短直接决定于半坡道之间的距离。如果单螺旋半坡道之间的距离等于其长度的水平投影,则线路接近圆周边沿,故其长度最短。

在采用直线坡道的停车库中,线路的长度取决于停车库的布置方案以及坡道上的行车组织。

在采用双螺旋式坡道的停车库中,如果坡道之间的距离不超过汽车在回转180°时所必需的长度,其线路长度最短。

2.楼层的通视性

良好的通视性对行车安全具有极重要的意义。在设置半坡道的停车库中,由于坡道的长度较短,且相邻的半层楼之间设有隔墙等原因而提高了通视性。在分散布置的全坡道停车库中则相反,其通视性较差。直线坡道与曲线坡道相比,前者在坡道上的通视性好,而在通往坡道的引道上就不如后者。

3.行车速度

停车库的层数越多,汽车在上、下坡道时的行车速度越具有实际意义。当然,行车速度的增加必须以行车安全为前提。

在采用非隔离的圆形坡道停车库中,可以提高行车速度,因为这种坡道能保证转弯半径不变,行车连续,并且通视性也好。

在采用直线坡道,特别是半坡道的停车库中,由于改变方向时转向频繁,行车速度将明显降低。因此在布置时,若能保证汽车运行线路的投影在半坡道中接近于圆周,而在全坡道中接近于椭圆,将有利于提高行车速度。

4.疏散安全便利性

采用两条分离布置的单螺旋坡道来组织单向行车,可以保证各楼层范围内完全没有相遇的交叉线路,这是理想的行车路线图。在通道上只有单向行车的情况下,采用两条单螺旋半坡道方案,可以保证明确的行车线路图。在一些按照双螺旋的原则组织行车的停车库中,也可获得满意的行车线路图。

在采用一条单螺旋坡道的停车库中,尽管汽车运行线路分开,各自在其坡道上以不同方向行驶,但不可避免要在行驶中相遇,在楼层较多或楼层容量很大的情况下,对车辆疏散十分不利。

在事故疏散时,明确的行车路线图具有非常重要的意义。既能保证正常行车,又能适应紧急安全疏散的行车方案,是停车库布置中必须研究的满意方案。

在坡道式停车库中,通向室外的大门数应符合于坡道上的行车道数。此外,为了使停放在第一层的汽车出库,应设置附加的通向室外的大门,其数目可按单层停车库的大门数目来确定,且大门最好布置在坡道对面,与坡道的行车部分在一条轴线上。

5.经济性

多层停车库的经济性,主要体现为车库的单位面积系数及建设费用的高低。

坡道停车库的单位面积系数可通过计算求得。由于坡道占有一定的有效面积,并且曲线坡道比直线坡道占的面积更多,因此其经济性较差。每层楼停车数目越多,坡道所占面积的相对值就越小。

曲线式坡道,特别是圆坡道,因为它是一种独立的结构,不仅不能很好地和停车库的其他结构方案协调,而且难于采用装配式的钢筋混凝土结构,因此其建设费用很高,经济性最差,一般停车库很少使用。

第八节　地下停车库设计

一、地下停车库概述

城市停车立体化是解决城市停车问题的有效途径。我国大城市近年来已建成相当多数量的地下停车库,效果较好,尤其在北方寒冷地区更受到青睐。

地下停车库建在公园、道路、广场或建筑物下面,是节省城市用地的有效措施。地下停车库可以在地面空间相当狭窄的条件下提供大量的停车位,既占地少,又可将广场地面恢复后成为城市绿地等,改善城市环境。地下停车库位置的选择比较灵活,经常能在地面空间无法容纳的情况下满足停车设施的合理服务半径要求,只需留出通风口和坡道式、机械停车库的出入口,不必占据地面太大的空间,尤其在地价昂贵的地区,具有重要的经济意义。但是,地下停车库的建设也存在着局限性,主要是施工周期长及造价较高。在科技进步发展快速的今天,这些局限性已逐步得到克服,若能充分发挥地下停车设施的综合效益,尤其是环境效益,将比在地面上建多层汽车库更具优势。

二、地下停车库的种类

按照建筑性质,地下停车库可分为单建式和附建式两种;按照库内车辆的运输方式,地下停车库可分为坡道式和机械式两种。

坡道是坡道式地下停车库主要垂直运输设施,也是车辆通向地面的唯一出入口。坡道在汽车库中的占有面积、空间及造价有相当大的比重,而且技术要求也高,它将直接影响汽车库的使用效率和运行安全性。

直线长坡道上下使用方便,结构简单,与地面的切口规整,是常用的形式之一。但这种形式占地面积和空间较大,在基地面积和空间受限的情况下难以采用。而曲线坡道则可节省面积和空间,较适合多层地下车库的层间交通,但必须保持适当的坡度和足够的宽度,以保证车辆安全行驶。

在实际工程中,常因基地环境条件较复杂,出现折线坡道或直线与曲线坡道相结合的情况。因此,应按具体条件,采取灵活布置。

三、地下停车库的组成

地下停车库一般由停车部分、服务部分、管理部分和辅助部分组成。

(1)停车部分:包括停车位、行车道和人行道、坡道、升降机、升降电梯以及候车场地及交通设施等。

(2)服务部分:包括收费处、等候室以及洗车、加油、修理、充电等设施。

(3)管理部分:包括门卫、调度、办公、防灾中心和卫生间等。

(4)辅助部分:包括机房、泵房、器材库、油库、消防水库等。

专用地下汽车库由于其服务部分内容比公共停车库少;民防专用地下停车库由于应增设专业人员掩蔽部分、宿舍、活动、餐饮、储藏、洗浴、卫生间以及防护设施等,故应符合民防专用车库要求设计。

四、地下停车库布置方案

地下停车库一般为单层建筑,也有两层或两层以上的深度建筑。

地下单层停车库的布置方案,与地面单层停车库的布置几乎没有差别,但对进出口形式、通风、排水、照明、机械设备等应妥善处理、精心设计。地下停车库中车辆的竖向移动通常是靠坡道或升降机来实现的。

修建地下停车库的费用高,但停车容量也大,故效果显著,且使用方便。图 7-39 和图 7-40 所示为地下停车库的典型布置方案。

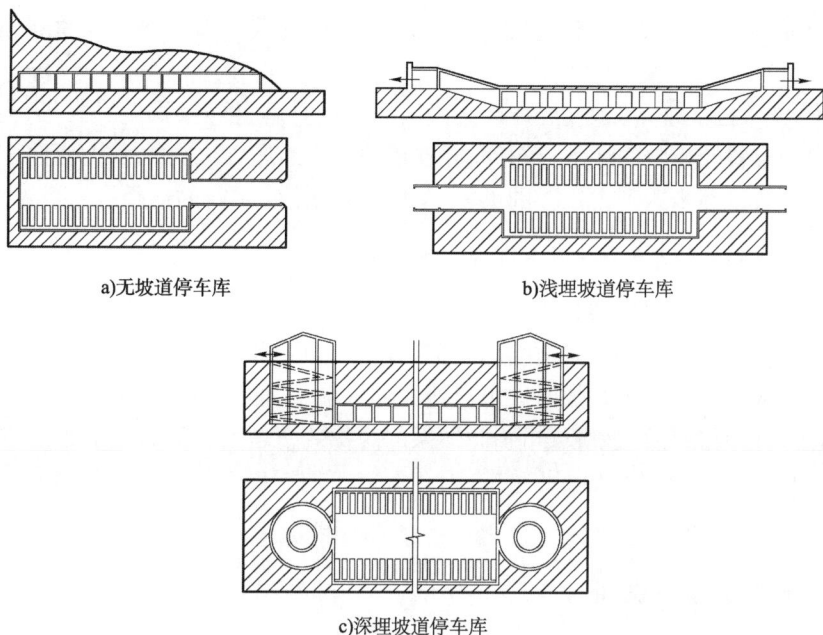

a)无坡道停车库 b)浅埋坡道停车库

c)深埋坡道停车库

图 7-39　地下车库布置方案

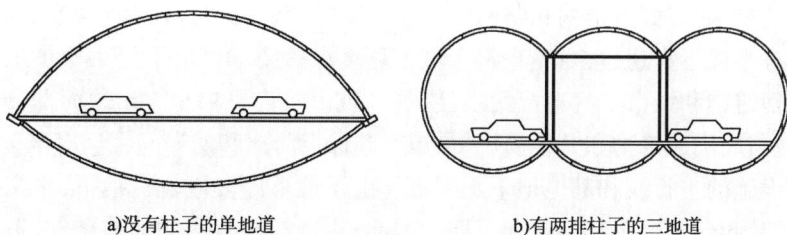

a)没有柱子的单地道 b)有两排柱子的三地道

图 7-40　深埋地下停车库典型剖面图

五、地下修车库的规划与布局

把停车设施作为车辆交通和步行交通的转换节点来布局,对城市交通流量和流向起着重要的调节作用。通过停车设施的截流作用,使城市中心区的核心部分实现步行化。在市中心区,地下停车库几乎已经成为停车设施的主体部分,对于其规划与布局,应注意以下几个方面的问题。

1. 系统规划和解决城市停车问题

在做城市停车系统规划时,仅对地下停车库的布局进行规划并不能解决城市的交通问题,也是没有意义的。应把各类停车设施作为一个整体,做系统的全面综合规划。在城市交通系统规划中,地下停车库的布局也应得到合理的安置。当前国内城市交通状况正处于改变落后的再开发时期,改变机动车保存率、路网密度、道路等级、道路面积率、停车车位数量指标以及加大快速轨道交通在公共交通中的比重等,都迫切需要规划和逐步实施。因此我们在做规划时必须转变把停车设施当作一个单体建筑,只是为了局部地区停车需要而去规划设计的观念,而必须将静态交通看作一个系统和在城市现代化进程中与动态交通系统相协同的部分,使它成为调节和控制动态交通流量和流向的有机机制,综合并系统地解决城市停车问题。

在我国,汽车已经进入家庭,居住区的停车问题已日趋得到重视,在居住区内公共绿地或体育场等处布置较集中的地下停车库,并在楼间适当地布置分散的小型地下车库,使居住区内的停车位数量逐步达到占户数的1/3,这也是较为现实可行的途径。

2. 考虑平战转换作用,纳入城市综合防灾规划

在进行地下汽车库的规划布局时,应当充分发挥地下工程固有的防护性能,用较少的代价在地下汽车库的出入口部分做适当的防护处理,成为具有一定抗灾、抗毁能力的城市防灾空间的一个组成部分。因为临战时它可以使大量人流快速进入安全的地下空间,在短时间内能暂时掩蔽并等候疏散,这对城市护防体系的防护效率是很有利的。又如,在城市发生重大火灾时,地下停车库能容纳居民避难,因此可以将地下停车库的布局纳入城市综合防灾规划。

六、地下停车库的选址

地下停车库的用地范围很小,若是建筑物的附建地下停车库,除出入口外,几乎不占地面面积,因此地下停车库的选址实际上是布局位置的选择,它是先要符合城市总体规划和道路交通规划的要求,与城市结构和路网结构相适应。同时,保持合理的服务半径(一般公用汽车库的服务半径不宜超过500m),符合城市环境保护要求。地下停车库排风口的位置应避免对附近建筑物和城市空气造成污染,应符合城市防火要求。露出地面部分,如出入口、通风口等,应与周围建筑物和其他易燃、易爆设施保持防火和防爆间距。应该考虑并避开城市地下公用设施的主管线和其他地下工程等。由于地下停车库建在地下,水文和工程地质条件将是重要因素,它会影响造价和工期。因此,应选择较有利的地质条件,避开地下水位过高或地质构造复杂地段。

单建式地下停车库的选址应考虑在城市停车需求量大而地面空间不足或地价昂贵地段,如城市中心区或商业区的广场地下、新开辟的公共绿地下。在地面上人流、车流非常集中而必须人车分流的地段,如铁路、公路的站前广场,建地下停车库较为适宜。地下停车库宜与城市中的地下商业街和地铁车站相连的地下步行街相结合,综合布置。在城市风貌景观或具历史文化价值的地面环境处等需要保护的地段,建造地下停车库是较适宜的。

城市人民防灾专用地下停车库应按民防要求选址,建在岩层中的地下停车库选址,其工程地质和水文地质条件是最重要的因素。

七、地下停车库的库内、外交通组织

按照规范,各级地下停车库的车辆出入口数量都有相应要求,并应设人员专用出入口。

地下停车库的车辆出入口不宜设在城市主干道上,而宜设在宽度大于6m、纵坡小于10%的次干道上。地下车库车辆出入口与城市人行过街天桥、过街地道、桥梁或隧道引道等的距离应大于50m,与城市道路的交叉路口距离应大于80m。

地下停车库车辆出入的方向应与道路的交通管理体制相协调,地下停车库露出地面的风口和出入口小建筑应与城市规划相协调,使其不破坏城市景观。应考虑驾驶员在出入口处有良好的视野,一般应退后城市道路红线7.5m以上,并保持120°的视角为宜。

八、地下停车库的层高和柱网

地下停车库的层数不宜太多,车辆上下频繁,行驶距离较长,不利于安全和防灾,一般以1~3层为宜,在特殊情况下才设计为4层。虽然结构和施工技术已完全能做到,但必须精心做好安全和防灾设计。

地下停车库的层高决定于停车位的净高加各种管线所占用空间的高度再加上结构高度,停车位的净高是汽车高度加通行安全高度,一般小车不低于2.3m,中型车不低于2.8m。

如果地下停车库和地铁、地下商业街等综合在一起考虑,它的埋深、层数、层高等都应综合各种因素,使其在水平和垂直两个方向都能保持合理的关系。

柱网的选择是地下停车库设计的重要问题。地下停车库一般空间都较大,结构上需要有柱子支撑,有时在高层建筑底部,利用其柱网结构布置。柱网的合理布置和利用将会直接关系到设计的经济与合理性。柱网会对车辆的进、出行驶和停靠造成障碍,为了把这种柱网造成的障碍作用降至最低,使停车指标达到最优状态,必须在车位跨和车道之间寻求恰当的柱网关系,同时也应考虑到结构的经济合理性,尤其附建在建筑物的地下室,更应在满足地面建筑使用柱网尺寸的同时,协调地下车库的柱网尺寸。

停车间的柱间尺寸由车位的宽度和长度决定,它的宽度即停车跨柱间尺寸由下列因素决定:

(1)需要停放的车型宽度;

(2)柱间停放汽车台数;

(3)车辆停放的方式,垂直式、斜列式和混合式等;

(4)车与车、车与柱(墙)之间的安全距离;

(5)柱的结构断面尺寸;

(6)柱网跨度应具有适当的结构比例关系。

停车间柱间长度即车位跨柱间尺寸由下列因素决定:

(1)需要停放的车型长度;

(2)车辆的停放方式,垂直式、斜列式和混合式等;

(3)车辆前、后端与柱或墙的安全距离;

(4)柱的结构断面尺寸;

(5)柱网跨度应具有适当的结构比例关系。

决定通行跨的柱间尺寸因素有:

(1)进、出车位所需要行驶通道的最小宽度;

(2)行车线路的数量(单行或双行道)；

(3)柱的结构断面尺寸；

(4)柱网跨度的适当结构比例关系。

在选择停车库柱网时，除满足停车和行车技术要求外，还应考虑结构是否经济合理，其结构跨度不应太大或太小；柱子断面尺寸及构件尺寸的合理性，材料消耗量尽可能减少；可选择合理的结构类型，使平面和高度上不能太多占用库内空间，柱网单元的种类不宜太多，尽可能统一。国外早期单建式地下公用停车库大多采用大跨柱网，一般为 8~10m，甚至有 15m，两柱间可停放 4 辆汽车。大跨柱网的优点是车库内柱子数量少、行车通畅、可适应不同车型的停放；由于柱间跨度大，结构尺寸大、含钢量高，造成空间的浪费及造价提高。近年来国外也吸取了教训，使地下车库的设计更科学更合理和经济，并且日趋统一。一般单建式地下车库柱子断面尺寸为 50cm×50cm 时(混凝土结构)，停二辆车的柱网尺寸为 6m(车位跨)+7m(通行跨)+6m(车位跨)和 6m(停车跨)；停三辆车的柱网尺寸为 6m(车位跨)+7m(通行跨)+6m(车位跨)和 8m(停车跨)。如多跨排列可采用 8m×8m 柱网，而当边跨车头或车尾靠墙时，车位跨长度为 5m，供设计时参考。

复习思考题

1.汽车停车设施选址的总体原则是什么？基本要求是什么？

2.停车设施中，车辆的停放方式和停发方式有哪些？各有什么特点？

3.停车设施设计中的设计车型是如何划分的？设计车辆的外廓尺寸有什么要求？

4.公用停车场和企业停车场容量的确定需要考虑哪些因素？

5.如何进行停车区域的交通组织优化？

6.停车设施的平面布置类型有哪些？

7.设置路内停车泊位对道路宽有何要求？对道路 V/C 值有何要求？

8.对于地下停车库，为达到合理布置柱网关系，应注意哪些问题？

9.地下停车库规划布局、选址中，应注意考虑哪些方面的问题？

第八章　汽车客运站设计

本章主要讲述汽车客运站概述、汽车客运站的建站原则及客运站作业、汽车客运站的工艺计算和汽车客运站的总平面布置。通过学习本章内容,要求学生了解汽车客运站的基本任务、设置形式以及汽车客运站的相关作业,熟悉汽车客运站的建站原则及各主要组成部分的功能要求,掌握汽车客运站的工艺计算以及总平面布置的原则和要求。

第一节　概　述

汽车客运站是公路运输部门的重要基层单位之一,它不仅是公路运输业开展客运业务经营活动,直接为旅客服务的场所,还负责人力的合理安排、运输车辆的组织和运用,承担组织生产、为旅客服务、管理线路和传输信息等职责任务。随着汽车客运事业的发展,汽车客运站的建设已成为反映客运服务质量和水平的标志。因此,世界各国对汽车客运站的选择、设备的完善与现代化、管理水平的提高均十分重视。

一、汽车客运站的基本任务及功能

汽车客运站的基本任务是:从一切为旅客服务的原则出发,尽最大可能满足人民群众日益增长的旅行需要,为工农业生产、商品经济发展、城乡交流和促进整个社会宏观经济效益的提高服务,保证安全、及时、方便、舒适、经济地完成运送旅客的任务。

汽车客运站是旅客集散的地方,在客运的全部活动中,汽车客运站起着组织、协调、指挥、监督运输工作的重要作用。根据公路旅客运输市场的客观要求,对于较大规模的汽车客运站,应该具备运输服务、运输组织、中转换乘、通信信息、多式联运和辅助服务等功能。

二、汽车客运站的分类

1. 按车站规模分类

(1)等级车站:具有一定规模.可按规定分级的车站;

(2)便捷车站:以停车场为依托,具有集散旅客、停发客运车辆功能的车站;

(3)招呼站:在公路与城市道路沿线,为客运车辆设立的旅客上落点。

2. 按车站位置和特点分类

(1)枢纽站:可为两种及两种以上交通方式提供旅客运输服务,且旅客在站内能实现自由换乘的车站;

(2)口岸站:位于边境口岸城镇的车站;

(3)停靠站:为方便城市旅客乘车,在市(城)区设立的具有候车设施和停车位,用于长途客运班车停靠、上下旅客的车站;

(4)港湾站:道路旁具有候车标志、辅道和停车位的旅客上落点。

3.按车站服务方式分类

(1)公用型车站:具有独立法人地位,自主经营,独立核算,全方位为客运经营者和旅客提供站务服务的车站;

(2)自用型车站:隶属于运输企业、主要为自有客车和与本企业有运输协议的经营者提供站务服务的车站。

三、汽车客运站的分级

按照《汽车客运站级别划分和建设要求》(JT/T 200—2020)的规定,根据设施与设备配置、日发量为依据,将等级车站从高到低依次分为一级车站、二级车站、三级车站、便捷车站和招呼站。

1.一级车站

设施和设备符合表8-1和表8-2中一级车站必备各项,且具备下列条件之一:

(1)日发量在5000人次及以上的车站;

(2)日发量在2000人次及以上的旅游车站、国际车站和综合客运枢纽内的车站。

2.二级车站

设施和设备符合表8-1和表8-2中二级车站必备各项,且具备下列条件之一:

(1)日发量在2000人次及以上,不足5000人次的车站;

(2)日发量在1000人次及以上,不足2000人次的旅游车站、国际车站和综合客运枢纽内的车站。

3.三级车站

设施和设备符合表8-1和表8-2中三级车站必备各项,日发量在300人次及以上,不足2000人次的车站。

4.便捷车站

设施和设备符合表8-1和表8-2中便捷车站必备各项。

5.招呼站

设施和设备符合表8-1和表8-2中便捷车站必备各项,具有等候标志和候车设施的车站。

汽车客运站设施配置表 表8-1

设施类别与名称			一级车站	二级车站	三级车站	便捷车站
场地设施	换乘设施	公交停靠站	●	●	●	★
		出租汽车停靠点	●	●	●	—
		社会车辆停靠点	●	★	★	—
		非机动车停车场	●	★	★	★
	站前广场		●	★	★	—
	停车场(库)		●	●	●	●
	发车位		●	●	●	★

设施类别与名称				一级车站	二级车站	三级车站	便捷车站
建筑设施	站房	站务用房	候车厅(室)	●	●	●	●
			母婴候车室(厅)	●	●	★	—
			售票处(厅)	●	●	●	★
			综合服务处	●	●	★	—
			小件(行包)服务处	●	●	★	★
			治安室	●	●	★	★
			医疗救护室	★	★	★	—
			饮水处	●	●	★	★
			盥洗室与旅客卫生间	●	●	●	●
			无障碍设施	●	●	●	●
			旅游服务处	●	★	★	—
			站务员室	●	●	★	—
			调度室	●	●	★	—
			智能化系统用房	●	●	★	—
			驾乘人员休息室	●	●	●	★
			进、出站检查室	●	●	●	●
		办公用房		●	●	★	★
	辅助用房	生产辅助用房	车辆安全例检台	●	●	★	★
			车辆清洁、清洗处	●	★	★	—
			车辆维修处	★	★	★	—
		生活辅助用房	驾乘人员公寓	★	★	—	—
			商业服务与设施	●	●	★	—

注:"●"-必备;"★"-视情况设置;"—"-不设。

汽车客运站设备配置表   表8-2

设 备 名 称		一级车站	二级车站	三级车站	便捷车站
服务设备	售票检查设备	●	●	●	★
	候车服务设备	●	●	●	●
	车辆清洁清洗设备	●	★	—	—
	小件(行包)搬运与便民设备	●	●	★	★
	广播通信设备	●	●	★	★
	宣传告示设备	●	●	●	●
	采暖/制冷设备	●	●	★	—
安全设备	安全检查设备	●	●	●	●
	安全监控设备	●	●	★	★
	安全应急设备	●	●	●	●

设 备 名 称		一级车站	二级车站	三级车站	便捷车站
信息网络设备	网络售、取票设备	●	●	★	—
	验票检票信息设备	●	★	★	—
	车辆调度与管理设备	●	★	—	—

注:"●"-必备;"★"-视情况设置;"—"-不设。

从以上各级汽车客运站的划分中可以看出,年平均日旅客发送量是主要依据。由于年平均日旅客发送量代表统计年度的数值,所以其只能作为核定已建车站站级的划分依据,而不能作为新建或改建汽车客运站的设计依据。为了保证新建或改建的客运站具有较持久的使用适应性,在汽车客运站设计中,应以设计年度的年均日旅客发送量作为依据。设计年度的年均日旅客发送量,须结合当地实际情况,进行科学预测。

四、车站设备及配置要求

1.车站设备

车站设备包括基本设备和智能化系统设备,见表8-2。

(1)基本设备。基本设备包括售票设备(含微机售票系统设备、售票员办公桌椅、钱箱、票架、隔离栏等)、候车室设备(含座椅、母婴床、班次牌、检票隔离栏等)、行包安全检查设备、汽车尾气排放测试设备、安全消防设备、清洁清洗设备、广播通信设备、行包搬运与便民设备、采暖或空调设备、办公设备、宣传告示设备(含班次时刻表、里程票价表、行包价目表、运营线路图、旅客须知、禁运限运物品宣传图、公告牌等)等。

(2)智能化系统设备。智能化系统设备包括计算机售票系统设备、生产与管理系统(含车辆调度系统、车辆报班系统、车辆缴费系统、车辆销班系统等)设备、自动化办公系统(含办公系统和财务管理系统)设备、监控设备和电子显示(含售票厅显示系统和候车厅显示系统)设备等。

2.配置原则

(1)适用性。设备要适应车站工艺和作业特点,具有灵活性、机动性、作业连续性及"一机多用、多机联用"的可能性等。

(2)可靠性。设备使用寿命周期长,安全可靠、作业质量高且易于维修。

(3)通用性。设备系统通用、兼容,易于实现内外对接。

(4)经济性。设备系统投资少,能源消耗小,使用成本低。

(5)有效性。设备作业能力与其作业量相适应,利用率及劳动生产率高。

(6)可行性。设备易于安装调试,操作简便,技术要求低。

(7)先进性。设备的机械化、自动化程度高,可明显改善作业环境与作业条件,提高工作效率。

3.基本要求

(1)车站设备的数量与类别应根据车站生产能力和作业量的大小确定,主要设备尽可能地选用国家定型的标准设备。

(2)基本设备配置要求见表8-3,智能化系统设备视车站实际情况按需配置。

设 备 名 称	基 本 要 求
行包安全检查设备	能在不开包的情况下准确查出乘客携带的危险品,可查行李最大尺寸(宽×高):900mm×800mm
汽车尾气排放测试设备	可快速、准确地测定汽车尾气排放是否超标
计算机售票系统设备	能迅速、准确地为旅客提供票务查询、预定、售票服务;满足远程售票作业及联网对接要求;方便相关票务信息的传递、交换、存储、处理与统计
安全消防设备	设备配置齐全、有效;符合国家安全消防的有关规范及规定
宣传告示设备	设备配置齐全、有效、醒目、美观大方;一级、二级车站应以电子显示方式清晰流动显示
行包搬运与便民设备	能实现轻快、便捷、安全的搬运作业;便民设备要与车站工艺流程相匹配、轻巧、方便旅客使用
生产管理系统设备	能够实现客车到站、报站、发班、销班、停车、检验等一体化管理

第二节　建站原则及客运站作业

为了最大限度地满足人民群众对于旅行的需要,为旅客提供安全、方便、舒适的旅行集散基地,合理规划和建设汽车客运站是一项十分重要的工作。

一、站址选择的基本原则

汽车客运站的站址选择不当,一方面会影响客源,另一方面也会给旅客带来不便。

作为城市总体规划的重要组成部分,汽车客运站站址应纳入城镇总体规划,合理布局。其位置的选择和占地面积除应符合车站本身的技术要求外,还要符合城市布局远景规划的要求。要保证客运站的位置适中,既方便旅客乘车,又要尽可能地避免或减少对城市人民生活的干扰。为此,中、小城市的汽车客运站可设置在城镇边缘公路与城市道路交会的地方,而大城市的汽车客运站可设置在能深入市中心区的边缘位置。

此外,车站站址选择还应符合下列原则:

(1)便于旅客集散和换乘,尽可能地节省旅客出行时间和费用,减少旅客在市内换乘次数。

中、小城市和乡镇的车站应尽量靠近人口比较集中的居民点或城市公共交通枢纽。大城市由于范围大、旅客多,汽车客运站宜适当分散。当一个城市的旅客日发送量超过10000人次时,除建设一个主要的(或称中心的)车站外,还应根据城市的特点和旅客的主要流向,在方便旅客乘车的位置建设一个或几个车站(称分站或卫星站)。这样,既可方便旅客就近乘车,也可避免站房过大、站址难选和旅客大量集中导致管理难度增加等问题。

(2)与公路、城市道路、城市公交系统和其他运输方式的站场衔接良好,确保车辆流向合理、出入方便。

汽车客运站应处于交通方便的地带,能与其他交通工具紧密衔接、配合,保证车辆流向合理、出入方便。既要保证城市公共汽车易于停靠,又要保证进出本站的客车行驶畅通,便于旅客进站乘车和到达后及时疏散。另外在选择站址时,要兼顾考虑公路客运部门自身的方便以及综合运输的需要,尽可能靠近火车站和港口码头或相互之间比较合适的交通联系处,以利于与铁路、水运、航空等交通工具相互衔接和开展联运,分解客流,如图 8-1 所示。我国现有汽车客运站中有相当一部分靠近火车站,其原因就在于方便旅客集散。

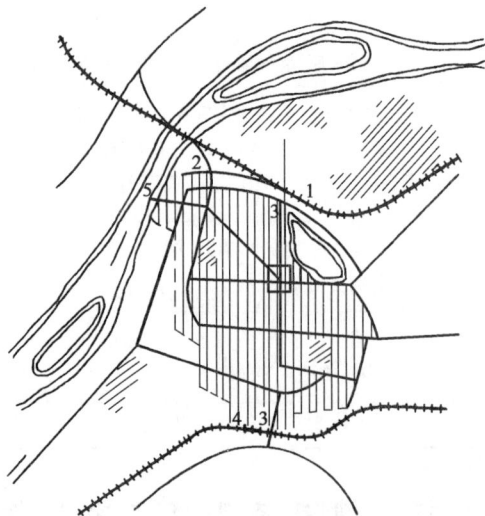

图 8-1　某汽车客运站在城市中的位置

1-火车站;2-火车西站;3-汽车客运站;4-火车南站;5-客运码头

（3）具备必要的工程、地质条件,方便与城市的公用工程网系(道路网、电力网、给排水网、排污网、通信网等)的连接。

所选站址的拆迁工作量不要太大,注意要靠近宾馆、饭店、邮政、电信等服务单位,并具备必要的水源、电源、消防、疏散及排污等条件。尽量不要选择在低洼积水、有山洪、流沙、沼泽等地段建造。

（4）具备足够的场地、能满足车站建设需要,并有发展余地。

站址所需占地面积必须要有计算依据,通常是在车站可行性研究中确定。首先要明确客运站的业务功能范围,避免出现盲目建造“大而全”“小而全”的多功能综合式汽车客运站,其不仅占地面积大,站址难以选择,而且不利于向专业化方向发展,管理难度也相应增加。其次选择站址时,最好将生活用房一并加以综合考虑。如确有困难,可酌情分开,但不要相距太远,以免给工作和生活带来不便;另外,选址时要适当考虑到今后的发展,为将来必要时有可能的扩建或改建,留有一定的空间。但不可因此而过分追求大的占地面积,在交通不便、远离城镇的地点建站,既造成不必要的浪费,也会影响旅客乘车。

二、汽车客运站的组成及其主要流线

1.汽车客运站的组成

汽车客运站的对外服务区一般由站前广场、站房和站内停车场三部分组成。客运站站前广场用于组织旅客流线,避免交叉、拥挤和相互干扰,保证安全,适应旅客集散和乘车。站前广场地面要平坦,环境要优美,为旅客和相关的交通车辆提供足够的活动余地,以利于交通管理。站房是客运站的主体,通常由候车厅、重点旅客候车室、售票厅、行包办理处、综合服务处、站务员室、驾乘休息室、调度室、治安室、服务设施(包括广播室、医疗救护室、饮水室、旅客卫生间、智能化系统用房等)、行政办公用房及驾驶助理人员食宿用房等组成。站内停车场主要停放客运车辆,并附设对车辆进行小修和一般日常维护作业的维修车间,保证客运车辆技术状况良好。

2. 汽车客运站内的主要流线关系

在汽车客运站内,按照旅客、行包、车辆沿一定方向流动所形成的轨迹称为流线。根据车站的工作过程和作业程序,客运站内的主要流线可分为旅客流线(简称客流)、行包流线(简称行包流或货流)和车辆流线(简称车流)3 种。

(1)旅客流线。按照旅客在站内流动的方向,旅客流线可分为进站流线(图 8-2)和出站流线(图 8-3)。

旅客流线是车站内各种流线的主线,要求这一流线尽量短捷畅通。旅客流线布局的合理与否,将直接影响整个车站的工作。

(2)行包流线。按照行包在站内的流动方向,行包流线可分为发送流线和到达流线,如图 8-4、图 8-5 所示。发送行包流线的特点是先分散后集中,而到达行包流线的特点是先集中后分散。

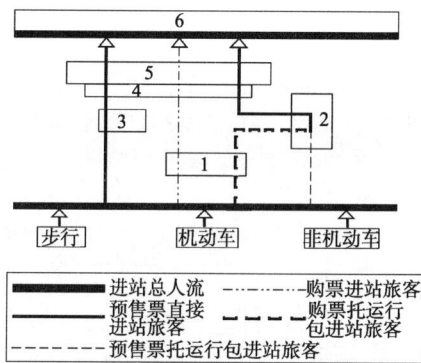

图 8-2　进站旅客流线图
1-售票处;2-托运行包处;3-小件寄存处;4-门厅;5-候车厅;6-发车位

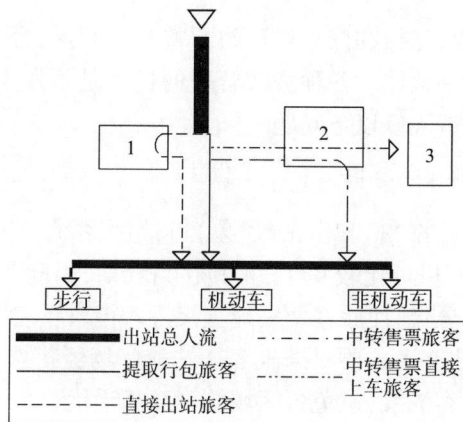

图 8-3　出站旅客流线图
1-行包提取;2-售票厅;3-候车厅

（3）车辆流线。按照车辆在站内的流动方向,车辆流线可分为发送车辆流线和到达车辆流线。发送车辆流线一般是客车从停车场驶入发车位,待旅客入座、行包装妥后按时驶离车位,经出站口出站。到达车辆流线的情况比较复杂,如图8-6所示。

站前广场上各种车辆的流线必须引起重视,防止发生与人流的交叉和干扰。

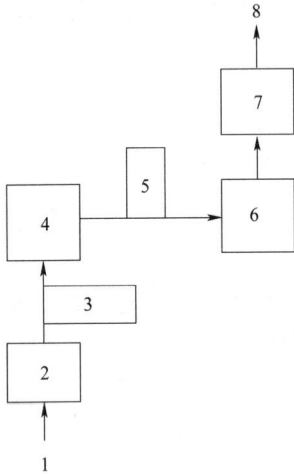

图 8-4 发送行包流线图

1-发送行包;2-托运厅;3-托运作业;4-发送行包库;5-组装;6-装运;7-发出车停车位;8-车辆离站

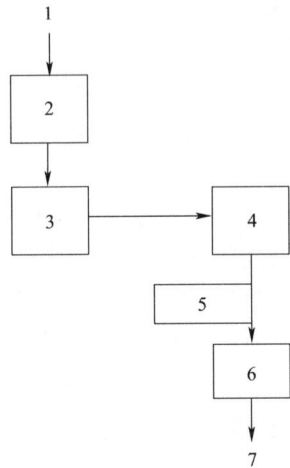

图 8-5 到达行包流线图

1-到达车;2-到达车停车位;3-卸运;4-到达行包库;5-提取作业处;6-提取厅;7-提取行包

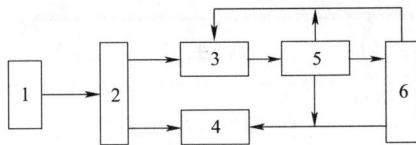

图 8-6 到达车辆流线图

1-入口;2-卸行包、下旅客;3-停车场;4-发车位;5-洗车处;6-维修间

三、汽车客运站的工艺流程

汽车客运站的工艺流程,是指在汽车客运站的整个空间内,合理组织客流、行包流和车流,使之成为协调运作的统一整体。各种流线合理的标志是不发生相互交叉。为了使站内各种流线合理协调,应重点解决好以下问题。

1. 旅客进站客流与出站客流分开

分开方法是分设进站(检票)口和出站(验票)口,组织客流单向流动,各行其道,互不干扰。由于进站旅客在时间上相对比较集中,尤其在高峰期,因此要分析当客流接近客运站时,如何将客流进行组织和分流,使旅客便利地直接进入售票厅、候车厅、行包托运处或提取处,并少走回头路,避免来往交叉。要根据旅客从站前广场经售票、托运行包、候车、检票上车的活动规律,尽量缩短旅客流线,避免各区域旅客互相干扰。

2. 客流与车流分开

对于在站前广场接送旅客的车流(包括出租汽车),其停放位置可专设在广场的一侧或两侧,要防止车流在接近进、出站口或在广场中央行驶,发生与客流的交叉和干扰;站内要设置站台和发车位,引导旅客从站台上车,避免场内上下车。要使车流进、出口的位置远离客流的进、出站口,以免发生相互交叉干扰。

3. 客流和行包流分开

可考虑采用如下办法将客流和行包流分开。

(1)行包库房的进、出口应远离旅客进、出站口。

(2)客流和行包流在空间上错开。发车时,旅客需要由站台进入车厢,而行包要由发送行包房送至车顶,两条流线在平面上是交叉的。同样,到达车的旅客流线和卸行包的流线在平面上也是交叉的。为了避免这种干扰,可以将行包输送线路提高到上层空间,利用行包平台来进行行包的装卸和运送,而旅客的进出站在行包平台下层进行。两条流线在空间上错开可避免客流和行包流的交叉,如图 8-7 所示。

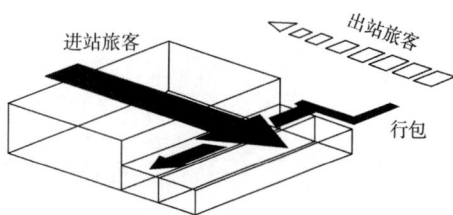

图 8-7 客、货流线在空间上错开示意图

有些车站的站址不在同一高度上,此时,可以把地形的高差作为流线设计和建筑布局的有利条件来利用。一般是把站房和发车位放在高差为 3m 左右的两个平面上,利用地形的高差巧妙地使行包流和客流在空间上错开,保证了两条流线互不干扰,这时旅客进、出站口须经过专用坡道。这种方法的最大优点是运送行包不需要采用提升设备,避免了由于停电或设备故障等原因给输送行包带来的困难。

(3)客流和行包流在时间上错开。目前我国有相当数量的中、小型客运站采用两条流线在时间上错开的方法来解决流线的干扰问题,即在发车前把所有要装运的行包预备妥当,利用发车前很短时间集中人力迅速装车,然后让旅客上车。这种方法使车辆停靠发车位时间较长,大型车站不宜采用。

4. 行包流线中的发送和到达两部分分开

(1)分设发送和到达行包库,使行包装车、卸车流线分开。

(2)利用空间位置,楼上发送装车,楼下到达入库,并进行交付。

(3)从时间上错开,使装车发送与到达卸车不在同一时间。

5. 进站车流与出站车流分开

可分别设置两个门,一进一出,组织单向车流,并固定使用。

6. 尽量使汽车客运站各组成部分设置紧凑

缩短流线长度,尤其是售票处、候车厅、行包托运处和提取处、主要服务设施等部分的布局要合理,避免旅客往返穿插办理手续而造成迂回流动和交叉。

通过上述对汽车客运站流线的分析,可以看出,汽车客运站的空间组合类型是属于序列空间的组合,即它是由一个个空间按一定的序列排列而成,且空间的排列顺序完全按使用的联系顺序而定。旅客从进站、问讯、买票、托运行包、候车直到检票上车就是在使用功能上的联系顺序。除了客流外,还要重视行包流和车流的设计。为了避免各种流线的交叉,最重要的是将旅客进、出站流线分开。

图 8-8 为某汽车客运站流线图。

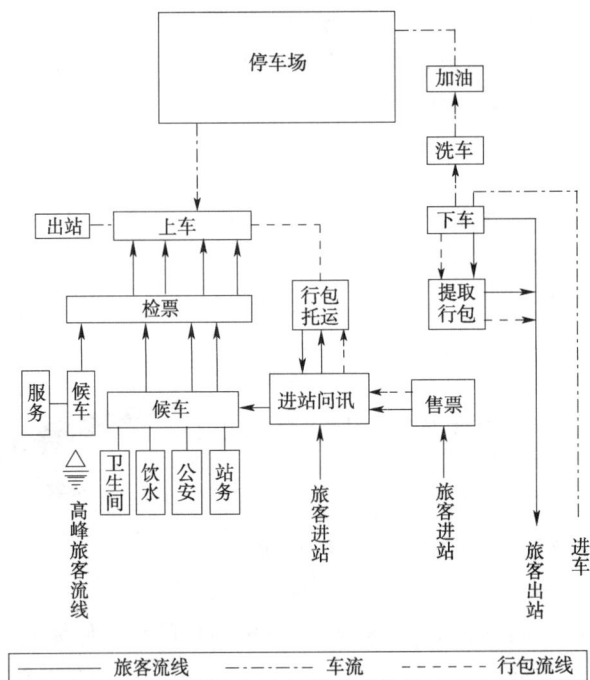

图 8-8 某汽车客运站流线图

四、汽车客运站主要组成部分的功能要求

客运站作业按照作业性质的不同,可分为许多相互联系的作业单元,各作业单元有各自工作内容、范围和职责,要求分工明确。客运站的作业单元主要有售票厅、行包办理处、候车厅、站台和发车位、主要服务设施等。

1. 售票厅

由于售票厅的人流集中,流动性较大,故售票厅宜单独设置,并成为站房建筑的一个主要入口。为便于旅客购票后能很快进入候车厅休息或办理其他乘车手续,售票厅应与候车厅毗邻,以保证形成旅客从进站、购票到候车的合理流线。售票工作效率的高低与售票处工作人员的业务水平有直接关系。但是,如果内部布置不当、设施不全,也会降低售票速度,延长旅客等候购票的时间,增加售票厅内旅客过于集中的压力。因此,必须根据售票处的业务特点,满足下列基本要求:

(1)售票厅应宽敞、明亮、通风良好。在寒冷及炎热季节应考虑装置防寒取暖或防暑降温设备,为旅客提供方便、舒适的购票条件。

(2)根据客流情况,开设适当数量的售票窗口,高度为 1.1～1.2m,两窗口中心线之间距离为 2m 左右,尽量减少窗口之间的互相干扰。

(3)售票室与购票室要隔开,使售票工作不受购票室内噪声影响。

(4)售票室内的地面高程宜高于售票厅地面,以便于售票作业。

(5)一级、二级车站应在售票室附近设置票据库,存放各种车票、单据,以方便票务人员办理领、存手续。

2. 行包办理处

旅客随身携带的行包超过标准规定时就要办理托运手续,通常这些行包随车和旅客同时到达目的地。行包办理处是旅客办理行包托运和提取手续的地方,一般由托运厅、作业室、库房、提取厅组成。其中,托运厅、提取厅为旅客活动空间,两者是分设还是合置,要因地制宜。对于客流量较大的客运站,行包业务繁忙,为避免旅客托运和提取行包时拥挤及流线的不必要交叉,可分别设立行包托运处和行包提取处;而对于中、小型车站及客、货兼营站,由于面积及人员有限,客流量不大,行包业务量较小,为充分利用设施、设备,也可合并设立,但发送和到达行包要分开堆放。

行包办理处通常都设置在站房内,但大型车站行包办理处的位置,通常与候车厅分开而单独设置,且离售票厅较近,以便于旅客就近购票和托运行包;中、小型车站的行包办理处,也可设在候车厅内,这对节约用地、方便旅客有一定好处。

行包办理处应设置必要的业务窗、托运厅、受理作业区(行包件)和存放保管的库房。行包办理处通常是一边靠近站前广场的停车处,一边靠近站台,并开有宽敞的大门,以便于运送行包。此外,具有楼式库房、装卸条件好的车站,除应保持升降装置经常处于完好状态外,还应设有楼梯通道,以便在提升设备发生故障或停电的情况下运送行包。

3. 候车厅

候车厅既是旅客的活动中心,也是站务管理的中心。它为旅客等候乘车和车站工作人员组织旅客进站上车提供了必要场所,是旅客聚集最多、停留时间较长的地方。因此,候车厅应尽可能给旅客创造宽敞、安静、舒适的候车环境,争取良好的采光通风,合理安排座椅和通道,配置各种必要的服务设施。

根据车站规模的大小,候车厅可分为专用式和综合式两种基本类型。专用候车厅宜在大型车站设置,它是将候车厅分建成若干个候车室,按照客流去向分别设置。在有条件的情况下,还设置专用母婴候车室。综合式候车厅是将不同去向的各类旅客集中在一起候车,或仅将候车厅内某一个区域划为母婴候车区,中、小型客运站多采用这种候车厅形式。

对于客流量较大的车站,比如一、二、三级站,往往同时发出的客车班次较多。为维护车站秩序,候车厅内常采用按班次划分候车区域,实行大面积候车、多通道检票。目前,有些新建的客运车站,采取二次候车的形式:即把候车厅布置为一般候车区(第一候车厅)和对班候车区(第二候车厅)。旅客先在一般候车区处于自由候车状态,根据发车班次顺序,旅客凭当次班车客票进入对班候车室。这种设置在一定程度上改善了候车条件,但从旅客的候车心态分析,该种候车方式需要候车厅面积足够大,且不实用。目前候车形式逐渐向分散候车、小面积候车、多层候车发展,旅客可以在不同候车区域自由活动,根据自己短暂活动的需要,就近候车。这就要求候车厅具有多空间的候车布局,而且保证候车厅有清晰的广播系统,随时将班车运营情况报告给旅客,以免误乘或错乘。

候车厅除用于候车外,还具有多种功能,如为旅客服务、组织旅客检票进站等。候车厅内应配备必要的服务设施,除设置饮水间、盥洗室、卫生间等外,问讯处、服务台、小卖部等也可设在候车厅内。另外,候车厅要设有与售票处、行包办理处等相通的门,在靠近站台处应设置若干个检票口,使旅客方便地经检票口进站上车。对于大型汽车客运站,要尽量采用先进的现代化服务设施,如汽车客运班次时刻显示牌,客车到发信号装置,旅客指示标志系统,电子系统的问讯设施,广播系统以及计时装置等。

4. 站台和发车位

站台是候车室与客车的连接地段,是组织旅客、输送旅客上车的必要通道。旅客经站台搭乘班车,有利于维护车场秩序和保证安全。

发车位是为了保证客车按班次、有秩序地从车站发出,方便旅客上下车及装卸行李所设置的停放车辆位置。各级车站必须根据本站发出的主要车型,建设形式适宜,大小、数量适应,位置适当的发车位。

由于站台与站房相连接,其高度往往与候车厅、进站通道的地坪高度相同,而比停车场高出 0.2m 左右。站台上方要设置雨棚,使旅客及行李避免日晒雨淋。雨棚高度应不低于 5m,大小以能遮盖住站台与发车位客车为宜。旅客下车站台应靠近出站口,也可与上车站台相邻,必要时相互使用。

根据车站的具体情况和发车的方便性等,站台与车位可设计成垂直式、斜置式、辐射式和平行式等不同形式。

(1)垂直式。如图 8-9 所示,每个车位均与站台边线相垂直,两个车位之间相隔 1m 左右,以方便旅客上、下车。这种形式的站台最适用于客车出站大门与站房检票口相对的车站。

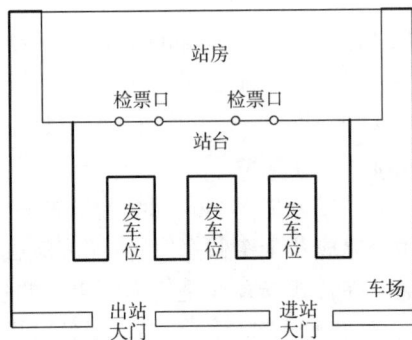

图 8-9　垂直式站台示意图

(2)斜置式。如图 8-10 所示,车位与站台边线呈一定角度,一般为 30°~45°,车位之间互相平行,距离也为 1m 左右。这种站台主要适用于客车出站大门在站房一侧的车站。

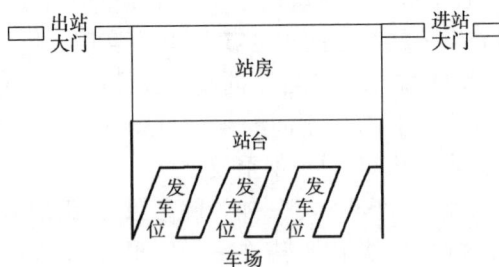

图 8-10　斜置式站台示意图

(3)辐射式(亦称齿轮式)。如图 8-11 所示,站台外沿为圆弧状,发车位向外辐射,似齿轮形。这种形式的站台多为适应弧形候车厅而建,与客车出站大门开在正面或侧面无多大关系。

(4)平行式。如图 8-12 所示,车位与站台边线相平行,一般适用于客车到达班次少的小型车站。

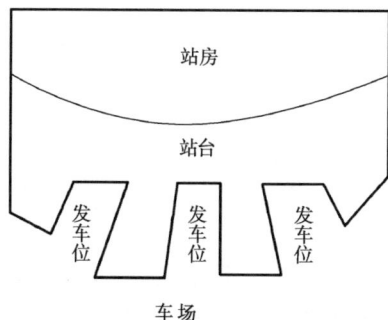

图 8-11　辐射式站台示意图

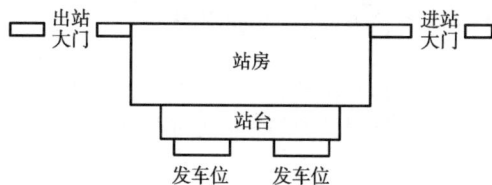

图 8-12　平行式站台示意图

5. 主要服务设施

（1）综合服务处。综合服务处的服务内容包括问讯、小件寄存、邮电通信、失物招领、信息服务等。其位置可设在候车厅内或车站入口的明显地方，除小型车站外，一般均需设置有专人值班。综合服务处的主要功能为：回答旅客提出的有关线路、班次、到、开车时间及购买车票、行包托运等方面的问题；为了方便旅客上车前或下车后活动，临时寄存随身携带的零星物品；办理介绍行程、出售旅行常用药物、邮票、代办邮电等业务；及时向站务人员和旅客通告即将发出的班车时间及有关事项等。

（2）站务员室。一、二级客运站均应在候车厅内设置站务员室，以便接待旅客并听取意见，协调现场服务，不断改进工作，提高服务质量。

（3）治安室。为加强车站及其周围的治安保卫工作，规模较大的客运站可设立公安执勤室（或称公安派出所）。其位置应设在站内的明显处，以便旅客反映治安方面的问题和执行执勤任务。

（4）商店。为了满足旅客在上车前临时购买旅行用品、食品和土特产等需要，对于一、二级车站可设置商店。其位置宜布置在候车厅内或入口处附近。

（5）旅客卫生间。卫生间与盥洗室宜布置在候车厅的一侧，要注意通风和分隔。

（6）停车场。停车场是供驻站车辆停放的场所，是汽车客运站占地面积最大的一部分。停车场一般分为两部分，一部分为停车所用，应划出停车线，使客车整齐地停放；另一部分为行车通道，使车辆能在停车场、发车位和大门之间通畅行驶。根据需要还应在停车场周围合理布置车辆清洗、加油和维修场地，以保证车辆的正常运行。

第三节　汽车客运站的工艺计算

汽车客运站的工艺计算，是客运站设计的主要任务之一，它为设计布局提供各种可靠数据,使车站建设和平面布置经济、适用。

汽车客运站的规模指标包括设计年度平均日旅客发送量、旅客最高聚集人数、发车班次、发车位数等。

一、相关术语定义

1.汽车客运站

具有集散换乘、运输组织、信息服务、辅助服务等功能,为公众出行和运输经营者提供站务服务的场所,是道路旅客运输网络的节点,是公益性交通运输基础设施。

2.设计年度

车站建成使用后十年内旅客发送量最大的年份。

3.旅客最高聚集人数

设计年度中旅客发送量偏高期间,每日最大同时在站旅客人数的平均值。

4.日发车班次

设计年度车站平均每日始发客车的数量。

5.发车位数

同一时刻发出客运车辆的车位数。

二、设计年度平均日旅客发送量

1.遵循原则

(1)设计年度平均日旅客发送量是反映车站建设规模和生产能力的重要指标,也是确定各类设施规模和评定站级的主要依据。

(2)确定设计年度平均日旅客发送量时应遵循以下原则:

①符合规模经济原则,即坚持车站规模收益递增原则,使车站建设规模适度;

②满足所在地社会经济长远发展规划和社会需求;

③选用适当的预测方法,使预测值与实际情况偏差最小。

2.预测方法

(1)根据车站服务区域道路旅客运输发展规律,选择适当的预测方法和预测模型进行预测分析。然后采用定量计算与定性分析相结合方法,确定设计年度平均日旅客发送量。

(2)定量预测方法,主要有增长率统计法、回归分析法、指数平滑、弹性系数法和灰色模型等。预测方法和常用模型见表8-4。

(3)定性预测方法:主要有专家调查法、交叉影响法、类比法、比例法等。

(4)综合预测法:

对同一预测对象采用多种预测方法,并对预测结果分别赋予一定的权重 W_i,计算综合预测值的预测方法。

$$Y = \sum W_i \times Y_i \qquad\qquad (8-1)$$

式中:Y——综合预测值,即经组合处理后的最终预测值;

    Y_i——第 i 种预测方法获得的预测值;

    W_i——第 i 种预测方法赋予的权重系数,$\sum W_i = 1$。

预测方法和常用模型

表 8-4

预 测 方 法		数 学 模 型	字 母 含 义
增长率统计法		$y_t = y_0(1+r)^t$ $r_t = \left(n\sqrt{\dfrac{y_0}{y_{t-1}}} - 1 \right) \times 100\%$	n——统计期年数; r——增长率; r_t——t 年增长率; y_0——基年统计值; y_t——t 年预测值; y_{t-1}——$t-1$ 年统计值; t——时间序列数
回归分析法	一元回归	$y = a + bx$	y——预测值; x——预测变量; a、b——回归系数
	多元回归	$y = b_0 + b_1 x_1 + b_2 x_2 + \cdots + b_n x_n$	x_1、x_2、$\cdots$、x_n——互不相关的各个预测变量; b_0、b_1、b_2、$\cdots$、b_n——回归系数
移动平均法	一次移动	$M_{t-1}^{[1]} = \dfrac{1}{n}(y_{t-1} + y_{t-2} + \cdots + y_{t-n})$ $M_t^{[1]} = M_{t-1}^{[1]} + \dfrac{1}{n}(y_t - y_{t-n})$	$M_{t-1}^{[1]}$——第 $(t-1)$ 个周期的一次移动平均值; $M_t^{[2]}$——第 t 周期的二次移动平均值; y_t——预测对象时间序列数据; n——计算移动平均值所取的数据个数; $\hat{y}_{t+T}$——第 $(t+T)$ 周期的预测值; a_t——预测模型的截距; b_t——预测模型的斜率; t——原始时间序列数; T——预测时间与原始时间序列间隔
	二次移动	$M_t^{[2]} = M_{t-1}^{[2]} + \dfrac{1}{n}(M_t^{[1]} - M_{t-n}^{[1]})$ $\hat{y}_{t+T} = a_t + b_t \cdot T$	

预测方法		数学模型	字母含义
指数平滑法	一次指数平滑	$S_t^{[1]} = \alpha y_t + (1-\alpha) S_{t-1}^{[1]}$	t——原始时间序列数; T——预测时间与原始时间序列间隔; y_t——预测对象在第 t 年的统计值; α——权系数,一般在 $0.01 \sim 0.3$ 之间,可由经验给出;当历史数据发展平缓时取高值;反之取低值; $S_{t-1}^{[1]}$——第 $(t-1)$ 年的一次平滑值; $S_t^{[1]}$、$S_t^{[2]}$、$S_t^{[3]}$——第 t 年一次、二次、三次平滑值; a_t——预测模型的截距; b_t——预测模型的斜率,即每周期预测值的变化量; c_t——预测系数; $\hat{Y}_{t+T}$——第 $(t+T)$ 周期的预测值
	二次指数平滑	$S_t^{[2]} = \alpha S_t^{[1]} + (1-\alpha) S_{t-1}^{[2]}$ $\hat{Y}_{t+T} = a_t + b_t \cdot T$ $a_t = 2 S_t^{[1]} - S_t^{[2]}$ $b_t = \dfrac{\alpha}{1-\alpha}(S_t^{[1]} - S_t^{[2]})$	
	三次指数平滑	$S_t^{[3]} = \alpha S_t^{[2]} + (1-\alpha) S_{t-1}^{[3]}$ $\hat{Y}_{t+T} = a_t + b_t T + c_t T^2$ $a_t = 3 S_t^{[1]} - 3 S_t^{[2]} + S_t^{[3]}$ $b_t = \dfrac{\alpha}{2(1-\alpha)^2}[(6-5\alpha)S_t^{[1]} - 2(5-4\alpha)S_t^{[2]} + (4-3\alpha)S_t^{[3]}]$ $c_t = \dfrac{\alpha}{2(1-\alpha)^2}[S_t^{[1]} - 2S_t^{[2]} + 3S_t^{[3]}]$	
弹性系数		$y_t = y_0(1+i)^t$ 其中:$i = E_s q = \dfrac{i'}{q'} q$	y_t——未来第 t 年预测值; y_0——基年统计值; t——预测期年数; i'——统计期增长率; q'、q——分别为类比变量基期和预测期年均增长率,%; E_s——弹性系数
灰色预测		GM(1,1)模型 $\dfrac{\mathrm{d}x^{(1)}}{\mathrm{d}t} + ax^{(1)} = u$ $\hat{x}(k+1) = [x_{(1)}^{(0)} - \mu/\alpha]\mathrm{e}^{-\alpha k} + \mu/\alpha$	$\hat{x}(k+1)$——预测计算值; t——时间响应变量; $x_{(1)}^{(0)}$——原始时间序列第一个观察值; u——灰色作用量; α——发展系数; k——预测期限

三、旅客最高聚集人数

旅客最高聚集人数,是指设计年度中旅客发送量偏高期间内、每日最大同时在站旅客人数的平均值,并非指一年中客流高峰日内客流最高时刻聚集在车站的旅客人数。

1.根据设计年度平均日旅客发送量计算

根据设计年度平均日旅客发送量,旅客最高聚集人数可通过式(8-2)计算:

$$D = a \cdot F \tag{8-2}$$

式中:D——旅客最高聚集人数,人;

F——设计年度平均日旅客发送量,人次;

a——计算百分比,其大小可按表 8-5 选取。

车站级别	日旅客发送量(人次)	计算百分比(%)
一级车站	5000 及以上	10 ~ 8
二级车站	2000 ~ 4999	12 ~ 10
三级车站	300 ~ 1999	20 ~ 12
便捷车站	300 以下	30 ~ 20

由表 8-5 可以看出,随着日旅客发送量的增加,计算百分比会逐渐减小。这是因为出现客流高峰是汽车客运工作中的正常现象和客观规律,且旅客最高聚集人数将随日旅客发送量的增加而增加。对于日旅客发送量较小的车站,当旅客发送量偏高期内的客流高峰旅客稍有增加时,即使其绝对值不是很大,但相对于正常的日旅客发送量却有较大的增长幅度,所以在确定旅客最高聚集人数时,其所占日旅客发送量的百分比应取较大值。随着车站的日旅客发送量增加,尽管所增加的高峰旅客绝对值会加大,但相对于正常的日旅客发送量所增长的幅度却将随之减小,因此减小了旅客最高聚集人数所占日旅客发送量的百分比值。

2. 根据同期发车数量计算

根据同期发车数量,旅客最高聚集人数 D 可通过式(8-3)计算:

$$D = k \times p \times M \tag{8-3}$$

式中:k——增设系数,一般取 1.5 ~ 2.5;

p——客车平均定员人数,人/辆;

M——设计年度车站一次最大发车数量(即发车位数),辆。

由于旅客最高聚集人数与车站的年平均日旅客发送量有关,且与车站的客流结构、运力供需状况以及车站的组织管理水平等因素有关,因此该方法必然存在一定的误差。为了提供简便方法,根据大量调查资料的综合,制作了旅客最高聚集人数与车站年平均日旅客发送量的函数关系图,如图 8-13 所示。参考使用时,可按设计年度平均日旅客发送量,直接由曲线查出相应的旅客最高聚集人数。

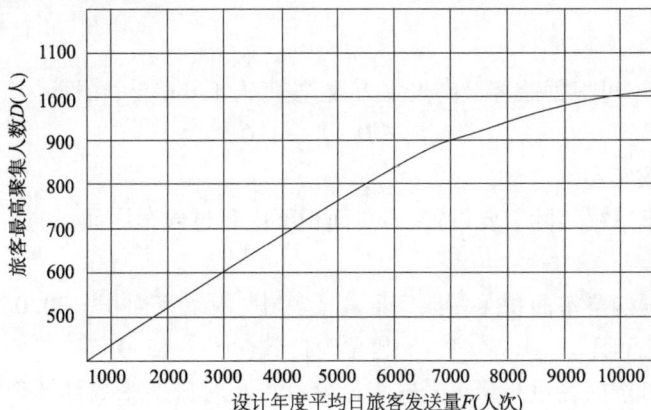

图 8-13 旅客最高聚集人数 D 与设计年度平均日旅客发送量 F 的关系曲线

四、日均发车班次

日均发车班次可按式(8-4)计算:

$$N = \beta \frac{F(1 - \xi)}{p\mu} \tag{8-4}$$

式中:N——日均发车班次,班次;

β——不均衡系数,取值 $1.1 \sim 1.3$;

ξ——过站车载乘率,指过站客车载客量与车站平均日旅客发送量之比;

p——客车平均定员,人;

μ——始发车合理乘载率。

五、发车位数

发车位数可按式(8-5)计算:

$$M = \frac{D(1 - \xi)k}{np\mu} \tag{8-5}$$

式中:M——发车位数,个;

k——考虑到达客车和进站客车停靠需增加车位的系数,即增设系数,一般取 1.2;

n——营业时间内平均每小时发车次数。

六、车站各主要部位的建筑面积

1. 站前广场

为了满足站前广场使用功能的需要,必须合理确定其占地面积,以获得经济、适用的技术经济效果。根据旅客最高聚集人数,站前广场的面积可按式(8-6)计算:

$$F_s = D \cdot f_m \tag{8-6}$$

式中:F_s——站前广场面积,m^2;

D——旅客最高聚集人数,人;

f_m——每人平均占用面积,m^2。

对于一、二级车站,f_m 值取 $1.2 \sim 1.5 m^2$;三级车站可取 $1.0 m^2$;其余小站可酌情考虑。

2. 站房

1)候车厅

候车厅面积 F_1 可根据旅客最高聚集人数,按每人 $1.0 m^2$ 计算,即:

$$F_1 = D \cdot f_m = 1.0D \tag{8-7}$$

2)重点旅客候车室

重点旅客候车室视实际需要设置,但总面积不应超过候车厅面积的 $1/3$。

3)售票厅

售票厅面积 = 购票室面积 + 售票室面积。其中,购票室面积 = $20.0(m^2/个) \times$ 售票窗口数(个);售票室面积 = $6.0(m^2/个) \times$ 售票窗口数(个) + 15.0。

售票窗口数可按旅客最高聚集人数和每窗口每小时售票张数计算确定,计算结果应取整数,即:

$$N_t = \frac{G_{max}}{120} \tag{8-8}$$

式中:G_{max}——旅客最高聚集人数;

N_t——售票窗口数,个。

一般情况下,采用人工售票时,每窗口每小时售票 100 张;采用微型计算机售票时,每窗口每小时的售票数可适当增加,并增设 20.0m² 的总控室。

4)行包托运处

大型客运站的行包托运处由若干个托运单元组成,每个托运单元均由托运厅、行包受理作业处和行包库房面积组成。行包托运处面积 = 托运厅面积 + 受理作业室面积 + 行包库房面积,其中:

托运厅面积 = 25.0(m²/托运单元)× 托运单元数。

受理作业室面积 = 20.0(m²/托运单元)× 托运单元数。

行包库房面积 = 0.1(m²/人)× 设计年度旅客最高聚集人数 + 15.0(m²)。

对于托运单元数,一级车站为 2 ~ 4 个;二级车站为 2 个;三级车站为 1 个。

5)行包提取处

行包提取处面积按托运处面积的 30% ~ 50% 计算。

6)综合服务处

综合服务处面积 = 0.02(m²/人)× 设计年度平均日旅客发送量(人次)。

7)站务员室

站务员室面积 = 2.0(m²/人)× 当班站务员人数(人)+ 15.0(m²)。

8)驾乘人员休息室

驾乘人员休息室面积 = 3.0(m²/个)× 发车位数(个)。

9)调度室

调度室面积按站级确定:

一级车站为 20.0 ~ 50.0m²;二级车站为 15.0 ~ 30.0m²;三级车站为 10.0 ~ 20.0m²。

10)治安室

治安值勤室面积按 10.0 ~ 20.0m² 选取。

11)广播室

广播室面积按 10.0 ~ 20.0m² 选取。

12)医疗救护室

医疗救护室面积按 10.0 ~ 20.0m² 选取。

13)饮水室

盥洗饮水室面积按 10.0 ~ 30.0m² 选取。

14)旅客卫生间(盥洗室)

男卫生间:1.2(m²/人)×(4% ~ 6%)× 设计年度旅客最高聚集人数(人)+ 15.0(m²)。

女卫生间:2.0(m²/人)×(4% ~ 6%)× 设计年度旅客最高聚集人数(人)+ 15.0(m²)。

15)智能化系统用房

智能化系统用房视车站智能化水平和实际需要确定。

16)办公用房

办公用房视车站机构设置情况和实际需要确定。

3. 发车位

发车位数目是客运站设计中的一个重要指标，它是表示一个车站在同一时刻内能发送客运班车数的能力。

发车位面积根据发车位数确定，每个发车位占用面积按客车投影面积的 4.0 倍取值。即：

$$F_n = 4.0 \times M \times S_0 \qquad (8\text{-}9)$$

式中：F_n——发车位面积；

  M——发车位数；

  S_0——一辆客车的投影面积，m^2。

4. 停车场

停车场的容量按发车位数的 5 倍计算，单车占用面积按客车投影面积的 3.5 倍计算，即：停车场面积 = 17.5 × 发车位数 × 客车投影面积。

5. 辅助设施

1）汽车安全检验台（沟、室）

汽车安全检验台（沟、室）面积根据检测项目与检测方式，按每个台位 80.0 ~ 120.0m^2 计算。

2）汽车尾气测试室

汽车尾气测试室面积视情况进行选取：一级车站为 120.0 ~ 180.0m^2；二级车站为 60.0 ~ 120.0m^2。

3）车辆清洁、清洗台

车辆清洁、清洗台面积根据洗车方式和污水处理与回收系统的形式，按 90 ~ 120m^2/个计算。

4）驾乘人员公寓

驾乘人员公寓面积按日均发车班次（每 10 班次 20.0m^2）计算，即：驾乘人员公寓面积 = 2.0（m^2/班次）× 日发车班次数。

5）其他辅助设施

其他辅助设施视实际需要设置，按国家和行业相关规定确定其建设规模。

第四节　汽车客运站的总平面布置

汽车客运站总平面布置对车站的使用效果极为重要，如果汽车客运站总平面布置混乱、分区不明确，流线颠倒，各部分互相影响、互相干扰，将直接影响车站的正常使用。

一、总平面布置的基本原则及要求

汽车客运站的工艺流程设计、工艺计算数据和各部位的使用功能要求，是总平面布置的主要依据。为了合理布局，构成完整有效的统一体，在总平面布置时还必须遵循下列基本原则：

（1）熟悉环境，因地制宜，符合城市规划的要求。总平面布置不能脱离一定的总体关系而孤立地进行，必须把它放在特定的环境中来考虑，才能与周围环境构成一个协调、完整的统一体,以满足城市规划的总体布局要求,起到美化城市、丰富市容的作用。所以在总平面布置前,必须了解城建部门的总体规划意图,掌握建设地段在总体规划中的地位和作用,了解所在地段近、远期的发展情况,以及对客运站有哪些建筑要求等。在总体布置时,设计组合要因境而异,要进行仔细地分析研究,反复推敲,调整各部分的组合关系,使之逐渐完善。切忌盲目地沿袭旧有的格局和模式,千篇一律,脱离当地实际。

(2)布局合理,分区明确,流线简捷,满足汽车客运站的使用功能。站前广场应处在车站总平面流线的最前端,分区要明确,并适当考虑站前各种服务设施和接送旅客交通工具的位置,明确划分车流路线、客流路线、停车区域、活动区域及服务区域,保证流线简捷通畅。站房是汽车客运站的主要建筑,它在总平面中的位置应明显突出,旅客进出站口也应明显、合理、使用方便。站房、站前广场应根据车站所在地的环境、城市干道系统等选择合理的布置方式。

车站内营运区域、业务办公区域、站内作业区域、生活用房等,应分区明确、联系方便,各部分不应互相交叉、互相影响,使各部分都有安静的环境,保证站内营运正常。

(3)应组织好进出站旅客流线、车辆流线及行包流线,避免交叉。在总平面布置时,首先要考虑旅客出入口的朝向问题。汽车客运站的入口应迎向主要客流的来向,为旅客进站提供方便,汽车客运站的旅客出入口和车辆的出入口应尽可能分别独立设置,有利于客流及车流的单向流动。为防止大客流与车流交叉,保证安全,汽车进出站口距站房旅客主要入口的距离不宜小于25m,同时要增加车辆进出口的缓冲地段,以防止进出站车辆与城市干道车辆互相影响及发生事故。

由于进站旅客比较集中,特别容易在入站口和检票口附近发生客流混乱和交叉。因此在站房平面布置时,要特别重视售票厅、行包托运处及候车厅三者之间的相互位置和联系。为了合理组织旅客分流,售票厅及行包托运处应单独设置出入口,并保证与候车厅有较好的联系。检票口处于候车厅与站台之间,从旅客的心理及动态分析,检票口宜设在三个车位中间。旅客分批检票后,可由左、中、右三个方向到达三个车位,人流不发生交叉;如两个车位设一个检票口,则将增加50%的检票口;如四个车位设一个检票口,就容易发生人流拥挤和交叉。因此,规定三个车位设一个检票口是经济合理的。当候车厅与站台由于地形或设计原因不在同一高程时,检票口不适宜设踏步阶梯而宜采用缓坡,这样不仅方便旅客,还方便残疾人轮椅通过。

(4)要进行建筑组合可能性分析和多方案比较,以选择最佳布置方案。汽车客运站的总平面布置,根据具体条件可以采用多种组合形式,建筑平面布置也可以采用多种方案,其中站房的布置就比较复杂和灵活多样。方案设计的主要目的是研究、探讨建筑空间的可能性和合理性。一般应根据调查资料进行具体分析,作出比较。进行建筑组合可能性分析,就是要根据使用功能关系,全面考虑各方面的因素,结合总体布置,把各组成部分经济合理地组合起来。由于各组合单元有各种尺寸、形状或特殊要求,但在整体布置时可能受到制约,需要考虑如何协调统一,解决好局部与整体的关系,其中包括各种流线工艺流程的合理、通畅和不交叉,各种管线布置的短捷、方便,并应尽可能采用统一开间,以减少建筑构件的规格类型等。

(5)总平面布置要合理利用地形,布置紧凑,节约用地,节省投资。总平面布置时要室内外空间一并考虑,做到心中有数。我国城市用地极为紧张,尤其是在大城市。汽车客运站占地面积较大,因此,合理利用地形、布置紧凑、节约用地是必须遵循的重要原则,要做到地尽其用,经济利用土地。由于候车厅是客运站房中占地最多的组成部分,通常应设置于地面层,当有些一级站候车厅面积较大时,可根据实际需要将部分面积设于二层,以减少占地面积。

汽车客运站的立面应大方、美观,线条力求简单、清晰,能反映汽车客运站的特色。要防止盲目追求雄伟、壮观和高大形象,增加造价,造成投资浪费。

二、站房总体布置形式

汽车客运站的站房应由候车、售票、行包、业务及驻站、办公等用房组成。站房设计应做到功能分区明确,客流、货流安排合理,有利于安全运营和方便使用。汽车客运站的候车厅、售票厅、行包房等主要营运用房的建筑规模,应按旅客最高聚集人数计算。一、二级站的站房设计应有方便残疾人、老年人使用的设施。严寒及寒冷地区的站房建筑应有防寒设施;夏热冬暖地区应采取隔热、通风、降温措施。

汽车客运站的主体建筑是客运楼,通常是由站房和办公服务用房组成。根据站房所处位置不同,其布置形式大致分以下三种:

(1)"一"字形布置。这种布置形式的特点是候车厅、售票厅均城区主干道呈"一"字形排列,且两厅的大门朝向一致。这种布置的车站,立面雄伟、壮观,缺点是车站占据主要街道地段长,立面处理面积大,增加造价;又因城市规划对车站临街建筑有一定高度要求,造成辅助房间过多。这种布置适应于大、中型车站,如图 8-14 所示。

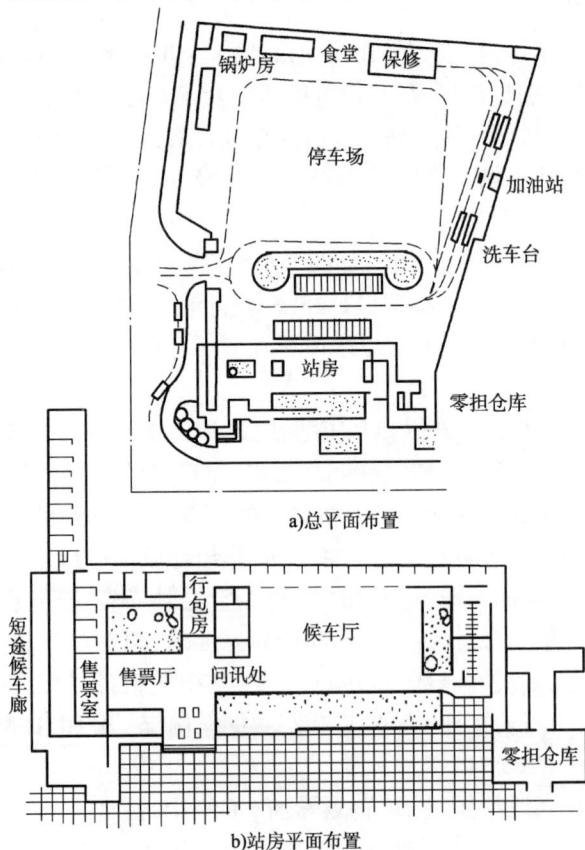

a)总平面布置

b)站房平面布置

图 8-14 "一"字形站房布置示意图

（2）"T"形布置。这种布置的特点是售票厅与候车厅呈"T"形排列,临街部分采用高层建筑,通常地面层作售票综合服务厅,二层以上作为办公及生活用房,将大跨度的单层候车厅布置在后院,候车厅的形状可以是矩形或半圆环形,如图 8-15 所示。这种布置临街地段短,容易满足城市对车站建设的要求。

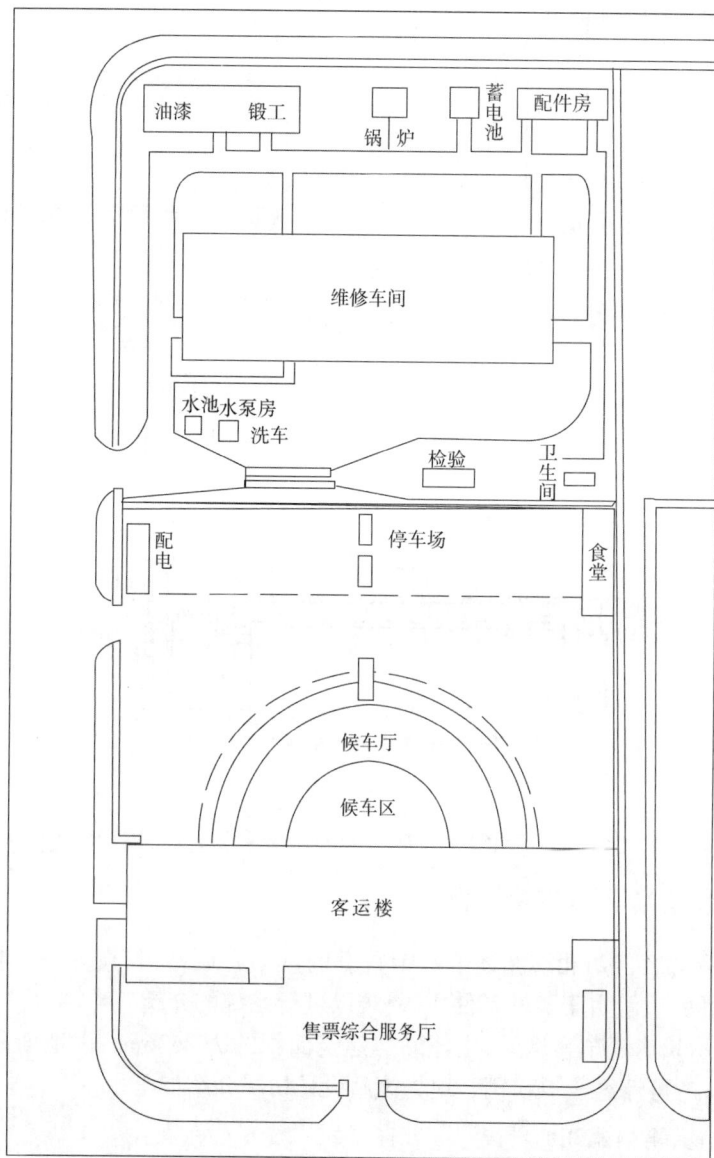

图 8-15　"T"形站房布置示意图

（3）"L"形布置。这种布置形式适于汽车客运站位于道路交叉路口,由于站房两面临街,候车厅与售票厅的大门分别朝向两条大街,呈"L"形。为了满足城市规划对车站建筑高度的要求,临主要街道一侧布置多层建筑,而临次要街道一侧可以布置单层候车厅。这种形式的布置比较灵活,但两个临街部分都要做立面处理。图 8-16 为某市汽车客运站"L"形站房平面布置图。

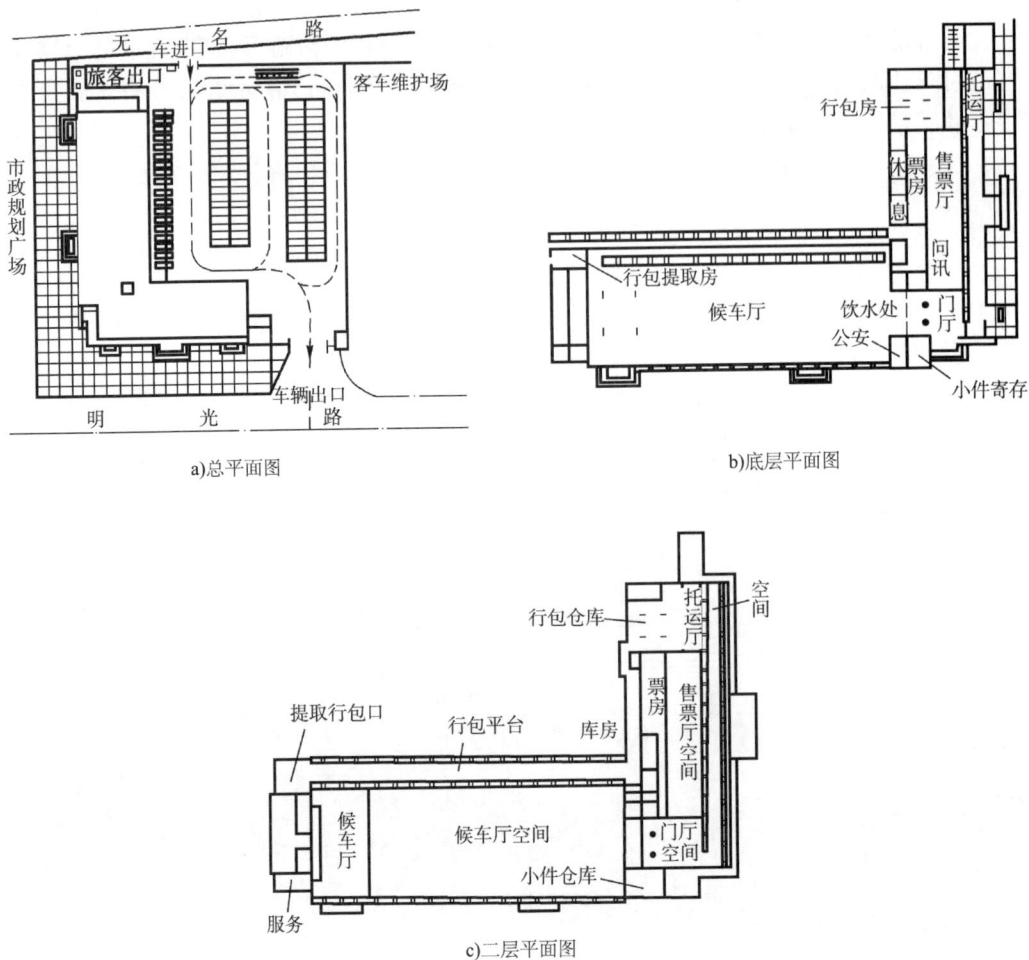

a)总平面图

b)底层平面图

c)二层平面图

图 8-16 "L"形站房布置示意图

三、汽车客运站平面布置举例

近年来,各省(区、市)相继新建了一定数量的汽车客运站,且设计各有特色,积累了相当丰富的设计经验。但由于各种条件所限,难以进行系统的介绍。

图 8-16 所示长途汽车客运站,主体站房建筑面积约为 8636m²,占地面积 18200m²。停车场面积 9000m²,可停客车 100 辆。现将该站设计情况介绍如下。

1. 旅客、行包、车辆流线的特点

(1)发送旅客流线。旅客上车要通过广场、售票厅(或门厅)、托运厅、候车厅、检票口、站台等多处。据统计,行包多的旅客占 30% ~ 35%,其特点是到站早、候车时间长,由于需办理行包托运等手续,精神比较紧张、疲劳。携带行李较少的旅客,往往在开车前 0.5h 左右陆续到站。因此必须要有一个舒适、安静、良好的候车环境,使旅客出行愉快。

(2)到达旅客流线。由于多数班车到达时间在下午,且都是单车陆续进站,人流较疏,旅客逗留时间短,易疏散。站前有广场,尽量靠近公共汽车站,以减轻旅客劳累,使到达旅客经出站口迅速疏散出站。

(3)行包流线。托运行包房靠近主干道,并紧连售票厅;提取行包房靠近旅客出站口和广场,以缩短旅客托、取行包的路线。

（4）车辆流线。每日早晨5～7时是旅客高峰时刻,也是车辆最集中、流动最频繁的时刻。平均每时有100多辆车待发,一面发车,一面由车队来车补充。根据车站内的车辆流动特点,为使待发车辆到达发车位置,必须有计划按顺序按班发车。车辆的进出口分开设置,组织车辆在站内单向流动。

2. 总平面布置中的流线组织设计

合理的流线设计,既能满足为旅客服务的目的,又能保证站务工作人员紧张而有秩序地工作。该站采取了下列措施:

（1）合理确定售票窗口的数量和位置,缩小售票厅进深。全站设18个售票窗口,并另有预售票窗口,方便旅客,解除购票难的顾虑。

（2）尽量缩短搬运行包路线。托运行包处位置和售票处相连,又以5m宽走廊隔开,保证功能明确、旅客方便。行李可从广场直达托运大厅,经电动计量显示重量,一次办完托运手续。

（3）采取"分线对班候车"的方法。即将数千人的庞大客流分成18个候车单元,在候车厅靠近站台一侧,与两个发车位相对的位置上设检票口,并以一辆车座位数的座椅编号排列,旅客可以凭票进入候车厅后即分线对班入座,安心候车,秩序井然。检票进站后即在相应的发车位上车。为了解决后续班次的旅客对当班旅客的干扰,在对班候车座位的另一侧相应设置后续班次旅客的候车座位,为旅客创造良好的候车条件。

（4）在总平面布置中,将客、货两股主要流线错开,互不交叉和干扰。发送旅客由候车厅进站上车,发出班车由西门出站,通过明光路分发各线;到达班车由东门进站,到达旅客在东侧站台下车,随即在行包房提取行包,经东侧出站口出站,直达车站广场。

（5）将行包流线和旅客流线处理在不同的水平上,根据行包装卸位于客车顶部的特点,从上下空间加以错开。旅客行包托运后,由底层行包仓库,用容量为2t的电梯（容量为1.0～1.5t最佳）提升至二层,再用装运手推车通过行包站台送到待发行包仓库,分线对班堆放,发车前预先装在客车顶部,不仅解决了客流与行包流交叉的矛盾,而且减轻了装卸劳动强度,提高了工作效率。

3. 站房平面布置特点

整个汽车站房的平面布置呈"L"形,分为四个主要部分,即:客运营业部分,站台部分,站内业务部分,职工、驾驶员集体宿舍及外地驾驶员食宿栈等。

营业部分都设在底层,主要候车厅尺寸为30m×76m,既是独立大厅,又与各厅密切联系。大厅内净空高11.60m,北向设站前广场,南向设检票口,直抵站台。大门厅是沟通售票厅与候车厅的枢纽,也是为旅客服务的综合服务厅,设有问讯、邮电和小件寄存处。售票厅直对外开门,紧接大门厅进入候车厅,右侧靠托运大厅。各厅之间外以檐廊、内以通道相联系。售票厅内部净高8m,设18个售票窗口,面对9个8m高的黑色大理石贴面支柱。托运厅与售票厅仅一墙之隔,由走廊贯通,面对站前广场,直接开门,便于旅客以最短运距办理托运手续。在托运厅里有行包仓库,二楼有储存行包仓库及行包装卸站台,垂直运输由一台电梯负担。提取行包房设在旅客出口处,并有装卸站台,用一台升降机解决行包的垂直运输。站台建筑分为二层,一层为旅客站台和发车位,二层为行包站台。发车位一侧设有驾驶、站务人员休息室、配电房等,发车位上部悬臂挑出6.50m的钢筋混凝土顶棚,旅客上车不受雨淋,同时可避免雨天装卸行包受潮。站内业务用房,如广播、调度、计划、财务、安全、保卫、技术、票证库房等分别设在二、三楼。四楼设有会议室、文艺活动室及内部办公用房和站务职工单身宿舍;五楼设有驾驶员食宿栈,供外地来站驾驶员住宿。

四、技术经济指标评价

汽车客运站的技术经济指标分为反映设计条件的总体指标和进行企业间比较的单位指标。

1. 总体指标

(1)年度客运量,人;

(2)旅客最高聚集人数,人;

(3)汽车客运站占地面积,m^2;

(4)汽车客运站建筑面积,m^2;

(5)客车(辆)及发车位数,个;

(6)客运站工作人员数,人;

(7)客运站动力消耗量(包括水、电、气);

(8)建站投资总额,元。

2. 单位指标

(1)日均客运量,人次/日;

(2)车均客运量,人次/车;

(3)车位每日发车数,辆/位;

(4)车均占地面积,m^2/车;

(5)人均占地面积,m^2/人;

(6)车均建筑面积,m^2/车;

(7)人均建筑面积,m^2/人;

(8)单位投资额,元/人、元/车、元/m^2。

复习思考题

1. 汽车客运站的定义是什么? 具有哪些功能?

2. 汽车客运站如何分类和分级?

3. 汽车客运站内的流线包括哪些? 设计中应注意哪些问题?

4. 简述汽车客运站总平面布置的原则和要求。

5. 汽车客运站的工艺计算主要包括哪几方面的内容? 如何计算?

6. 汽车客运站建设的主要技术经济指标有哪些?

第九章　公路货运站设计

本章主要讲述公路货运站的任务及站级划分;公路货运站的建站原则和站务作业;公路货运站的工艺计算及装卸设备的选择;公路货运站的总平面布置。通过学习本章内容,要求学生了解公路货运站的基本任务、职能及设置形式,掌握公路货运站的建站原则、组成及其功能要求,掌握公路货运站的工艺计算以及总平面布置的原则和要求。

第一节　公路货运站的任务及站级划分

一、公路货运站的基本任务及职能

公路货运站是公路货运网络的节点,即货物的集散点,是实现货物门到门运输和公路行业直接为货主和车主提供多种服务的场所。在公路运输市场中,公路货运站起着集散货物、停放车辆、运行指挥和综合服务等作用,是货物运输过程中十分重要的环节。

公路货运站具有货运组织与管理功能、中转换装功能、装卸储存功能、多式联运和运输代理功能、通信信息功能和综合服务功能。

1. 货运组织与管理功能

货运组织与管理功能是指进行公路货物运输市场的管理和站内运力与货流组织及管理。具体包括以下职能:

(1)货运生产组织管理。货物生产组织管理主要包括承运货物的发送、中转、到达等项作业,组织与铁路、水运、航空的换装运输和联合运输,以及货物的装卸、分发、保管、换装作业,进行运力的调配和货物的配载作业,制订货物运输计划,进行货物运输全过程的质量监督与管理等工作。

(2)货源组织与管理。货源是运输市场中的基本要素,是货运经营者在市场中竞争的焦点。公路货运站通过货运生产组织与管理、货源信息和货流变化规律等资料,及时掌握货源的分布、流向、流量、流时等特点,实现公路货物的合理运输。

(3)运力组织与管理。公路货运站通过向社会提供货源、货流信息,组织各种经济成分的营运车辆从事公路货物运输,为社会运力提供配载服务,运用市场机制协调货源与运力之间的匹配关系,使运力与运量始终保持相对平衡。

(4)运行组织与管理。根据货流特点确定货运车辆行驶的最佳线路和运行方式,制订运行作业计划,使货运车辆有序运转。利用通信手段及时掌握营运线路通阻情况,向驾乘人员提供线路通阻信息,会同有关部门处理行车事故、组织救援等。

(5)参与公路货运市场管理。公路货运站应协同行业管理部门,通过运输管理把货主、货运经营者和公路运输管理机构有机地联系起来,运用经济杠杆和有效的管理手段,充分满足货主和经营者的需求,为货主提供运输车辆,为车主提供配载货物,促使分散的社会车辆和物流组织化、运输秩序正常化、能源和资金利用合理化,从而达到管理的目的,使货物运输各个环节和储运、装卸工具协调灵活地运转。

2. 中转换装功能

公路货运站的货物运输以集装箱运输和零担货物运输为主要研究对象。在不同运输方式、不同企业之间的货物联合运输过程中,必然会产生货物中转换装的需求,因此,公路货运站不仅要完成公路、水运、铁路集装箱和零担货物运输的中转换装,而且应为货物中转和因储运需要而进行的换装运输提供服务。利用货运站内部装卸设备、仓库、堆场、货运受理点以及相应的配套设施,保证中转货物安全可靠地完成换装作业,及时地运送到目的地。

3. 装卸储存功能

公路货运站面向社会开放,为货主提供仓储、保管和包装服务,代理货主销售、运输所仓储的货物,并在货运站场内进行各种装卸搬运作业,以利于货物的集、疏、运。

4. 多式联运和运输代理功能

公路货运站除从事公路货物运输外,还应与其他运输方式开展联合运输,充分发挥各种运输方式的特点和优势,逐步完善综合运输体系。公路货运站应通过交通信息中心和自身的信息系统,与铁路运输、水路运输和航空运输等行业部门建立密切的货物联运关系,协调开展联合运输业务。

运输代理是指公路货运站为其服务区域内的各有关单位或个体,代办各种货物运输业务,为货主和车主提供双向服务,选择最佳运输线路,合理组织多式联运,实行"一次承运,全程负责",达到方便货主、提高社会效益和经济效益的目的。

5. 通信信息功能

建立通信信息中心,通过计算机及现代通信设施,使公路货运站与本地区有关单位,乃至与周围省(区、市),以及与全国各省(区、市)的公路货运站场形成信息网络,从而获取和运用有关信息,进行货物跟踪、仓库管理、运输付款通知、运费结算、托运事务处理、发货事务处理和运输信息交换等。通过信息网络系统,使公路货运站与港口、码头、铁路货站有机联系、相互衔接,实现联网运输与综合运输。同时,面向社会提供货源、运力、货流信息和车、货配载信息等服务。

6. 综合服务功能

公路货运站除开展正常的货运生产外,还应提供与运输生产有关的服务。如为货主代办报关、报检、保险等业务;提供商情信息等服务;开展商品的包装、加工、展示等服务;代货主办理货物的销售、运输、结算等服务。另外,还应为货运车辆提供停放、清洗、加油、检测和维修服务;为货主和驾乘人员提供食、宿、休闲服务等。

二、公路货运站的设置形式

为了适应运输市场发展的新形势,公路货运结构必须根据运输业务范围,进行合理分工和组织,向各自的专业化方向发展,形成不同的货运网路,即形成不同的货运业务受理站点、运载工具以及运行线路组成的循环运输系统。当前,我国汽车运输企业的货运站,大致可分为整车货运站、零担货运站和集装箱货运站三类。

1. 整车货运站

整车货运站是以货运商务作业机构为代表的公路货运站。它是调查并组织货源,办理货运商务作业的场所。商务作业包括托运、承运、受理业务、结算运费等项工作。有的整车货运站也兼营零担货运。

按照一批托运货物的数量,可把货物分为大批货物和小批货物两类。大批货物是指以大批量进行运输的货物,即物资部门交由汽车运输的货物数量相当大,通常需要在连续的较长一段时间内才能完成。整车货运站主要经办大批货物运输,也有的整车货运站兼营小批货物运输。

整车货运站的主要特点是:

(1)它是汽车运输企业调查、组织货源、办理货运等商务作业的代表机构。

(2)承担货运车辆在汽车运输企业的专用场地停放和保管任务。

(3)运输企业对运输货物一般不提供仓储设施,主要提供运力,从发货单位的仓库内装车,负责运输过程的货物保管,直接运送到收货单位的仓库卸车。

(4)由于大批货物的装卸地点一般比较固定,所以适于采用大载质量的汽车和高生产率的装卸机械。

2. 零担货运站

专门经营零担货物运输的汽车站,称为零担货运站,简称零担站。汽车零担货物运输是指货主一次托运同一到站的货物,计费质量不满3t的货物运输。零担货物要求单件质量不超过200kg,单件体积不超过1.5m³,货物长度不超过3.5m,宽度不超过1.5m,高度不超过1.3m。

零担货物在汽车运输总量中所占比重虽然不大,但随着我国商品经济的发展,品种复杂、量小批多的人民生活用品、文化用品、轻工业品、小件支农机具和农村产品等大量涌入运输市场,使零担货运增长速度十分显著。因此,汽车零担货运站对满足人民物质、文化生活需要,扩大城乡物资交流,有着十分重要的作用。

零担货运站具有下列特点:

(1)零担货物一般均由托运单位及个人根据其需要自行运到货运站、点,也可以联系后由车站指派业务人员上门办理托运手续,因此,零担货物运输计划性差,难以采用运输合同等方法将其纳入计划管理的轨道。

(2)站务作业工作量大而复杂。汽车零担货运作业环节是根据零担货运工作的特点,按照流水作业形式构成的一种生产方式。它的内容及其程序是受理托运→退运与变更→检货司磅→验收入库→开票收费→装车与卸车→货物交接→货物中转→到达与交付。这些站务作业是公路货运站的基础工作,工作量大而复杂,而且十分重要。

(3)对车站的建设要求较高。由于零担货运站是沟通汽车零担货物运输网络的枢纽,货主多、货源广、货物品种繁多、质高价贵、时间性强,因此车站的建设必须满足零担货运的工艺要求,合理地设置零担货运站房、仓库、货棚、装卸场、停车处以及有关的生产辅助设施。且各组成部分的相互位置和面积,应符合方便货主、便于作业、适应需要、优质服务的客观要求。

(4)车站的设备和设施应满足零担货运的需要。由于零担货物具有数量小、批量多、包装不一、到站分散的特点,加之零担货物质高价贵,因此普通车型显然不适于用来运载零担货物,必须选择厢型车作为专用零担车辆,同时还应配置高生产率的站内运输机械和装卸设备。

3. 集装箱货运站

集装箱货运站主要承担集装箱的中转运输任务,所以又称集装箱中转站。其主要业务功能是:

(1)港口、火车站与货主间的集装箱门到门运输与中转运输。

(2)集装箱适箱货物的拆箱、装箱、仓储和接取、送达。

(3)空、重集装箱的装卸及堆放和集装箱的检查、清洗、消毒及维修。

(4)车辆、设备的检查、清洗、维修和存放。

(5)为货主代办报关、报检等货运代理业务。

三、公路货运站的站级划分

目前,公路货运站的站级划分的依据标准主要包括两个:《公路货运站站级标准及建设要求》(JT/T 402—2016)和《集装箱公路中转站级别划分、设备配备及建设要求》(GB/T 12419—2005)。下面简述集装箱货运站的站级划分。

根据《集装箱公路中转站级别划分、设备配备及建设要求》(GB/T 12419—2005)的规定,依据中转站设计年度的年箱运组织量和年箱堆存量,集装箱公路中转站可分为三级。其中,"年箱运组织量"是指设计年度内,通过中转站集疏运的 TEU 总量;"年箱堆存量"是指设计年度内,通过中转站堆存的 TEU 总量。TEU 是标准集装箱换算单位。

1. 一级站

(1)位于沿海地区,年箱运组织量在 30×10^3 TEU 以上或年箱堆存量在 9×10^3 TEU 以上的集装箱中转站。

(2)位于内陆地区,年箱运组织量在 20×10^3 TEU 以上或年箱堆存量在 6×10^3 TEU 以上的集装箱中转站。

2. 二级站

(1)位于沿海地区,年箱运组织量为 $16 \times 10^3 \sim 30 \times 10^3$ TEU 或年箱堆存量为 $6.5 \times 10^3 \sim 9 \times 10^3$ TEU 的集装箱中转站。

(2)位于内陆地区,年箱运组织量为 $10 \times 10^3 \sim 20 \times 10^3$ TEU 或年箱堆存量为 $4 \times 10^3 \sim 6 \times 10^3$ TEU 的集装箱中转站。

3. 三级站

(1)位于沿海地区,年箱运组织量为 $6 \times 10^3 \sim 16 \times 10^3$ TEU 或年箱堆存量为 $3 \times 10^3 \sim 6.5 \times 10^3$ TEU 的集装箱中转站。

(2)位于内陆地区,年箱运组织量为 $4 \times 10^3 \sim 10 \times 10^3$ TEU 或年箱堆存量为 $2.5 \times 10^3 \sim 4 \times 10^3$ TEU 的集装箱中转站。

现行集装箱国际标准规格中,集装箱有不同的尺寸规格,一些国家和地区还在使用与国际标准集装箱规格不同的集装箱。我国国家标准集装箱质量系列采用10t、30t两种,集装箱的型号分类、尺寸和额定质量遵循《系列1集装箱 分类、尺寸和额定质量》(GB/T 1413—2008)的规定(表9-1)。此外,我国还有 TJ_1、TJ_3、TJ_5 等几种铁路通用集装箱型(表9-2)。

系列1集装箱 分类、尺寸和额定质量(GB/T 1413—2008) 表9-1

| 型 号 | 外部尺寸(mm) | | | | | | 最大总质量(kg) |
| | 长 | | 宽 | | 高 | | |
	尺寸	公差	尺寸	公差	尺寸	公差	
1EEE	13716				2896		
1EE					2591		
1AAA	12192	0 −10			2896		
1AA					2591		
1A					2438		
1AX					<2438		
1BBB	9125		2438	0 −5	2896	0 −5	30480
1BB					2591		
1B					2438		
1BX					<2438		
1CC	6058	0 −6			2591		
1C					2438		
1CX					<2438		
1D	2991	0 −5			2438		10160
1DX					<2438		

TJ型集装箱外部尺寸 表9-2

| 型 号 | 外部尺寸(mm) | | | 最大总质量(kg) |
	长	宽	高	
TJ_1	1300	900	1300	1000
TJ_3	1250	2000	2450	3000
TJ_5	2650	1580	2650	5000

为了统一核算各种集装箱的运输量,并与国际统计相一致,引入标准集装箱换算单位 TEU 的概念。按照《集装箱运输术语》(GB/T 17271—1998)的规定,以《系列1集装箱 分类、尺寸和额定质量》(GB/T 1413—2008)中C型箱型的公称长度20ft❶作为标准箱换算单位 TEU。不同国家或地区换算到 TEU 的方法稍有差别,我国的换算方法完全按照集装箱长度与标准箱长度的比值将箱换算为 TEU,折算系数见表9-3。

---

❶ ft 是英尺的简写,1ft = 30.48cm。

集装箱型号	公称长度（ft）	折算数量（TEU）
1EEE、1EE	45	2.25
1AAA、1AA、1A、1AX	40	2
1BBB、1BB、1B、1BX	30	1.5
1CC、1C、1CX	20	1
1D、1DX	10	0.5

第二节　建站原则与站务作业

一、建站的基本原则

随着国民经济的高速发展,社会物流量不断增加,要求货运站选址时应与整体网点相适应。在建站时除应遵守适应性、协调性、经济性和战略性的基本原则外,还应考虑自然环境、经营环境和基础设施等因素的影响,具体要遵循以下原则。

1. 符合城市整体规划和建设的需要

公路货运站的建站原则与汽车客运站大致相同,即必须符合城市总体规划和发展需要,建设规模应以科学预测为依据,要明确货运业务功能范围,保证工艺布置符合货运的规律性,要满足环境卫生与交通运输的要求。

2. 考虑货源的分布与货物性质

由于公路货运站的运输对象具有特殊性,站址选择与货源分布及货物性质密切相关。若货物的性质关系到供应城市人民的日常生活用品,则宜布置在市中心区边缘,与市内仓库有较为方便的联系;若货物的性质对城市居民有影响或以中转货物为主,则应布置在仓库区、工业区等货物较为集中的地区,亦可设在铁路货运站及货运码头附近,以便组织联运。

3. 尽量避免重复运输和空驶里程

站址与城市交通干道要有方便的联系,保证货主到站办理各种货运业务的方便性。零担货运站要便于货物的集散和换装;车辆出入方便,避免车流、货流交叉并留有足够的余地。

4. 满足交通运输方便的要求

货运站尤其是集装箱货运站的站址选择,宜接近港口码头、铁路货站,或靠近交通枢纽、货流量大的地区;同时还应接近生产和消费地区,满足交通运输方便以及开展综合运输的要求。

5. 预留发展空间

既要从当前的实际出发,又要考虑今后发展的需要,充分利用现有条件和设施,调动各方面的积极性,促进运输结构向合理化方向发展。建站设计不要贪大求洋,也不要保守落后,力求建设的科学性、先进性和可行性。

二、货运站的组成及其功能

1. 零担货运站

1）零担货运站的组成

零担货运站由站房、仓库、货棚、装卸场、停车场及生产辅助设施等组成。站房包括托运处、提货处及工作间等，其中托运处由受理货物人员工作间和货主办理托运手续、货物的临时堆放场所组成；提货处由办理提货手续人员的工作间和提货人办理提货手续的场所组成。站房内还应设置调度、开票、收款、台账统计等业务管理人员的工作间。仓库、货棚由货位、操作通道、进出仓门、装卸站台等组成。装卸场及停车场分别为车辆装卸货物和停放时所必需的场地。

生产辅助设施有行车人员宿舍、食堂、装卸工作人员休息室、行政和后勤管理人员工作室、业务资料室等。

2）零担货运站的主要作业流线

零担货运站有人流、货流和车流，但以货流为主线，其次是车流，人流相对处于次要地位，并且往往伴随着部分货流的流线一起移动。零担货运站的车流与客运站的车流十分相似，只是运输对象不同。图9-1为零担货运站的工艺流程框图。

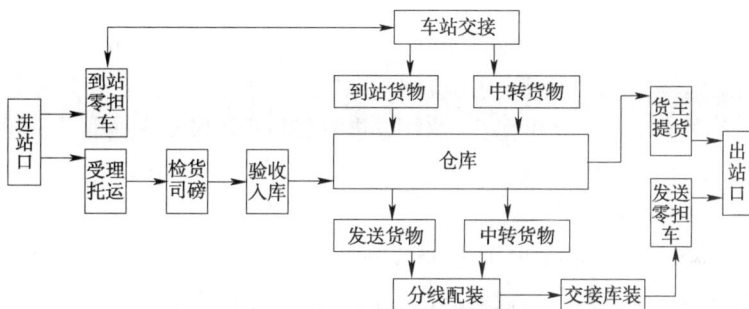

图9-1　零担货运站工艺流程框图

按照零担货物在站内的流动方向，货物流线又可分为发送流线和到达流线。其中，发送流线是指零担货物的受理托运、检货司磅、验收入库、仓库保管、分线装配、交接装车及零担车出站，同时包括中转零担货的换装转运。到达流线是指零担车进站、卸货、验收入库、仓库保管以及货主凭票提货，同时包括中转零担货的保管和组织中转。

为了避免站内各种流线发生相互干扰和交叉，必须注意解决下列问题：

（1）分设托运处和提货处，把货物托运及提取两股货流分开，组织站内货物的单向流动。

（2）将车流和货流分开，一级零担货运站应单独设置车辆的进出站口。由于发送车辆多数集中在上午，到达车辆多数集中在下午，非一级零担货运站车辆可共用一个进出站口。仓库附近是车流和货流的汇集处，容易发生发送货物与到达货物、发送车辆与到达车辆相互间的干扰和交叉。所以大型零担货运站的仓库，通常在其两侧均设置装卸场，使到达车辆和发送车辆分开停靠，保证出入仓库的货流单向流动，同时也避免了车流间的相互干扰和交叉。对于有条件的零担站，亦可将发送货物仓库与到达货物仓库分开设置，以合理组织站内的货流和车流。

3)零担货运站主要作业单元的功能

作业单元既有各自的工作内容、分工明确,又有其作业程序的连续性、相互联系和协助。

(1)托运处、提货处及工作间。托运处、提货处及其工作间,应设置在车站站房内。为便于货主运送货物,车站站房必须与主干道有较方便的道路衔接。

托运处是货主办理托运、货物临时堆放及站务人员办理验货、司磅的场所。由于办理托运的高峰时间比较集中,人流、货流容易发生交叉和干扰,因此必须组织好托运作业流程,并提供足够的用地面积。受理托运的工作间应按作业流程设置,便于货主办理托运手续。

托运处与仓库间的距离应简短、便捷,便于受理托运后的货物入库保管存放。对于货流量较大的零担站,可采用货物传送装置。

提货处是供货主办理提货手续的场所。根据站级不同,货物可由货主到仓库处凭证提取,也可由装卸工将货物从库中搬出后再由货主运走。在有条件的零担站,还可由车站送货上门。所以,提货处的用地面积不必太大,但应靠近仓库到达货物的货位。

(2)仓库与货棚。仓库是保管存放受理托运货物、到站交付货物以及中转货物的场所。仓库作业是零担站务作业的关键环节。仓库位置应便于货物的入库和提取,合理的仓库布置应满足以下功能要求:

①有利于仓储生产的正常进行,并适应零担货物仓储的生产工艺要求。库内的发送货物、中转货物及交付货物应分区存放,并分线设置货位,防止发生商务事故;应尽可能使货物在库内按一个方向流动,避免作业中发生货流的相互干扰和混乱;尽量减少货物在库内的搬运距离,避免迂回运输;要最大限度利用空间,有利于货物的合理存放和充分利用库容。

②有利于提高零担车辆的装卸效率。采用先进的装卸工艺和设备,保证库内运输方便畅通。

③保证仓库作业的安全生产和文明生产。配置必要的安全消防设施,合理组织装卸作业,创造良好的工作环境及条件。

合理设置仓库的装卸门数十分重要,既要考虑使车辆在集中到达时有可能同时进行装卸作业,又要考虑尽量减少由于增设装卸门数造成仓库有效堆放面积的损失。

货棚是为了适应少量笨重零担货物的需要而设置的。由于这些货物质量较大(质量在250kg以上),不便进库存放,若在露天存放又容易导致生锈或湿损,因此必须选择合适位置单独设置货棚。

(3)装卸站台。在靠近装卸场的仓库一侧,设置装卸站台,其主要要求是:满足同时有较多车辆进行作业时的装卸方便性,并有利于采用装卸机械(例如叉车)作业,以减轻装卸工人的劳动强度。装卸站台上方应设防雨棚,以免装卸货物时遭受雨淋或造成湿损。

装卸站台一般有直线式装卸站台和阶梯式装卸站台两种。根据车辆进行作业时与站台的相互位置,直线式又可分为垂直式装卸站台[图9-2a)]和平行式装卸站台[图9-2b)],设计时应根据装卸场地大小、车辆装卸门的位置等情况进行选择。当装卸场地条件受限制,又要保证有足够的装卸作业点时,可采用阶梯式装卸站台,如图9-3所示。

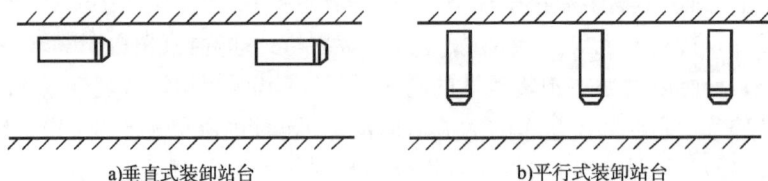

a)垂直式装卸站台   b)平行式装卸站台

图9-2　直线式装卸站台

（4）装卸场与停车场。装卸场是装卸车辆行驶、调车和装卸货物的场所，应与站内的车辆进出通道合理衔接，避免车流在站内发生交叉和相互干扰。场地的大小及宽度要与所采用的车型相适应，保证车辆行驶、停放和装卸作业的方便，避免车辆在场内行驶时采用不合理的辅助调车。

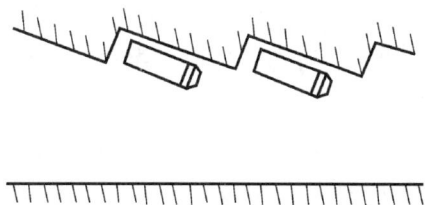

图9-3 阶梯式装卸站台

停车场是停放保管驻站车辆的场所，其面积与营运车辆的车型及驻站车辆数目有关，并且要适当考虑驻站车辆的维护、小修作业场地，以保持车辆技术状况良好。

2. 集装箱货运站

1）集装箱货运站的组成

集装箱货运站应由站房、拆装箱库和拆装箱作业区、集装箱堆场、停车场及生产辅助设施等组成。站房内主要布置业务办公用房，包括商务作业、生产调度、海关、检疫、理货、商检等部门。

业务办公用房包括商务作业人员工作间和收发货人办理托运、提货手续的场所等；拆装箱库和拆装箱作业区包括仓库、作业平台和作业区等，其中仓库应由货位、操作通道和作业仓门组成；集装箱堆场由重、空箱堆放区和操作通道组成；集装箱货运站的停车场及生产辅助设施，与零担货运站大致相同。

2）集装箱货运站的作业流线

集装箱货运站的主要作业流线是货流（含箱流）和车流，其中箱流必须通过专用运输机械才能进行。图9-4 为集装箱货运站的工艺流程框图。

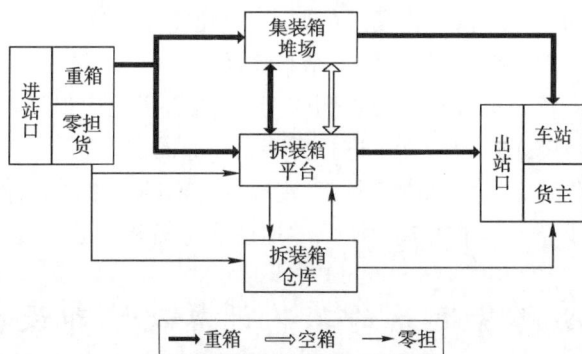

图9-4 集装箱货运站的工艺流程框图

根据集装箱型号，发、收货人及货流的特点，可把集装箱分为整装箱和拼装箱两类，且它们在站内的作业工艺也有很大区别。整装箱的接取、送达作业是以"箱"为单位的，它在站内只作临时停放，应及时组织中转。其装箱与拆箱作业由货主自理。拼装箱的接取、送达作业是以普通货物形态完成的，其作业方式与零担货运站相仿。拼装箱的装箱或拆箱作业，均由集装箱站负责在站内作业区完成。

集装箱货运站内的主要流线是车流，它是指运送集装箱的专用车辆和站内集装箱的运输机械所组成的流线。为避免相互干扰和交叉，站内道路及操作通道一般应采用无交叉的环形行驶路线，并选用较大的转弯半径和扫空距离。

3）集装箱货运站组成部分的功能

集装箱货运站的主要组成部分及其功能与零担货运站大致相同，所以不再赘述。与零担货运站相比，集装箱货运站所不同的组成单元是集装箱堆场、拆装箱库和拆装箱作业区。

（1）集装箱堆场。集装箱堆场是堆放集装箱的专用场地。它应满足中转箱、拼装箱、周转和维修箱等分区堆放的不同功能要求，并应缩短运距，避免作业交叉，能准确、便捷地运送所需集装箱，利于管理。合理的集装箱堆场布置应符合下列基本原则：

①中转箱区宜布置在便于"箱不落地"而能顺利地由一辆车换装到另一辆车的交通方便处。

②拼装箱区应尽量设置在仓库附近，以减小作业干扰和中间运输量。

③周转和维修箱区可尽量布置在作业区的外围，便于取送和维修，并减少对正常作业区的干扰。

④合理采用集装箱的运输机械，除保证机械进出场地畅通和足够的作业半径外，应尽量减少其行走距离，提高机械利用效率。

⑤合理布置箱位，既要考虑充分利用堆场面积，又要留够箱与箱之间的距离，做到发送安全方便。多数集装箱堆场采用双层堆码方法。

⑥场区内有一定坡度，以利排水。

（2）拆装箱库和拆装箱作业区。拆装箱库及其作业区是指对拼装箱进行拆箱和装箱的作业场所，也是拼装箱零担货物的集散地。其作业内容主要是把适箱零担货物装入集装箱，或从集装箱中取出，按类保管、存放和发放。因此，拆装箱库及其作业区应满足下列功能要求：

①设置拆装箱平台，留有足够的场地，便于进行拆箱和装箱作业。

②能满足机械装卸作业所需工作场地的要求，以免相互干扰。

③留有适当理货空间，有利于货物的集结和疏运。

拆装箱平台通常设置在拆装箱库的两侧或四周，所需场地应保证车辆进出和人员操作互不干扰。拆装箱平台的工位数应满足进行拆装箱作业的需要。

集装箱运输是以集装箱作为基本工具，实现成组运输的一种形式，同时也为适箱零担货物提高运输质量提供了新的运输方式。所以零担运输与集装箱运输关系密切，相互促进。

第三节 公路货运站的工艺计算及装卸设备的选择

由于公路货运站具有功能齐全、工艺设计要求较高的特点，因此公路货运站的工艺计算，主要是指设计零担货运站和集装箱货运站时所采用的工艺计算方法，一般将初步设计和技术设计合并进行。

一、零担货运站的工艺计算

1. 年度货物吞吐量的计算

零担货运站的设计年度，是指零担站竣工投入使用后的适用年度。为了保证零担货运站具有较长的适用时期，零担站设计年度至少与统计年度相隔 10 年。零担货运站的建设规模需以设计年度使用要求为依据，因此必须计算设计年度货物吞吐量。

设计年度货物吞吐量 $T_设$ 可按式(9-1)计算:

$$T_设 = T_统(1 + a_i)^{n_i} \tag{9-1}$$

式中: $T_统$ ——统计年度货物吞吐量,t;

a_i ——货物吞吐量预计每年递增幅度;

n_i ——统计年度至设计年度的年数。

采用这种预测方法,必须分析当地历年零担货物货运的统计资料,以确定预测期内零担货运量递增率,然后再根据此递增率求出预测期的货物吞吐量。

2.零担货运站的面积计算

1)站房面积 S_1

站房面积 S_1 按式(9-2)计算:

$$S_1 = S_2 + S_3 + S_4 \tag{9-2}$$

式中: S_2 ——托运处面积,m^2;

S_3 ——工作间面积,m^2;

S_4 ——提货处面积,m^2。

2)托运处面积 S_2

托运处面积 S_2 按式(9-3)计算:

$$S_2 = S_5 + S_6 \tag{9-3}$$

式中: S_5 ——托运处工作间面积,m^2;

S_6 ——办理托运手续、货物临时堆放场所的面积,m^2。

办理托运手续、货物临时堆放场所的面积与日均货物最大受理量及每吨货物的占地面积有关。其中,日均货物最大受理量是指在货物受理量偏高期内,平均每日的货物受理量,可由一年的日均货物受理量乘以日均货物受理量系数求得。每吨货物占地面积可按1.20m^2计算。即:

$$S_6 = D_m \times 1.20 = D_0 \times \beta_0 \times 1.20 \tag{9-4}$$

式中: D_m ——日均货物最大受理量,t;

D_0 ——日均货物受理量,t;

β_0 ——日均货物受理系数,取1.20~1.25。

每吨货物平均占地面积按1.20m^2计算,是基于如下的估算:取每吨货物在办理托运时需临时堆放场地为10m^2,停留时间为0.5h,则每吨货物平均占地为5$m^2 \cdot h$,即每吨货物办理托运的时间与所需临时堆放场地面积成反比。由于办理托运高峰时间一般集中于上午上班后2h,下午上班后1h,其他时间按1h计,托运处一天内实际托运时间为4h。通过计算,相当于每吨货物办理托运时,临时占地为5÷4=1.25m^2,因此,按1.20m^2计算是可行的。

3)工作间面积 S_3

工作间面积由办公设备(如文件柜、写字台、计算机等)占用面积及工作人员活动所需的基本面积组成,可按每个工作人员4~6m^2计算,其中单间面积应不少于10m^2。工作间面积 S_3 按式(9-5)计算:

$$S_3 = R \times K \times (4 \sim 6) \tag{9-5}$$

式中: R ——工作人员数;

K ——折合系数。

4）提货处面积 S_4

提货处面积 S_4 按式（9-5）计算：

$$S_4 = S_7 + S_8 \tag{9-6}$$

式中：S_7——提货处工作人员工作间面积，m^2；

S_8——办理提货手续场所的面积，m^2。

由于货主办好提货手续后即行提货，所以办理提货手续场所的面积不大，可按提货处工作人员工作间面积的 50% 计算。在提货处工作人员数尚未确定前，也可按托运处面积的 10% 估算。

3. 仓库、货棚的面积计算

1）仓库面积

仓库面积以日均货物最大吞吐量为依据，并结合货物平均堆存期以及每吨货物平均占地面积进行计算。

日均货物最大吞吐量是指零担站在货物吞吐偏高期内平均每日的货物吞吐量。它可由一年的日均货物吞吐量乘以日均货物吞吐量系数求得。

货物平均堆存期是指报告期内每吨货物自进库场开始，至出库场为止所堆存的平均时间，一般为 4～6 日。吞吐量越大的站，相应班次密度越大，货物周转越快，货物平均堆存期就较短。因此，对一、二、三级零担站，货物平均堆存期可分别按 4、5、6 日计算。

货物平均占地面积是指每吨货物实用堆货面积、平均占用仓库的装卸门面积、进出货通道面积和货位间隔面积等之和。根据对多品种零担货物实际堆码占地面积的抽样调查，每吨货物的平均占地面积为 $4m^2$。

因此，仓库面积 S_9 可按式（9-7）计算：

$$\begin{aligned} S_9 &= T_{max} \times Y_d \times 4.00 \\ &= T_0 \times \gamma \times Y_d \times 4.00 \end{aligned} \tag{9-7}$$

式中：T_{max}——日均货物最大吞吐量，t；

Y_d——货物平均堆存期，日；

T_0——日均货物吞吐量，t；

γ——日均货物吞吐量系数，取 1.23～1.25。

2）装卸站台的面积

装卸站台面积 S_{10} 按式（9-8）计算：

$$S_{10} = L_t \times B_t \tag{9-8}$$

式中：L_t——装卸站台长度，m；

B_t——装卸站台宽度，m。

通常装卸站台的宽度不小于 3m，长度宜与仓库长度相同，两端应设置斜坡，以便装卸机械行驶。站台高度为 1.20～1.30m，力求与零担车厢底层的高度相适应，便于装卸货物。对于仓库两侧均设置装卸站台的某些大站，装卸站台面积也应增加一倍。

3）仓库的进出仓门数

仓库的进出仓门数取决于日均货物最大吞吐量 T_{max} 及每一仓门的日均货物吞吐量。每一仓门日均货物吞吐量通常定为 30t，在理论上是按每门工作时间为 8h，每 1h 平均进或出货物为 7～8t（包括托运、提取进出库货物）求得。因此，仓库的进出仓门数 G_a 可按式（9-9）

计算：

$$G_a = \frac{T_{max}}{30} \tag{9-9}$$

为便于装卸作业，避免货流发生相互干扰，一级站的进出仓门宜双向设置；二级站的进出仓门必须分开设置；三级站进出仓门的设置，可根据日均货物吞吐量的大小而定。

装卸门的设置要考虑有较充裕的吞吐能力和所对应的作业车辆数。如果车辆停靠站台作业时以一车对一门，则有装卸便捷和不拥挤的优点，但相应装卸门数要增加，造成仓库有效堆存面积的损失；若多车对一门，则必然产生装卸作业拥挤，容易发生货流干扰，影响装卸效率，严重时还可能发生仓门堵塞。根据实地调查，以不超过两车对一门较为合适。仓门宽度取 2.50~3.00m。

4）货棚的面积

根据货物存放情况，货棚与仓库的面积比，以 1:(4~5) 较为合适。因此，货棚的面积 S_{11} 可按式(9-10)计算：

$$S_{11} = (0.2 \sim 0.25) \times S_9 \tag{9-10}$$

4. 装卸场的面积计算

为了保证装卸车辆行驶和调车的方便，必须提供合适的装卸场地。其长度应不小于装卸站台的长度，其宽度应根据零担车型和场地条件，选取 13m 或 22m。选取 13m 时，只能对 4~5t 的厢式零担运输车辆采用后门装卸，而对 8~10t 的零担运输车辆就必须采用侧门装卸；只有装卸场宽度为 22m 时，才能保证 8~10t 零担运输车辆采用后门装卸。因此，装卸场面积的计算公式为：

$$S_{12} = L_t \times 13 \quad 或 \quad S_{13} = L_t \times 22 \tag{9-11}$$

式中：S_{12}——4~5t 车辆采用后门装卸或 8~10t 车辆采用侧门装卸的装卸场面积，m^2；

S_{13}——8~10t 车辆采用后门装卸的装卸场面积，m^2。

5. 停车场的面积计算

停车场应以日均驻站最大车辆数为依据。在新站建设中，每一驻站车辆所需停车面积，可以采用车辆最大投影面积的 3 倍来确定。

停车场面积 S_{14} 可按式(9-12)计算：

$$S_{14} = C_m \times S_r \times 3 \tag{9-12}$$

式中：C_m——日均驻站最大车辆数，辆；

S_r——车辆最大投影面积，m^2/辆。

6. 生产辅助设施面积计算

生产辅助设施中，行车人员宿舍是较为重要的。行车人员宿舍面积 S_{15} 可按每人 4m^2 计算，即：

$$S_{15} = R_c \times 4.00 \tag{9-13}$$

式中：R_c——最大驻站车辆数的行车人员数。

此外，一级站还应设置业务洽谈室、会议室、食堂、浴室、锅炉房、汽车维修间、洗车台、行车人员及装卸人员休息室等。这些生产辅助设施，可根据日均货物最大吞吐量、日均货物最大受理量、全站职工人数等，分别参照工业与民用建筑规范，按照扩大指标概算。

7. 零担货运站的设施、设备

为了方便货主和作业,同时提供优质服务和提高经济效益,各级零担货运站必须结合企业实际,配置各种设施和设备。营业场所必须设置零担运输车辆运行线路图、营运班期表、里程运价表、托运须知和营业时间标志,并设置座椅、电话、意见簿等。

一级站应采用货物传送装置;一、二级站均应配置装卸笨重零担货物的设备,如叉车等;三级站根据本站情况,自行配备装卸设备。各级零担站必须采用经检定合格的计量器具,并尽可能采用数字显示计量装置。

8. 业务人员的配备

零担货运站业务人员的配备应按零担站货物吞吐量确定。月均货物吞吐量不超过30t的配备1人;30~100t的配备2人;100t以上1500t以下的,每增加100t增配1人;1500t以上每增加200t增配1人。上述业务人员中不包括装卸人员。

表9-4和表9-5分别为零担货运站有效使用面积及人员配备参考表。

零担货运站有效使用面积参考表 表9-4

项 目		年吞吐量(t)			
		100000	60000	20000	8000
日均最大吞吐量(t)		340	211	75	30
日均货物最大受理量(t)		150	95	35	15
驻站车辆(辆)		30	20	7	5
驻站人员(人)		60	40	14	10
货物平均堆存期(日)		4	4	5	6
站房面积(m²)	托运处(m²)	180	108	42	18
	提货处(m²)	18	11	5	5
	工作间(m²)	320	215	110	55
仓库(m²)		5440	3360	1200	480
货棚(m²)		1100	680	250	100
装卸站台(m²)		816	504	130	50
装卸场(m²)		5984	3696	1320	528
停车场(m²)		2633	1758	615	440
行车人员宿舍(m²)		240	160	56	40
总有效使用面积(m²)		16816	10548	3798	1750

注:1. 工作间面积按5m²/人计算。

2. 仓库径深取20m。

3. 车辆投影面积按车辆为8~10t计算,取29.8m²。

项 目	年吞吐量(t)			
	100000	60000	20000	80000
业务人员(人)	52	35	18	9
行管及后勤人员(人)	12	8	4	2
全站正式职工(人)	64	43	22	11

注:1. 根据调查,行管人员和后勤人员占业务人员总数的23%左右,故取23%。

2. 全站正式职工中不包括装卸人员。

二、集装箱货运站的工艺计算

1. 工艺计算的参数选择

1)基本箱型

确定新建站所采用的集装箱基本箱型和规格,对站内场、库面积的计算和起重运输设备的选择有十分重要的影响。因此必须根据各地运输实际情况确定基本箱型,以适应集装箱运输业的发展。

需要指出的是,标准箱的概念是为统一核定站级标准提出来的,而基本箱型是根据运输实际情况确定的,两者不能混淆。当然,在确定基本箱型以后,也可以统一折算为标准箱进行有关计算。

2)拆装箱工作量

拆装箱工作量是指站内进行启封,掏、拆装标准箱(或基本箱型)的总量。

集装箱运输中有三种类型的集装箱:第一种是中转箱,这种箱通过汽车站直接运给货主,而在站内只作短暂停留。因此,对于中转箱不必计算拆装箱工作量。第二种是拼装箱(亦称掏装箱),这种箱到站后须启封开箱掏装,并和库内待装的零担适箱货物,根据不同方向和到达站点,重新组装后运出。第三种是集零箱(亦称整集装箱),它是装运零担货物,并沿途接受各站点的货物进行往返运输的集装箱。这种集装箱运输,实质上已演变成为一种特殊形式的零担厢式班车,只有兼营零担业务量较大的集装箱货运站才可能采用。

计算拆装箱工作量就是要确定拼装箱和集装箱的年运输量。

3)重载箱比重

重载箱比重是指重载箱与总的集装箱数量之比,一般为70%~80%。这是因为集装箱货运站必须储备一定数量的周转箱,以满足集装箱周转和维修的需要。

4)集装箱保管期

不同的集装箱在站内停留和保管时间是不相同的。站级不同,保管期也有较大差别。推荐中转箱可按1日计,发送箱可按2日计,到达箱按3日计,周转箱按4日计。库内各种货物均可按3日计。

5)堆放层数

集装箱的堆放方式有单层、双层或多层几种,不同的堆放方式对堆场占地面积有较大影响。通常以双层堆码较多,设计中可根据具体条件合理选择。

2. 集装箱货运站面积的计算

1)业务办公用房的面积

业务办公用房面积由工作人员的工作间和货主办理手续场所组成。工作间面积按每人

占用 $6 \sim 8m^2$ 考虑,办理手续场所的面积可按工作间总面积的一半计算。因此,业务办公用房面积 A_1 的计算公式为:

$$\begin{aligned} A_1 &= A_2 + A_3 = A_2 + 0.5A_2 \\ &= (6 \sim 8)R_1 + 0.5 \times (6 \sim 8)R_1 \\ &= 1.5 \times (6 \sim 8)R_1 \end{aligned} \tag{9-14}$$

式中: A_2——工作间面积, m^2 ;

  A_3——办理手续场所面积, m^2 ;

  R_1——工作人员数,人。

2)生产调度及联合办公用房面积

生产调度及联合办公(包括海关、检疫、理货、商检等)用房面积 A_4 ,按每人占用 $8 \sim 10m^2$ 计算,即:

$$A_4 = (8 \sim 10)R_1 \tag{9-15}$$

式中: R_1——生产调度及联合办公人员数,人。

3)拆装箱库面积

根据集装箱货运站业务开展情况,拆装箱并非全部入库,而仍有一部分货放在露天堆场或作业平台,一般库、场比为 $7:3$ 。所以拆装箱库面积 A_5 可按式(9-16)计算:

$$\begin{aligned} A_5 &= \frac{0.7 \cdot Q_H \cdot a_1 \cdot t_H}{g_0} \\ &= \frac{0.7C_1 \cdot G_0 \cdot a_1 \cdot t_H}{g_0} \end{aligned} \tag{9-16}$$

式中: Q_H——日均拆装箱货总质量,t;

  a_1——集装货物到发不均衡系数,取 1.5 ;

  t_H——集装货物占用仓库货位时间,平均取 2.5 日;

  g_0——单位面积堆货质量,按零担仓库类计算,取 $0.25t/m^2$;

  C_1——日均拆装箱数,箱;

  G_0——每箱货物平均质量,标准箱一般取 $11t/$ 箱。

4)拆装箱作业工位数及作业平台面积

(1)拆装箱作业工位数的计算。拆装箱工位数及布局是保证按计划进行作业的因素之一。根据有关资料介绍,30t 的国际 TEU(标准箱),每班可拆 6 个,且 1 个国际 TEU,相当于 3 个国内 10t 箱。但因搬运次数不同,在计算时应采用不同系数加以修正。因此,拆装箱工位数 J 按式(9-17)计算:

$$J = \frac{n_e \cdot a_1}{E_m \cdot B_d} \tag{9-17}$$

式中: n_e——日均拆装箱数,箱;

  E_m——每班拆装箱数,箱;

  B_d——每日工作班数。

(2)拆装箱作业平台面积的计算。为了集装箱装卸和拆装箱工作的方便,在仓库或露天堆场周围(一侧或两侧)的作业工位上设置拆装平台,其面积及高度均可参考零担货运站仓库装卸站台确定。

5)拆装箱作业区面积计算

(1)单面作业拆装箱作业区面积 A_6 按式(9-18)计算:

$$A_6 = 2 \cdot L_t \cdot a \tag{9-18}$$

式中:L_t——拆装库总长度,m;

　a——运输车辆长度,m。

(2)双面作业拆装箱作业区面积 A_7,按式(9-19)计算:

$$A_7 = 2A_6 = 4L_t \cdot a \tag{9-19}$$

6)维修车间面积

车辆维修车间的面积,包括维修车位面积、辅助间面积、材料库面积。其面积的计算,可参照客运站维修间面积计算方法确定。

7)驾驶员宿舍面积

按 $4m^2$/人计算,驾驶员宿舍面积 A_8 的计算公式为:

$$A_8 = 4 \cdot R_8 \tag{9-20}$$

式中:R_8——驻站驾驶员人数。

8)集装箱堆场面积计算

堆场面积包括有效堆场面积及辅助堆场面积。其中有效堆场面积包括集装箱占用实际面积和场内箱排之间通道、箱间距等占用面积;辅助堆场面积包括装卸设备及其安全距离、汽车停靠吊装作业线位置以及作业、运输通道等占用面积。

堆场有效面积与平面箱位数及每一平面箱位面积有关。平面箱位是指堆场场地平均堆放一个标准箱所占用的地面位置;平面箱位面积是指平均堆存一个标准箱所需要堆场场地的面积,该面积值随集装箱堆放方法、堆码层数及采用的装卸工艺方式不同而异。

箱位通常采用单元布置形式,每个单元布置4个平面集装箱,且多数呈斜置停放(图9-5)。其优点是吊装作业方便、照明条件好。集装箱行与行之间通常留有 1.50m 的检查通道,以便进场检查箱号、进行吊运和堆箱码垛,并可供特殊情况下在现场进行掏装箱作业。

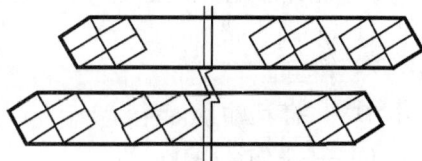

图9-5　集装箱堆放箱位图

堆场有效面积 A_9,可按式(9-21)计算:

$$A_9 = M \cdot E_0 = \frac{C_y \cdot K_4 \cdot S_t}{T_m \cdot h \cdot K_5} \cdot E_0 \tag{9-21}$$

式中:M——平面箱位数,个;

　E_0——每一平面箱位面积,m^2/个;

　C_y——年堆放集装箱量,个;

　K_4——不均衡系数,一般取 1.3~1.5;

　S_t——平均堆存期,日;

　T_m——年工作天数,日;

　h——堆码层数;

　K_5——高度利用系数,取 0.85~0.95。

辅助堆场面积与所选装卸设备、作业方式、通道布置等因素有关,可以在总体布置时统

一解决,也可用有效堆场面积乘以辅助面积系数进行计算,即:

$$A_{10} = A_9 \cdot K_6 \tag{9-22}$$

式中:A_{10}——辅助堆场面积,m^2;

K_6——辅助面积系数,可取 $2.50 \sim 3.00$。

9)停车场面积计算

集装箱站的停车场面积,参照零担货运站停车场面积的计算方法确定。

三、货运站的运输装卸设备和设施

应根据货运站不同的业务特点、站级标准以及具体运输件,合理配备运输车辆和装卸机械。

1. 货运车辆

货运车辆的配备,应根据货运站所承担货运任务的种类、运量、运距和运输条件,结合车辆性能和类型进行综合分析、合理选择,以充分发挥运输效率。

货运车辆的合理配备,主要是指合理采用大、中、小型,长、短轴距,燃料使用,以及通用和专用车辆的比例,以充分提高车辆的吨位和容量利用率,保证运输质量,降低运输成本。

零担运输和集装箱运输通常应配置专用车辆(厢式车及半挂车等)。零担车辆的吨位及容量应根据各营运线路的日均货物吞吐量选定。为了方便货主,零担货运站还应配备适当数量的中、小型车辆,以便扩大业务范围,满足开展上门取货、送货上门以及快件零担运输的需要。集装箱货运站的车辆配备应与箱型相适应,同时也应配备适当数量的中、小型车辆,为货主接送货物提供方便服务。

集装箱站所配备的集装箱专用运输车辆数 N_c,可根据年运输量,按式(9-23)计算:

$$N_c = \frac{Q \cdot L_a}{T_m \cdot a_d \cdot L_d \cdot \gamma_b} \tag{9-23}$$

式中:Q——年运输量,箱;

L_a——平均运距,km;

T_m——年工作天数,日;

a_d——车辆工作效率;

L_d——平均车日行程,km;

γ_b——汽车箱位利用率,一般取 $0.8 \sim 0.9$。

对于整车运输车辆及零担运输车辆,也可根据年运输量(t)及所选车型,参照公式(9-23)分别计算确定。

2. 装卸设备

在货运站中,装卸工作是完成货物转运、存放不可缺少的生产环节,直接影响运输货物的完整性、运输车辆的生产节奏、货运期限、运输生产率以及装卸劳动强度和工作效率。

1)装卸工艺流程

对货运站的装卸工艺,不可能作出统一规定,主要原因是各装卸工艺并不需要完全一致,且在相同运输量的情况下,采用不同的工艺,会有不同的效果。这里只是根据各种工艺的不同特性,特别是对运输量的影响,提出大致要求,以便在一定范围内作出选择。

由于集装箱中转站对装卸设备的要求较其他货运站更高,所以本节所介绍的装卸设备和工艺,都是以集装箱为依据的。

集装箱堆场的装卸工艺,可根据中转站生产规模、场地条件、集装箱型号,并结合远景规划选择不同的装卸工艺方法。以下介绍几种常用装卸机械的作业流程。如图9-6~图9-9所示,在集装箱或适箱货物平面位移符号(横向符号)中,实线箭头表示进向,虚线箭头表示出向;在集装箱或适箱货物垂直位移符号(竖向符号)中,实线箭头表示升向,虚线箭头表示降向。

(1)轮胎式门式起重机装卸工艺:适用于一、二级集装箱货运站,其作业流程如图9-6所示。

图9-6　轮胎式门式起重机装卸工艺

(2)跨运车装卸工艺:适用于一、二级集装箱货运站,其作业流程如图9-7所示。

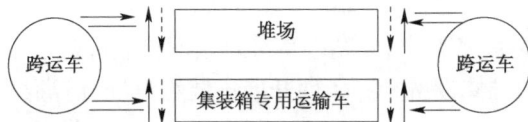

图9-7　跨运车装卸工艺

(3)叉车装卸工艺:适用于三、四级集装箱货运站,其作业流程如图9-8所示。

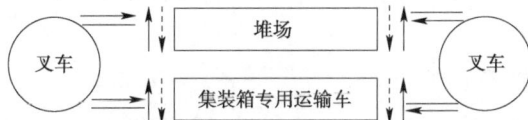

图9-8　叉车装卸工艺

(4)汽车起重机或轮胎式起重机装卸工艺:适用于三、四级集装箱货运站,其作业流程如图9-9所示。

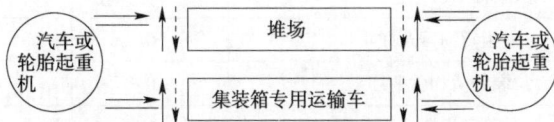

图9-9　汽车起重机或轮胎式起重机装卸工艺

2)装卸设备的计算方法

装卸设备的选择,因涉及机型、价格以及运价等方面的问题,需根据具体情况计算确定。对于设备需要量的计算,有多种方法,以下只就目前公路运输系统普遍采用的方法加以介绍。

(1)集装箱堆场的装卸机械,可根据年运输量、集装箱型号、装卸工艺要求,并结合运量规划选型配备。其计算公式为:

$$N_g = \frac{2 \cdot D_y \cdot K_j}{t_m \cdot \eta_m \cdot t_d}$$ (9-24)

式中：N_g——装卸机械数，台；

D_y——年集装箱堆存量，箱；

K_j——不平衡系数，一般取 $1.5 \sim 1.8$；

t_m——日工作小时数，h；

η_m——装卸机械工作效率；

t_d——年工作天数，日。

（2）拆装箱装卸机械，可根据年拆装箱量和拆装工艺的要求，配备一定数量的小型低门架叉车。其计算公式为：

$$N_d = \frac{C_d \cdot K_d}{t_m \cdot p_t \cdot t_d}$$ (9-25)

式中：N_d——拆箱装卸机械数量，台；

C_d——年拆装箱量，TEU；

K_d——不平衡系数，一般取 1.3；

p_t——每台叉车每小时装卸箱量，箱/h。

3）集装箱站有关设备的配备

（1）车辆机械维修设备。可根据车辆、机械的维修级别和作业内容，参照相同规模汽车运输企业维修车间的设备配备要求，并结合集装箱站的特点进行选型配备。

（2）集装箱的清洁和维修设备。有条件开展集装箱清洗、消毒、熏蒸和维修作业的集装箱货运站，可根据实际需要配备符合其工艺要求的清洁和维修设备，并按环保法规要求配备三污处理设备。

（3）自动化管理系统。有条件的集装箱货运站，可根据实际需要设置堆场自动化系统、车辆自动化调度和通信系统。

3. 货运站场设施的配置

根据国家标准和交通运输部标准，公路货运站场设施的配置应按相应级别来确定。表9-6所列为公路货运站场的设施配置情况。

公路货运站场设施配置一览表 表 9-6

设施名称			一 级 站	二 级 站	三 级 站
建筑设施	站房	零担货物营业厅	0	0	0
		集装箱货物营业厅	0	0	☆
		仓管理货办公室	0	0	☆
		调度室	0	0	0
		国际联运代理业务用房	☆	☆	×
		国内联运代理业务用房	0	☆	☆
		行政、业务用房	0	0	0
		通信信息中心用房	0	0	☆
		会议室	0	0	0
		中转大厅	0	☆	×

		设施名称	一级站	二级站	三级站
建筑设施	仓库设施	零担货物仓库	0	0	0
		零担货物装卸站台	0	0	☆
		集装箱拆装箱库	0	☆	☆
		集装箱装卸站台	0	☆	☆
		仓储仓库	0	0	0
	生产辅助设施	集装箱维修车间	0	☆	☆
		车辆维修车间	0	0	0
		材料库	0	0	☆
		地磅房	0	0	0
		配电室	0	0	☆
		供水站	0	0	☆
		油库	☆	☆	☆
		洗车台	0	0	0
		锅炉房	0	0	0
		门卫、传达室	0	0	0
		其他用房	☆	☆	☆
	生活服务设施	驾乘公寓	0	0	0
		单身职工宿舍	0	0	0
		职工食堂	0	0	0
		浴室	0	0	0
		文体活动室	0	0	0
		自行车棚	0	0	0
		其他服务设施	☆	☆	☆
场地设施		零担货物装卸场	0	0	0
		集装箱货物装卸场	0	☆	☆
		集装箱堆场	0	☆	☆
		停车场	0	0	0
		站内道路	0	0	0
		其他设施	☆	☆	☆

注:0-必备;☆-视条件配置;×-不配置。

第四节 公路货运站的平面布置

一、平面布置的基本原则

总平面图的布置和设计是货运站设计中一个重要的组成部分。其主要任务是根据工艺计算的要求、选定的站址和地形特点、生产工艺流程等,对建筑物、构筑物、运输道路以及站区绿化等方面,研究相互关系和位置,进行合理布置,并获得工艺上和经济上的合理性。具体原则如下。

(1)按照工作性质的不同,合理分区布置,并满足生产工艺要求和良好的生产联系。零担货运站和集装箱货运站一般可分为生产区、生产辅助区、站前办公区和生活区四部分。

零担货运站的生产区主要包括托运处、提货处、仓库、货棚、装卸场和停车场等;生产辅助区包括车辆的清洗、加油以及维修车间等;站前办公区包括办公楼、出入大门及传达室等;生活区包括职工食堂、浴室、锅炉房、单身宿舍及驾乘人员宿舍等。

集装箱货运站的生产区还应包括堆场及拆装箱作业区;在有条件的车站,生产辅助区还应设置集装箱的清洗、消毒、熏蒸和维修作业的专用场地。

根据货运站的特点,仓库是货运生产作业的中心区和关键环节,所以必须很好地规划仓库的布置位置以及它与各作业区的相互配合,使之满足生产工艺要求,并取得良好的生产联系。

(2)力求车辆及货物在站内行驶路线简短、便捷,避免发生相互交叉和拥挤,保证正常的秩序和运输安全。

对于一、二级货运站,车辆的进出大门宜分开设置,并应远离托运处和提货处;为了避免货流与人流的交叉,托运处和提货处的位置也应尽可能分开设置。站内道路应采用无交叉的环形行驶路线,组织车辆单向流动。

(3)在满足城建部门对货运站建设要求的同时,应尽可能为货主提供方便。

货运站的办公楼一般宜临主干道布置,以满足城市建设的基本要求。托运处和提货处应设置在交通方便的进站口或出站口附近,通常在办公楼低层营业,很少单独建造。这样既方便了货主,又避免了人流在站内发生与车流的交叉。

(4)因地制宜,重视进行技术经济论证,既要考虑占地面积经济、节省,又要适当留有发展余地。

采用单层仓库和单层堆放集装箱,无疑会给生产作业提供方便和有利条件,但占地面积必然成倍增加;相反,如果简单强调采用多层仓库和多层堆放集装箱,固然节省占地面积,但给生产作业增加了难度,造价也要明显增加。目前,货运站仓库仍以单层居多,近几年逐渐向双层仓库发展。当采用双层或多层仓库时,要解决货物的垂直运输问题;集装箱堆码方法,目前以双层居多。堆场以钢筋混凝土浇制,重箱堆场基础要加固。

零担货运站仓库的作业平台,可以在仓库的一侧设置[图9-10a)],也可以两侧设置[图9-10b)]。当仓库作业平台为一侧设置时,货物装卸都在同一侧进行,容易发生车流和货流的干扰和拥挤;当仓库两侧均设置作业平台时,可以把货物的装卸作业按入库和出库方向分区进行,避免了货流和车流间的相互干扰,但必须两侧均设置作业平台和装卸场,增加了占地面积。

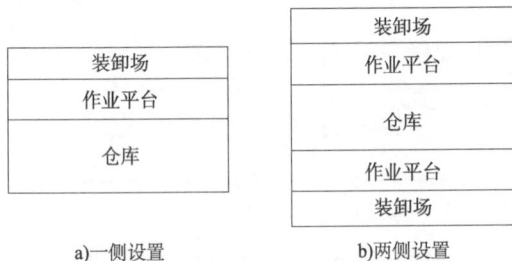

图9-10 零担仓库作业平台布置形式

对于上述问题,必须因地制宜,根据不同站级、运输量及其分布特征、站址条件等因素,采用多种布置方案,进行技术经济论证,以获得工艺合理、经济可行的最佳方案。

汽车服务场站设计(第2版)

二、货运站平面布置的基本类型

货运站的办公楼,通常与仓库分开建造并布置在临主干道一侧。由于仓库的位置对零担货运站和集装箱货运站的总体布置有重要影响,有"客运靠服务,零担靠仓库"的说法,所以下面将以仓库为基础,说明货运站的基本布置类型。

(1)按仓库的外形可分为"一"字形、"L"形及"T"形。在生产实践中,"一"字形仓库对货物的装卸作业比较方便有利,所以零担仓库采用该形式较为广泛。由于集装箱的拆装箱作业库房一般分设装箱库房和拆箱库房,采用"L"形及"T"形仓库,可以保证分区明确和联系方便,所以也是可供选择的基本类型。

(2)按仓库高度可分为平地式和高台式两种。平地式仓库地面和路面相平,高台式仓库地面一般高出路面1.20~1.30m,与运输车辆车厢底板相平。

当集装箱的仓库为平地式时,其周围可不设置拆装箱平台。拆装箱作业可在库内和拆装箱作业区进行;当其仓库为高台式时,仓库的拆装箱作业区侧面,应设置作业平台,为拆装箱作业提供方便。

新建的零担货运站宜采用高台式仓库,并设置相应的作业平台,便于货物装卸和采用叉车作业。当因利用原有建筑物作为零担站的平地式仓库时,为了便于货物的装卸和采用叉车作业,可在仓库附近的合适位置,专门设置装卸站台。

(3)按仓库建造层数的不同可分为单层和双层两种。在建造双层仓库时,应同时考虑由于停电或发生设备故障时货物竖向移动的措施,以免对正常生产造成严重影响。

(4)按仓库存放货物的类型,可分为综合仓库和专用仓库两种。零担货运站的货物按其流向可分为发送货物和到达货物两类,其中到达货物又分中转货物和交付货物两种。目前多数零担货运站采用综合仓库保管方法,即将上述各类货物在同一仓库内分区、分线保管存放。对于日均货物吞吐量较大的零担货运站,也可按发送、中转、交付等不同货物类型,分别设置专用仓库,以免发生货运差错。对于承运危险品的零担货运站,必须单独设置危险品仓库。

集装箱货运站的拆装箱库,多数采用综合式仓库。由于集装箱堆场也可为露天仓库,一般应按中转箱、拆装箱、周转箱和维修箱分区堆放。各种箱子的堆码层数应与选用的起重设备相适应。根据集装箱能承受动载荷作用下的强度设计,重箱堆码最多不得超过六层。

三、货运站平面布置举例

图9-11为某零担货运站的平面布置示意图。该站承担零担、联运、中转等运输业务,货运吞吐量较大,设计年度的货物吞吐量为$10 \times 10^4 t$,属于一级站。

该站占地总面积为$22150m^2$,其中房屋建筑占$13550m^2$,露天堆货场地(包括车辆停放)及车道共约$8000m^2$。

发货仓库及到达仓库分开设置,且采用双层建筑,其底层仓库为高台式。发货仓库呈"L"形布置,两层仓库的净空高度均为4.50m,层间共设升降机5台,以解决货物的竖向移动。沿"L"形仓库的内侧设置装卸站台,为货物装卸作业提供方便,且托运处也设在仓库内一侧,避免了货物的中间运输过程。装卸站台上面均设有挑出长度为5m的雨棚。

该站设有危险品仓库,并在站内西南角单独建造,以满足消防安全要求。

综合办公楼内设有业务、行政、医务等部门的工作间和业务场所,与仓库仅一路之隔,比较方便。楼的高层部分作为驾乘人员宿舍,为驻站车辆的驾驶人员和理货人员提供了方便。办公楼与食堂毗邻,同时备有锅炉、浴室等设施,为站内职工创造了良好的生活环境。

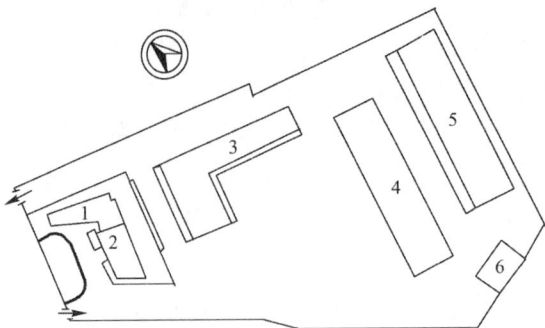

图9-11 某零担货运站平面布置示意图

1-食堂;2-办公楼;3-发送仓库;4-露天堆场;5-到达仓库;6-危险品库

站内车辆的进出口分开设置,有利于组织车辆的单向运动。

露天堆场及停车处占地面积较大,为今后发展留有一定余地。

图9-12为某集装箱中转站平面布置示意图。该站位于铁路货场附近,交通方便。但站址形状复杂,给平面布置增加了难度。

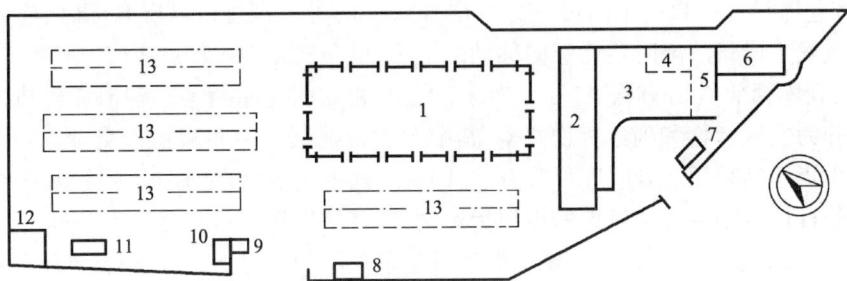

图9-12 某集装箱中转站平面布置示意图

1-仓库房;2-综合办公楼;3-停车库;4-维修间;5-配合车间;6-餐厅水房;7-传达室;8-配电室;9-地中衡;10-门;11-卫生间;12-地下油库;13-集装箱堆场

该站主要承担铁路集装箱中转任务,同时兼营零担运输业务,开展拼装箱、集装箱形式的零担运输,属二级集装箱中转站。

该站年度设计货物吞吐量为 $30 \times 10^4 t$,其中承担铁路集装箱中转任务 $15 \times 10^4 t$,零担货物改为适箱货物 $8 \times 10^4 t$,公路集零为整集装箱运输 $7 \times 10^4 t$。

站址占地总面积为 $20667 m^2$,总建筑面积为 $10255 m^2$。根据站址特点,站内划分为生产区及生产辅助区两部分。其中生产区布置在西侧的矩形场地,生产辅助区布置在东侧的三角形场地。

生产作业区主要包括仓库和集装箱堆场。双层库房布置在站内中部,长84m,宽30m,建筑面积 $5155 m^2$,底层及二层的层高分别为6m和5m。层间设有一部楼梯及两部载货电梯。仓库房四周均设有拆装箱作业平台,台高1.20m,与高台式库房相配合。四周布置10个拆装箱工位,并与道路相通,便于作业。

集装箱采用露天堆放,背靠背、门朝外,双层码垛式。箱位采用斜置单元成行式,分区布置,便于管理和作业。场区内集装箱分8行堆放,按中转箱、拼装箱、周转箱等性质分为3个

汽车服务场站设计(第2版)

堆放区。道路以环行式为主,减少交叉作业,便于装运。道路转弯半径不小于15m,扫空距离较大。集装箱堆场有效面积3383m²,辅助面积9718m²。堆场实际可存放箱位总数704箱,为今后发展留有余地。

集装箱堆场内的起重运输机械采用汽车起重机和叉车相配合;拼装箱库内则以2t、1t叉车和载货电梯配合进行货物的升降、装卸和运输作业。

生产辅助区以综合楼为主体,并另设有停车、维修以及其他生活和生产辅助设施。六层办公楼通过单层车库、维修车间与二层职工食堂、会议室、开水房等构成了中转站生产辅助区整体。综合楼和库房之间用墙隔开,使库场和办公、辅助生产等设施分区,便于管理和安全。一层停车场房屋屋面可适当配置花卉盆景作为屋顶花园,并在四周种植较高大的阔叶树,使建筑物处在绿树环绕之中,为人们创造良好的工作、生活环境。

复习思考题

1.公路货运站的基本任务及职能是什么?

2.公路货运站的设置形式有哪些?

3.公路货运站的站级划分有哪些规定? 如何划分?

4.设计零担站的主要作业流线时,为避免站内各种流线发生相互干扰和交叉,必须注意解决哪几方面的问题?

5.零担货运站和集装箱货运站组成和功能是什么?

6.公路货运站的平面布置应考虑哪些问题?

第十章 高速公路服务设施设计

本章主要讲述高速公路沿线服务设施设置的作用及国内外高速公路服务设施的建设情况；高速公路服务设施所应提供的服务项目和内容；高速公路服务区的基本形式及设施的布置原则；高速公路服务区的功能及设计；高速公路停车区的类型、停车区的总体规模和布置原则、停车区的规划与设计。通过学习本章内容，要求学生了解高速公路服务区设置的必要性和国内外相关情况；掌握高速公路服务区的基本形式、布置原则、设施功能；掌握高速公路停车区布置方式与设计原则。

第一节 概 述

高速公路服务设施是指设置在高速公路沿线，为高速公路的使用者提供服务的服务区。服务项目少的称为停车区，总体也称服务区。根据服务设施的服务功能，应设置服务区、停车区和公共汽车停靠站。

高速公路服务区是高速公路的附属建筑。高速公路通车后，这些设施的功能是否完善，造型是否新颖独特，都会直接影响使用者对整条高速公路的印象。同时，这些设施与所有使用高速公路的驾乘人员的生活密切相关，因此这些设施的重要性不言而喻。

一、高速公路沿线服务设施的作用

随着我国高速公路建设的迅速发展，高速公路使用者对高速公路的服务质量提出了更高的要求。高速公路服务设施是高速公路的重要组成部分，是衡量高速公路总体配套设施是否完善的重要标志，对高速公路功能的发挥起着重要的作用。

（1）车辆在高速公路上高速连续行驶，驾驶员必须长时间保持高度的精力集中，很容易造成精神上的疲劳。同时道路线形的单调，也易引起驾驶能力的降低。为解除连续行驶的疲劳和紧张感，使驾驶员得到充分的休息、补充汽车燃油或者满足车辆检修等需求，在高速公路沿线设置服务设施在保证安全上是很必要的。

（2）高速公路的"封闭性"保证了其行车速度快、通行能力大、交通事故少、高效、安全、舒适的优越性。但同时也阻隔了车辆和旅客与外界的联系，给部分车辆和旅客带来了不便和困难。如乘客和驾驶员在旅途中的食宿、购物、通信、汽车的维修等，都不能直接与社会联系并接受服务，因而需要借助高速公路内部的有关服务设施来提供。高速公路沿线服务区的设置解决了以上的问题。

（3）在高速公路整个管理系统中，服务设施与路政管理、养护管理、收费管理、交通安全管理系统一样,也是其重要的组成部分。它以优质周到的服务,为旅客和车辆提供干净、卫生的食品和安静、舒适的休息场所,使车辆补充燃油和维修更迅速、安全和方便,从而消除驾驶员和旅客的后顾之忧,增加道路使用者的安全感和舒适感。

(4)高速公路沿线服务设施的设置,对减少交通事故、提高社会效益也具有一定意义。车辆在高速公路上长时间、长距离高速行驶,使车辆相对容易出现故障,所以高速公路服务区的设置使长途车辆及时得到燃料和检修,提高运输效率。

(5)高速公路修建的投资要在运营过程中回收,如果服务区的设施和管理具有一定的水平,其经营收入是相当可观的,因此服务区的建设能提高高速公路建设的社会效益和经济效益。

实现车辆进出、停留、加油、维修、人员餐饮、购物、如厕、休息等交织功能的有序组织,是所有高速公路服务设施设计面对的问题。加油、如厕、综合服务构成了高速公路服务区的三大主要功能。

二、国内外高速公路服务区建设情况

不同地区的高速公路需求定位不一样,不同国度的差异性更为明显,因此服务区的空间营造各具特色。

1.国外高速公路服务区概况

法国高速公路服务区可作为欧洲的典型。法国高速公路服务区面积较大,功能空间具有较大的伸缩性,因此在布局上不拘一格,因地制宜,表现出与环境协调的灵活性。强调功能的分离层次,将建筑体量融入环境景观中;注重动静分区,法国很多建筑设计的策略可以理解为"不破坏、不干涉就是保护和传承",高速公路沿线建筑也遵循着同样的原则,对环境的不干涉、场地的顺其自然、建筑物通过化整为零实现因地制宜的布局,同时也力求在未来发展的改扩建中对现状有充分的保留利用,避免对环境产生过度的破坏。服务区具有明确的交通层次,小型车辆、大型车辆、人行、加油互不干扰,以景观相诱导,以标志标牌标线相强制,多重措施并行。通过场外景观、绿化、铺地、设施(休息游乐设施、灯具、垃圾桶、标志等)、构筑物(天桥等)的组合,形成景观标志对交通的良好诱导和绿化对功能分区的自然隔离。另外,景观与建筑功能相结合,也提供了可供消磨足够时间的依托场景,可以保证驾乘人员得到充分的休息,避免疲劳驾驶。法国在1976年后把文化生活带进了高速公路空间,利用沿线服务区开展文化娱乐活动,以吸引人们停车休息。

美国人认为公路是一种具有人工特征的景观。交通设施既能带来巨大的公众效益和生活的乐趣,也可能对环境产生不利影响,因此减弱或者消除这些设施给周围环境带来的不利影响是必要的。高速公路休息区大多单侧布设,很少有沿路两侧对称布置的实例。选址有的紧邻高速公路一侧;有的通过匝道稍远离公路;有的与互通立交合建;有的与称重站合建。所有休息区布设时均充分利用沿线场地,基本顺应地形灵活布设,没有明显的填挖现象。美国高速公路服务区一般设有加油站、很大的停车场、小型汽车维修站、卫生间等,满足人、车的基本休息、维护需求,大的服务区则还可以看到麦当劳等快餐店。美国以加油产业为主导形成景观化的加油站很有特色,以吸引顾客为目的,站房、灯光、商标、非油品及信息化服务等所形成规范化空间标志性很强。总体来看,美国高速公路服务区空间体现出顺应地势的灵活性、形态和材料的乡土化、吸引顾客的标志性的设计理念。

日本高速公路服务区用地和景观非常注重与环境的融合,其功能设施最为齐全和人性化,如婴儿换尿布和哺乳也可以很方便地进行。在服务区内,人们可以及时了解所需要的各种信息,可免费取用精美的交通地图、交通常识和安全宣传品、周边风景旅游资料等,其中再生纸制的折叠小垃圾箱上甚至还画有可供解闷的小画谜。所以尽管是封闭的高速公路的附属空间,服务区还是被营造为与周边社会和自然环境相互融合、密切关联、毫无隔阂的和谐场所。日本在高速公路沿线建筑方面,比较倾向于通过模拟的手法来表达传统风格和地域特点,对于细节的深度推敲也是其设计的重点。这些空间不仅是休息的地点,也是文化展示和休闲娱乐的场所。

2. 国内高速公路服务区概况

与欧美国家、日本不同,国内高速公路服务区更注重效益的最大化,体现出不同的特点。

(1)用地的高效性和边界性。高速公路服务区由于征地规模受到标准限制,需要在较小的场地里停放尽可能多的车辆,且分区明确,以助于维护交通秩序和保障运营效益。因此,用地效率是设计的焦点,与实用功能无关的景观绿化较少,建筑物不倾向于分散布局,功能局限于车辆停留、加油、维修、人员餐饮、购物、如厕等基本需求。另外,高速公路以护栏、挡墙、边沟、高填深挖的边坡等方式与外界环境相隔离,以实现行车的高效、舒适、安全。服务区位于高速公路主线范围之内,其与环境之间的边界同样存在,自然生境因此被切割成分离对峙的状态,这种状态因为有利于管理在某种程度上被强化,但不能互动,缺乏互补的状况在资源利用、应急处理时比较被动。

(2)功能的集中性和单一性。由于规模的限制,服务区的规模和分区总是被过量、超载的车辆所突破,尤其是节假日高峰期。交通空间层次总是停留在停车和通行的随机博弈中,行人夹杂其间。满足基本功能的需求是第一位的。目前国内服务区建筑物趋于集中型制,即公共卫生间、超市、饮食、住宿、人员休息等功能组合成综合楼;加油站不同油品同区相隔。集中型制空间在简单的基本功能之间的交通最短,没有逗留的空间长度,无法容纳更为复杂的附加功能。其优点是使人、车流动周转加快,避免拥堵;缺点是人车停留的时间不长,不能形成有效的慢节奏的室外活动和休息(从车内到服务区综合楼内都是室内),对营业收益也没有帮助。

(3)建筑的标志性和孤立性。道路不仅是实现交通运输功能的线路,同时也是旅行游览的线路,是自然场景和历史情节连接的线索。因此,将高速公路服务区主体建筑塑造为本区域文化传播和景观展示的节点,是所经过地区人们的共同诉求。集中型的建筑物有助于这一目标的实现。目前湖南省高速公路建筑结合地形的地域性风格的探索较多,如湘南当地石山景观的表达、湘中民居风格的模拟、湘西风雨桥形式与地形的结合等。但是,由于土地的高强度利用、场所的边界对峙和功能的单一性,建筑的标志性缺乏景观绿化的配合,与环境脱节,更多呈现出一种人工的、孤立的形式化构成效果。

3. 国内高速公路服务区发展趋势

随着人们生活需求层次的不断提高和综合交通体系的发展完善,高速公路服务区在完善基础功能的基础上,将会在更大范围内扩大与社会和环境的关联。

(1)由休息功能向休闲功能拓展。目前加油站、快餐店和小卖部这些简单经营范围已经无法满足人们对出行过程中生活质量的需求,经营品种将更具个性化和地方特色,尤其是具有地方特色的产品将成为服务区销售重点;物质服务品质提升的同时,休闲、娱乐和文化活动等精神层面的服务也将会增加。功能层次的多样化能让驾乘人员停留更长的时间,更好恢复驾驶精神,减少安全行车隐患。这就需要环境景观的配合,因此会对服务区建筑与环境的协调性有更高的约束。

（2）由行车服务向社会服务拓展。在由休息功能向休闲功能拓展的基础上,服务区也能够更大范围提供或引导所在地区的特色景观、物产和文化的消费。这种消费增加人、车休息的时间,行车安全性也有更好的保障;较长时间的逗留增加服务区的营业额,反过来可以提升服务品质;在这个过程中,不同区域自然和人文的独特性风格在人们的行程中徐徐展开,形成独特的精神品位,激发人们进一步了解文化的兴趣。因此高速公路服务区除了满足驾乘人员的一般性需求外,还可以在地方经济品牌推介、文化和旅游宣传服务上起到更为积极的作用。

（3）由停车休息场所向商贸流通平台拓展。高速公路本身具有巨大的物流运输潜力,服务区依附于国家高速公路网的建立而成为完善的网络系统,交通地理位置优越,具备相当的堆存能力,可以为建设物流仓库和配送中心、形成物流一体化提供有利条件。城市交通对货运车辆的限制,也对货物在公路服务区内进行中转提出了迫切的要求。道路货运、仓储服务,再加上现代化的管理技术和信息平台,就基本上实现了现代物流的全部内涵。当然,服务区向物流区转变还需要一个过程。随着物流业的配送中心向高速公路服务区转移,以及高速公路货运系统的建立,服务区内连锁经营单位也将实施分区统一配送、统一经营管理,规范服务标准、提高服务水平。通过连锁经营网络,高速公路服务区内经营地区特色产品也将出现在其他区域,增加货运流通,提高地方特色商品知名度和竞争力,同时促进地方经济的发展。另外,随着服务区的发展和服务质量的提高,高速公路对驾乘人员的吸引力将会不断提高。这也对服务区设计和建设提出了更高的要求。

第二节　高速公路服务区设计

在进行高速公路服务区设计时,要通过细致的考虑,力求使整个服务区功能健全、使用方便。一方面,通过适宜的分区使整个服务区相互既有联系又有分割,形成一个完善的整体;另一方面,对整个区段内道路交通进行通盘考虑,通过人车分流的道路网建设使整个服务区结构清晰,交通有条不紊,使整个区域呈现合理化的特征;对于服务区的经营和服务更要坚持开放性理念,服务区要向开放性的经营方向发展。随着服务区服务项目越来越与社会接轨,设置在人口密集的大、中型城市周围的服务区,要多方拓展经营开发空间,结合地方交通干道,变封闭经营为开放式经营,实行开放式服务;服务区的经营服务项目如餐饮、超市和汽修等都要改变只针对高速公路驾乘人员的模式,要面向社会,使服务区成为高速公路的窗口,在增加经营收入的同时更好地服务于周边人民群众。

一、服务区的基本形式及设施的布置原则

1.服务区的基本形式

服务区由于其主要设施如停车区、餐饮区和加油站等布置的位置不同,因而形式也有所不同。

1）按停车区的位置划分

（1）分离式服务区。上、下行车道停车区分别布置在高速公路两侧,如图10-1所示。

（2）集中式服务区。上、下行车道停车区集中布置在高速公路一侧,如图10-2所示。

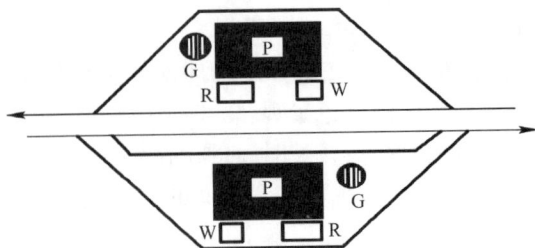

图 10-1　分离式服务区

P-停车区;G-加油站;W-公共卫生间;R-餐厅

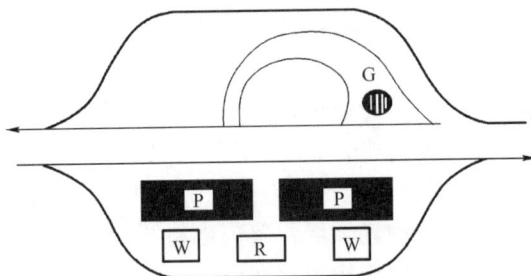

图 10-2　集中式服务区

P-停车区;G-加油站;W-公共卫生间;R-餐厅

由于高速公路上、下行车道中间有中央分隔带,两侧行驶的车辆都要使用停车区,所以分离式停车区更便于停车。车辆可直接进入停车区,不必绕行至对面停车区。同时,在收费的高速公路上采用分离式停车区,还可以防止驾驶员互相交换通行卡和收费票证等作弊现象。所以,一般高速公路都采用分离式停车区。

2)按餐厅的位置划分

(1)外向型服务区。在餐厅和高速公路之间布置停车区、加油站等其他服务设施,如图 10-3 所示。这种布置适用于服务区外侧有较开阔的田园、山野、森林等风景秀丽的地带,旅客在用餐的同时,可以欣赏窗外美丽的景色,使人心旷神怡,消除旅途的疲劳。

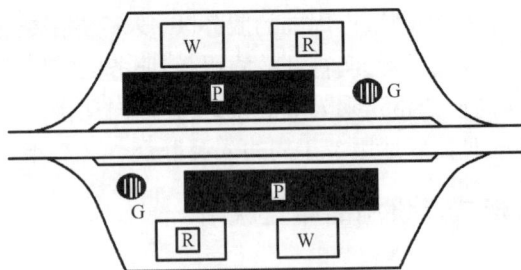

图 10-3　外向型服务区

P-停车区;G-加油站;W-公共卫生间;R-餐厅

(2)内向型服务区。餐厅与高速公路相邻,餐厅的另一侧布置停车区和加油站等其他服务设施,如图 10-4 所示。这种布置适用于服务区周围环境一般,旅客无法向外远眺的情况,如深挖地段或四周为乡镇街道等。

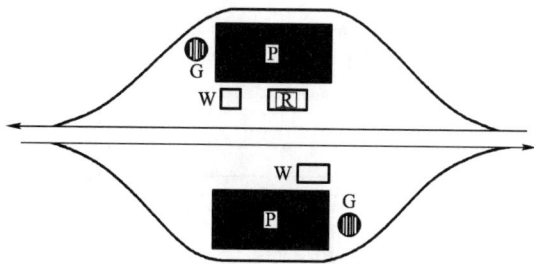

图 10-4　内向型服务区

P-停车区；G-加油站；W-公共卫生间；R-餐厅

（3）平行型服务区。餐厅和停车区、加油站等服务设施都与高速公路相邻，沿高速公路方向做长条形布置。这种布置方式用于地势狭长和山区的地段，如图 10-5 所示。

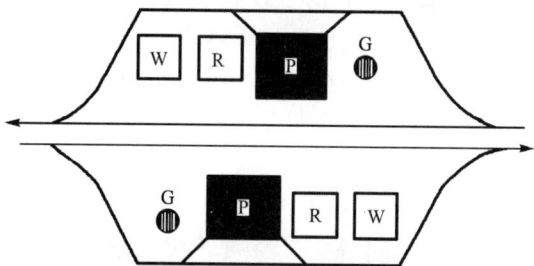

图 10-5　平行型服务区

P-停车区；G-加油站；W-公共卫生间；R-餐厅

外向型的服务区便于停车，而且旅客进入服务区可避开嘈杂的汽车声的干扰，以便在安静的环境中得到较好的休息。同时，因餐厅离高速公路较远，有时还有花台、树木等绿化带的隔离，减少了对旅客就餐环境卫生的影响。因而，高速公路服务区一般都采取外向型方案。只有在地形条件受到限制时，才采用内向型方案。

3）加油站的位置

（1）入口型服务区。加油站布置在服务区的入口处，车辆一进入服务区即可进行加油，如图 10-6 所示。

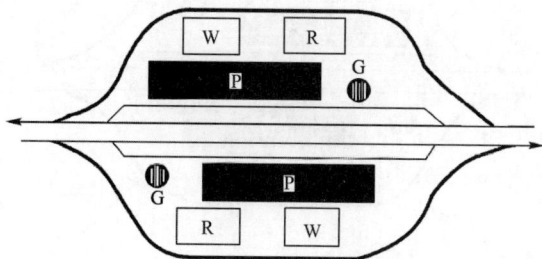

图 10-6　入口型服务区

P-停车区；G-加油站；W-公共卫生间；R-餐厅

（2）出口型服务区。加油站布置在服务区的出口处，车辆在休息后出服务区时再加油，如图 10-7 所示。

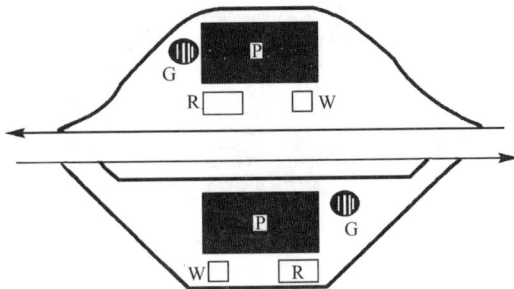

图 10-7　出口型服务区

P-停车区;G-加油站;W-公共卫生间;R-餐厅

（3）中间型服务区。加油站布置在入口和出口之间,使用起来比较灵活。

加油站设在出口处有利于场区合理布局、交通流畅以及行人行车的安全。如果加油站设在入口处,则有利于车辆加油,但是当加油的车辆比较多时,就会在服务区入口处排队,妨碍匝道上车辆的行驶。目前已经建成和在建的高速公路服务区中,加油站所处的位置三种形式都有。例如,沈大高速公路景象、熊岳服务区,加油站设在进口处;甘泉、营口等其他服务区,加油站设在出口处;京港澳高速公路涿州服务区,加油站一侧在进口处,另一侧在出口处;京沪高速公路马驹桥服务区的加油站设在停车区中间。

由于停车区、加油站、公共卫生间、餐厅等主要设施的布置与地形、地貌、沿线自然特征、土地利用、投资费用以及管理条件等因素有关,实际上服务区的形式是通过对各种因素的综合分析和比较,并且按照上述不同分类进行组合来确定的。

2.我国目前服务区常见的几种形式

1）分离式外向型服务区

如图 10-8 所示,分离式外向型服务区是最常见的一种形式。沈大、京沪、京哈、石安等高速公路全部服务区均采用这种形式。沪宁高速公路的黄栗墅、仙人山、窦庄、芳茂山服务区,津唐高速公路的唐山南服务区,杭甬高速公路的三江、梁辉服务区和福厦高速公路泉厦段朴里服务区也是分离式外向型服务区。

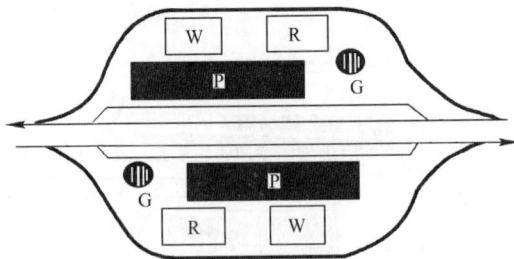

图 10-8　分离式外向型服务区

P-停车区;G-加油站;W-公共卫生间;R-餐厅

2）分离式平行型服务区

如图 10-9 所示,沪宁高速公路梅村服务区、京沪高速公路马驹桥服务区和京港澳高速公路望都服务区采用这种形式。

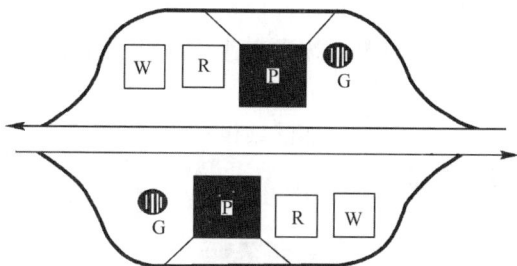

图 10-9　分离式平行型服务区

P-停车区;G-加油站;W-公共卫生间;R-餐厅

3)分离式餐厅单侧集中型服务区

如图 10-10 所示,这种形式适合于高速公路一侧场地比较狭窄的情况。餐厅可以建在另一侧,旅客通过地下通道进入另一侧餐厅用餐。为了节省投资和场地,也可以在路两边建设小卖部和简易食堂(或快餐厅),旅馆和餐厅等集中建在一侧,例如京港澳高速公路涿州服务区和望都服务区。沪宁高速公路两个服务区的客房也都建在一侧,如阳澄湖服务区。在高速公路初期运行阶段,交通量较小,餐厅利用率不高。服务区采取分期修建,可先在一侧的服务区内建餐厅,另一侧餐厅留待以后发展时再建。福厦高速公路泉厦段朴里服务区第一期工程就拟建一侧综合服务大楼,沪宁高速公路阳澄湖服务区的综合服务设计集中建在一侧。

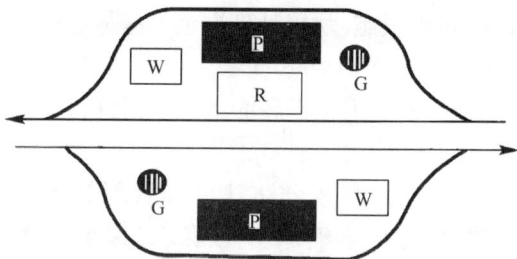

图 10-10　分离式餐厅单侧集中型服务区

P-停车区;G-加油站;W-公共卫生间;R-餐厅

这种形式还适用于某一侧景观优美,对使用者有较强的吸引力,而另一侧场地条件又有限,餐厅、休息室等设施只可能采用外向型的情况。如沪宁高速公路阳澄湖服务区就采取这种形式,因收费及管理上的需要,上、下行线的停车区应分隔开。

此外还有一种主线上空型服务区,餐厅建在高速公路上空,两侧可共同使用,这样可以充分利用高速公路的空间。餐厅造型可以设计得尽量完美,作为高速公路的一种标志,如图 10-11 所示。

另外一种中央集聚型服务区,其服务区设在中间,高速公路到这里分成左右两侧汽车行驶。

以上两种形式的服务区在国外经常遇到,只是由于造价高、占地面积大,在我国尚未见到。

3.服务区内服务设施的布置原则

(1)汽车维修站布置原则。

①汽车维修站应与加油站并排布置。这样布置便于共用通信设备、浴室、盥洗室及室外

场地,提高设备和场地的利用率,但是必须符合相关消防规范设计的要求。

②汽车维修站与加油站分开布置。沈大高速公路共 6 个服务区,其中 3 个服务区的维修站建在进口、加油站建在出口处;有 1 个服务区反之;其他 2 个加油站与维修站邻近建设。根据使用的经验,认为维修站设在进口、加油站设在出口为好。驾驶员进入服务区后先维修车辆,然后休息,离开时再去加油。

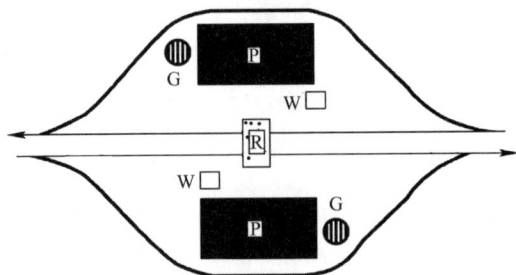

图 10-11 主线上空型服务区
P-停车区;G-加油站;W-公共卫生间;R-餐厅

(2)餐厅、旅馆、商店、小卖部、办公用房等宜设在同栋综合服务楼内,以方便旅客,减少人流和车流的交叉,提高安全性。

(3)公共卫生间宜靠近大型车辆停车区,便于大批旅客使用。卫生间同时要靠近餐厅、旅馆和商店。如服务区规模大,则可分设几处。

(4)其他如给排水设施、供电设施、垃圾处理设施等应尽量设在隐蔽的地方。

(5)目前国内一般服务区多为双边对称布局,由于受景观、特种土产源地的影响等,出现过一侧超负荷使用,而另一侧使用率不高的情况。因此,在服务区设计时,可根据实际情况采用非对称布局,以满足实际使用的需要。

(6)服务设施的布设除应符合高速公路建设和管理的需要和间距规定外,还应考虑高速公路联网后对驾乘人员和车辆服务的需求,拟定服务设施的合理位置及其间距。

交通工程及沿线的交通安全设施、服务设施、管理设施除应保持其各自特性和相对独立外,还应相互匹配、互联互动,并可扩展联网管理,使之成为统一、协调、完整的系统工程。

二、高速公路服务区规模

设计交通量是服务设施设计的最基本的依据。《高速公路交通工程及沿线设施设计通用规范》(JTG D80—2006)(以下简称《规范》)规定初期停车区、餐饮等的建筑面积可按预测的第 10 年交通量设计,而用地和相关土木工程等按预测的第 20 年交通量设计。

服务区、停车区的建设规模应根据公路设计交通量、交通组成、自然环境、用地条件等因素确定。一般根据日交通量,结合车辆停留率、高峰率、停用时间等决定各功能场所的规模。设计时,应综合考虑管理使用经验、交通行业有关指导性标准,以及对将来交通发展的预测,以节约土地资源、合理利用为原则,将近期使用和远期发展相结合。服务区用地、建筑面积不宜超过表 10-1 的规定。

用地面积（m²/处）	建筑面积（m²/处）
40000 ~ 53333	5500 ~ 6500

注：1. 服务区用地面积不含服务区出入口加减速车道、贯穿车道以及填(挖)方边坡、边沟等的用地。

　　2. 四车道高速公路采用下限值，六车道高速公路采用上限值。

　　3. 八车道高速公路服务区用地和建筑面积可根据交通量、交通组成等经论证后确定，但分别不宜超过80000m²/处和8000m²/处。

　　4. 当停车区与服务区共建时，其用地和建筑面积为服务区与停车区规定值之和。

三、高速公路服务区功能及设计

服务区内各种设施按其使用功能大体可分为为旅客服务的设施、为车辆服务的设施、为职工服务的设施及其他设施。

1. 为旅客服务的设施

1) 休息室与旅馆

为车辆服务的设施与为人服务的设施原则上应分别单独地、分离开布置，以尽量避免车流与人流的交叉，使人们休息的场所更为安全，并营造一种安静的气氛。特别是为了防止交通肇事，在出入口匝道附近必须避免人与车辆交叉。

休息室与旅馆是专供旅客和驾乘人员休息、娱乐和睡眠用的，其设施应布置得舒适、雅致、安静、卫生。特别是要注意建筑物的造型与周围环境协调一致。根据沈大高速公路服务区的运营实践，来服务区投宿的人员并非都是旅客和驾驶员，还有相当数量的旅游者、商贸人员和公务人员，部分旅客和驾驶员往往希望住高、中档的客房，以便更好地休息以解除疲劳。因此，中低档的住宿标准已不能满足要求，有必要设置部分高档的客房。每间客房住宿人数不宜太多，一般以 2 ~ 3 人为宜，客房内要有电视，并设置公共天线。高、中档客房应配备单独沐浴设施，低档客房则配备集体沐浴设施。

2) 商店与餐厅

商店与餐厅经销日常旅行用品、当地名优产品、土特产以及各类方便食品、饮料等。由于一般在服务区内停车时间不长，所以快餐店和小卖部比较受欢迎。商店和餐厅外面应设置从外部可以直接与之相连接的道路和停车区，为运送货物和工作人员上下班提供方便。餐厅、厨房的设计标准应符合卫生防疫部门的有关规定。

（1）与服务区、停车区一侧停车车位数相对应的标准建筑设施规模见表10-2。

（2）根据表10-2，按照规格和建筑设施设计规定进行布置，用地要合理。

与服务区、停车区一侧停车车位相应的标准建筑设施规模 　　　表 10-2

一侧停车车位（个）	停车区（m²）	公共卫生间（m²）	餐厅（m²）	免费休息室（m²）	小卖部（m²）	综合楼（m²）	加油站（m²）	附带设施（m²）
50	3000	280	400	200	100	1000	470	550
100	5000	350	600	300	150	1500	470	550
150	6000	400	650	350	200	1600	470	550
200	6500	400	700	400	250	1800	470	550

（3）餐厅应有客室（其中包含小卖部）、厨房、食品仓库（包含冷藏库、冷藏室）、客用卫

生间、办公室、男（女）更衣室、休息室、工作人员休息室、换衣室、浴室、工作人员卫生间、走廊等共用部分。客室要设计成使人员能很好地眺望周围风景的形式。

①餐厅是服务区的主要设施之一，是用餐、休息的设施，所以要与使用者的需要相适应。同时，其规模和布置要考虑周围的自然环境和气象条件。

②餐厅布置应在考虑使用者的路线进行规划的同时，一并规划材料运送和装卸的路线。

③餐厅和公共卫生间均应对身体残障者予以照顾。

（4）根据有关资料调查，到服务区的人员中有25%会去小卖部，顾客在小卖部活动所需要的面积为2m²/人，旅客停留时间一般为2min左右。

3）公共卫生间

（1）公共卫生间的设计原则。

旅客如厕行为具有短时间内多人同时使用的特点，所以要充分考虑同时使用率的问题；同时注意设置的位置、外观的形状；要采取清扫或维修管理容易的构造。

公共卫生间原则上在大型停车区的附近，这是为旅客同时使用而采取的措施。公共卫生间设男卫生间、女卫生间、男（女）盥洗室、仓库等。

原则上卫生间构造是钢筋混凝土平房。

服务区的公共卫生间内必须设置身体残障者专用卫生间；身体残障者专用停车区与专用卫生间之间的通路，不得有障碍物。

一般地区的公共卫生间入口采用从外部广场等直接分别出入男、女卫生间的形式。寒冷地区的公共卫生间，在入口处要设置兼做防风雪用的门厅，采取经由门厅出入男、女卫生间形式，入口要设门扇。

公共卫生间要充分做好通风和采光措施，要选择有清洁感的材料或做成较为宽敞的室内空间。

（2）服务区公共卫生间的标准规模。

服务区公共卫生间的标准规模见表10-3。对城市近郊或游览地等，有特殊条件的服务区，可另行设计其规模。

服务区公共卫生间的标准规模 表10-3

一侧停车车位数	便器数（个）				标准面积（m²）	调整系数 n	建筑面积（m²）
	男（小）	男（大）	女	身体残障者			
251 以上	50	25	45	1	350		400
250～201	50	25	45	1	350		400
200～151	45	20	45	1	350	1.1～1.4	400
150～101	39	12	39	1	350		400
100 以下	39	12	39	1	350		400

4）园林与绿化带

服务区的园林绿化带主要是供旅客散步、休息和观赏景物之用，园地和绿化带的设置也可以起到美化服务区环境、减少粉尘污染等作用。服务区的园林绿化设计应注重场区的起伏变化和植物搭配，点面结合，并很好地烘托出场区的气氛，美化环境。

加强综合楼前的设计是必不可少的。该区域是服务区内顾客驻留的主要户外活动场地，设计中应采用多种形式的铺装方式，在平面上运用点、线、面相结合的方式来达到理想的效果,并明确各种材质地面在平面上的定位和小空间环境的划分,使整个场区富有生气;树池、花坛、休息座椅的设置为必不可少的细部和人性化设计,同时配以绿化、园路创造丰富多彩的综合楼前广场景观。在服务区的景观设计中还应特别强调竖向构件的设计,在广场和场区的适当位置设置指导标识,场区的标识牌应统一设计。通过设置各种标识及旗杆、广告灯箱等功能构件来点缀丰富场区的景观气氛。

园林规划包括保护景观、美化环境、防止污染、栽植等内容,应能够充分发挥休息设施的效果。园林上起作用的原存树木、树林和岩石等要尽量保存,有时以这些保存物为主体,确定建筑物、车道和停车区等位置,能在自然景观中有一种协调感。

(1)园林规划的原则。

①园林规划应考虑人员能充分利用草坪休息或饮食等,并充分考虑排水;

②从停车区到小卖部和卫生间的途中,要考虑利用园地引导使用者;

③原有树木中的保留景观,应不影响视线和交通流;

④停车区与其他建筑物有高差时,在设置台阶的同时,还应考虑无障碍通行;

⑤原则上服务区的植树率以7% ~15%为标准,植树以外部分分别用草皮、植物覆盖,绿化覆盖率应考虑为40%;

⑥园地应配置在停车区、餐厅附近;

⑦外围园地的设计应使整个休息设施与外部景观协调,园地的宽度根据环境灵活处理;

⑧园地应能适应遮蔽、绿荫、导引和景观改善等各种要求,由树木和草坪组成的园地应既简单又有观赏性。

服务区园林绿化设计是指在服务区场区范围内利用植物及其他材料创造一个具有形态、形式因素构成较为独立的,具有一定社会文化内涵及审美价值的,并能满足场区内交通功能要求的景物过程。服务区园林绿化设计属于景观设计学的范畴。景观设计学是一个庞大、复杂的综合科学,它融合了社会行为学、人类文化学、艺术、建筑学、当代科技、历史学、心理学、地域学、风俗学、地理、自然等众多学科的理论,并且相互交叉渗透。

服务区园林绿化设计应能够让通行人员感知到周围自然环境的变化和特点,达到与自然的交融,同时发挥周边自然环境的潜能,既形成人性化的视觉景观效果,又保证服务区建设中的生态可持续性发展,形成协调、和谐的人与自然环境共同发展的局面。

(2)绿化树种对土层厚度的要求。

绿化树种对土层厚度的要求见表10-4。

绿化树种对土层厚度的要求　　　　　　　　　　表10-4

树种		高树 h > 3.0m	中高树 h = 1.0 ~ 3.0m	矮树 h = 1.0m	草皮
土层厚度 (cm)	生存	90	60	45	15
	发育	150	90	60	30

填土厚度在40cm以上或降雨量少时,要设置喷水柱和洒水器等浇水和排水设施。

(3)功能栽植。

停车区、服务区应选择具有视线诱导、防止进入(栏式)、缓冲、绿荫、休息、遮蔽、景观协调、强调目标、观赏、标志、防灾、护坡、美化自然环境、美化生活环境等功能的栽植。

(4)园林构造物的设计。

人行道要居中、等高度且横坡在1% ~2%以内,宽度原则上为1.5 ~3.0m。行人交会处要加宽,路缘石要美观。人行道纵坡应小于 15% ,否则应设置踏步高度为 10 ~ 15cm 的台阶。

设置庭院灯的目的是保证夜间行人的安全,防止犯罪的发生。通常布设高杆灯、路灯、景观灯、照树灯、墙面屋面投光灯等,尽量减少光线照不到的地方,并与整体规划相适应。同时必须注意,不能使树影投在路面上,而降低园路的照明度。园路的平均照明度为 2 ~ 5 lx,休息设施附近为 5 ~ 10 lx。

在休息广场,每 100m² 设 5 座以上的野外桌和长凳。休息室小卖部周围应设置若干座椅。

服务区必备饮用水阀,但其安装地点要位于园地或广场内,中心园地或广场设置 1 ~ 2 座。同时,要考虑冬天防冻及不会被盗和破损。

服务区要设置垃圾箱,构造要便于维修管理。垃圾箱在服务区内设置的数目应为 10 ~ 20 座。垃圾箱的容量为 0.1 ~ 0.3m³,同时,要设置有防火、防臭、防虫设施。

(5)绿化带。

绿化带有三大功能:首先是景观美化功能,增进道路和沿线设施的协调,提高舒适性,使整个区域风景更美丽;其次是交通功能,引导视线、遮光,确保交通安全;然后是环境保护功能,提供开放空间,减少由道路交通造成的危害,改善区域环境。近年来,对减轻道路交通产生的噪声、净化大气、协调微气候等由于植树带来的环保功能的期望值和评价越来越高。环境绿化带所要求具备的功能可分为物理效果及心理感觉效果,其中减轻交通公害的效果主要包括降低噪声和净化大气效果。以减轻汽车公害为目的的绿化带应沿主线布置于服务区,绿化缓冲带宽度一般为 10 ~ 20m。

确定绿化带的面积可根据聚集人数、汽车排放的废气和噪声决定。我国国家标准人均绿地 7 ~ 11m²,绿化覆盖率为 30% 。从美化环境、降低噪声、防止污染等作用看,绿化带在服务设施中起着不容忽略的作用。

5)广场和通道

广场和通道在停车区与建筑设施、园地之间设置。为使高峰时进入停车区的车辆不致拥挤,特别在停车区、餐厅、小卖部、卫生间等设施的前面,要确保有十分宽阔的广场和通道(服务区 20m 左右)。停车区和设施前面的广场原则上不应有高差,因地形制约在停车区和各设施之间有高差时,必须设置方便残疾人的专用坡道。

广场和通道的构筑必须考虑到美观,地面结构采用铺装,详细做法可参照有关标准。

6)医务室和急救站

高速公路都是全封闭的,发生事故不易及时抢救。设置医务室和急救站的目的是为行车事故提供医务人员、救援车辆和紧急抢救,目前我国已建成的高速公路服务区一般未设置医务室和急救站。

服务区内设置的医务室和急救站,应保证在事故发生后,能迅速派人赶到事故现场,对伤员进行必要的急救处治,或与附近县市医院保持联系,能及时投入抢救工作。急救室的面积一般为 40m²。

7)通信设施、紧急电话、公用电话及问询处

服务区的通信系统主要是及时、准确、可靠地传输高速公路管理的数据、命令、话音和国家新闻等信息。使用通信系统可以沟通管理部门以及形成路面现场与中心控制室的联系,使高速公路管理工作形成集中、统一的“一体化”管理模式。

要求建设项目用地范围内的通信管道、建筑物内通信管线和线路配套设备纳入工程设计,同步施工。

2.为车辆服务的设施

1)停车区

停车区内的停车位与车道布置必须与设计车辆相适应,使之能够合理停放与进出,且能有效地使用土地。

停车区从其性能来看,可以考虑分为停车位和车道。停车位是供停放车辆和乘客上下车的场所,除引导汽车进入停车位外,也供汽车掉头或后退等,车场与贯穿车道必须相连接。

2)加油站与维修站

加油站的规模按表10-5考虑设置。

加油站的规模 表10-5

计量器(座)	加油场地(m²)	办公(m²)	洗车(m²)	其他(m²)	总计面积(m²)
4~6	300	120	80	50	550

加油站与维修站最好并排相邻布置,实际上把这两种设施设在同一栋房屋内的实例较多。这样的布置由于通信室、浴室、盥洗室、室外部分等都可以共用,所以具有能够有效地利用设施和用地,并使使用设施的车辆路线也较简单等优点。

在进行室外的加油设施、修理厂、洗车场、服务车停候场的布置时,必须根据这些设备的性能、使用频率、使用车辆的路线、消防法规等进行规划。

使用加油站与维修站的车辆数,对于高速公路的实际情况来说约为10:1,由于前者往往占绝大多数,所以在布置这两种设施时,必须考虑这一因素。

关于加油站、维修站在服务区内的位置,一般有入口型、出口型与中间型三种。

布置在服务区的入口处,可以使驾驶员更容易地看清楚设施,根据需要在休息前进行加油和维修。在保证安全的同时,对营业者来说,也能起到营业广告的效果。但是,当进入加油站加油的车辆比较多时,易造成服务区入口车辆排队妨碍匝道上车辆的行驶。

出口型是先停车,在休息之后再进行加油、修理,在这种情况下,能够有充分的时间考虑车辆是否需要修理,可以在设施的出口处对车辆的情况再进行一次鉴定。根据实际调查数据,进入加油站的车辆中90%是加油后直接驶出服务区的,考虑到这一点,设置为出口型时,应使驾驶员从停车区的前方能看到加油设施或者用贯穿车道诱导至加油站。

中间型没有明确规定车辆进入和驶出的方向,因此,车辆能顺利地进出。若与其他设施有机地结合起来并有效地运用,在加油站及其附近区域车辆秩序一般不会发生紊乱。

3)贯穿车道

贯穿车道原则上采用单向车道,特殊情况下采用双向车道。其宽度标准见表10-6。

贯穿车道的宽度 表10-6

车站类型	车道宽度(m)	左、右侧宽度(m)	贯穿车道宽度(m)
单向单车道	3.50	0.50	4.50
对向双车道	6.00	0.50	7.00

贯穿车道原则上采用单向单车道,为了避免在贯穿车道上发生不必要的停车,贯穿车道的宽度规定为4.5m。但当区内路线规划受限时,也可以采用对向双车道。在设计贯穿车道时,当停车区区内有条件设计成为单独的线形时,其平面线形、纵断线形等最好以匝道的设

计速度(30km/h)作为标准。如能设计在停车区总体之内时,可以作为停车区的一部分,设计成与停车区相吻合的纵、横坡度。

设计贯穿车道时须注意的其他事项如下:

(1)在停车区外围行驶的主要交通最好是单向通行,在服务区中主要贯穿车道不得直接接在停车位上,也不要直接导向休息室的出入口处。在停车区中,紧接贯穿道路设置停车位是普遍的情况,这一部分的行车宽度必须有供停车掉头所需要的宽度。

(2)通过停车区内的贯穿车道允许采用对向车道,交通岛的设置应是所需的最低限度,在不同速度相接触的部分应尽量少设置。

(3)同大型车停车区相连接的贯穿车道,最好是单向通行。

(4)在服务区里配备有养护管理用的车辆时,为使其能够顺利地进行工作,在服务区有必要设置上下线的联络道;附近有跨线桥或涵洞时,应尽量利用这些设施。

(5)车辆进入停车位或者停车区之间的车辆回转时,需设计回转车道。

4)标志、标线

服务区内的设施较多,车流量大且人流较复杂,是较特殊的公共场所。因此,必须用特制的图形符号信息引导使用者的行动。图形符号应具有直观、简明、易懂、易记的特征,可使不同年龄、具有不同文化水平和使用不同种语言的人容易理解。因此,标志的图形符号必须标准化、规范化界定其含义,使标志发挥更好的社会效益。

服务区内所采用的标志、标线参照现行《道路交通标志和标线》(GB 5768)设置。

5)天桥与地下通道

服务区的设计位置形式不一,但基本上各种服务设施均布置在主线两侧,服务区的管理机构只设一个总部。这样会发生人员和物资设备的相向流动,因此需通过建造天桥或地下通道来满足物资供应及人员的工作生活要求。

天桥或地下通道的形式和方案取决于服务区所在地区的水文地质、气候、地形、主线两侧的建筑物布局等条件。就使用观点看,地下通道有利于人员的流动和公路两侧电缆、电力及通信等管道的联系;从安全角度讲,地下通道对各方面的安全保证度大一些。地下通道一般采用过人与电缆电力及通信管道分开设置,过人通道断面一般为 2.5m × 2.0m,设计时要特别注意考虑防漏、防渗、排水等问题。

一般当外界环境优美或附近有旅游景点时,设置天桥也是首先要考虑的因素。建筑风格、建筑材料需要设计部门进行方案比较和经济技术条件论证。

3.为职工服务的设施

服务区一般应设置业务部、财务部和后勤部。业务部负责餐厅、旅店、商店、修理厂、加油站的管理工作;财务部负责会计、出纳等管理工作;后勤部负责后勤保障和停车区与公共等项目管理工作。要保证各部门工作的正常运行与服务水平,必须保障服务区内部工作人员有基本的生活和工作条件,建设一定数量的职工宿舍和职工食堂。这对服务区的系统化、专业化管理,对加强成本核算,对人、财、物的控制,对服务质量的约束等方面都能起到积极的作用。

1)职工宿舍

服务区的人员配备根据服务区的规模及服务内容确定,一般中等规模服务区的人员编制大体是:管理机构(经理、财会、驾驶员)8 人;业务部(餐旅、商店、加油、修理)75 人;后勤部(后勤、保障、厨厕、停车区)10 人。

职工人数一般控制在 90 ~ 95 人,宿舍面积以人均 12m² 计,职工宿舍建筑面积为 1100 ~ 1200m²。

2)职工食堂

职工食堂的建设、设置与否有待更深入的调查,因为它涉及人员管理和设备的增加。食堂的建筑面积一般标准为 1.1 ~ 1.3m²/座,按 100 人用餐计算约为 130m²,包括操作间在内,总的食堂建筑面积约为 260m²。

4.其他设施

1)附带设施

附带设施包括电气室、净化槽、蓄水槽、水塔、仓库、燃料库、焚烧炉等。

高压受电时应设置配变电室,但原则上是上、下线的服务区共用,设在受电一侧的区域内。

净化槽、接水槽、水塔原则上是上下线的服务区共用,布置在设置条件有利的区域内。但由于上、下线区的布置距离大或者其他理由须上、下线各自设置时,其规模应另行研究。

在严寒地区设置服务区,有清理冰雪的任务,因此在接近停车区园地的部分设置药液水槽、储水槽时,其规模拟以 30t 为标准,面积约为 40m²。这种情况下,需要设置洒水车专用停车区。

仓库、燃料库、焚烧炉需要上、下线各自设置。

2)供水设施

(1)供水设施的水源供水量要保证与使用水量相适应,以自来水为标准。使用自来水以外的水源时,要满足水质标准的规定。

供水方式以水塔及无极调频压力灌方式为标准,在一般情况下,水塔设置在上、下线中的某一侧。供水水源设计可以按图 10-12 方式考虑。

$$水源\begin{cases} 单一水源\begin{cases} 自来水(城镇供水系统) \\ 水井 \end{cases} \\ 复合水源\begin{cases} 自来水和水井的组合 \\ 复循环(再回收)装置等 \end{cases} \end{cases}$$

图 10-12 供水水源设计

当选择上述水源时,要进行充分的实地调查,从工程费、管理经费和工作情况等考虑。为此,提出以下调查事项:场区内土地的高低及周围建筑物和环境状况;已埋好的管道情况及机械能力;取水单位或个人取水或用水的规定和要求;有无自来水及其位置、管径、管种、最低水压及断绝或减少水的情况;附近水井的口径、深度;水量、水位、水位恢复时间、水质和地层图;河川、湖沼等其他水源的状态及能否采取用水。

水井的水质及水量多数都不能达到计划值,需要水泵设备和净水设备等,因此,没有进行对地质等的充分预备调查时,应尽量避免依靠水井的水源。

在水源上,可以设想用单一水源供给计划水量和用两个以上组合起来的复合水源供给计划水量。对休息设施来说,从卫生上及维修管理上均应采用单一水源方式。复合水源方式是按水质不同将水井和水道水分别引入或者使用一部分回收的排水方式,在经济和管理上并没有优势。因此,只是在水源供给非常困难,并要充分考虑经济性的情况下,才采用复合水源。

(2)休息设施供水以水井水为单一水源时,要设置净水设备。为复合水源时,对冲洗卫生间用水以外的用水,要满足水质标准。对冲洗卫生间用水,要考虑对配管、器械等的影响而决定其水质。

(3)供水设施的规模,根据向卫生间、附带设施及其他供水设施的供水量决定。代表性

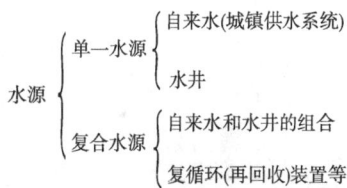

规模休息设施的参考供水量分别见表10-7、表10-8。

代表性规模卫生间休息设施的参考供水量（服务区）　　　表10-7

一侧停车位数（个）	一侧供水量（m³/日）					两侧供水量（m³/日）
	卫生间	餐厅	加油站	休息处	合计	
250	143	175	4	1	323	646
200	114	140	4	1	259	518
100	57	70	4	1	132	264
70	40	49	4	1	94	188

代表性规模休息设施的参考供水量（停车区）　　　表10-8

一侧停车位数（个）	一侧供水量（m³/日）			两侧供水量（m³/日）
	卫生间	休息处	合计	
60	39	9	48	96
40	26	9	35	70
25	16	9	25	50
15	10	9	19	38

注：一侧停车位数是小型车位和大型车位的合计停车位数。

（4）供水方式分为直接连接式和水槽式，水槽式又分为水槽式和高架水槽（水塔）式。从负荷补偿能力、排出压力的稳定性、装置的依赖性等来看，高架水槽式供水方式较好。附设的接水槽采用地上设置型。

（5）高架水槽一般在上下线的某一方设置一座。但由于水源能力的关系，供水系统分为两部分或横向配管压力太低时，应研究经济性后决定其设置座数。

横向配管有悬架在附近的桥涵上、从跨线桥上迂回到对方车道上的配管方法、横穿主线地下与电力、煤气、通信等管道合用沟内的配管方法。当选用横向配管时，必须考虑地形和其他工程的条件，虽然难于一概而论，但只要是配管距离不是太长，使用迂回法在管理和经营方面还是有利的。供水系统示意图如图10-13所示。

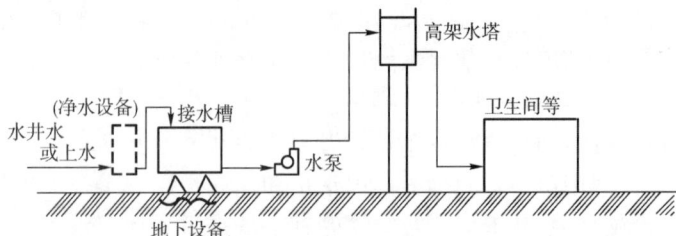

图10-13　供水系统示意图

按地下综合管廊规划时，要保证破损修复或定期检查时的可用断面，也可以研究与电气通信电缆等合在一起埋设。

3）污水处理

目前，我国高速公路修建的沿线设施所排放的污水主要以生活污水为主。这类污水含有较多的有机物及病原微生物，如果不加控制，任意直接排入水体或土壤，会使水体或土壤受到污染，破坏公路周围的自然环境，甚至造成公害。因此，选择适合于高速公路的污水处理系统,是保证整个公路环境不被污染的关键。

由于高速公路附属设施的规模、建筑性质和使用功能不同,其构筑物排放的污水量差别也非常大。因此,污水量是污水处理系统选择时需要考虑的重要因素,它将决定处理设施的规模、系统方式和投资费用,是处理系统合理、安全运行的保证。

直接测定各类建筑物的排水量是比较困难的,一般按给水量的 80% ~ 90% 计算。通过对几条高速公路使用情况的调查可知,高速公路服务区的排污量一般为(20 ~ 30)t/日,停车区排污量为(15 ~ 20)t/日。

(1)常规污水处理流程。

常规污水处理工艺流程包含三级处理流程。一级处理是预处理,流程为:原污水→水泵→格栅→沉砂→均化→初沉。这一过程主要去除可沉淀物、油脂和浮渣,固体悬浮物(SS)去除率约 50%;生化需氧量(BOD)去除率 20% ~ 30%。

二级处理流程为:初沉后污水→生物处理→二沉→消毒→排放或利用。二级处理的主要任务是大幅去除污水中呈胶体和溶解状态的有机污染物,去除率可达 90% 以上。处理后的水中 5 日生化需氧量(BOD_5)含量可降到(20 ~ 30)mg/L。通常,经过二级处理后,污水可达到排放的标准。

三级处理流程为:经过二级处理后的水→物化处理或生物处理→消毒→排放或回收利用。三级处理的目的是进一步去除固体悬浮物(SS)、5 日生化需氧量(BOD_5)及氧、磷等,使其达到回收利用的要求。

(2)污水处理技术。

目前我国高速公路收费站、服务区等附属设施采用的污水处理方法大致分为两种。

①活性污泥法。活性污泥法即利用微生物的吸附来氧化分解污水中的有机物的处理方法。需处理的污水与活性污泥同时进入曝气池成为混合液,沿着曝气池注入压缩空气进行曝气,使污水与活性污泥充分混合接触,并供给混合液以足够的溶解氧。在好氧状态下,污水中的有机物被活性污泥中的微生物分解。

活性污泥法正常运行除了要有良好的活性污泥外,还必须有足够的溶解氧。通常氧的供应是将空气中的氧强制溶解到混合液中的曝气过程;曝气过程除供氧外还起搅拌混合作用,使活性污泥在混合液中保持悬浮状态,与污水充分接触混合。通常采用机械曝气和鼓风曝气。鼓风曝气是将压缩空气通过管道系统送入池底的空气扩散装置,并以气泡的形式扩散到混合液中,使气泡中的氧迅速转移成液相供微生物需要。

②土地处理法。土地处理法是一种污水的自然处理方法,是土壤的自净过程。净化过程由表层的过滤截留、土壤团粒结构的吸附储存、微生物的氧化分解与同化吸收、藻类共生、大气复氧、作物吸收等几部分组成。对于生活污水,在灌溉前只需经过沉淀处理,其水质即可满足要求。

污水的灌溉是有条件的,在具有浅层地下水的砂质土壤地区是不允许灌溉污水的。此外,灌溉负荷必须合理,尽可能按低负荷灌溉,灌渠必须有防渗漏措施等。

(3)高速公路污水处理。

在高速公路服务区、停车区,如果完全套用常规污水处理工艺流程,势必会增加高速公路建设费用与占地,因此合理选择污水处理工艺,是设计污水处理系统的关键。在选定高速公路污水处理系统流程时,应注意污水水质、处理场地及环境条件是否适应所选定的处理工艺流程;污泥处理及污水的排放条件如何;是否适应高速公路的环境要求,如噪声、气味、美观生态等;投资条件及所能允许的程度。

休息设施的排水除直接向公共下水道排放以外,要设置污水处理设施,以满足排水的水质符合标准后向河川等排出。当建设污水处理设施时,对环境等要进行充分的实地调查,研究排水的计划和水质处理设施的布置。

污水处理采用合并处理方式,标准的处理方式是长时间通风型二次处理方式。但由于设置地区有关规定的限制,当这种方式达不到排水标准时,要研究设置高级的处理设施。

污水处理原则上采取上下行集中型,要考虑维修管理方面的问题进行研究布置。能使用公共下水道时,可以直接从休息设施排放污水。设置污水处理设施时,要使其符合有关排水规划,同时要遵守条例中规定的更高标准,以决定排水的水质。

为不使污水处理设施的臭气、噪声、振动等影响到餐厅、商店、住宅等,应对风向、排出口位置等进行研究;同时还要考虑美观问题,要规划用植树办法保持污水处理设施与周围景观相协调。污水处理一般采用把粪和盥洗水等合在一起进行处理的合并处理方式。处理方法大体分为一次处理、二次处理及三次处理(高度处理)。

休息设施的污水处理设施考虑以达到二次处理为标准的处理方法,此将生化需氧量(BOD)降低到200ppm左右为目标。以下简要介绍处理方法。

一次处理是将流入的污水进行物理性沉淀,由厌氧性细菌消化分解,为无气或气体化的处理。这种方法对除去浮游物、脱氮等有一定效果,但对降低生化需氧量(BOD)值的效果不大,多作为二次处理的前阶段处理。

二次处理是利用物理学上的好氧性物质氧化污水,使水中的浮游物、溶性物质、氨等安全地变化为稳定形态,是使污水净化的处理方法。根据处理对象人数和性能有多种二次处理的方法,在休息设施上采用时多重视装置的稳定性和性能,即长时间的通风方式。如图10-14所示,在通风槽内部使活性污泥(好氧性生物等的集合体)同污水及空气混合接触,将污水中的有机物分解之后,使混合水沉淀,排出其上部澄清的水。随着流入量的不断增加,除需要以外的活性污泥积存在槽内,剩余污泥可随时排出。

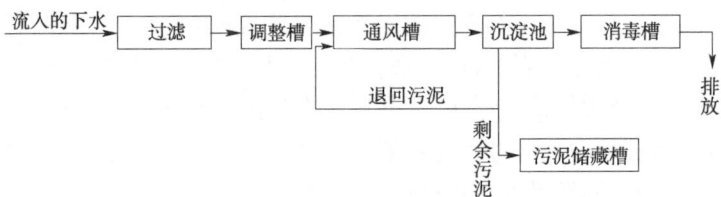

图 10-14　污水二次处理流程图

严格地说,三次处理是继二次处理之后的处理法,包括以改善处理水质等为目的的改进的二次处理,也称为"高度处理",如图 10-15 所示。

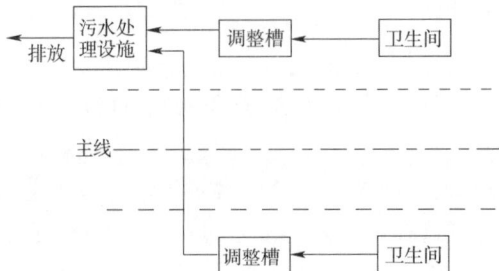

图 10-15　三次处理流程图

对三次处理设施排放水的水质有一定的要求,当二次处理达不到规定,或将处理水再利用作为冲洗卫生间的冲洗水等时,则设置三次处理设施。服务区及停车区三次处理的水质项目因设置场所不同而有所差别,一般来说有固体悬浮物(SS)、生化需氧量(BOD)、化学需氧量(COD)、氨性氮、全氮、全磷、大肠菌群等。例如,对于经服务区处理设施处理过的排放水的水质中固体悬浮物(SS)、生化需氧量(BOD)及氨性氮,要求经常维持在 3mg/L 以下。在设置处理设施时,要符合相关标准或当地的要求。

三次处理设施是为了满足水质要求而设置的。在设施规划时,必须对三次处理设施的建设费用、维修管理费用、需要管理的人员等方面进行充分研究。

针对上述要求及高速公路附属设施分散性、小型性等特点,认为适合于高速公路的污水处理工艺流程有如下几种:

①粪便污水→曝气沉淀池→排放。

曝气沉淀池是根据活性污泥法去污原理,并结合沈大高速公路排水系统特点,自行设计的一种全新处理构筑物。该构筑物主要由初沉池、均化池、曝气沉淀池、出水池四部分组成,如图 10-16 所示。

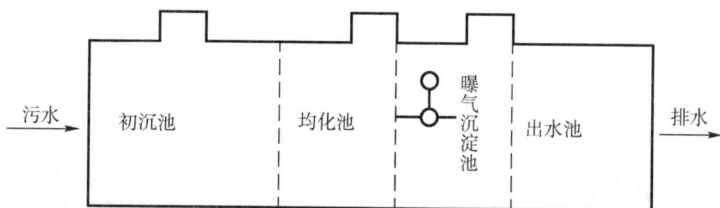

图 10-16　粪便污水→曝气沉淀池→排放流程图

该污水处理系统适用于收费所及建筑较小的服务区和停车区。目前,该污水处理系统广泛应用于沈大高速公路、沈阳高速公路环线的收费所等污水处理系统中。

②粪便污水→调解池→WSZ 污水处理设备→排放。

WSZ 污水处理设备主要采用污泥吸附和生物接触氧化相结合的处理技术。该处理设备主要由污泥吸附池、初沉池、二沉池、多级接触氧化池、消毒池及其消毒装置、风机及风机房控制柜六部分组成。

该污水处理系统适用于建筑规模较大的服务区及停车区,设计时应将高速公路沿线服务设施按区划分,并将同一区域的污水集中到一起,选择一处排水受纳水体,采用 WSZ 污水处理设备建立污水处理站进行处理。

③粪便污水→化粪池→灌溉渠。

该污水处理系统是污水土地处理法的应用,即生活污水进入化粪池进行预处理,处理后的污水排入灌溉田。该污水处理系统适用于建筑规模较小的服务区及停车区,且周围允许排放并有灌溉田的场区,同时要保证不影响高速公路周围环境,不污染灌溉地区。

上述三种污水处理系统的经济技术比较见表 10-9。

三种污水处理系统经济技术比较 表 10-9

工艺流程名称	曝气沉淀池	WSZ 污水处理设备	化粪池
造价(元)	48000	260000	35000
占地(m²)	37	24	20

工艺流程名称	曝气沉淀池	WSZ污水处理设备	化粪池
出水水质	好	优	一般
人员管理要求	较高	高	一般
备注	全套设备造价占地	不含配套设备造价占地	全套设备造价占地

（4）选择流程应注意的问题。

综上所述，选择高速公路污水处理系统流程应注意如下几个问题：

①必须掌握污水的水量、水质；

②因为建筑物排水污染物主要为有机物，所以绝大部分处理流程是以生物处理为主；

③因能源短缺和资金不足，选择小型和高效的处理技术和设备较为适宜；

④环境要求的提高和管理水平的制约，支持选用组装化、全密闭及管理自动化的处理设备。

5.园地规划

1）园地规划的基本方针

园地规划是运用造园技术充分发挥休息设施的功能，并与周围地区的环境及景观相协调。应根据周围的土地利用规划、航空摄影、地形等有关资料以及地理、气象条件、植被等的调查进行规划。

既有的树木、树林、岩石等，要尽量予以保存，要根据情况以保存下来的树木、岩石等为主体来决定建筑物、车道、停车区等的位置。为了与周围景观协调，要考虑建筑设施和构造物的形式等，在自然景观中不要给人一种失调感。园地在规划时，对排水问题应充分加以考虑。

（1）关于造园设计，应按有关规定办理。

（2）规划园地内的既存树木中，对环境保护有利、具有绿荫效果或者是在学术上有价值的，应予以保存。但对妨碍休息设施的视野、交通流，或者是妨碍工程施工的树木应进行适当的砍伐。对公路用地以外的自然树木，特别是在景观、防灾上有价值的树木，要按自然保护林等有关规定办理。

（3）在园地内具有保存价值、可以永久保存的既有树林（木），作为收买对象，此外的作为采伐补偿对象。但一旦收买下来，就要作为财产对待，不能随意破损、毁坏。在以后因为变更设计、保证视野等发生对收买的树木需要除掉时，最好将其移植，不可能时，必须要有明确理由及处理办法。

（4）在保存既有树林（木）时，要使规划地面高与原地面高相差不大，但是不得已需要大量填挖土方时，应按有关规定办理。

（5）树木、矮草等的生长和排水条件有密切关系，因此在园地规划时，必须保证适合的排水条件。

（6）在设计休息设施上要利用原有树林。

2）园地面积的设计

按规定计算园地规模时，由于位置、面积、地形、形状、现有植物等情况不同，其规模的差别是很大的，园地规模的计算标准如下：

（1）利用园地。利用园地所必需的面积，采用根据使用设施的人数和每人所必需的面积计算。

（2）外围园地。外围园地是以包括设施用地外围宽30m以上的带状面积作为标准。

（3）缓冲园地。缓冲园地宽度在3m以上。

利用园地所必需的面积按式（10-1）计算：

$$A = c \times k(a - b) \tag{10-1}$$

式中：A——面积，m^2；

a——高峰时最大停留人数，人；

b——高峰时使用餐厅的最大人数，人；

c——每一人所需园地面积，为$9m^2$；

k——景观利用系数，外向型为1.2（周围环境优美），内向型为1.0。

3）园地的规模

园地的规模尽管因各种不同情况而有所不同，但当按标准的规模计算时，应根据车场面积来获取。园地在功能上分为使用者直接使用部分和间接使用部分，前者叫作使用园地，后者叫作环境保护绿地。使用园地是由休息散步等休息园地、停车区同主要建筑物（餐厅、小卖部、卫生间等）之间设置的场地及利用各种设施较容易处理离合集散的广场或通道三方面组成的。环境保护绿地是指外围绿地、缓冲绿地、修景绿地（景观改善绿地）等。园地的构成如图10-17所示。

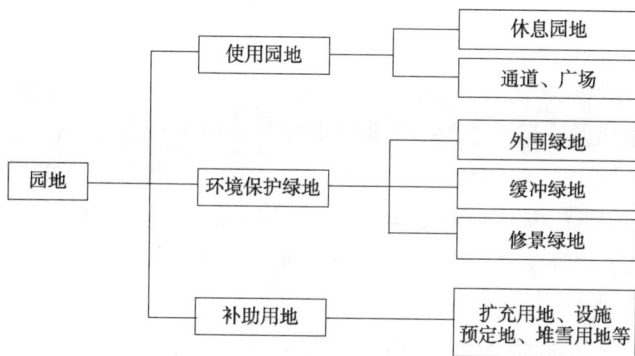

图10-17　园地的构成

按有关规范要求，对服务区来说，园地面积大致是停车区面积的3倍；对停车区来说，园地面积大致是停车区面积的2倍。对将来因交通量有大幅度发展而需扩建的休息设施，要做好扩大园地的规划。

园地有关构成要素的定义如下。

（1）休息园地。休息园地是旅客休息、散步、轻运动、文娱活动、欣赏风景等使用的园地，其需要的面积受场地条件和周围环境及景观等制约，要充分考虑利用既有树林进行设计。

（2）通道和广场。通道和广场是在停车区和主要建筑物之间设置的场地。广场的进深即停车区和主要建筑物的间隔，服务区为20m，停车区以10m左右为标准。包围停车区的通道和广场两侧的小道宽度应至少保证3~5m，如图10-18所示。

（3）外围绿地。外围绿地是为了保护环境，在包围休息设施外围设置的带状绿地，其宽度为20m左右。这个宽度包含坡面、平坦部的必要最小宽度（3m）。

（4）缓冲绿地。缓冲绿地是为了把主线与休息设施分开而设置的带状绿地，对外侧分隔带，平地时为5m以上，有高差的地方为3m以上。

（5）修景绿地。修景绿地是指为了维持舒适地使用休息设施而设的绿地。由于关系到休息设施用地的地形、形状、设施布置等多种原因,其面积受到制约。

(6)补助用地。补助用地是指在设施扩充用地、设施预定地、堆雪用地等有其他使用目的的土地当中,暂时利用作为园地或绿地的土地。

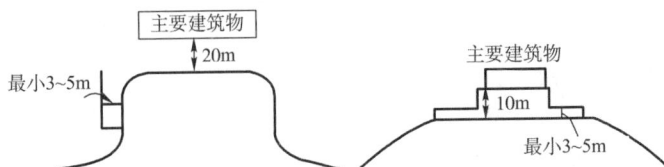

图10-18 通道和广场的宽度

4)栽植规划

园地的栽植规划要与工程规划相互联系起来,并考虑气象条件、土壤条件、规划规模、周围地势、自然树木及植被、邻近地区目前及将来的利用规划和发展规划、将来的维修管理等各种条件。

植树效果以能够产生出大方感的效果为好。一般以自然栽植为原则,要显示出一种自然群生的效果。

(1)植树应以树木生长不妨碍视距、辨认标志、照明区域等为原则。从规划开始就要将植树位置及生长后的间隔尺寸计入景观规划图内,并与设施构造物的规模等联系起来考虑。

(2)当选定栽植形式和树种时,在考虑开花、新绿、红叶等季节变化的同时,必须考虑能抵抗病虫害、忍受强风及在除草、除雪等维修管理上容易进行的栽植形式和树种。

(3)在保存下来的树木中添植新树时,不要使人产生一种景观上的异质感。

(4)栽植率原则上以7%～15%为标准,植树以外的部分用草皮或其他植被覆盖地面。

(5)对餐厅、卫生间等建筑物及跨线桥等构造物来说,栽植不是为了遮掩,而是用来保持协调,要强调外观美。

5)造园器物

在园地内设置的器物有步行道、长凳、凉亭、饮用水栓、废物箱、烟灰碟、栅栏、指示牌等,其他按照需要可设置桌子、亭树、花坛、池、树篱等。

(1)当作为建筑设施而设置时,应与建筑设施相协调。特别是对饮用水栓、凉亭等,要与建筑设施同时进行规划。

(2)应在定出整体路线规划之后,再考虑景观、设施等进行步行道细部设计。

(3)长椅、野外桌的设置必须与园地路线规划联系起来考虑,首先决定应设的位置,然后再选择与场所相协调的形状、材质等。

(4)凉亭的构造及材料要根据遮挡阳光和雨雪,以及凉亭下的铺面等进行设计。亭顶要选择符合设置场所风景的格子、天窗、格根、苇帘子、竹子等。

(5)饮用水栓是用石料及水磨石等构成的,要考虑底座及其设置场所的地面铺筑种类而进行设计。水龙头与洗手水龙头、儿童用台座、止水栓等必须完备。

(6)栅栏是限制进入园地和广场周围等并兼作装饰而设置的,所以要充分根据环境特点进行设计。栅栏和镶边栽植合并使用的栅栏,最好不要太鲜明。

(7)对废物箱的构造形式等,要把重点放在维修管理容易性上进行设计。

(8)设置池子时,尽可能设计成兼作储水槽的构造。

6. 电气设施规划与设计

1）电气设施规划概述

电气设施包括停车区、广场、园地等的道路照明；免费休息室、公共卫生间等建筑物的内部照明；用电设备及附属建筑物的动力和设备；受配电设备及电力用管道等。

为了充分利用上述设备，必须对场地条件、设备设置基本方法进行充分的研究。在考虑电力用管道、受配电设备等的路线、位置、所需面积以及同其他设备的关系之后，最好作出概略的决定。在确定休息设施的平面计划时，要进行负荷容量的试算，同供电局进行商议，确认引进位置和有无障碍等。

2）在设备布置上应注意的事项

在土建设计阶段，应考虑电力用管道路线、条数、管径等，特别是横穿道路的管道及箱涵、高架部位埋设的管道；照明设备的位置及受配电地点。

另外，在土建设计实施阶段应特别注意以下几个方面。

（1）电力管道。由于供电设施分散，必然要在整个区域内埋设管道。为了不影响路面、供排水等项目的设计和施工，在初步设计阶段必须对概略配电计划和与此相应的路线、条数等进行充分研究、考虑后，再进行设计。当需要设置在桥梁等构造物处，或是附架在构造物上时，应充分掌握其路线、条数等。

休息设施是上下线相对的情况时，设施管道条数较多，所以要从经济性和保养方便性等方面进行方案比较研究。

（2）照明设备的位置。照明设备是以其设置的位置决定其功能的，所以在设计阶段就要考虑能设置在最理想的位置上。特别是在照明设备布置计划上，如不得不设置在挖方部分、高架、桥梁区间、园地内时，须预先作出决定。

（3）受配电地点的拟定。受配电设备的设置场所距离供电公司配电线的引进地点要近，并考虑尽可能设置在各设施负荷重心点附近，这些情况在设计阶段要进行选择。

7. 焚烧炉及垃圾处理设施

为了减少和降低垃圾废物对环境造成的二次污染，应设置焚烧炉和垃圾处理设施。焚烧炉的位置应不使其焚烧时的烟妨碍主线上车辆的行驶及餐厅、加油站、维修站的作业。垃圾处理设施的设置应符合国家现行相关法规、规划和标准的规定，减少垃圾处理后产品和残渣的运输费用。

8. 锅炉房的设计

锅炉房宜布置在接近热负荷较多用房的位置，并适当考虑烟囱与主导风向的关系，但不得将其和公共浴室合建在一幢建筑内。确有困难时，应考虑下列因素：

（1）将泵房、软水间设置在锅炉房和公共浴室之间；

（2）锅炉房与公共浴室间留缝隙；

（3）锅炉房按规定采用轻型屋面或布置一些天窗，对防爆面积进行专业计算；

（4）服务区内流动人口多，不得放入主体建筑内。

第三节　停车区设计

停车区是为满足驾驶员生理上的需求，并解除疲劳和紧张所需要的最小限度的服务设施。停车区内设置停车位、园地、公共卫生间及小卖部等。原则上所有的停车区都需要设置公共卫生间,小卖部可斟酌其使用状况而设置,其他设施有长椅、桌子、废纸箱、自动售货机等。一般在停车区不设置加油站,但是当服务区的间隔长或由于其他特殊条件而必须设置时,可以设置。

据调查,目前我国除少数高速公路外,绝大多数高速公路没有设置停车区。据对全国几大片区20多条干线公路近百个服务区的调查,停车区的平均间距为45.6km。世界银行咨询专家在对国内世界银行贷款公路建设项目进行技术评估时指出,路段服务设施布设要服从路网的总体布局,推荐服务区和停车区最大间距为30km。根据我国高速公路建设和管理的实际情况,在服务区之间可设置一处或多处停车区,两处相邻服务设施的间距不宜大于15km,最大间距不宜大于25km。在服务区间布设停车区,既可提高公路交通安全性,也可有效降低建设和管理费用。

一、停车区的总体规模和布置原则

停车区的建筑规模,应根据交通量、交通组成、公路用地条件等因素确定,结合沿线自然环境、工程条件等布置,有条件时宜结合周围环境、地形条件等,设置在便于眺望大型人工构造物、自然风景的地点,或适合休息的位置。停车区的总体规模应由各组成要素的规模合计,各组成要素的规模根据由计划交通量算出的停车位数确定。停车区的布设宜采用分离式,无须对称布置。

停车区的规模以通车10年后的相应交通量作为标准,可考虑分期修建。停车区在规划时,主要解决位置的选择及总体规模的确定问题。决定停车区规模的基本要素是停车区的计划容量,即停车位数。在决定总体规模时,首先是根据主线交通量与休息设施的利用率计算停车位数,然后计算与停车位数有关的其他设施的规模。对于一些园地类设施,应按其他的条件来确定其适当的规模,如应考虑占用土地的难易及经济性,能够充分利用的自然树木、丘陵、湖泊、池塘、沼泽等。

停车区总体规模 = 停车位 + 公共卫生间 + 园地 + 小卖部 + 匝道及其他的规模。

1. 停车位数的确定

停车位数根据主线交通量与设施的利用率,按下式求算:

停车车位数（一侧）= 一侧设计交通量 × 停留率 × 高峰率/周转率

其中,一侧设计交通量（辆/日）是指通车10年后的一年中第30顺位前后的交通量,其值为假日服务系数 × 通车10年后计划日交通量/2。

假日服务系数为从平均日交通量求一年365天中第35顺位左右交通量的系数。

停留率 = 停留车辆数（辆/日）/主线交通量（辆/日）

高峰率 = 高峰时停留车辆数（辆/日）/停放辆数（辆/日）

周转率 = 1/平均停车时间（h）

以往采用通车10年后的年平均日交通量（ADT）作为设计交通量,对于比较大的ADT,以通车后10年的增长率（约1.7倍）予以弥补。但从理论上计算来说,对通车10年后比较大的ADT,一年内有100～150天是不能提供服务工作的,由此考虑相当于365天中90%的天数、约330天能保证提供服务的交通量系数,即假日服务系数。假日服务系数见表10-10。

年平均日交通量 Q（两方向:辆/日）	服 务 系 数
$0 < Q \leqslant 25000$	1.40
$25000 < Q \leqslant 50000$	$1.65 - Q \times 10^{-5}$
$Q > 50000$	1.15

以往考虑服务系数时,认为最好按照每个休息设施进行推算,标准采用1.3,在风景区、大城市附近采用1.4。近年来通过国外资料论证,认为服务系数与交通量有密切关系。因此,应采取与交通量联系起来的方法决定假日服务系数。

由于休息设施的种类与位置不同,其停留率、高峰率、周转率也有所不同。因此,在能够推算出交通量的车型构成时,应分别按不同车型的停留率、高峰率、周转率算出不同车型所需要的停车车位数,并分为小型车与大型车的车位数,然后进行合计。

当车型组成不明确以及设计小规模的休息设施时,可按合计交通量计算停车位数,然后用简便方法将停车位数按1:3左右的比例分成大型车和小型车的车位数。

不同车型的停留率、高峰率、平均停车时间及周转率可参照表10-11取值。

不同车型的停留率、高峰率、平均停车时间及周转率 表 10-11

设施种类	车 型	停 留 率	高 峰 率	平均停车时间（min）	周 转 率
服务区	小型汽车	0.175	0.10	25	2.4
	大型客车	0.25	0.25	20	3.0
	大型载重汽车	0.125	0.075	30	2.0
停车区	小型汽车	0.10	0.10	15	4.0
	大型客车	0.10	0.25	15	4.0
	大型载重汽车	0.125	0.10	20	3.0

注:此表值是以日本四条路线休息设施的调查结果为基础,根据经验求得的。

新建、改建等工程能够利用停留率等实际数值时,就用实际数值决定停车位数。著名风景区或大城市近郊的服务区,车辆停留率有上升的趋势,因此在参照表10-11所列停留率数据时,应根据当地的实际情况予以适当修正。

2. 停车区内公共卫生间及其他附带设施的设计标准

停车区内的公共卫生间设计标准及规模参照《公共卫生间设计规范》的有关内容确定。

二、停车区的设计与规划

1. 停车区设计注意事项

停车区停车位与车道的布置,必须与设计车辆相适应,使之能够合理地停放与自由进出,且能有效地使用用地。设计停车区时,须注意以下事项:

若停车区分散设置在区域之内,由于位置的关系在使用上就要偏于某一方,而导致其他部分利用率降低。因此,停车区应当集中在一处,避免分散设置成许多小停车区。最好是将小型汽车与大型汽车的停车区完全分开。为获得良好的通视条件,对从主线上驶入的车辆来说,应该是在小型汽车停车区之后布置大型汽车停车区。但对于小规模的休息设施,当采用交通岛将大型汽车与小型汽车停车区严格地分开时,往往会妨碍车辆机动、灵活地停放,因此应合理设置交通岛。

2.停车位的设计

停车位的绿化设计可视为环境设计的一部分,但是存在争取每一寸土地以提高排列整齐的车位率,以及与景园配置的活泼性如何统一的问题。通常可以采用绿化带取代车位的分格线,或在车轮下"苛求"草地,在确保行车安全的条件下,找出可行的绿网格;车头部两侧空出的三角形绿地,可以间种高树和矮花,并可设置庭院灯,筑成天然的树荫车棚。停车位的标准尺寸和停车位的绿化设计分别如图 10-19、图 10-20 所示。

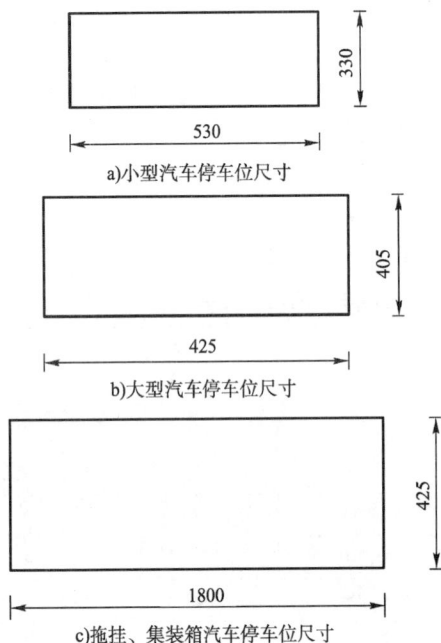

图 10-19　停车位的标准尺寸(尺寸单位:cm)

a)小型汽车停车位尺寸

b)大型汽车停车位尺寸

c)拖挂、集装箱汽车停车位尺寸

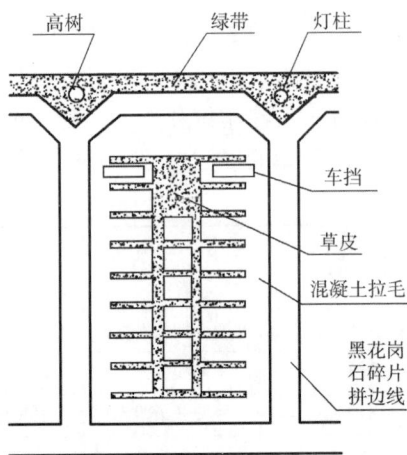

图 10-20　停车位的绿化设计

1)设计车辆

停车区内的设计车辆是以高峰时所占比例大的车型作为设计车辆,对将来车辆的尺寸变化不予考虑。这是因为考虑将来的变化而修改路面标线、安全岛等比较容易。因此,小型汽车就采用小轿车,而大型汽车采用载重汽车作为设计车辆。

2)停车位

确定停车位时,必须考虑车体同其他车辆或栅栏间的间隔,以及为上下车开关车门所需的尺寸。开关车门时不碰到相邻的停放车辆、能将携带的物品进行搬运所需要的宽度大约为 80cm。因此,对于小型汽车的停车位,应在设计车辆尺寸上纵向再加 30cm,横向加 80cm;大型汽车则分别加 100cm 与 75cm,以此作为标准的停车位尺寸。

在一个停车区内并列 20 个以上小型汽车停车位时,应在区划中间设置分离岛。

根据我国的国情,今后拖挂车使用高速公路的情况将会增多,在服务区停车区根据需要设置拖挂车车位是有必要的。

3)停车位的布置

停车方式有前进停车和后退停车两种。前进停车是行驶来的车辆直接将车辆停到停车位,出车时小型汽车原则上是将车后退到车道上然后开走。因此,停车是比较容易的,但出车需要较长的时间,在后视视线不良的情况下,有一定的风险。后退停车是行驶来的车辆先停一下,然后后退到停车位上,车头朝向车道停车。

4)停车区内的坡度

为使所停放的车辆不至于滑动,停车区的坡度必须在规定的数值以内。另外,在进行停车区内的排水设计时,对坡度的大小应当予以特别注意,停车车辆的纵方向应小于2%,横方向应小于3%。

5)停车区地面

混凝土整体地面是永久性地面,为停车较多时采用。有时也采用沥青混凝土路面。

6)停车区的竖向设计

停车区的竖向设计主要解决停车区、道路、旅客活动地带等在竖向空间的衔接问题以及标高、坡度、坡向、排水等问题,设计具体要求如下:

(1)停车广场力求平坦,设计停车区的分水线和汇水线时,应使其平行于干路交通流方向;

(2)停车区的各组成部分场地坡度、坡向详见停车区有关章节内容;

(3)停车区竖向设计应结合地形特点考虑迅速排除地面积水的措施,为了防止广场积水,地面坡度不应小于0.3%;

(4)停车区四周控制点的标高可参照服务区干道路面标高确定,使整个广场挖填土方大致平衡。

3. 停车位的布置与车道宽度

(1)原则上小型汽车的停车方法是采用直角前进停车、后退出车,或后退停车、前进出车;大型汽车的停车方法是采用右斜60°前进出车;拖挂车原则上是纵列停车,但由于用地条件等限制时,也可以采用其他方法。

(2)车道宽度规定如图10-21所示。

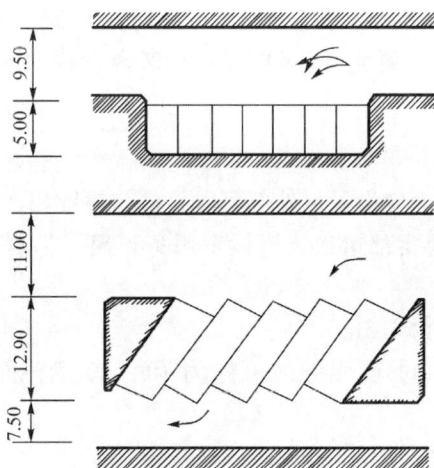

图10-21 车道宽度规定(尺寸单位:m)

(3)对于残障者,应当设置专用停车位,停车方法与小型汽车相同,设置的位置要靠近残障者专用卫生间。条件不具备时,可以与一般停车区合并设置。残障者用停车位布置图如图10-22所示。

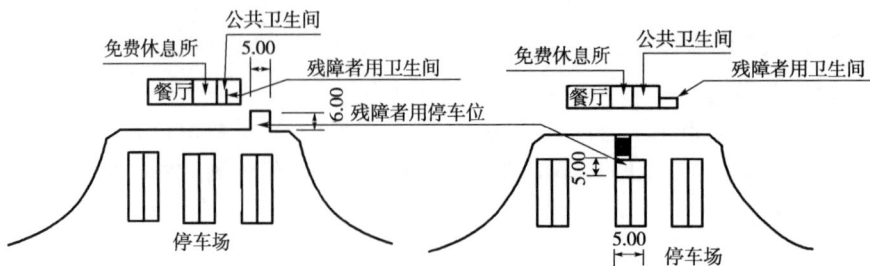

图 10-22　残障者用停车位布置图(尺寸单位:m)

停车位的布置方式大体分为纵列停车与横列停车。前者是顺着车道的方向排列停在一侧或两侧,后者是与车道的方向成一定的角度停车。不论是哪一种停车车位的布置方法,车道的宽度都必须按照停车方法和停车位的布置而保证其宽度。拖挂车的停车位,原则上设置在贯穿车道上。

向步行道、广场等方向的引道和在车道部分设置的横穿步行道,应以白线形式做成路面标线。

4. 停车区的人行道

人行道原则上采用比停车区高的结构形式。停车区内的人行道宽度,是以每人所占宽度为 0.75m 计,与小型汽车停车位相连接设置时,按 3 个人并排行走时所需宽度,采用 2.25m;与大型汽车停车位相连接设置时,按 4 个人并排行走时所需宽度,采用 3.00m。另外,在确定人行道宽度时,考虑行人数与行走路线情况,可采用加宽的宽度。

停车区内步行距离尽可能布置得短一些。人行道与贯穿车道交叉时,应当尽可能地将其集中起来交叉,利用分隔带、安全岛等,尽可能地减少车道部分的人行道。路面部分以外的人行道,采用以高 15cm 的路缘石与停车区的界限明确分开。但是,仅为设置人行道而增加一些安全岛,或是用人行道将安全岛相互连接起来,就会显著地降低停车区使用的自由度,因此设在停车区内的安全岛、人行道等最好减少到需要的最小限度。在积雪寒冷地区,要考虑除雪的方便性,特别是在停车区内设置的人行道要尽量少,并采用平坦的结构。

5. 业务用停车区

(1)在服务区的餐厅后面应设置从外部可以直接与餐厅相连接的服务道路和停车区。

(2)在停车区内,应为小卖部运送物资设置服务道路。但规模小的小卖部运送物资也可以使用主线。

(3)服务道路的宽度约为 4.5m。

(4)停车区的规模,应要保证服务区可停为 10~20 辆汽车,停车场地可停 3~5 辆汽车。

三、停车区的类型

1. 分离式外向型停车区

停车区的形式原则上采用分离式外向型,其各类设施的布置如图 10-23 所示。停车区在规划、设计方面基本上与服务区的原则相同,并与周围的环境、景观相协调。

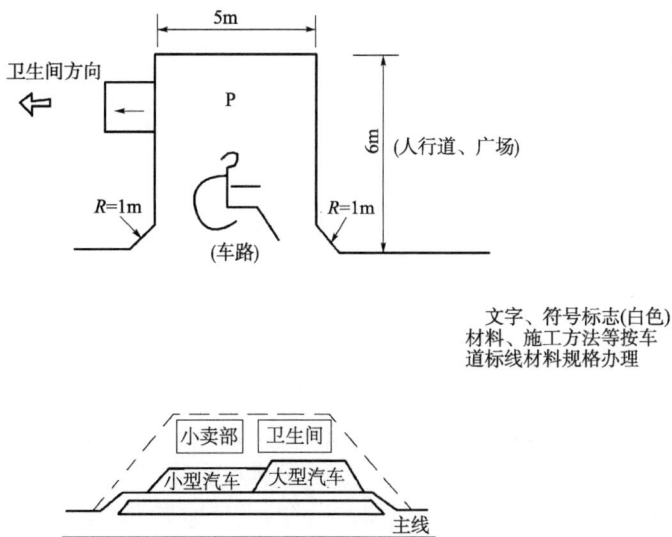

图10-23 分离式外向型停车区布置示意图

2.组合型停车区

设置组合型停车区的目的是尽可能地满足沿主线两侧5km范围内村镇、厂矿企业、居民区居民旅行的方便。为此必须在研究乘客的方便、交通的安全性、经济性及地区的社会、地理条件之后,选择合适的地点,建立组合型停车区。

组合型停车区的总体规模＝停车区＋公共卫生间＋公共汽车停靠站＋园地＋匝道＋其他(二期工程)的规模。二期工程是指餐厅、免费休息室、维修站和加油站及广场等,如果从建设费用或交通量考虑不经济时,可以缓建或分期修建,甚至不建。

1)组合型停车区的规划

在与停车区合并设置公共汽车停靠站时,必须充分研究确定其设置位置,以不妨碍相互间的功能,易于同一般公路联络,减少旅客徒步行走的距离。公共汽车停靠站的布置可根据公路沿线城镇布局、城镇入口、公共交通状况与客流量、自然与地形条件等确定。公共汽车停靠站宜与服务区、互通式立体交叉合并设置。

上、下行公共汽车停车带间应设置供高速公路公共汽车乘客使用的联络通道,如箱涵地下道等。高速公路公共汽车通行车道应尽可能不与其他使用休息设施的汽车和人的路线相交叉,不应在靠近卫生间、休息室等人们容易聚集的地方设置公共汽车停车带。公共汽车停靠站必须设置防止乘客等进入高速公路的设施,以确保车辆、人员的安全。

在匝道处设置公共汽车停车带时,应离开匝道终点楔形端60m以上。

公共汽车停靠站设在贯穿车道或交通岛处时,为了避免人和车的交叉,需要修建箱涵等联络用设施,但从经济性来说并不是最佳选择。与使用车辆少的休息设施合并设置时,只要不阻碍停车区的功能,可以将加减速车道的某一方与贯穿车道共用,即在停车区的一个角落上靠近匝道设置公共汽车停靠站。

2)组合停车区的几何构造

(1)停留车道长度规定为15m,但利用频率高且认为有必要时,停留车道长度可以采用20m。

(2)最小曲线半径最好在500m以上。但当加减速车道的一部分与贯穿车道共用时,公共汽车停留车道的最小曲线半径在考虑了安全问题之后,可以采用 15m(但停留车道为 30m);停留车道的横断面组成如图 10-24 所示。

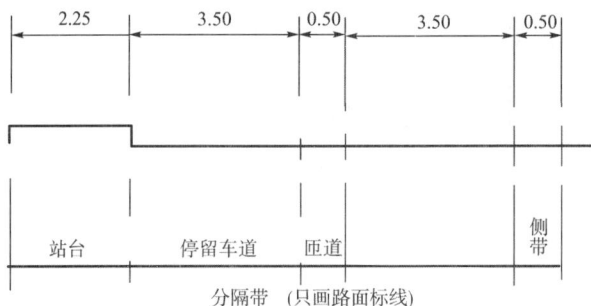

图 10-24　停留车道的横断面组成(尺寸单位:m)

(3)停留车道宽度过渡示意图如图 10-25 所示,其长度采用 40m。路肩宽度在与站台相连接处,要过渡成 0.25m;关于其他有关事项,以匝道的设计标准为准进行设计。

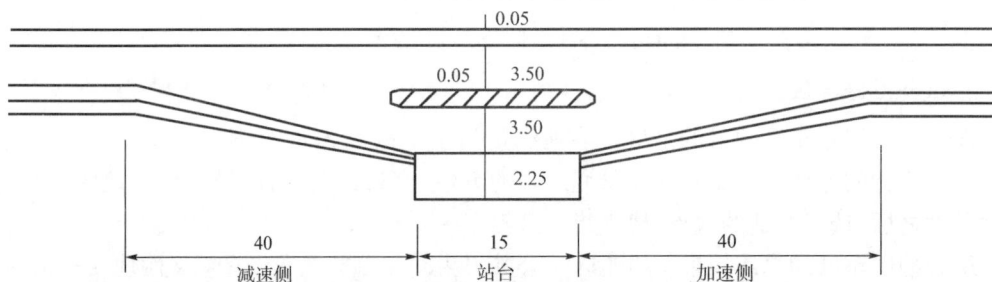

图 10-25　停留车道宽度过渡示意图(尺寸单位:m)

高速公路及其服务区满足了人们日益增长的出行需求和经济不断发展的需要,近年来服务区的多元化发展已成为趋势。高速公路服务设施规划和设计的新理念立足于人与环境和谐发展,进而塑造富有地域特色的高速公路服务区,将更加有利于保障行车安全。提高高速公路的服务水平,对发挥高速公路整体功能和提高路网的保障能力具有重要作用。

复习思考题

1. 通过查阅资料,对比分析国内外高速公路服务设施的建设情况。
2. 高速公路服务设施的作用是什么?包括哪些设施?
3. 高速公路服务区的基本形式和布置原则是什么?
4. 高速公路服务区园林规划的内容是什么?
5. 高速公路停车区设计包括哪些内容?
6. 在进行高速公路服务区基本形式选择和设施布置时,应主要考虑哪些问题?

参考文献

[1] 节能与新能源汽车技术路线图战略咨询委员会,中国汽车工程学会.节能与新能源汽车技术路线图[M].北京:机械工业出版社,2016.

[2] 国务院发展研究中心产业经济研究部,中国汽车工程学会,大众汽车集团(中国).中国汽车产业发展报告(2018):新时代的新能源汽车产业发展战略[M].北京:社会科学文献出版社,2018.

[3] 于永初."节能与新能源汽车技术路线图2.0"引领中国汽车产业发展[J].汽车工艺师,2020(11).

[4] 中国汽车工程学会,天津智能网联汽车产业研究院.中国智能网联汽车产业发展报告(2018)[M].北京:社会科学文献出版社,2018.

[5] 储江伟,李世武.汽车服务工程专业导论[M].北京:机械工业出版社,2020.

[6] 交通运输部公路科学研究院,长安大学,杭州长运运输集团有限公司,等.汽车维护、检测、诊断技术规范:GB/T 18344—2016[S].北京:中国标准出版社,2016.

[7] 公安部交通管理科学研究所,交通运输部公路科学研究院,中国汽车技术研究中心.机动车运行安全技术条件:GB 7258—2017[S].北京:中国标准出版社,2017.

[8] 崔淑华.汽车检测与诊断[M].北京:人民交通出版社股份有限公司,2018.

[9] 中国石化工程建设有限公司,中国市政工程华北设计研究总院有限公司,中国石油天然气股份有限公司规划总院,等.汽车加油加气加氢站技术标准:GB 50156—2021[S].北京:中国计划出版社,2021.

[10] 中国电力企业联合会,国家电网公司.电动汽车充电站设计规范:GB 50966—2014[S].北京:中国计划出版社,2014.

[11] 长安大学,西安城南客运站,陕西省道路运输事业发展中心,等.汽车客运站级别划分和建设要求:JT/T 200—2020[S].北京:人民交通出版社股份有限公司,2020.

[12] 大连市建筑研究设计院有限公司,甘肃省建筑研究设计院.交通客运站建筑设计规范:JGJ/T 60—2012[S].北京:中国建筑工业出版社,2012.

[13] 长安大学,广东省道路运输管理局,浙江省道路运输管理局,等.公路货运站站级标准及建设要求:JT/T 402—2016[S].北京:人民交通出版社股份有限公司,2016.

[14] 公安部交通管理科学研究所.机动车安全技术检验项目和方法:GB 38900—2020[S].北京:中国标准出版社,2020.

[15] 高速公路丛书编委会.高速公路交通工程及沿线设施[M].北京:人民交通出版社,1999.

[16] 马秀让,纪连好.加油站建设与管理手册[M].北京:中国石化出版社,2013.

[17] 周志敏,纪爱华.电动汽车充电站设计与运营[M].北京:机械工业出版社,2020.

[18] 高延龄.汽车运输企业设计[M].2版.北京:人民交通出版社,1999.

[19] 高延龄.汽车运输企业设计指导书[M].北京:人民交通出版社,1997.

[20] 王耀斌,刘玉梅.汽车运输企业设计[M].北京:人民交通出版社,2004.

[21] 刘建设.工程设计软技术[M].天津:天津科技翻译出版社,2003.

[22] 宣大高速公路管理处.宣大高速公路服务区施工组织设计[M].石家庄:河北教育出版

社,2005.

[23] 林峰,刘杰,王韧. 汽车专卖店设计[M]. 上海:上海交通大学出版社,2005.

[24] 宋年秀,王耀斌. 运输枢纽与场站设计[M]. 北京:机械工业出版社,2006.

[25] 傅厚扬,冉广仁. 汽车维修企业设计与管理[M]. 北京:人民交通出版社,2006.

[26] 朱杰,等. 汽车服务企业管理[M]. 北京:电子工业出版社,2005.

[27] 中国建筑工业出版社. 现行建筑设计规范大全[M]. 北京:中国建筑工业出版社,1991.

[28] 王文卿. 城市汽车停车(库)设计手册[M]. 北京:中国建筑工业出版社,2003.

[29] 中交第一公路勘察设计研究院. 高速公路交通工程及沿线设施设计通用规范:JTG D80—2006[S]. 北京:人民交通出版社,2006.